STEVEN RAICHLEN

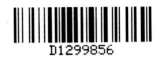

barbecue D'INTÉRIEUR

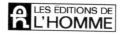

LES ÉDITIONS DE L'HOMME

Traduction : Françoise Schetagne
Photos : Tango
Stylistes culinaires : Jacques Faucher et Éric Régimbald
Correction : Caroline Yang-Chung
Mise en page : François Daxhelet
Traitement des images : Mélanie Sabourin

Catalogage avant publication de Bibliothèque et Archives Canada

Raichlen, Steven
Barbecue d'intérieur : 250 recettes créées spécialement pour les barbecues d'intérieur

Traduction de : Raichlen's indoor ! grilling

1. Cuisine au barbecue. 2. Grillade. I. Titre.

TX840.B3R3414 2005 641.5'784 C2005-940615-1

Pour en savoir davantage sur nos publications, visitez notre site : **www.edhomme.com**
Autres sites à visiter : www.edjour.com
www.edtypo.com • www.edvlb.com
www.edhexagone.com • www.edutilis.com

03-05

L'ouvrage original a été publié par Workman Publishing Company, Inc., sous le titre *Raichlen's Indoor! Grilling*

Dépôt légal : 2e trimestre 2005
Bibliothèque nationale du Québec

ISBN 2-7619-2090-2

DISTRIBUTEURS EXCLUSIFS :

- Pour le Canada et les États-Unis :
  MESSAGERIES ADP*
  955, rue Amherst
  Montréal, Québec H2L 3K4
  Tél. : (514) 523-1182
  Télécopieur : (450) 674-6237
  * Filiale de Sogides ltée

- Pour la France et les autres pays :
  INTERFORUM
  Immeuble Paryseine, 3, Allée de la Seine
  94854 Ivry Cedex
  Tél. : 01 49 59 11 89/91
  Télécopieur : 01 49 59 11 96
  Commandes : Tél. : 02 38 32 71 00
  Télécopieur : 02 38 32 71 28

- Pour la Suisse :
  INTERFORUM SUISSE
  Case postale 69 - 1701 Fribourg - Suisse
  Tél. : (41-26) 460-80-60
  Télécopieur : (41-26) 460-80-68
  Internet : www.havas.ch
  Email : office@havas.ch
  DISTRIBUTION : OLF SA
  Z.I. 3, Corminbœuf
  Case postale 1061
  CH-1701 FRIBOURG
  Commandes : Tél. : (41-26) 467-53-33
  Télécopieur : (41-26) 467-54-66
  Email : commande@ofl.ch

- Pour la Belgique et le Luxembourg :
  INTERFORUM BENELUX
  Boulevard de l'Europe 117
  B-1301 Wavre
  Tél. : (010) 42-03-20
  Télécopieur : (010) 41-20-24
  http ://www.vups.be
  Email : info@vups.be

Gouvernement du Québec – Programme de crédit d'impôt pour l'édition de livres – Gestion SODEC – www.sodec.gouv.qc.ca

L'Éditeur bénéficie du soutien de la Société de développement des entreprises culturelles du Québec pour son programme d'édition.

Nous reconnaissons l'aide financière du gouvernement du Canada par l'entremise du Programme d'aide au développement de l'industrie de l'édition (PADIÉ) pour nos activités d'édition.

On devient cuisinier,
mais on naît rôtisseur.

– Jean-Anthelme Brillat-Savarin

Un aliment cuit au four,
frit ou sauté qui a bon goût
aurait probablement été encore meilleur
s’il avait été grillé.

– Steven Raichlen

TABLE DES MATIÈRES

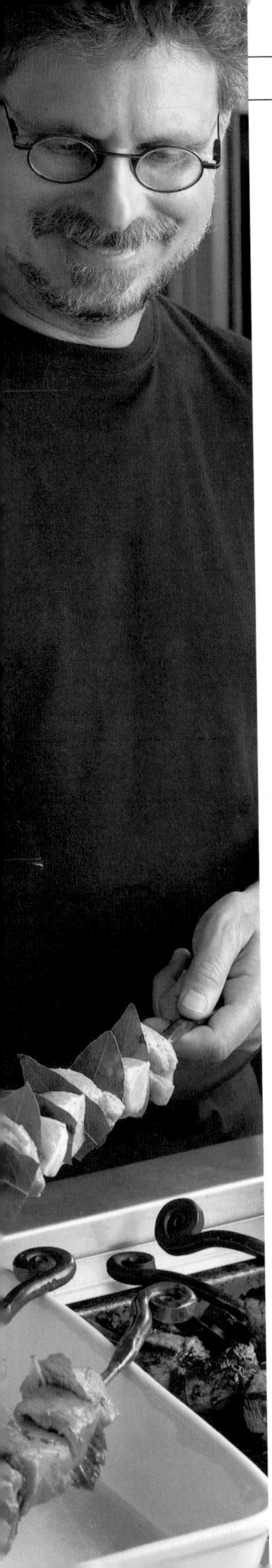

Pourquoi un homme qui a passé une dizaine d'années de sa vie à vanter les mérites du barbecue, du feu et de la fumée décide-t-il d'écrire un livre sur les grils d'intérieur ?

La réponse est simple. Parce qu'on me l'a demandé. Comme des millions d'Américains, mon amie Suzanne vit dans un appartement où le manque d'espace rend la cuisson en plein air impossible, voire illégale. Mais sa situation n'est pas la seule raison qui m'a poussé à publier cet ouvrage. Dans plusieurs villes, les températures froides et la neige ne permettent pas toujours de cuisiner en plein air. Cette témérité pourrait se transformer en une aventure fort désagréable même si les véritables passionnés du barbecue ne se laisseront jamais décourager par une pluie fine, la neige, la grêle ou la glace.

Quelles que soient les prévisions du temps, la vie continue et il faut griller le bifteck, fumer le saumon et rôtir le poulet à la broche. Depuis des siècles, l'être humain invente des façons ingénieuses d'introduire dans sa demeure des techniques de cuisson qu'il utilise en plein air depuis l'aube de la civilisation.

J'ai aussi fait ce livre parce que la cuisson sur les grils d'intérieur appartient à la longue tradition du barbecue, qui a vu le jour à l'époque de l'homme des cavernes. S'il est facile de penser que le premier barbecue a peut-être été accidentel (j'aime imaginer qu'un bison a été brûlé vif lors d'un feu de forêt et que, par un heureux hasard, un homme ou une femme de la préhistoire a eu la brillante intuition d'y goûter…), il est aussi probable que la première cuisson au gril ait eu lieu à l'intérieur. Des archéologues ont découvert des cavernes paléolithiques où l'on a retrouvé des ossements d'animaux carbonisés et des fosses où l'on faisait cuire les aliments.

Les Grecs et les Romains de l'Antiquité cuisinaient aussi dans leur maison. Le foyer – que l'on appelait *focus* – était littéralement et spirituellement le point central, le cœur de leur demeure. La foccacia, un pain très populaire en Italie, tire aussi son nom du mot *focus* puisque jadis on la faisait cuire dans l'âtre.

Au Moyen Âge, en Europe, la cheminée servait aussi à cuisiner. Les chapons et les poulettes étaient rôtis à la broche devant le feu. Certains tournebroches étaient mus manuellement par des aides-cuisiniers, baptisés eux aussi tournebroches, tandis que d'autres fonctionnaient grâce à un astucieux mécanisme d'horlogerie. Un modèle particulièrement ingénieux illustré dans un manuscrit enluminé montre un petit chien que l'on a dressé à marcher sur une trépigneuse pour faire tourner la broche.

Vous croyez peut-être que les grils d'intérieur ne sont que des gadgets de l'ère moderne. Il suffit de penser au gril contact de George Foreman, à la machine à panini de Villa Ware, à la rôtisserie Showtime ou au fumoir d'intérieur Camerons. Ce ne sont en fait que les derniers-nés issus du génie humain qui s'est manifesté il y a très longtemps, à l'époque où les premiers hominidés ont eu la bonne idée de faire rôtir l'arrière-train d'un animal au-dessus du feu qui réchauffait leur caverne.

Ce livre permettra aux amateurs d'aliments grillés d'élargir leurs horizons. Certains plats qui sont difficiles ou impossibles à faire sur un gril d'extérieur sont faciles à préparer sur un gril d'intérieur. Je pense aux paninis, aux sandwiches à la mode cubaine, aux artichauts et aux oignons rôtis à la broche, au *saganaki* (fromage grec grillé à la poêle), aux œufs d'alose et aux fameuses bananes *tostone*s au sucre et à la cannelle.

Des sondages démontrent que les gens ont tendance à toujours préparer les mêmes trois ou quatre plats sur le gril. Si vous êtes un adepte des grils d'intérieur, j'espère que ce livre vous donnera l'occasion d'enrichir votre répertoire grâce aux recettes destinées au gril contact, à la poêle à fond cannelé, à la rôtissoire posable, au gril encastré, au gril de table, au fumoir d'intérieur ainsi qu'à la cuisson au feu de bois, dans l'âtre. Si vous êtes un amateur de grils d'intérieur et d'extérieur – ou de grils d'extérieur seulement –, j'espère que vous serez tenté par quelques idées nouvelles qui vous plairont.

Comme ce fut le cas pour mon livre *Barbecue*, j'ai beaucoup appris au cours de la rédaction de cet ouvrage. Je me suis beaucoup amusé et j'ai bien mangé. J'espère que mes recettes vous aideront à devenir un meilleur rôtisseur, quel que soit votre gril de prédilection.

QUAND LE GRIL FAIT SON ENTRÉE DANS LA MAISON

Je pourrais évoquer plusieurs endroits pour vous raconter l'histoire de ce livre. Je pourrais vous parler de l'âtre robuste en pierre de l'auberge *Randall's Ordinary* de Stoninton, au Connecticut, où l'on prépare le repas du soir dans un foyer antique, comme c'était la coutume au début de la colonisation américaine. Je pourrais aussi vous mentionner mon passage dans le foyer d'attente d'une station de télévision où j'ai rencontré George Foreman, le célèbre boxeur qui est responsable du succès phénoménal du gril contact, un des appareils de cuisson les plus vendus à travers le monde. (Ce fut un moment gratifiant pour moi. Le champion m'a souri pour la forme, puis il s'est éloigné. Il s'est ensuite retourné en criant : « Hé ! mais vous êtes le gars qui a écrit le livre *Barbecue* ! »)

Je pense aussi au plateau de la chaîne de télé-achat QVC où, il y a quelques années, un inventeur et promoteur génial appelé Ron Popiel a fait une vente d'un million de dollars en une heure avec sa fameuse rôtissoire Showtime. Mais l'endroit le plus approprié pour commencer pourrait être le restaurant *Da Toso* situé dans le hameau de Leonacco, dans la province du Frioul, au nord-est de l'Italie. Une famille simple et débrouillarde y gère un restaurant depuis trois générations. La clientèle est strictement locale et vient y déguster des plats cuits au feu de bois authentiques et absolument extraordinaires. C'est Bepi Pucciarella, un expert gastronomique du Frioul, qui m'a fait découvrir ce lieu où l'on prépare le barbecue le plus remarquable de toute l'Italie. On cuit les aliments dans un *fogolar*, un foyer amovible que l'on place non pas à l'extérieur de la maison ou dans la cheminée, mais en plein cœur du salon ou de la salle à manger.

Le *fogolar* est une invention très ingénieuse – un foyer de pierre monté sur des pattes de bois solides et une grille métallique inclinée placée sous une hotte en laiton en forme de gros oignon qui évacue la fumée à l'extérieur. Les mets que l'on sert au restaurant *Da Soto* sont spectaculaires à cause de leur simplicité et de leurs saveurs qui vont droit à l'essentiel : par exemple, des côtelettes d'agneau grillées à l'ail et au romarin ou du foie de veau recouvert de lamelles de truffe blanche minces comme du papier.

Ce qui m'a le plus frappé, c'est l'ambiance chaleureuse et confortable où tous les sens sont sollicités harmonieusement. À vrai dire, quoi de plus réconfortant qu'un bon feu lors d'une journée froide ou pluvieuse ? Depuis toujours, le feu nous procure la lumière, la chaleur et un profond sentiment de sécurité dont nous avons tellement besoin.

C'est là que mon livre a commencé à prendre forme. Au cours des années précé-

Machine à panini

dentes, je m'étais consacré à donner des séminaires à l'université du barbecue de Greenbrier et je ne m'intéressais pas vraiment aux poêles à fond cannelé et aux fumoirs d'intérieur. En fait, je n'avais jamais pensé qu'il pouvait s'agir là d'un champ de recherche méritant une attention particulière, trop occupé que j'étais à faire des expériences culinaires dans la cheminée imposante de l'université. C'est indubitablement mon repas au restaurant *Da Soto* qui m'a convaincu que l'on pouvait faire griller des aliments dans sa maison avec passion et raffinement – et j'ose ajouter avec âme.

C'est ainsi qu'a commencé cette aventure qui m'a fait découvrir les appareils de haute technologie comme la machine à panini, le gril contact de George Foreman et les grils encastrés de Jenn-Air. J'ai veillé à ce que mon livre offre un équivalent intéressant pour tous les modes de cuisson les plus populaires que l'on apprécie tellement en plein air : la cuisson à chaleur directe sur feu de bois ou au charbon de bois, la cuisson à chaleur directe (barbecue au gaz), la cuisson à chaleur indirecte, la cuisson à la broche, le fumage et même la cuisson sur la braise.

J'ai aussi choisi de parler des principaux types de grils d'intérieur, qu'il s'agisse de la simple grille que l'on place dans l'âtre, du four encastré, du gril contact, du gril de table électrique, du fumoir d'intérieur ou de la rôtissoire posable (voir encadré).

J'ai commencé à faire des tests : certains ont réussi, d'autres m'ont déçu. Par exemple, le gril contact est plus ou moins satisfaisant pour griller un bifteck. (Toutefois, j'ai inventé une manière d'améliorer sa performance pour griller la viande ; voir p. 98.) J'ai toutefois été emballé par les paninis et les sandwiches pressés que ce gril permet de faire. Ce sont là des plats dont il m'était évidemment impossible de parler dans mon livre *Barbecue*. Le gril contact est aussi très utile pour griller les fruits de mer, les légumes et même les fruits pour dessert.

Depuis plusieurs années, j'utilise mon fumoir d'intérieur Camerons pour fumer du saumon selon la méthode généralement utilisée pour le hareng. Pendant la rédaction de mon manuscrit, j'ai découvert que mon petit fumoir pouvait aussi servir à faire des côtes levées délicieuses, de la dinde fumée, de la pointe de poitrine et même du poulet cuit sur une canette de bière.

Les poêles à fond cannelé (grils noirs) font partie de ma batterie de cuisine depuis que j'ai étudié à Paris. À l'époque, il n'était pas dans la tradition des

Gril contact de George Foreman

Extérieur *vs* intérieur

MÉTHODE SUR UN GRIL D'EXTÉRIEUR	**ÉQUIVALENT POUR UN GRIL D'INTÉRIEUR**
Cuisson à chaleur directe sur feu de bois ou au charbon de bois	**Cuisson dans l'âtre**
Cuisson à chaleur directe (barbecue au gaz)	**Gril encastré, gril de table, poêle à fond cannelé**
Cuisson à chaleur indirecte	**Rôtissoire posable**
Cuisson à la broche	**Rôtissoire posable**
Fumage	**Fumoir d'intérieur**
Cuisson sur la braise	**Cuisson dans l'âtre**

chefs français de faire griller la viande au-dessus d'un feu de bois (la plupart ne le font pas davantage aujourd'hui), mais ils utilisaient souvent les poêles à fond cannelé pour saisir les biftecks, les côtelettes et les blancs de volaille tout en les quadrillant avec de belles marques de cuisson.

La rôtissoire posable a été une véritable découverte pour moi. J'étais très sceptique la première fois où j'ai branché un de ces appareils. J'avoue que j'ai vite été impressionné par le poulet à la peau croustillante, le canard rôti et plusieurs aliments que l'on ne fait pas cuire à la broche normalement : « rôtis » de thon, jarrets d'agneau, épis de maïs, etc.

N'oublions pas que la cheminée et le four de la cuisinière ont été les tout premiers grils d'intérieur. La cuisson dans l'âtre ressemble à la cuisson au charbon de bois et offre un avantage en plus : la braise donne aux aliments beaucoup plus de saveur que le charbon de bois. Quant aux grils d'intérieur qui fonctionnent au gaz ou à l'électricité, ils ressemblent beaucoup au barbecue au gaz.

Comment utiliser ce livre

J'ai pris soin de créer des recettes faciles à préparer et à adapter. Il existe plusieurs appareils sur le marché et vous trouverez dans le chapitre suivant une description des principaux grils d'intérieur. Le gril contact de George Foreman est probablement le gril d'intérieur le plus vendu à travers le monde. Il est suivi de près par la rôtissoire posable, la poêle à fond cannelé et le gril encastré.

Pour satisfaire tout le monde, j'ai essayé, dans la mesure du possible, de fournir des indications pour la préparation des recettes sur chacun de ces grils. La recette principale traite de la préparation de base, du marinage, de l'assaisonnement, etc. L'encadré intitulé *Si vous avez...*, qui accompagne presque toutes les recettes, vous indiquera comment cuire le plat avec le type de gril que vous possédez. Les Trucs et les Notes vous donneront des idées originales pour varier les ingrédients ou essayer de nouvelles stratégies pour la cuisson.

Pour certaines recettes, particulièrement celles où l'on doit fumer les aliments ou les cuire à la broche, je ne mentionne pas les autres genres de grils.

Un dernier mot

Même si rien ne saura jamais égaler la cuisson en plein air parce qu'elle communique un goût vraiment unique aux aliments cuits sur la braise ou fumés doucement, vous pouvez préparer des plats vraiment savoureux à l'aide des grils d'intérieur. Ce livre a été écrit pour vous aider à transporter dans votre demeure toutes ces saveurs qui font tellement de bien à l'âme. (En fait, si vous appréciez uniquement le barbecue en plein air, sachez que la plupart des marinades, des sels épicés, des sauces à badigeonner et des recettes de ce livre peuvent aussi être préparés en plein air.)

Je vous souhaite de faire de belles expériences culinaires.

Steven Raichlen

On trouve sur le marché cinq grils d'intérieur de base : le gril contact, la poêle à fond cannelé, le gril encastré, le gril de table et l'âtre (foyer ou cheminée). Ajoutez à cela deux appareils fort ingénieux, la rôtissoire posable et le fumoir d'intérieur. Certains fonctionnent comme un gril d'extérieur au charbon ou au gaz ; d'autres sont le fruit de la technologie moderne et donnent des résultats comparables à ce que l'on obtient avec les grils d'extérieur. Tous peuvent être des outils intéressants dans l'arsenal du grillardin d'intérieur même si chacun de ces grils a ses propres limites. Voici la fiche personnelle de chacun de ces joueurs. Je commence avec le plus populaire : le gril contact. Ma méthode de cuisson préférée à la maison est assurément la cuisson au bon feu de bois parce qu'elle donne des résultats semblables au barbecue en plein air. Si cela vous intéresse, lisez tout de suite la p. 9.

GRILS CONTACT

Le gril George Foreman est le gril contact le plus connu. Il ressemble à un gaufrier-gril ou à un gril-sandwich. Les plaques surélevées permettent de cuire simultanément le dessus et le dessous des aliments. Le poids du couvercle presse les aliments, ce qui crée une croûte appétissante. Les modèles de qualité permettent de les quadriller avec des marques bien définies. Les machines à panini sont aussi des grils contact.

Si vous êtes un amateur plutôt traditionnel de la cuisine au barbecue, vous doutez certainement des résultats que l'on peut obtenir avec les grils contact. Évidemment, ils n'offrent pas exactement les mêmes qualités et les mêmes avantages que les grils barbecue, mais ils permettent de faire certaines recettes de manière remarquable. On peut les préchauffer rapidement et, comme il n'est pas nécessaire de retourner les aliments en cours de cuisson, on peut généralement les cuire deux fois plus vite. Le gril contact est idéal pour faire des sandwiches chauds tels que les paninis (voir p. 350 à 361), les sandwiches à la mode cubaine comme le *medianoche* (p. 362), les croque-monsieur (p. 340) et les sandwiches Reuben (p. 376).

Le poids du couvercle ainsi que les sources de chaleur supérieure et inférieure donnent des résultats exceptionnels avec les fruits de mer et les poissons gras, particulièrement le saumon et le tassergal. La chaleur modérée permet de griller des aliments délicats qui pourraient griller trop rapidement sur un gril d'extérieur, par exemple les minces filets de poisson ou les œufs d'alose. Le gril contact est aussi apprécié pour cuire les aliments enrobés d'une croûte à base de chapelure, de graines ou de noix moulues. La surface antiadhésive de la plupart des grils contact fait le bonheur des amateurs d'aliments plutôt collants tels que la polenta et le fromage. Si vous croyez comme moi qu'une alimentation à faible teneur en gras est bonne pour la santé, le gril contact peut avoir des bienfaits considérables puisqu'il permet d'évacuer les graisses sans les carboniser grâce au couvercle qui presse les aliments. J'ai toujours apprécié la sagesse de l'imposant George Foreman : « Éliminons le gras ! »

Temps nécessaire pour préchauffer

GRIL	PRÉCHAUFFÉ À TEMPÉRATURE ÉLEVÉE
Grils contact	3 à 5 min
Poêles à fond cannelé	3 à 5 min
Grils encastrés	5 à 8 min
Grils de table	5 min
Rôtissoires	0 à 5 min
Fumoirs d'intérieur	3 à 5 min

TRUC POUR LA SÉCURITÉ

Pour éviter de déclencher le détecteur de fumée, prenez la bonne habitude de cuisiner sous la hotte de votre cuisinière ou, du moins, le plus près possible. Faites aussi tourner le ventilateur au maximum.

Ce gril offre également l'avantage de prendre peu de place dans la cuisine. Il est aussi idéal pour une ou deux personnes.

La plupart des grils contact font toutefois un travail plutôt moyen lorsque vient le temps de griller les biftecks, les viandes rouges et les autres aliments qui ont besoin d'être saisis à feu vif. Voilà pourquoi plusieurs hésitent à s'en procurer un. La viande étant pressée en sandwich entre les deux plaques métalliques, elle cuit à l'étouffée au lieu de griller. Les différents modèles ne permettent pas de quadriller les aliments de façon toujours adéquate. Seuls les grils contact puissants donnent de bons résultats dans ce domaine.

Je rêve du jour où les fabricants auront la bonne idée de les munir d'un interrupteur, certains modèles commençant à chauffer dès qu'on les branche. J'aimerais aussi qu'ils soient plus puissants et dégagent plus de chaleur que l'on pourrait contrôler à l'aide d'un thermostat réglable, même sur les modèles plus compacts.

Critères de sélection

■ Le gril contact doit être assez puissant pour brunir et saisir les aliments. Opter pour un gril qui permet de faire au moins quatre ou, préférablement, six burgers en même temps. Voir p. 3 pour le choix de la grosseur.

■ Un thermostat réglable : plusieurs modèles n'en ont pas, mais ce serait tellement apprécié même si personnellement j'utilise la chaleur la plus élevée la plupart du temps.

■ Un voyant lumineux pour savoir si le gril est en marche.

■ Une surface antiadhésive pour empêcher les aliments de coller.

■ Des rainures parallèles surélevées permettant de quadriller nettement les aliments.

■ Une lèchefrite pour recueillir les graisses.

■ Un nettoyage facile. Idéalement, on devrait pouvoir plonger les plaques de cuisson dans l'eau, mais je connais un seul modèle qui offre cet avantage. Plusieurs grils contact sont vendus avec de petits « peignes » ou « racloirs » de plastique destinés à brosser entre les rainures.

■ Une fabrication robuste, particulièrement pour les poignées, certaines recettes exigeant que l'on appuie fortement sur la plaque supérieure.

■ Une charnière réglable permettant de monter ou de baisser la plaque supérieure selon l'épaisseur des aliments, ce qui favorise une cuisson uniforme. Les aliments qui sont près d'une charnière fixe cuisent plus rapidement et deviennent plus chauds que ceux qui en sont éloignés.

■ Un loquet permettant de bien fermer le gril au moment de le ranger.

■ Enfin, un design moderne…

Trucs pour la cuisson sur un gril contact

■ Ne pas oublier de placer la lèchefrite sous la partie avant du gril contact avant de commencer la cuisson. Le gras pouvant s'écouler rapidement, il faut parfois la remplacer par une lèchefrite propre en cours de cuisson. On peut aussi déposer le gril sur une plaque à pâtisserie à bord élevé.

■ Pour griller, brancher l'appareil et, s'il y a lieu, régler le thermostat à la température désirée – élevée la plupart du temps. Quand le voyant d'alimentation passe du rouge au vert – ou d'arrêt à marche (off/on) –, le gril est prêt. S'il n'a pas de thermostat, le préchauffer de 3 à 5 min.

■ Malgré leur nom, les machines à panini ne servent pas seulement à faire des sandwiches. Leur puissance et leur couvercle lourd les rendent particulièrement utiles pour le blanc de volaille et même le bifteck. Mais ce même couvercle peut faire des ravages avec des aliments plus fragiles. Dans un tel cas, prendre soin de toujours baisser doucement le couvercle. Le gril contact Foreman et la machine à panini sont interchangeables dans tous les cas.

■ Si possible, il est préférable d'acheter un gril contact puissant. Si l'on possède un modèle moins puissant, il est important de bien le préchauffer et de l'utiliser principalement pour les fruits de mer, les burgers, les sandwiches et les légumes. Éviter de prendre le risque de griller des biftecks et des côtelettes.

■ Le gril contact donne de bons résultats avec les poitrines de poulet non désossées. Les côtelettes de porc et de veau seront meilleures si elles sont désossées.

■ Avec le gril contact, on peut appuyer sur le couvercle, ce qui permet de faire des sandwiches tels que les paninis. Il ne faut pas hésiter à appuyer fortement sur le couvercle de temps à autre quand on fait griller des aliments solides comme les côtelettes et les biftecks et ceux qui ont besoin d'être aplatis comme les sandwiches. Si l'on appuie sur le couvercle une ou deux fois en cours de cuisson, on pourra quadriller les aliments et obtenir un extérieur croustillant.

■ Baisser doucement le couvercle et ne pas appuyer dessus quand on fait griller des aliments plus fragiles tels que les filets de poisson, les légumes fragiles et le quatre-quarts. Il est important de ne pas les écraser.

Comment choisir un gril contact ?

Les modèles sont tellement nombreux qu'il n'est pas facile de faire son choix. Chaque fabricant offre plusieurs modèles différents. Les grils George Foreman, fabriqués par Salton, ont une excellente réputation.

Les grils contact ne sont pas tous identiques. Les populaires grils Foreman sont plus gros et plus résistants. Ils ont entre 760 et 1500 watts. Les appareils plus petits sont appréciés parce qu'ils prennent peu de place sur le comptoir d'une petite cuisine, mais ils sont souvent décevants quand vient le temps de quadriller ou de faire brunir les aliments parce qu'ils ne deviennent jamais assez chauds.

Donc, quand vous vous apprêtez à acheter un gril contact, choisissez-en un de 1000 watts au moins, 1500 de préférence. Malheureusement, la puissance effective est toujours indiquée sur l'appareil, mais pas toujours sur la boîte. Vérifiez l'étiquette avant de faire votre choix. Dans les grands magasins, il est facile de comparer les différents modèles en vitrine. Dans les magasins plus petits, demandez au commis d'ouvrir la boîte afin de bien vérifier la puissance de l'appareil que vous vous apprêtez à acheter.

■ Plusieurs hésitent à faire griller du poisson dans la maison à cause des odeurs qui ne sont pas toujours appréciées. Pour éviter tout désagrément, placer le gril contact sous la hotte de la cuisinière et faire tourner le ventilateur au maximum. On peut aussi placer le gril près d'une fenêtre ouverte.

■ Il est plus facile de nettoyer le gril contact quand il est encore chaud. Le laisser refroidir un peu puis, à l'aide du racloir de plastique, enlever les gros morceaux d'aliments qui sont restés collés sur les plaques de cuisson et entre les rainures. Essuyer les plaques de cuisson et l'extérieur du gril avec du papier absorbant humide. Utiliser le lave-vaisselle pour laver les pièces qui peuvent y être mises sans danger (la lèchefrite par exemple). (Si l'on a éteint le gril après la cuisson, le brancher pour le réchauffer à nouveau. Le laisser ensuite refroidir légèrement avant de le nettoyer.)

POÊLES À FOND CANNELÉ

Comme le foyer ou la cheminée (voir p. 9), la poêle à fond cannelé est probablement l'un des grils les plus anciens. On l'utilise partout en France, et même dans le reste de l'Europe, où elle est un ustensile de cuisine classique. Quand j'étudiais la cuisine à Paris, j'aimais cuire des biftecks dans ce genre de poêle. La poêle à fond cannelé est idéale pour préparer des côtelettes, des biftecks, des blancs de volaille et des légumes tranchés finement. Les poêles de bonne qualité permettent de bien quadriller en laissant sur les aliments des marques foncées bien nettes. D'ailleurs, les stylistes culinaires utilisent souvent une poêle à fond cannelé pour cuire des biftecks et des légumes afin de faire croire qu'ils ont été cuits au barbecue.

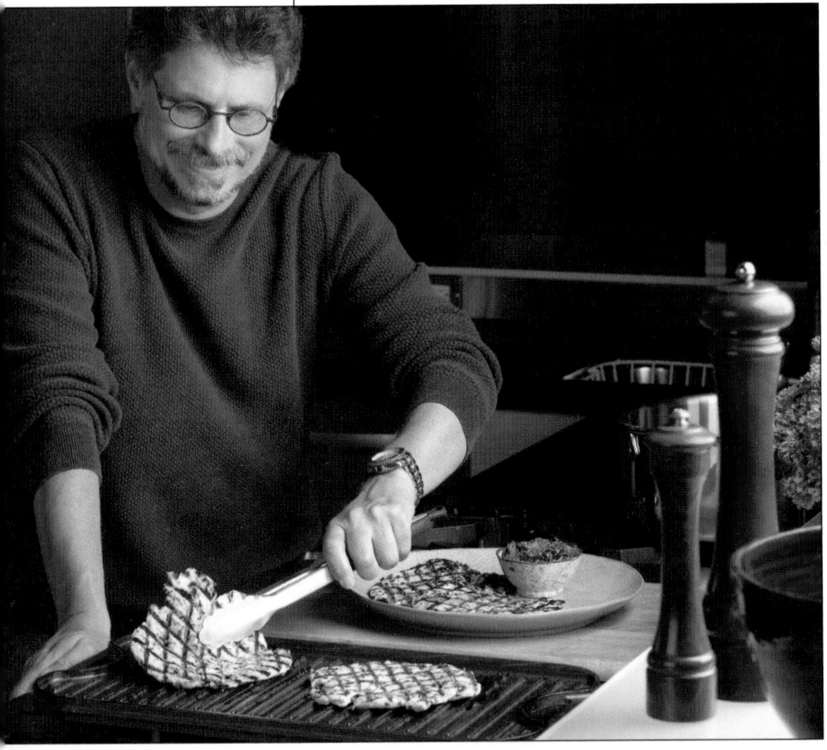

La poêle à fond cannelé n'est rien d'autre qu'une poêle à frire dont le fond est recouvert de rainures parallèles surélevées qui créent des marques de gril sur les aliments. Comme tous les vrais grils, et contrairement aux poêlons, elle permet de laisser s'écouler une partie du gras contenu dans les aliments. Elle permet aussi de recueillir le jus de cuisson que l'on pourra utiliser comme base pour faire une sauce. La poêle à fond cannelé ordinaire est-elle supérieure à la poêle à revêtement antiadhésif ? J'aime les poêles en fonte qui n'ont pas de fini spécial, mais il est important de bien les faire sécher (voir p. 5). Si vous préférez une poêle à fond cannelé en fonte émaillée ou à revêtement antiadhésif comme Le Creuset, rappelez-vous qu'il ne faut pas les soumettre à de brusques changements de température – par exemple, rincer la poêle chaude à l'eau froide, ce qui pourrait endommager l'émail même s'il s'agit de la façon la plus efficace de la nettoyer.

Les poêles à fond cannelé ont des formes et des grosseurs variées : rondes, carrées, rectangulaires ; assez petites pour être posée sur un brûleur ou assez grosses pour en couvrir deux. Ma poêle de base en est une carrée de 25 cm (10 po). Les poêles rectangulaires conviennent aux aliments longs et minces, une truite entière par exemple. Pour une ou deux personnes, une poêle carrée de 23 à 30 cm (9 à 12 po) suffit amplement. Pour les familles plus grosses, il est avantageux d'investir dans l'achat d'une poêle de plus grande dimension pouvant couvrir deux brûleurs sur la cuisinière. Si vous voulez surtout l'utiliser pour griller des biftecks et des côtelettes, n'importe quelle forme fera l'affaire. Si vous voulez surtout faire cuire des aliments plus petits tels que des pétoncles, des crevettes et des légumes en tranches, achetez une poêle dont les rainures sont rapprochées les unes des autres.

Critères de sélection

■ Une poêle à fond épais, en métal résistant, à revêtement antiadhésif ou en fonte qui absorbe bien la chaleur et la distribue uniformément.

■ Des rainures hautes et bien définies qui produiront des marques de grillage nettes.

Trucs pour la cuisson dans une poêle à fond cannelé

■ Pour préchauffer la poêle, la mettre à feu moyen plutôt qu'à feu vif. Elle doit être chaude, mais pas trop. Une poêle surchauffée brûlera les aliments avant qu'ils aient le temps de cuire.

■ Pour vérifier si elle est suffisamment chaude, jeter quelques gouttes d'eau au fond. Si le feu est chaud, elles rebondiront et s'évaporeront en 2 sec ; si le feu est moyen, cela prendra de 4 à 6 sec.

■ Pour empêcher les aliments de coller, huiler légèrement le dessus des rainures. Plier une feuille de papier absorbant pour obtenir un tampon compact et le tremper dans un petit bol d'huile. Secouer le surplus. Tenir le papier replié avec une pince et le passer sur les rainures en prenant soin de ne pas laisser tomber d'huile entre celles-ci ; tout excès d'huile brûlera dans la poêle.

■ Les poêles à fond cannelé sont tout indiquées pour griller les aliments secs : côtelettes, biftecks et filets de poisson qui n'ont pas été marinés et légumes coupés en fines tranches. Si l'on doit faire griller des aliments marinés, bien les égoutter et racler toute parcelle d'ail et d'oignon émincés ; elles brûleraient rapidement dans la poêle.

■ Si l'on veut quadriller un aliment, le faire tourner d'un quart de tour à mi-cuisson.

Entretien de la poêle en fonte (gril noir)

Je crois que les poêles en fonte sont les meilleures poêles à fond cannelé. Elles sont robustes et lourdes ; elles garantissent une répartition optimale et une conservation de la chaleur sur toute la surface ; elles n'ont pas leur pareil pour quadriller les aliments. Toutefois, elles requièrent des soins particuliers lorsque vient de temps de les laver et de les sécher. (Sécher une poêle en fonte avec de l'huile végétale ou du shortening crée un fini antirouille non collant.) Voici ce que la Lodge Manufacturing Company, un des fabricants de poêles en fonte les plus anciens aux États-Unis, recommande de faire.

1. Dans le four, placer les grilles de la manière suivante : une le plus haut possible et l'autre le plus bas possible. Couvrir la grille du bas avec du papier d'aluminium qui recueillera le liquide qui pourrait s'écouler.
2. Préchauffer le four à 180 °C (350 °F).
3. Laver la poêle en fonte neuve dans l'eau chaude savonneuse à l'aide d'une brosse dure. Cela permet d'enlever l'huile et les résidus métalliques provenant de la manufacture.
4. Rincer et essuyer minutieusement la poêle avec du papier absorbant.
5. Appliquer une fine couche de shortening végétal solide qu'on a fait fondre (ex. : Crisco) sur toute la surface de la poêle, à l'extérieur comme à l'intérieur. Un pinceau à pâtisserie est idéal pour cette étape.
6. Mettre la poêle à l'envers sur la grille supérieure du four et laisser 1 h dans le four.
7. Éteindre le four et laisser refroidir la poêle avant de la sortir.
8. Ranger la poêle dans un endroit frais et sec.

Plus vous utiliserez votre poêle en fonte, plus vous l'apprécierez parce qu'elle donnera de meilleurs résultats avec le temps. Après chaque usage, nettoyez-la avec une brosse dure et de l'eau chaude uniquement. N'utilisez pas de savon. Essayez-la immédiatement avec du papier absorbant et enduisez-la d'une fine couche d'huile végétale pendant qu'elle est encore chaude. Ne la mettez jamais dans le lave-vaisselle.

Si une odeur ou un goût de métal se développe ou si des marques de rouilles apparaissent, ne vous inquiétez pas. Lavez la poêle à l'eau chaude savonneuse, enlevez la rouille avec un tampon de laine d'acier et recommencez les étapes décrites précédemment.

■ Laisser refroidir légèrement les poêles en fonte émaillée ou à revêtement antiadhésif avant de les faire tremper dans l'eau savonneuse pour les laver. Si la poêle est en fonte, ne pas ajouter de savon à l'eau de trempage. Laisser tremper la poêle de 5 à 10 min, puis la brosser avec une brosse en soie ou en plastique s'il s'agit d'une poêle en fonte émaillée ou à revêtement antiadhésif, ou avec une brosse métallique s'il s'agit d'une poêle en fonte.

TEST « MISSISSIPPI »
Mettez une main à 5 ou 8 cm (2 ou 3 po) au-dessus de la grille et commencez à compter : « Un Mississippi, deux Mississippi, trois Mississippi » et ainsi de suite. Une chaleur vive ne permet pas de compter plus de deux ou trois Mississippi avant que la chaleur nous force à retirer la main. Quand le gril est à chaleur moyenne, on peut compter cinq ou six Mississippi. Quand la chaleur est basse, on peut aller jusqu'à dix ou douze Mississippi.

GRILS ENCASTRÉS

Si la cuisson dans l'âtre peut être comparée à la cuisson sur un gril d'extérieur fonctionnant au bois ou au charbon de bois, le gril encastré peut être comparé à un gril au gaz. Comme son nom l'indique, le gril encastré fait partie intégrante de certaines cuisinières fonctionnant à l'électricité ou au gaz. Un gril encastré de qualité permet de procéder à la cuisson à chaleur directe comme sur n'importe quel gril au gaz d'extérieur. Les grils de mauvaise qualité ne tiennent pas toujours leurs promesses parce qu'ils ne deviennent pas assez chauds pour donner un bon rendement.

Le premier gril encastré ayant connu un vaste succès commercial est le Jenn-Air, fabriqué par Maytag. Il offrait deux innovations importantes : il était équipé d'un élément chauffant électrique placé sous la grille ainsi que d'un puissant système d'aération-aspiration qui évacuait efficacement la fumée, ce qui permettait de griller les aliments selon la méthode de cuisson directe sans que la cuisine soit remplie de fumée.

De nos jours, plusieurs entreprises réputées fabriquent des poêles avec gril encastré : Jenn-Air, Thermador, Viking, Wolf, etc. Ces grils fonctionnent au gaz ou à l'électricité et utilisent une variété de systèmes de distribution de la chaleur dont les déflecteurs métalliques et les briquettes de céramique. Certains ont une grille antiadhésive ou autonettoyante, d'autres offrent des accessoires pour la rôtisserie.

Mon travail d'enseignant m'ayant permis de beaucoup voyager, j'ai eu la chance d'essayer plusieurs modèles, certains extraordinaires, d'autres fort décevants. Si vous avez envie d'acheter un poêle avec gril encastré, je vous suggère de choisir un magasin ou une école de cuisine où vous pourrez voir le gril fonctionner sous vos yeux ou, mieux encore, où l'on vous permettra de l'essayer pendant quelques minutes.

Critères de sélection

■ Vérifier la puissance calorifique. Les biftecks doivent être grillés sur un « feu » de 315 à 425 °C (600 à 800 °F). Allumer le gril à chaleur maximale et attendre environ 5 min avant de faire le test Mississipi (voir encadré à droite) pour vérifier la chaleur du gril.

■ Vérifier l'uniformité de la chaleur. Le gril est-il aussi chaud à l'arrière qu'à l'avant ? La plupart des grils ont des zones plus ou moins chaudes, mais la distribution de la chaleur doit être uniforme dans l'ensemble.

■ La chaleur correspond-elle à celle indiquée par le sélecteur de température ? Allumer le gril à la température maximale et attendre quelques minutes. Baisser ensuite à chaleur moyenne. La température baisse-t-elle de façon notable ? Baisser ensuite à chaleur douce et refaire le test. Chaque fois que l'on baisse la température, on doit sentir une réelle diminution de la chaleur.

■ La grosseur du gril convient-elle aux besoins de l'acheteur ? Si l'on cuisine pour deux, le gril encastré de grosseur moyenne devrait suffire. Si l'on a l'habitude de recevoir plusieurs invités, il est préférable de choisir un gril encastré plus large ou d'opter pour un autre genre de gril.

■ La grille est-elle anticollante ou antiadhésive ? Les tiges métalliques sont-elles suffisamment larges pour quadriller les aliments ? Y a-t-il une lèchefrite et peut-on la tapisser de papier d'aluminium ?

■ Peut-on nettoyer facilement la grille ? Cette caractéristique est très importante. Il est très désagréable de pouvoir griller ses aliments en 10 minutes et de devoir prendre une heure pour nettoyer le gril. Peut-on démonter le gril sans difficulté ? Certaines pièces – particulièrement la lèchefrite – peuvent-elles être lavées dans le lave-vaisselle ?

■ Vérifier le système d'aération-aspiration. Est-il assez puissant pour faire circuler l'air et évacuer la fumée, ou le détecteur de fumée sonnera-t-il l'alarme à chaque utilisation du gril ?

Ne brûlez pas vos brochettes

Comment peut-on griller des kebabs sans brûler les brochettes de bois ou de bambou ? Tout un défi ! Voici trois solutions.

■ Placez les brochettes sur la grille de manière que l'extrémité dénudée soit à l'extérieur du gril. Ce truc convient surtout pour les grils encastrés étroits.

■ Fabriquez une protection en papier d'aluminium. Cette méthode convient surtout pour la cuisson dans l'âtre et certains grils encastrés. Lisez les indications du fabricant. Dans certains cas, comme le gril encastré Jenn-Air, le fait de couvrir une partie de la grille peut interférer avec le système de contrôle de la température et le système de ventilation. Protégez les brochettes en prenant un morceau de papier d'aluminium trois fois plus long que leur partie dénudée et pliez-le en trois comme une lettre. Placez le papier replié sous la partie dénudée des brochettes.

■ Achetez un gril contact, un gril de table ou une poêle à fond cannelé. Ces grils protègent naturellement les brochettes de la chaleur.

Trucs pour la cuisson des aliments sur un gril encastré

■ Avant d'utiliser le gril, lire minutieusement le manuel du fabricant.

■ Certains modèles ont une grille anticollante ou antiadhésive. Certaines grilles doivent être brossées et huilées avant d'être utilisées.

■ Pour préchauffer le gril, régler la température à chaleur élevée. Évaluer l'intensité de chaleur du feu avec le test « Mississippi ». Mettre une main à 5 ou 8 cm (2 ou 3 po) au-dessus de la grille et commencer à compter : « Un Mississippi, deux Mississippi, trois Mississippi » et ainsi de suite. Une chaleur vive ne permet pas de compter plus de deux ou trois Mississippi avant que la chaleur nous force à retirer la main. Quand le gril est à chaleur moyenne, on peut compter cinq ou six Mississippi. Quand la chaleur est basse, on peut aller jusqu'à dix ou douze Mississippi. Il faut compter de cinq à huit minutes pour préchauffer un gril de table à température élevée.

■ Pour huiler la grille, plier une feuille de papier absorbant pour former un tampon et le tremper légèrement dans l'huile végétale en secouant le surplus. Tenir le tampon à l'aide d'une pince et l'utiliser pour huiler les tiges métalliques.

■ Pour garder le gril le plus propre possible et empêcher les aliments de coller, bien égoutter les viandes et les fruits de mer marinés avant de les déposer sur la grille. On peut aussi les éponger avec du papier absorbant.

■ Nettoyer ou changer souvent le filtre du système d'aération-aspiration.

■ Nettoyer la grille en la trempant dans l'eau chaude savonneuse. Si la surface n'est pas antiadhésive, la brosser avec une brosse naturelle ou de plastique ou une boule de papier d'aluminium tenue à l'aide d'une pince.

LE FOGOLAR

La cheminée à foyer ouvert idéale est le fogolar, qui vient du Frioul, dans le nord-est de l'Italie. Il s'agit d'un gril amovible que l'on place souvent au centre du salon à la maison ou au milieu de la salle à manger au restaurant. Aussitôt installé, il devient rapidement le lieu de rassemblement autour duquel se déroulera le repas. L'âtre surélevé permet au chef de rester debout pour faire griller les aliments, ce qui est plus facile pour le dos puisqu'on n'a pas besoin de se pencher comme c'est le cas quand on cuisine dans la cheminée ordinaire. Au-dessus du fogolar, suspendu au plafond, trône un capuchon de cheminée en forme d'oignon qui évacue la fumée et les exhalaisons. Les modèles plus complexes contiennent même une rôtissoire incorporée. Selon moi, le fogolar est l'installation la plus parfaite pour faire griller des aliments à l'intérieur de la maison.

GRILS DE TABLE

Le gril de table, aussi appelé multi-gril, fonctionne comme le gril encastré, mais il est indépendant et suffisamment petit pour tenir sur le comptoir de cuisine. La plupart des grils de table fonctionnent comme un brûleur inverti, avec des éléments électriques chauffants placés sous la grille. (Certains modèles comme T-Fal et Zojirushi ont un élément chauffant intégré directement dans la grille, ce qui les rend un peu plus puissants.) Pour ce qui est du mode de fonctionnement, le gril de table fonctionne comme un gril à gaz ou électrique conçu pour l'extérieur. Il est toujours spectaculaire de griller des aliments à table devant ses invités.

Malheureusement, plusieurs grils de table ne sont pas assez puissants. Ils prennent souvent un temps fou pour cuire des aliments qui prennent une allure anémique qui n'a rien en commun avec l'apparence des aliments cuits au gril. Néanmoins, plusieurs modèles permettent de faire des biftecks tout à fait acceptables pour une ou deux personnes. Utilisez le gril de table principalement pour des aliments minces ou coupés en petits morceaux qui cuisent rapidement (kebabs de fruits, crevettes, etc.).

Critères de sélection

- Puissance suffisante pour obtenir une température assez élevée pour griller les aliments. Acheter le gril dans un magasin spécialisé où l'on peut vérifier son fonctionnement sur place.
- Un sélecteur de température et un voyant lumineux pour savoir si le gril est en marche.
- Une lèchefrite qu'on peut remplir d'eau ou tapisser de papier d'aluminium pour faciliter le nettoyage.
- Des pièces faciles à enlever pouvant être mises dans le lave-vaisselle pour faciliter le nettoyage.

Trucs pour la cuisson sur un gril de table

- La plupart des grils de table ont une plaque protectrice encastrée servant à protéger le comptoir de cuisine ou le plan de travail contre les températures trop élevées. Il est toutefois plus prudent de placer l'appareil sur une plaque à pâtisserie qui pourra recueillir les éclaboussures et le jus de cuisson.

■ Pour préchauffer le gril, régler la température à chaleur élevée. Évaluer l'intensité de chaleur du feu avec le test « Mississippi ». Mettre une main à 5 ou 8 cm (2 ou 3 po) au-dessus de la grille et commencer à compter : « Un Mississippi, deux Mississippi, trois Mississippi » et ainsi de suite. Une chaleur vive ne permet pas de compter plus de deux ou trois Mississippi avant que la chaleur nous force à retirer la main. Quand le gril est à chaleur moyenne, on peut compter cinq ou six Mississippi. Quand la chaleur est basse, on peut aller jusqu'à dix ou douze Mississippi. Il faut compter 5 min pour préchauffer un gril de table à température élevée, mais parfois davantage. Certains modèles n'atteignent jamais un degré satisfaisant.

■ La plupart des aliments prendront un peu plus de temps à griller sur un gril de table que sur les autres grils d'intérieur. Même si, dans les recettes, j'ai pris soin d'ajouter 1 min de cuisson supplémentaire de chaque côté des aliments, il faudra parfois être un peu plus patient selon le gril de table utilisé.

■ Ne jamais plonger un gril de table dans l'eau à moins d'une indication contraire du fabricant spécifiant qu'on peut le faire en toute sûreté.

CUISSON DANS L'ÂTRE

La cuisine de l'âtre est très ancienne. Les Romains donnaient au foyer le nom de focus (cœur) parce qu'il jouait un rôle de premier plan pour la cuisson des aliments, l'organisation domestique et le confort des habitants. Aux États-Unis, au XVIIIe siècle, la plupart des aliments étaient cuits dans l'âtre. On les déposait sur un gril métallique carré

Cuisson à la broche dans l'âtre

Dans ma collection d'objets consacrés à la cuisson au gril, j'ai une copie d'une page de manuscrit enluminé datant du Moyen Âge. On y voit des canards en train de cuire au tournebroche dans l'âtre d'une cheminée. La broche fonctionne à l'aide d'un mécanisme d'horlogerie simple que les marmitons devaient sûrement remonter toutes les 15 min. Cette invention remonte aux Romains (rappelez-vous le festin de Trimalchio dans le film *Satyricon* de Fellini) et, malgré tout ce dont nous comble notre monde ultramoderne, cette machine ingénieuse mais nullement sophistiquée parvient toujours à me faire saliver et à combler mon âme.

Le SpitJack est un mécanisme à rôtisserie destinée à la cuisson dans l'âtre. Fabriqué en Italie, il est fabriqué en laiton et nous rappelle les beaux ustensiles du XIXe siècle. L'appareil est composé de quatre parties essentielles : une broche rotative en acier, un soutien métallique vertical pour tenir la broche à une extrémité ; une boîte métallique munie d'un mécanisme pour tenir et faire tourner la broche à l'autre extrémité ; une longue lèchefrite plate et métallique que l'on place sous la broche pour recueillir le jus de cuisson.

Le SpitJack est idéal pour faire cuire de gros morceaux de viande comme un jarret d'agneau. Comme il n'y a pas de panier à rôtisserie, on ne peut l'utiliser pour des coupes de viande plus petites ou des légumes coupés en morceaux. Pour faire fonctionner le SpitJack, on embroche le rôti ou la volaille en le maintenant bien en place avec les fourchons. (Le modèle que j'ai acheté comporte deux broches, ce qui permet de faire cuire un poulet sur la grille du dessus et les légumes sur celle du dessous.) Mettre la boîte protégeant le mécanisme devant le feu d'un côté de la cheminée et le support de l'autre côté. Insérer une extrémité de la broche dans le mécanisme et l'autre extrémité dans le support à broche. Placer la lèchefrite sous la broche. La viande doit être suffisamment éloignée du feu pour être exposée à une chaleur moyenne à élevée plutôt qu'à un feu trop intense. Monter le mécanisme et la broche commencera à tourner. Pour contrôler la chaleur, déplacer le SpitJack en le rapprochant ou en l'éloignant du feu. Remonter le mécanisme au besoin pour assurer la continuation du mouvement. (Certains modèles sont munis d'un moteur électrique.) Même si le mécanisme est habituellement assez éloigné du feu pour l'empêcher d'atteindre une chaleur insupportable, il faut toujours porter des gants isolants pour le remonter.

Pourquoi utiliser ce mode de cuisson plutôt qu'un four-rôtissoire que l'on dépose simplement sur un comptoir de cuisine ? D'abord, parce que le plaisir de se rassembler et de cuisiner avec ses amis devant un feu de cheminée est indescriptible. Ensuite, parce que le goût de fumée est unique et inimitable. Il y a aussi quelque chose d'hypnotisant à regarder la viande ou la volaille tourner lentement devant les flammes qui dansent. Notre âme est toujours satisfaite de voir que les êtres humains continuent d'utiliser ce mode de cuisson aussi ancien que notre civilisation elle-même. Consultez le site web www.spitjack.com.

TRUCS POUR LA SÉCURITÉ

■ ***Ayez toujours un extincteur à poudre chimique à portée de la main. Une fois par année, demandez au service des incendies de votre région de vérifier s'il est bien rempli et en bon état.***

■ ***Les petites flammes peuvent être éteintes avec une poignée de sel. Gardez-en toujours une boîte à portée de la main.***

monté sur trépied. C'était là une manière fort courante de faire cuire la viande. Cette façon de faire a pratiquement disparu, mais elle est toujours populaire en Italie, en France, en Argentine et en Inde.

Ce mode de cuisson présente au moins cinq avantages. Premièrement, il permet de cuire les aliments comme on le fait sur un gril d'extérieur fonctionnant au bois ou au charbon de bois. Deuxièmement, on peut choisir l'intensité du feu. Troisièmement, on utilise du bois, ce qui donne aux aliments un goût de fumée inimitable. Quatrièmement, si l'on vit dans un pays froid, on peut cuire les aliments au gril sans devoir braver la neige ou le froid. Enfin, on peut jouir du bonheur grégaire enivrant qui consiste à se rassembler devant un bon feu pour vivre l'expérience qui a contribué le plus fortement à assurer la transition entre l'homme de la préhistoire et l'homme d'aujourd'hui.

Pour profiter pleinement de la cuisson dans l'âtre, il faut simplement du feu, un gril conçu pour la cheminée (sur trépied) ou un gril toscan. Ce dernier est un gril carré ou rectangulaire, souvent fabriqué en fonte, dont on peut régler la hauteur à 8 à 15 cm (3 à 6 po) au-dessus du feu. Inutile de payer une fortune. J'ai déjà vu des gens poser une clayette de leur réfrigérateur au-dessus de quelques briques placées de chaque côté du feu.

La technique de base consiste à allumer un bon feu et à le laisser brûler jusqu'à ce que la braise soit incandescente. On entasse ensuite la braise en un tas d'environ 2,5 cm (1 po) ou on fait un feu à deux zones de chaleur en faisant un tas plus gros d'un côté, pour saisir les aliments à chaleur vive, et une pile plus petite de l'autre, pour cuire les aliments à feu moyen. Placer le gril au-dessus de la braise et préchauffer de 3 à 5 min. Dans certaines cheminées ou foyers plus gros (spécialement dans les restaurants), on prépare le feu d'un côté ou au centre et la braise est entassée sous un ou plusieurs grils placés sur le côté.

Critères de sélection

■ J'aime les grils en fonte avec des tiges ayant au moins 6 mm (¼ po) d'épaisseur et des trépieds ayant au moins 8 cm (3 po) de haut. Certains modèles ont une poignée, ce qui permet de les manipuler facilement. D'autres ont des tiges très espacées d'un côté pour griller les aliments plus larges comme les biftecks et des tiges moins espacées de l'autre pour cuire les légumes.

■ Certains grils toscans ont un encadrement à encoches convenant parfaitement à la grandeur de la grille. Cela permet de régler la hauteur de la grille à volonté.

■ Certains grils toscans sont composés de deux charnières flottantes et de trépieds sur le dessus et le dessous, ce qui permet de placer les steaks sandwiches, les légumes et d'autres aliments fragiles entre les grilles avant de les faire cuire. Quand les aliments sont cuits d'un côté, on retourne complètement le gril et on les cuit de l'autre côté.

CUISINER DANS L'ÂTRE

Mettre une main à 5 ou 8 cm (2 ou 3 po) au-dessus de la grille et commencer à compter : « Un Mississippi, deux Mississippi, trois Mississippi » et ainsi de suite. Une chaleur vive ne permet pas de compter plus de deux ou trois Mississippi avant que la chaleur nous force à retirer la main.

Ajouter de la braise au besoin pour maintenir la température.

Trucs pour la cuisson dans l'âtre

■ Il est préférable que la cheminée à foyer ouvert soit suffisamment large pour faire un feu d'un côté ou dans la partie arrière tout en pouvant placer le gril de l'autre côté ou dans la partie avant.

■ Un large tablier en pierre devant le foyer vous procurera une aire de travail pour préparer les aliments et protéger la pièce des étincelles.

■ Toujours utiliser du bois dur ; par exemple, des bûches de hickory, noyer, chêne, pommier, cerisier ou aulne feront parfaitement l'affaire. Ne jamais utiliser de bois mou comme le pin ou l'épinette. Ils contiennent un résidu goudronneux semblable à de la suie, ce qui augmente le risque d'incendie dans la cheminée. Attention : Ne jamais utiliser de charbon dans la cheminée. L'émission de monoxyde de carbone peut causer la mort.

■ Une grille de foyer surélevée ou des chenets permettent aux bûches de brûler lentement et de se transformer en braise ardente. Si l'on a assez de place, placer les chenets et les bûches au fond de la cheminée à foyer ouvert.

■ Pour réduire les risques d'incendie, demander à un ramoneur professionnel de nettoyer la cheminée avant la saison froide. La cheminée doit pouvoir bien tirer et l'évacuation de la fumée, se faire sans obstacle.

■ Laisser refroidir le feu complètement avant de retirer les cendres. S'assurer qu'elles sont froides et les éteindre avec de l'eau pour étouffer la moindre étincelle. Déposer les cendres dans un seau ou une poubelle métallique (jamais de plastique) même si l'on attend le lendemain pour nettoyer la cheminée.

Comment griller des aliments dans l'âtre

■ S'assurer d'avoir suffisamment de bois dur à portée de la main. Les bûches fendues de 8 ou 10 cm (3 ou 4 po) de diamètre sont idéales. Il faut compter de huit à quinze bûches par recette et pour allumer le feu.

■ S'assurer d'ouvrir le registre.

■ Faire le feu dans la partie arrière de l'âtre, si possible, en commençant avec quatre à six bûches. Cuisiner dans la partie avant de l'âtre. Compter de 40 à 60 min environ pour avoir un bon lit de braise. Surveiller le feu; il faut commencer à cuire les aliments pendant qu'elles dégagent le plus de chaleur.

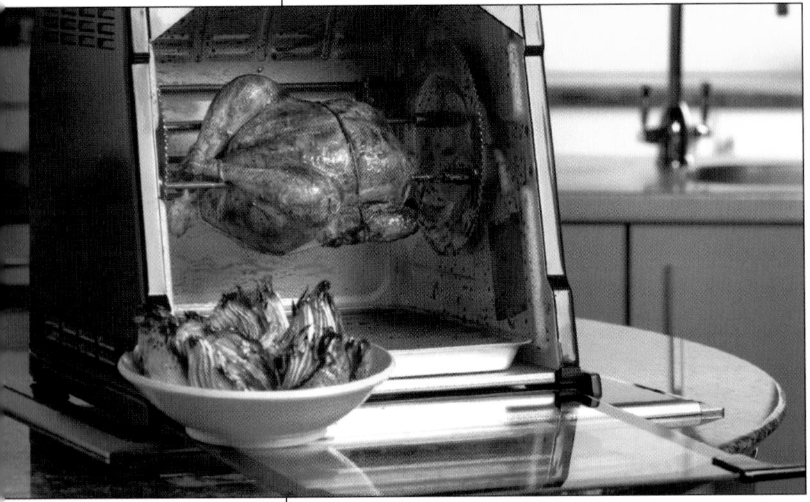

■ Évaluer l'intensité de chaleur du feu avec le test « Mississippi ». Mettre une main à 5 ou 8 cm (2 ou 3 po) au-dessus de la grille et commencer à compter : « Un Mississippi, deux Mississippi, trois Mississippi » et ainsi de suite. Une chaleur vive ne permet pas de compter plus de deux ou trois Mississippi avant que la chaleur nous force à retirer la main. Quand le gril est à chaleur moyenne, on peut compter cinq ou six Mississippi. Quand la chaleur est basse, on peut aller jusqu'à dix ou douze Mississippi.

■ Quand le lit de braise est prêt, faire un tas de 2,5 cm (1 po) environ. Placer le gril toscan ou le gril (de préférence devant les chenets) et préchauffer. Le temps de cuisson est indiqué pour chacune des recettes. Selon la chaleur dégagée par la braise, le temps requis peut être plus ou moins long que le temps indiqué. Ne pas oublier d'ajouter de la braise sous le gril de temps à autre afin de garder le lit toujours chaud.

■ Alimenter le feu au besoin. J'ajoute une nouvelle bûche 15 min après avoir allumé le feu, puis j'en ajoute ensuite une autre toutes les 5 min. Je m'assure ainsi de toujours avoir une bonne provision de braise.

RÔTISSOIRE POSABLE

Comme le gril contact, la rôtissoire posable est fortement associée à celui qui l'a fait connaître. Ron Popeil, qui est devenu célèbre en Amérique du Nord grâce au Veg-O-Matic, vend aujourd'hui un appareil qui ressemblait à l'origine à un aquarium équipé d'un moteur et d'un élément chauffant. À l'aide de ses nombreuses apparitions à la télévision, il a vendu des millions de rôtissoires Showtime grâce aux vertus de son appareil et à son charisme indéniable.

La rôtissoire posable – aussi appelée four-rôtissoire, rôtissoire-four ou simplement rôtissoire – existe en fait depuis plusieurs années. Ma belle-mère parle avec nostalgie du Roto-Broil 400 de ses jeunes années à Miami Beach. De nos jours, on peut se procurer une rôtissoire posable munie de broches horizontales ou verticales. George Foreman a même créé son propre modèle. Mais l'intérêt de cet appareil repose davantage sur le mode de cuisson qu'elle permet de faire que sur la rôtissoire elle-même. Mary Randolph, l'un des premiers auteurs américains spécialisés en cuisine, a écrit dans son livre The Virginia House-Wife publié en 1824 : « Aucune viande ne peut être rôtie de manière satisfaisante, sauf à la broche. »

La rôtissoire posable fonctionne comme l a rôtissoire que l'on utilise en plein air. Les aliments tournent lentement (six fois à la minute dans le cas du modèle Showtime) au tournebroche devant ou au-dessus d'un élément

CUISINER À LA RÔTISSOIRE

Pour rôtir un seul poulet, l'embrocher verticalement sur la broche de la rôtissoire.

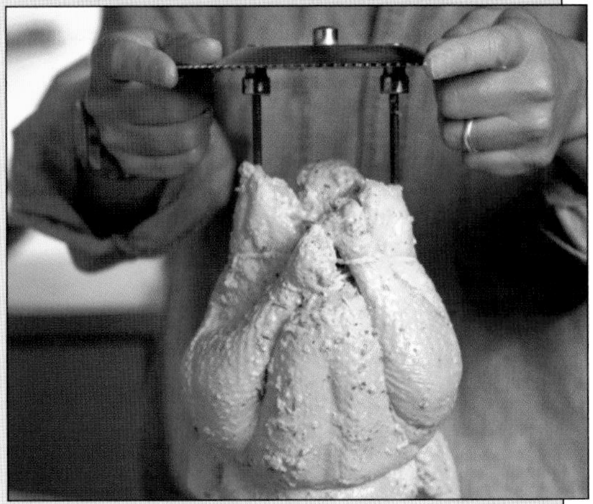

Placer la roue de la rôtissoire sur les broches, en prenant soin de bien fixer ces dernières.

électrique chauffant (les modèles plus gros destinés à un usage commercial et certains modèles conçus pour la cuisson en plein air fonctionnent au gaz ou, parfois, au bois ou au charbon). Dans le cas de la rôtissoire Showtime, un réflecteur métallique situé derrière l'élément chauffant concentre la chaleur sur l'aliment pendant qu'une lèchefrite placée au fond de l'appareil recueille le jus de cuisson.

Ce mode de cuisson offre au moins trois avantages. La rotation douce et lente de la broche arrose la viande à la fois à l'intérieur (avec le jus de la viande) et à l'extérieur (avec le gras). Puisque la viande tourne lentement, aucune partie n'est exposée trop longtemps à la chaleur, ce qui empêche la chair de brûler ou de trop cuire. Enfin, la rotation régulière permet à la viande de brunir uniformément sur toutes les faces.

La rôtissoire posable est recommandée pour cuire les coupes de viande cylindriques, qu'il s'agisse d'un poulet, d'une dinde, d'un rôti de côtes ou d'une longe de porc. Le panier métallique permet de rôtir à la broche des aliments plats tels que les darnes de poisson et les queues de homard. Les viandes plus coriaces ou plus grasses tels que les côtes levées ou le canard gagnent à être cuites dans la rôtissoire. Les côtes levées deviennent plus tendres et le canard perd une grande partie de sa graisse en cours de cuisson. Un des inconvénients majeurs est que la rôtissoire ne permet pas de griller avec une source de chaleur indirecte. La rôtissoire allie toutefois plusieurs avantages de la cuisson indirecte aux bénéfices de la cuisson à la broche.

Critères de sélection

- Un moteur robuste et suffisamment de puissance pour brunir et saisir les aliments.
- Un thermostat réglable. Plusieurs modèles n'en ont pas et donnent malgré tout de bons résultats. Mais, personnellement, j'aime toujours avoir le contrôle…
- Une broche suffisamment large et lourde pour supporter une dinde de 6 ou 7 kg (15 lb).
- Des fourchons à l'épreuve de la rouille faciles à utiliser pour bien tenir les aliments en place. (La rôtissoire Showtime a une broche double qui élimine la nécessité d'avoir des fourchons.)

■ J'aime les broches horizontales. Le jus de cuisson et le gras coulent plus rapidement sur une grille verticale, et la viande n'est pas arrosée de manière continue comme sur une broche horizontale. Deux exceptions seulement à cela : le doner turc et le shawarma du Moyen-Orient, deux rôtissoires verticales utilisées pour faire cuire l'agneau haché et d'autres viandes grasses qui permettent d'éliminer rapidement le surplus de gras.

■ Des paniers métalliques pour griller à la broche des aliments de formes irrégulières tels que les artichauts coupés en quartiers et les côtes.

■ Certaines rôtissoires, comme la Showtime, sont munies d'une poignée de plastique ronde qui maintient la broche stable verticalement, ce qui permet d'utiliser les deux mains pour embrocher les aliments. Il s'agit d'un objet très pratique qu'il ne faut pas oublier d'utiliser.

■ Une minuterie.

■ Un hublot ou une porte en verre pour surveiller la cuisson.

■ Une lèchefrite facile à nettoyer pour recueillir le gras de cuisson.

■ Une rôtissoire facile à démonter et à nettoyer. Idéalement, toutes les pièces qui touchent aux aliments devraient pouvoir être mises dans le lave-vaisselle.

■ Une grosseur convenable : assez large pour faire cuire les aliments que l'on préfère et assez petite pour ne pas prendre toute la place sur le comptoir de cuisine ou le plan de travail.

Trucs pour la cuisson dans une rôtissoire posable

■ La plupart des modèles n'ont pas besoin d'être préchauffés ; il suffit de les mettre en marche. Les indications fournies par le fabricant précisent clairement si cette étape est nécessaire ou non.

■ Tapisser la lèchefrite de papier d'aluminium pour faciliter le nettoyage.

■ Brider la volaille (voir p. 205) avant de l'embrocher. Elle aura belle allure et sera plus compacte, ce qui favorisera une cuisson uniforme et empêchera les membres de se détacher et de frotter contre l'élément chauffant.

■ Quand on fait rôtir un seul poulet, l'embrocher en faisant pénétrer la broche par le cou et en la faisant sortir par la queue. Si l'on rôtit deux poulets, la broche doit être perpendiculaire à la colonne vertébrale. La tête de l'un et la queue de l'autre doivent être orientées vers le haut.

■ Distribuer le poids des aliments également sur la broche.

■ Quand on tient la broche, s'assurer que la roue d'engrenage détachable est légèrement surélevée afin qu'elle ne tombe pas.

■ Au moment de remplir un panier plat, le remplir entièrement et le fermer le plus vite possible pour empêcher les aliments de bouger dans le panier.

Saumon fumé préparé avec le fumoir d'intérieur

CUISINER AU FUMOIR

Saupoudrer le centre de la partie inférieure du fumoir de sciure de bois dur.

Placer la nourriture sur la grille au-dessus de la lèchefrite tapissé de papier d'aluminium.

Rabattre le couvercle (mais laisser entrouvert) et cuire à température élevée. Lorsque la fumée commence à se former, fermer le couvercle fermement et réduire le feu à température moyenne.

■ On peut utiliser la touche de pause pour faire brunir la partie plate de certains aliments. Appuyer sur la touche de pause pour arrêter la broche de tourner et exposer la partie plate à brunir directement face à l'élément chauffant.

■ Pour nettoyer la rôtissoire posable, enlever d'abord les pièces qui peuvent être lavées dans le lave-vaisselle : fenêtre, lèchefrite, paniers, broche, etc. Laisser tremper dans l'eau chaude savonneuse pendant quelques minutes, puis laver dans le lave-vaisselle ou à la main. Ne pas utiliser de tampon abrasif. Essuyer l'intérieur de la rôtissoire avec une éponge ou un linge qu'on aura humecté avec un peu d'eau savonneuse.

FUMOIRS D'INTÉRIEUR

Le fumoir d'intérieur est l'un des appareils de cuisson les plus ingénieux jamais inventés. Il est simple et efficace et communique aux aliments l'odeur de fumée authentique du barbecue en moins de 20 min. Il est possible de contrôler l'odeur sur mesure en variant simplement le genre de sciure de bois utilisée.

Bien qu'il existe plusieurs nouveaux fabricants, le plus connu internationalement est le fumoir Camerons fabriqué en Afrique du Sud. Cette entreprise a créé des fumoirs de différentes grosseurs, mais le concept est toujours le même : un caisson métallique rectangulaire et un couvercle plat mobile. À l'intérieur, on trouve une lèchefrite pour recueillir le jus de cuisson et le gras ainsi qu'une grille sur laquelle on dépose les aliments. Cet appareil est relativement petit et facile à ranger. Il faut aussi acheter de la sciure ou des copeaux de bois qui n'ont pas été traités chimiquement pour éviter la pollution. Les bois les plus utilisés sont le pommier, le prosopis, le chêne, le cerisier, l'érable, le pacanier, le hickory, l'aulne et l'épi de maïs.

Les fumoirs Cameron sont relativement peu profonds, ce qui permet de fumer des aliments plutôt minces tels que les crevettes, le blanc de volaille ou les côtelettes de porc. Si vous souhaitez fumer des morceaux de viande beaucoup plus gros comme le poulet cuit sur une canette de bière (p. 210) ou une dinde entière (p. 241), n'hésitez pas à investir dans l'achat d'un plus grand fumoir comme le modèle à couvercle rond de Villa Ware. Lisez l'encadré de la p. 160 pour connaître la méthode de fumage en deux étapes.

Critères de sélection

■ Acheter un fumoir dont le caisson métallique est solide et le couvercle ferme parfaitement bien.

■ S'assurer qu'il est vendu avec une lèchefrite et une grille métallique.

■ Voir si le fabricant vend une variété de sciure destinée au fumage. Sinon, le fabricant doit avoir fourni une feuille expliquant clairement quelles variétés de bois il faut utiliser et les endroits où on peut se les procurer.

Trucs pour la cuisson dans un fumoir d'intérieur

■ Contrairement aux fumoirs conçus pour l'extérieur, il n'est pas nécessaire de faire tremper la sciure de bois.

■ Pour faciliter le nettoyage, tapisser le fumoir avec du papier d'aluminium avant d'ajouter la sciure.

■ On peut aussi utiliser des granules de bois dur *(pellets)* pour le fumage d'intérieur ; utiliser de six à huit granules pour remplacer 1 c. à soupe de sciure.

■ Faire tourner l'éventail de la hotte de la cuisinière pendant le fumage. On peut aussi ouvrir une fenêtre de la cuisine. Si le détecteur de fumée sonne l'alarme et que l'on décide de le débrancher (ce que je ne recommande pas), ne pas oublier de le rebrancher une fois le fumage terminé.

■ Au moment de vider le fumoir, s'assurer que la sciure est complètement refroidie en l'éteignant avec un peu d'eau et en la laissant à température ambiante au moins 1 h. Il ne faudrait pas que la moindre étincelle se retrouve dans la boîte à ordures. Après quelque temps, le couvercle du fumoir aura peut-être tendance à gauchir un peu, ce qui permettra à la fumée de s'échapper. Placer un objet lourd sur le dessus, comme une bouilloire remplie d'eau, pour lui redonner sa forme originale et s'assurer que la fumée reste emprisonnée à l'intérieur du fumoir.

Comment utiliser un fumoir d'intérieur

■ Il suffit de mettre dans le réservoir de sciure la quantité précise de sciure de bois dur indiquée par le fabricant. On place ensuite la lèchefrite sur la sciure. On dépose la grille métallique sur la lèchefrite, puis on y dépose ensuite les aliments. Faire glisser le couvercle jusqu'à ce que le fumoir soit fermé.

■ Déposer le fumoir sur un brûleur à feu moyen-vif. Il suffira de quelques minutes seulement pour que la bonne odeur de fumée commence à se dégager. Fermer le couvercle et baisser le feu à chaleur moyenne. Fumer les aliments en respectant le temps suggéré par le fabricant ou la recette.

HORS-D'ŒUVRE

Quand je prépare mes menus, j'aime que tous les plats soient grillés, des hors-d'œuvre aux desserts. Mes invités ne sont plus étonnés quand je leur offre des asperges grillées au prosciutto et au provolone, du fromage de chèvre grillé dans des feuilles de radicchio ou des champignons farcis au sésame et au gingembre. Les ailes de poulet font partie de la cuisine nord-américaine classique, mais je vous apprendrai à les faire cuire au tournebroche, dans un gril contact ou un fumoir. Ma recette de crevettes frottées au piment vous permettra de faire un cocktail de crevettes hors du commun. Et que dire des boulettes de viande à la mode suédoise préparées sur un gril d'intérieur ?

TRUC

■ On utilise souvent le brun du poulet pour la cuisson sur le gril parce qu'il est moins sec et plus savoureux que le blanc. Dans cette recette, vous pouvez prendre du blanc de poulet sans problème. La farce peut aussi être faite avec du porc ou des crevettes.

CHAMPIGNONS FARCIS AU GINGEMBRE ET AU SÉSAME

Les champignons farcis sont des hors-d'œuvre qui ont la cote partout dans le monde, du Mexique au Japon. Voici une recette de champignons grillés inspirée d'un plat servi au populaire bar à sushi *Kirala* de Berkeley, en Californie. Si vous êtes un habitué de la cuisine italo-américaine et des champignons farcis à la chapelure et au fromage, voici de quoi vous inspirer davantage.

RECETTE

12 CHAMPIGNONS

240 g (8 oz) de cuisses ou de blancs (poitrines) de poulet, sans peau et désossés, en morceaux de 1,25 cm (½ po)
1 gousse d'ail, émincée
1 oignon vert (le blanc et le vert), émincé (réserver 1 c. à soupe de vert pour garnir)
1 c. à café (1 c. à thé) de gingembre frais, pelé et haché finement
3 c. à café (3 c. à thé) de graines de sésame, grillées (voir Note)
¼ c. à café (¼ c. à thé) de gros sel de mer ou de sel casher, ou plus au goût
¼ c. à café (¼ c. à thé) de poivre noir frais moulu

1 c. à soupe de sauce soja, ou plus au goût
2 c. à café (2 c. à thé) d'huile de sésame orientale (foncée)
12 grands chapeaux de champignons (360 g/12 oz en tout)

1. Mettre le poulet, l'ail, les oignons verts, le gingembre, 1 c. à café (1 c. à thé) de graines de sésame, le sel et le poivre dans le robot de cuisine. Hacher finement sans réduire en purée. Ajouter la sauce soja et l'huile de sésame. Rectifier l'assaisonnement en sel et/ou en sauce soja si nécessaire. La préparation doit être bien assaisonnée.

2. Séparer minutieusement les pieds des chapeaux de champignons. À l'aide d'une cuillère à pamplemousse ou à melon, évider les chapeaux et conserver la chair pour un autre usage. Farcir les chapeaux avec la préparation au poulet.

3. Cuire les champignons, en suivant les directives de l'encadré, jusqu'à ce qu'ils soient colorés et tendres. La farce doit grésiller. Les bords des chapeaux doivent céder doucement si on les presse entre le pouce et l'index.

4. Garnir avec les oignons verts réservés et les graines de sésame restantes. Servir immédiatement.

Note : Pour griller les graines de sésame, mettez-les dans une poêle en fonte ou à fond épais. (Ne pas utiliser de poêle antiadhésive.) Faire brunir légèrement les graines environ 3 min à feu moyen en secouant la poêle pour qu'elles grillent uniformément. Laisser refroidir dans un bol résistant à la chaleur.

Si vous avez...

GRIL CONTACT : Préchauffer le gril. S'il est muni d'un sélecteur de température, préchauffer à température élevée. Mettre la lèchefrite sous la partie avant du gril. Quand on est prêt pour la cuisson, huiler légèrement la surface de cuisson. Déposer les champignons farcis sur le gril chaud et fermer le couvercle. Compter de 3 à 5 min de cuisson.

GRIL ENCASTRÉ : Préchauffer le gril à température élevée. Si la surface de cuisson n'est pas antiadhésive, brosser et huiler la grille. Déposer les champignons sur la grille chaude, côté farci vers le bas. Compter de 3 à 5 min de cuisson de chaque côté.

GRIL DE TABLE : Préchauffer le gril à température élevée ; il n'est pas nécessaire d'huiler la grille. Déposer les champignons sur le gril chaud, côté farci vers le bas. Compter de 4 à 6 min de cuisson de chaque côté.

ÂTRE : Entasser la braise ardente sous la grille et préchauffer de 3 à 5 min ; le feu doit être chaud (2 à 3 Mississippi). Quand on est prêt pour la cuisson, brosser et huiler la grille. Déposer les champignons sur la grille chaude, côté farci vers le bas. Compter de 3 à 5 min de cuisson de chaque côté.

Gril contact

POPPERS SUR LE GRIL

Dans les cercles culinaires, on donne le nom de *poppers* aux piments jalapeños farcis au fromage que l'on traite à grande friture. Deux raisons imposent leur cuisson sur un gril contact : ils seront moins gras et aussi moins huileux. Cette recette a été créée par l'homme d'affaires texan Jerry Lawson, président de W W Wood, le plus important fournisseur américain de bois pour la cuisson au barbecue.

RECETTE

24 POPPERS

180 g (6 oz) de fromage de chèvre mou ou de fromage à la crème aux fines herbes à température ambiante
12 piments jalapeños, équeutés, coupés en deux sur la longueur et épépinés
Cumin moulu
24 brins de coriandre fraîche
8 tranches de bacon, coupées en travers en trois morceaux
Huile de cuisson en vaporisateur

24 cure-dents de bois

1. Mettre une cuillerée de fromage dans un demi-piment jalapeño. Couvrir de cumin et garnir avec un brin de coriandre. Envelopper chaque piment avec un morceau de bacon et faire tenir à l'aide d'un cure-dent. Répéter avec les ingrédients restants. La recette peut être préparée quelques heures d'avance jusqu'à cette étape. Couvrir et conserver dans le réfrigérateur.

2. Préchauffer le gril (si l'on utilise un gril contact, voir p. 2). Si le gril contact est muni d'un sélecteur de température, le préchauffer à température élevée. Mettre la lèchefrite sous la partie avant du gril.

3. Quand on est prêt pour la cuisson, vaporiser légèrement la surface de cuisson avec de l'huile. Ranger les piments sur la surface de cuisson, face coupée vers le haut. Fermer doucement le couvercle et griller de 2 à 4 min, jusqu'à ce que le bacon soit coloré et que le piment grésille. Servir immédiatement dans un plat ovale.

TRUC

■ Remplacer le bacon par 240 g (8 oz) de fines lamelles de bavette de flanchet salées et poivrées. Le temps de cuisson sera approximativement le même.

TRUC

■ **Achetez les asperges les plus grosses que vous trouverez, aussi grosses que votre petit doigt de préférence. Achetez du provolone affiné, au poivre ou aux truffes.**

BALUCHONS D'ASPERGES AU PROVOLONE ET AU PROSCIUTTO

Les asperges et le jambon sont très populaires dans la composition des hors-d'œuvre. Au cours d'une seule année, j'ai eu le bonheur de goûter plusieurs recettes variées à base de ces deux ingrédients au Robatayaki (gril) d'Oakland, en Californie, ainsi que dans un temple Relais & Château de la haute cuisine d'Edgartown, à Martha's Vineyard. Vous pouvez simplement griller les tiges d'asperge dans le prosciutto ou embrocher les baluchons sur des brochettes de bambou en formant un genre de radeau miniature.

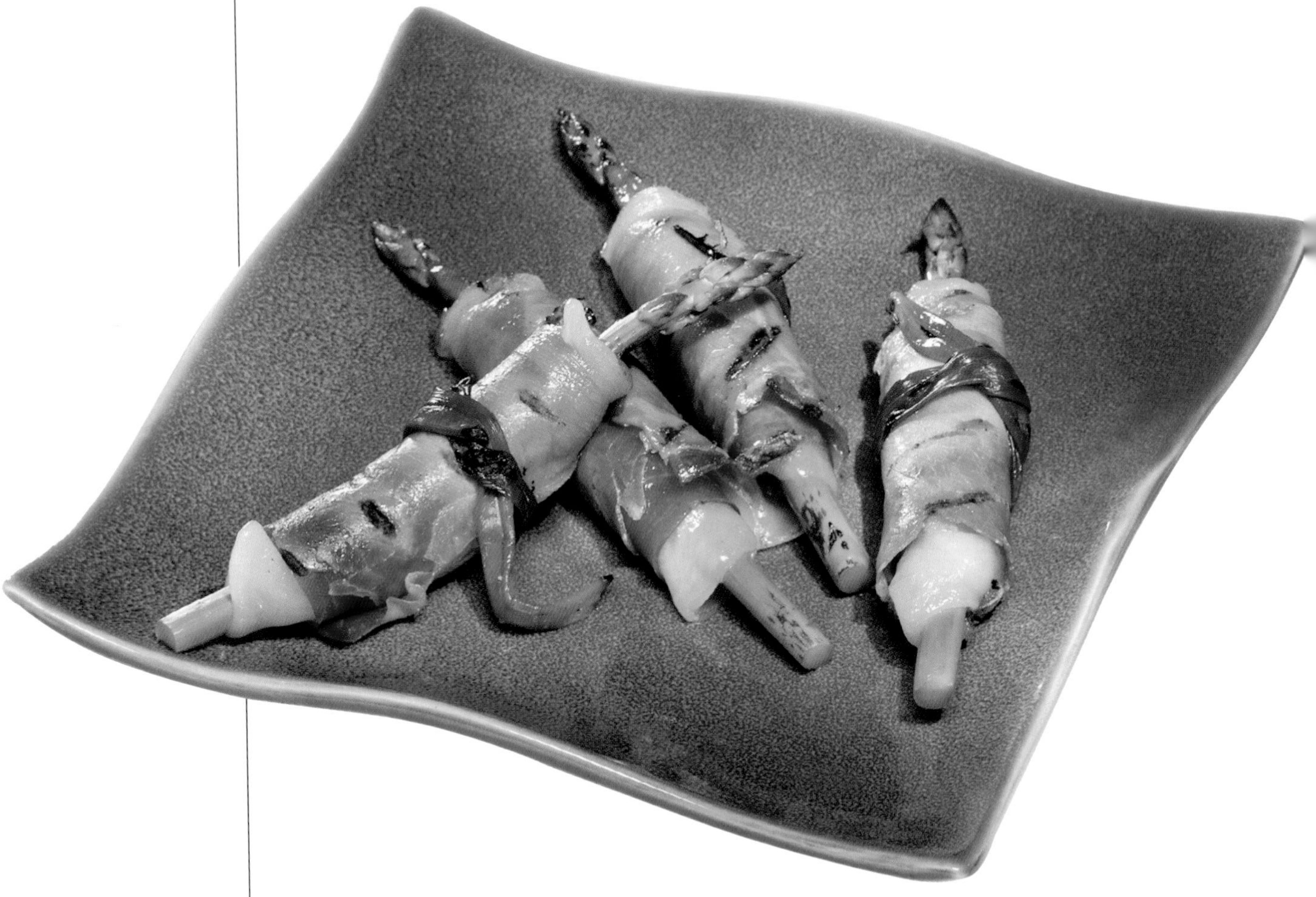

RECETTE

16 BALUCHONS

1 botte de ciboulette ou d'oignons verts (le vert seulement) (voir Note)
16 grosses pointes d'asperges (environ 480 g/1 lb)
2 tranches de fromage provolone de 6 mm (¼ po) d'épaisseur (environ 480 g/4 oz)
8 fines tranches de prosciutto (environ 120 g/4 oz), coupées en travers en deux morceaux

1. Débarrasser les asperges de leur partie fibreuse. La manière la plus simple est de les saisir à la base d'une main et de les plier de l'autre. Elles casseront exactement là où la partie fibreuse se termine. Jeter les extrémités fibreuses.

2. Couper chaque tranche de fromage en lamelles de 6 mm (¼ po). Mettre un morceau de prosciutto sur une planche à découper, face coupée vers soi. Déposer une asperge au bord du morceau de prosciutto, parallèlement à la face coupée. Mettre une lamelle de fromage à côté de l'asperge. Rouler l'asperge et le fromage dans le prosciutto et fermer les bouts à l'aide d'un ou deux morceaux de ciboulette. Répéter jusqu'à épuisement des ingrédients. On peut préparer la recette quelques heures d'avance jusqu'à cette étape. Couvrir et conserver dans le réfrigérateur.

3. Cuire les asperges, en suivant les directives de l'encadré, jusqu'à ce que le prosciutto soit coloré, que le provolone soit fondu et que les asperges soient tendres. Procéder en deux ou trois fois si la surface de cuisson n'est pas assez grande.

4. Servir immédiatement dans un plat ovale.

Note : Si vous utilisez des oignons verts, faites-les blanchir pour qu'ils deviennent suffisamment souples pour servir d'attache sans se briser. Cette étape est inutile avec la ciboulette. Coupez les oignons verts en morceaux de 8 cm (3 po). Amenez 2 litres (8 tasses) d'eau dans une casserole à ébullition à feu moyen-vif. Laissez bouillir les oignons 10 sec. Égouttez dans un chinois et rincez à l'eau froide pour les refroidir. Épongez-les ensuite avec du papier absorbant.

Si vous avez...

GRIL CONTACT : Préchauffer le gril. S'il est muni d'un sélecteur de température, préchauffer à température élevée. Mettre la lèchefrite sous la partie avant du gril. Quand on est prêt pour la cuisson, huiler légèrement la surface de cuisson. Déposer les asperges sur le gril chaud et fermer doucement le couvercle. Compter de 2 à 4 min de cuisson.

POÊLE À FOND CANNELÉ : Préchauffer la poêle à feu moyen-vif sur la cuisinière. Quand on peut y faire rebondir une goutte d'eau, c'est qu'elle est suffisamment chaude. Quand on est prêt pour la cuisson, huiler légèrement les rainures. Déposer les asperges dans la poêle chaude, perpendiculairement aux rainures. Compter de 2 à 3 min de cuisson de chaque côté.

GRIL ENCASTRÉ : Préchauffer le gril à température élevée. Si la surface de cuisson n'est pas antiadhésive, brosser et huiler la grille. Déposer les asperges sur la grille chaude, perpendiculairement aux tiges métalliques. Compter de 2 à 3 min de cuisson de chaque côté.

GRIL DE TABLE : Préchauffer le gril à température élevée ; il n'est pas nécessaire d'huiler la grille. Déposer les asperges sur le gril chaud, perpendiculairement aux tiges métalliques. Compter de 3 à 4 min de cuisson de chaque côté.

ÂTRE : Entasser la braise ardente sous la grille et préchauffer de 3 à 5 min ; le feu doit être chaud (2 à 3 Mississippi). Quand on est prêt pour la cuisson, brosser et huiler la grille. Déposer les asperges sur la grille chaude, perpendiculairement aux tiges métalliques. Compter de 2 à 3 min de cuisson de chaque côté.

TRUCS

■ Le radicchio est un genre de chicorée amère aux feuilles rouges et aux nervures blanches. Vous pouvez remplacer le radicchio par de la laitue Boston ou du chou cavalier. Ils n'ont pas le même goût que le radicchio, mais ils donnent tout de même de bons résultats.

■ Achetez un fromage de chèvre doux vendu sous forme de bûche.

■ La pancetta est un bacon italien non fumé. Vous pouvez la remplacer par du bacon.

FROMAGE DE CHÈVRE GRILLÉ EN FEUILLES DE RADICCHIO

Les humains font griller des aliments dans des feuilles depuis des temps immémoriaux. En Thaïlande, au Sri Lanka ou au Yucatan, des experts maîtrisent cette technique de cuisson à la perfection. Les feuilles (banane, citrouille, vigne, etc.) protègent les aliments délicats de la chaleur vive du feu tout en les imprégnant d'un goût caractéristique de fumée et d'herbes. Les aliments présentés de cette façon sont toujours très appétissants et il existe un plaisir très primaire dans le fait d'ouvrir un de ces petits baluchons comestibles. Cette recette, dans laquelle la pancetta salée, le radicchio amer et le fromage de chèvre s'allient harmonieusement, est inspirée par Caprial et John Pense, de PBS TV à Portland, en Oregon. Essayez-la avec la Bruschetta (p. 324) ou un autre genre de pain grillé.

RECETTE

8 BALUCHONS

1 grosse tête de radicchio (chicorée rouge)
240 g (8 oz) de fromage de chèvre doux
1 c. à soupe de pignons, grillés (voir Note) ou 1 c. à soupe de pacanes, hachées
8 minces tranches de pancetta ou de bacon (180 à 240 g/6 à 8 oz)
Gros sel de mer ou sel casher et poivre noir frais moulu
Vinaigre balsamique âgé

Ficelle ou 8 cure-dents de bois

1. Couper et jeter le trognon du radicchio. Détacher 8 grandes feuilles et garder les autres pour un autre usage. Étendre les feuilles sur une planche à découper, face creuse vers le haut. Couper le fromage en 8 tranches de même grosseur et en déposer une au centre de chaque feuille de radicchio. Garnir de pignons sur le dessus.

2. Replier la partie inférieure de la feuille vers le centre. Ramener ensuite les deux côtés de la feuille vers le centre. Rouler comme on le ferait pour une feuille de vigne farcie. Envelopper une tranche de pancetta autour du baluchon et faire tenir à l'aide d'un bout de ficelle ou d'un cure-dent. Répéter avec le reste des baluchons et de pancetta. On peut préparer la recette jusqu'à cette étape quelques heures d'avance.

3. Cuire les baluchons, en suivant les directives de l'encadré, jusqu'à ce qu'ils soient tendres et colorés.

4. Servir les baluchons dans un plat ovale. Jeter la ficelle ou les cure-dents. Saler, poivrer et arroser avec quelques gouttes de vinaigre balsamique. Servir immédiatement.

Note : Pour griller les pignons, mettez-les dans une poêle en fonte ou à fond épais. Faire brunir légèrement de 3 à 5 min à feu moyen en secouant la poêle pour qu'ils grillent uniformément. Laisser refroidir dans un bol résistant à la chaleur.

Si vous avez...

GRIL CONTACT : Préchauffer le gril. S'il est muni d'un sélecteur de température, préchauffer à température élevée. Mettre la lèchefrite sous la partie avant du gril. Quand on est prêt pour la cuisson, huiler légèrement la surface de cuisson. Déposer les radicchios sur le gril chaud et fermer le couvercle. Compter de 3 à 5 min de cuisson.

POÊLE À FOND CANNELÉ : Préchauffer la poêle à feu moyen-vif sur la cuisinière. Quand on peut y faire rebondir une goutte d'eau, c'est qu'elle est suffisamment chaude. Quand on est prêt pour la cuisson, huiler légèrement les rainures. Déposer les radicchios dans la poêle chaude. Compter de 3 à 5 min de cuisson de chaque côté.

GRIL ENCASTRÉ : Préchauffer le gril à température élevée. Si la surface de cuisson n'est pas antiadhésive, brosser et huiler la grille. Déposer les radicchios sur la grille chaude. Compter de 3 à 5 min de cuisson de chaque côté.

GRIL DE TABLE : Préchauffer le gril à température élevée ; il n'est pas nécessaire d'huiler la grille. Déposer les radicchios sur le gril chaud. Compter de 4 à 6 min de cuisson de chaque côté.

FIGUES GRILLÉES AU PROSCIUTTO

CHOISIR DES FIGUES
Il existe plusieurs variétés de figues fraîches. Les figues violettes Mission et les grosses figues vertes Calimyrna sont excellentes, mais choisissez celles qui vous semblent les meilleures dans votre région. Une figue mûre dégage un délicieux parfum et résiste peu sous la pression du doigt.

Prosciutto et figues : voilà l'un des nombreux mariages sucré-salé très prisés par les Italiens dont on connaissait déjà le penchant pour le melon et le jambon servis en hors-d'œuvre. La nouvelle édition que je vous présente fait place au mascarpone, un fromage raffiné et crémeux de Lombardie. Cette recette est extrêmement souple : on peut faire grésiller les figues sur un gril contact, dans une poêle à fond cannelé et même dans l'âtre.

RECETTE

12 FIGUES

6 grosses figues mûres
6 c. à soupe de mascarpone ou de fromage à la crème (environ 90 g/3 oz)
6 fines tranches de prosciutto (90 g/3 oz en tout)
Huile de cuisson en vaporisateur
12 cure-dents de bois ou ficelle

1. Rincer les figues à l'eau froide et bien éponger avec du papier absorbant. Équeuter et couper en deux sur la longueur. Déposer 1½ c. à soupe de mascarpone sur la face coupée de chaque demi-figue. Envelopper dans un morceau de prosciutto et faire tenir avec un cure-dent ou un bout de ficelle. On peut préparer cette recette jusqu'à cette étape quelques heures d'avance. Couvrir et conserver dans le réfrigérateur.

2. Cuire les figues, en suivant les directives de l'encadré, jusqu'à ce que le prosciutto soit coloré et que les figues soient cuites jusqu'au centre.

3. Servir dans un plat ovale et demander aux convives d'enlever les cure-dents ou les bouts de ficelle.

Note : Le mascarpone est un fromage italien blanc et mou utilisé pour faire le tiramisu. On en trouve de plus en plus dans les supermarchés, sinon il faut se tourner du côté des épiceries italiennes. On peut le remplacer par du gorgonzola. La pancetta (bacon italien) peut aussi remplacer le prosciutto dans cette recette.

Si vous avez…

GRIL CONTACT : Préchauffer le gril. S'il est muni d'un sélecteur de température, préchauffer à température élevée. Mettre la lèchefrite sous la partie avant du gril. Quand on est prêt pour la cuisson, huiler légèrement la surface de cuisson. Déposer les figues sur le gril chaud et fermer doucement le couvercle. Compter de 2 à 4 min de cuisson.

POÊLE À FOND CANNELÉ : Préchauffer la poêle à feu moyen-vif sur la cuisinière. Quand on peut y faire rebondir une goutte d'eau, c'est qu'elle est suffisamment chaude. Quand on est prêt pour la cuisson, huiler légèrement les rainures. Déposer les figues dans la poêle chaude. Compter de 2 à 4 min de cuisson de chaque côté.

GRIL ENCASTRÉ : Préchauffer le gril à température élevée. Si la surface de cuisson n'est pas antiadhésive, brosser et huiler la grille. Déposer les figues sur la grille chaude. Compter de 2 à 4 min de cuisson de chaque côté.

GRIL DE TABLE : Préchauffer le gril à température élevée ; il n'est pas nécessaire d'huiler la grille. Déposer les figues sur le gril chaud. Compter de 3 à 5 min de cuisson de chaque côté.

ÂTRE : Entasser la braise ardente sous la grille et préchauffer de 3 à 5 min ; le feu doit être chaud (2 à 3 Mississippi). Quand on est prêt pour la cuisson, brosser et huiler la grille. Déposer les figues sur la grille chaude. Compter de 2 à 4 min de cuisson de chaque côté.

Poêle à fond cannelé

CAMEMBERT GRILLÉ À LA SAUCE TOMATE

Le fromage devient tout autre quand on le met sur le gril. Il suffit de penser au *saganaki* des Grecs, au *provoleta* des Argentins ou à la raclette des Suisses. La poêle à fond cannelé marque profondément la croûte blanche du camembert, ce qui rend le fromage plus fondant et légèrement plus âcre à l'intérieur. Un véritable délice avec une sauce aux tomates grillées ou une salsa aux tomates fumées accompagnée de bon pain grillé.

RECETTE

4 À 6 PORTIONS

1 gros camembert de 240 g/8 oz ou 2 petits de 150 g (5 oz)
2 c. à café (2 c. à thé) d'huile d'olive extravierge
Sauce aux tomates grillées (p. 450) ou Salsa aux tomates fumées (p. 447)
Bruschetta traditionnelle (p. 324)

1. Placer la poêle à fond cannelé sur la plaque chauffante de la cuisinière et préchauffer à feu moyen-vif (voir directives p. 5).

2. Quand on est prêt pour la cuisson, frotter légèrement les bords de la poêle avec du papier absorbant replié trempé dans l'huile. Badigeonner le dessus et le fond du camembert avec l'huile d'olive. Mettre le fromage dans la poêle chaude en le pressant doucement contre le fond cannelé. Griller de 1 à 2 min, jusqu'à ce que des marques apparaissent sous le fromage. Retourner le camembert à l'aide d'une spatule et griller de 1 à 2 min de plus, jusqu'à l'apparition de marques. Ne pas faire trop griller sinon le fromage deviendra trop mou au centre et coulera hors de la croûte.

3. Verser la sauce tomate dans un plat ovale ou une assiette. À l'aide d'une spatule, déposer doucement le fromage au centre. (On peut aussi mettre le fromage dans une assiette et verser la sauce autour.) Servir immédiatement avec une cuillère qui servira à étendre le fromage coulant et la sauce sur le pain.

TRUC

■ J'ai essayé cette recette avec plusieurs camemberts différents et j'ai toujours obtenu de bons résultats. Qu'il s'agisse de camemberts authentiques, de camemberts industriels, de fromages ronds ou carrés, ils conviennent tous à cette recette.

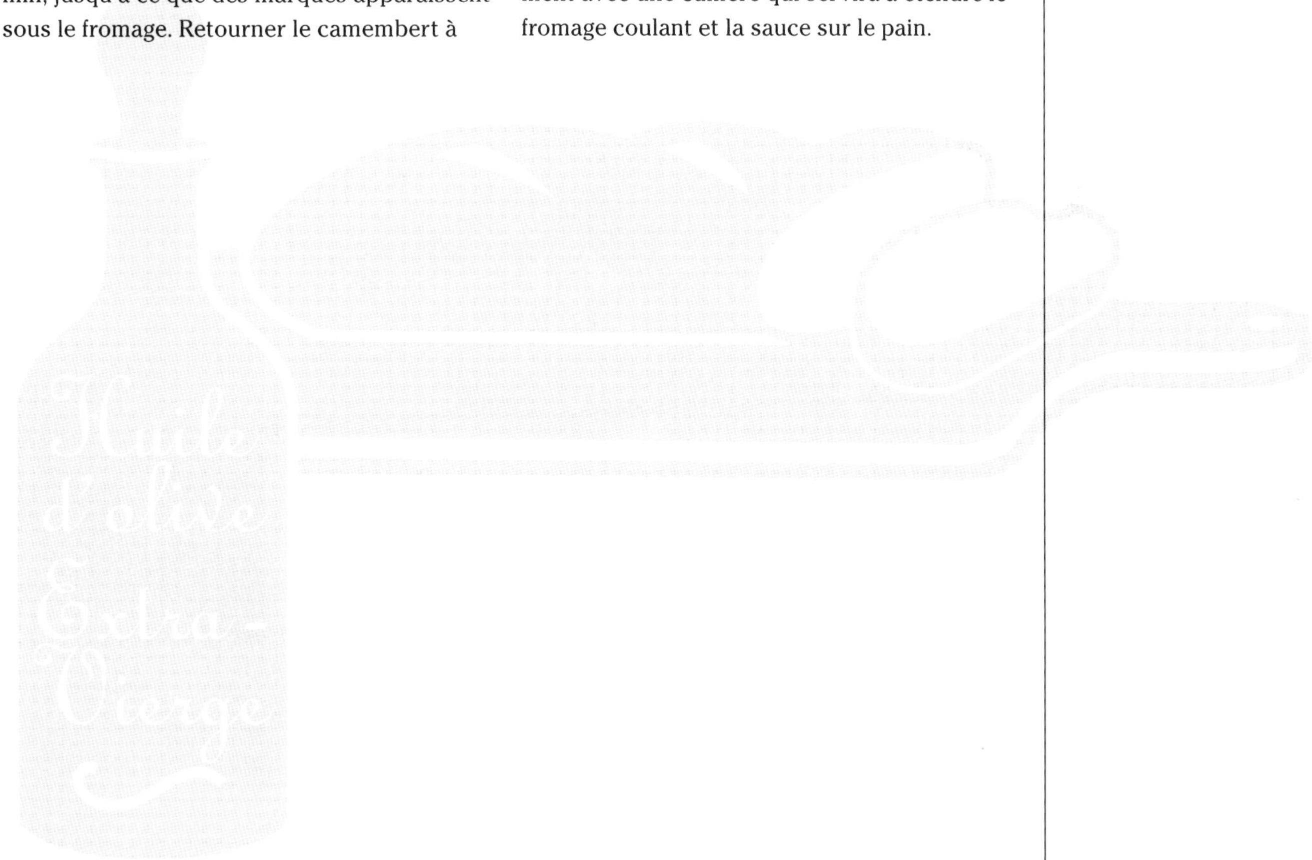

PROVOLETA GRILLÉE

Quand les Argentins parlent de *grilled cheese*, ils n'ont rien à envier à personne. Oubliez les sandwiches que l'on fait brunir dans le beurre dans une poêle en fonte. Ils ont mieux à nous offrir : des tranches épaisses de provoleta, un fromage de lait de vache à pâte dure semblable au provolone que l'on fait saisir dans le gril jusqu'à ce qu'il soit partiellement fondu et légèrement doré. On peut s'en délecter dans n'importe quel grill-room argentin. Vous pouvez obtenir des résultats similaires sur un gril d'intérieur. Quand j'ai essayé cette recette dans un cours que je donnais au Greenbrier, tous les membres du personnel de la cuisine sont accourus. Il est toujours amusant de voir comment de simples ingrédients cuits sur le gril peuvent dégager des arômes irrésistibles.

La clé de cette recette consiste à acheter du fromage ferme ayant subi une longue maturation. Il conservera mieux sa forme en cours de cuisson. Si vous ne trouvez pas de provoleta, prenez du provolone dur et âgé ou, mieux encore, du provolone truffé de grains de poivre.

RECETTE

4 À 6 PORTIONS

2 tranches épaisses de provoleta ou de provolone de 12 mm (¾ po) d'épaisseur et de 240 g (8 oz) chacune
1 c. à soupe d'huile d'olive extravierge
2 c. à café (2 c. à thé) de grains de poivre concassés
2 c. à café (2 c. à thé) d'origan séché
Pain croûté ou Bruschetta traditionnelle (p. 324)

1. Badigeonner chaque tranche de fromage sur les deux faces avec 1 ½ c. à café (1 ½ c. à thé) d'huile d'olive. Couvrir avec le poivre et l'origan de chaque côté.

2. Cuire le fromage, en suivant les directives de l'encadré, jusqu'à ce qu'il brunisse et commence à fondre. Il s'agit de griller le fromage pour qu'il brunisse à l'extérieur sans fondre comme une raclette.

3. Servir avec du pain dans un plat ovale ou des assiettes individuelles.

Si vous avez…

GRIL CONTACT : Le fromage fond sur le gril contact, mais il ne brunit pas beaucoup. N'utiliser ce gril que si l'on n'a pas d'autre choix. Pour empêcher le fromage de coller, une fois qu'on l'a couvert de poivre et d'origan, fariner légèrement les tranches de fromage. Préchauffer le gril. S'il est muni d'un sélecteur de température, préchauffer à température élevée. Mettre la lèchefrite sous la partie avant du gril. Quand on est prêt pour la cuisson, huiler légèrement la surface de cuisson. Déposer les tranches de fromage sur le gril chaud et fermer le couvercle. Compter de 2 à 4 min de cuisson.

POÊLE À FOND CANNELÉ : Préchauffer la poêle à feu vif sur la cuisinière. Quand on peut y faire rebondir une goutte d'eau, c'est qu'elle est suffisamment chaude. Quand on est prêt pour la cuisson, huiler légèrement les rainures. Déposer les tranches de fromage dans la poêle chaude. Compter de 2 à 4 min de cuisson de chaque côté.

GRIL ENCASTRÉ : Préchauffer le gril à température élevée. Si la surface de cuisson n'est pas antiadhésive, brosser et huiler la grille. Déposer les tranches de fromage sur la grille chaude. Compter de 2 à 4 min de cuisson de chaque côté. Retirer le fromage avant qu'il fonde sur le gril.

GRIL DE TABLE : Préchauffer le gril à température élevée ; il n'est pas nécessaire d'huiler la grille. Déposer les tranches de fromage sur le gril chaud. Compter de 2 à 4 min de cuisson de chaque côté.

ÂTRE : Entasser la braise ardente sous la grille et préchauffer de 3 à 5 min ; le feu doit être chaud (2 à 3 Mississippi). Quand on est prêt pour la cuisson, brosser et huiler la grille. Déposer les tranches de fromage sur la grille chaude. Compter de 2 à 4 min de cuisson de chaque côté. Retirer le fromage avant qu'il fonde sur la braise.

FROMAGE FLAMBÉ À L'OUZO À LA MODE CYPRIOTE

« Le fromage que l'on peut faire griller ! » Tel est le slogan d'une importante entreprise de produits laitiers de Chypre qui fabrique le halloumi, un fromage blanc salé que je trouve idéal pour le gril. Il offre l'avantage de rester ferme sous la dent même après avoir affronté la chaleur du feu et le flambage au brandy. J'ai l'habitude de couper le brandy avec un peu d'ouzo ou de raki, deux boissons à base d'anis. Le goût de l'anis s'harmonise de manière étonnante au sel et à la menthe contenus dans le fromage. Le fait de flamber le fromage est toujours spectaculaire.

RECETTE

4 PORTIONS

240 g (8 oz) de fromage halloumi, coupé en tranches de 1,25 cm (½ po) d'épaisseur
Huile d'olive
Poivre noir frais moulu
3 c. à soupe d'ouzo ou d'une autre boisson à base d'anis
3 c. à soupe de Metaxa ou de brandy
Pain croûté ou Bruschetta traditionnelle (p. 324)

1. Badigeonner chaque tranche de fromage sur les deux faces avec 1 ½ c. à café (1 ½ c. à thé) d'huile d'olive. Poivrer de chaque côté.

2. Mélanger l'ouzo et le Metaxa dans un petit bol.

3. Cuire le fromage, en suivant les directives de l'encadré, jusqu'à ce qu'il grésille.

4. Déposer le fromage dans un plat ovale. Chauffer l'ouzo et le Metaxa dans une petite casserole placée à feu doux (ne pas laisser bouillir sinon l'alcool s'évaporera). Retirer la casserole du feu, enflammer l'ouzo aussitôt avec une longue allumette et verser sur le fromage. (Il est très important de procéder au flambage loin de tout objet inflammable après avoir d'abord roulé ses manches et attaché ses cheveux.) Servir le fromage dès que le feu est éteint.

Notes :

■ On trouve l'halloumi dans les épiceries libanaises, grecques, turques et du Moyen-Orient. Certaines variétés sont tachetées de vert parce qu'elles contiennent de petits morceaux de feuilles de menthe. Si vous n'en trouvez pas, achetez du kasseri, un excellent fromage grec qui fera aussi bien l'affaire.

■ Pour flamber, je recommande un mélange à parts égales d'ouzo et de Metaxa. Si vous n'en avez pas, prenez du brandy, du cognac et même de la vodka.

Si vous avez...

GRIL CONTACT : Préchauffer le gril. S'il est muni d'un sélecteur de température, préchauffer à température élevée. Mettre la lèchefrite sous la partie avant du gril. Quand on est prêt pour la cuisson, huiler légèrement la surface de cuisson. Déposer le fromage sur le gril chaud et fermer le couvercle. Le fromage grésillera et brunira légèrement après 2 à 4 min de cuisson.

POÊLE À FOND CANNELÉ : Préchauffer la poêle à feu moyen-vif sur la cuisinière. Quand on peut y faire rebondir une goutte d'eau, c'est qu'elle est suffisamment chaude. Quand on est prêt pour la cuisson, huiler légèrement les rainures. Déposer les tranches de fromage dans la poêle chaude en diagonale sur les rainures. Le fromage grésillera et sera bien quadrillé après 2 à 4 min de cuisson de chaque côté. On peut le flamber à l'ouzo et au Metaxa directement dans la poêle.

GRIL ENCASTRÉ : Préchauffer le gril à température élevée. Si la surface de cuisson n'est pas antiadhésive, brosser et huiler la grille. Déposer les tranches de fromage sur la grille chaude. Le fromage grésillera et brunira légèrement après 2 à 4 min de cuisson.
Retirer le fromage avant qu'il fonde sur le gril.

GRIL DE TABLE : Préchauffer le gril à température élevée ; il n'est pas nécessaire d'huiler la grille. Déposer les tranches de fromage sur le gril chaud. Compter de 3 à 5 min de cuisson de chaque côté.

ÂTRE : Entasser la braise ardente sous la grille et préchauffer de 3 à 5 min ; le feu doit être chaud (2 à 3 Mississippi). Quand on est prêt pour la cuisson, brosser et huiler la grille. Déposer les tranches de fromage sur la grille chaude. Compter de 2 à 4 min de cuisson de chaque côté. Retirer le fromage avant qu'il fonde sur la braise.

ASSEZ FORT POUR VOUS ?

Le piment Scotch Bonnet est l'un des piments les plus forts au monde. On dit qu'il est jusqu'à trente-cinq fois plus fort que le jalapeño. On en trouve dans les bons supermarchés et les marchés spécialisés. Vous pouvez le remplacer par son cousin mexicain, le habanero. D'autres piments très forts n'ont pas un goût fumé aussi intéressant que ces deux-là. Portez toujours des gants pour les manipuler sans risquer de vous brûler les doigts.

AILES DE POULET À LA MODE JAMAÏCAINE (JERK)

Voici une version jamaïcaine des célèbres *Buffalo wings*. Le tabasco de la recette traditionnelle est remplacé par un assaisonnement *jerk* à base d'ail, de thym, de piment de la Jamaïque et de piments incendiaires. On dit que le *jerk* a été inventé par les Maroons, des esclaves fugitifs des XVII et XVIIIe siècle qui vivaient cachés dans la montagne. Ils avaient l'habitude de conserver la viande dans un mélange d'assaisonnements très piquants. Si vous utilisez deux piments Scotch Bonnet, les ailes seront moyennement piquantes ; quatre seraient préférables pour obtenir le goût typique de la cuisine jamaïcaine.

RECETTE

12 AILES DE POULET

2 à 4 piments Scotch Bonnet, équeutés et épépinés (garder les graines si l'on veut un goût plus piquant)
1 petit oignon, haché grossièrement
4 oignons verts (le blanc et le vert), hachés grossièrement
3 gousses d'ail, hachées grossièrement
1 morceau de gingembre frais de 2,5 cm (1 po), pelé et haché grossièrement
1 c. à soupe de cassonade ou de sucre roux
1 c. à soupe de gros sel de mer ou de sel casher
1 c. à soupe de thym frais ou 1 c. à café (1 c. à thé) de thym séché
½ c. à café (½ c. à thé) de piment de la Jamaïque moulu
½ c. à café (½ c. à thé) de poivre noir frais moulu
¼ c. à café (¼ c. à thé) de muscade moulue
¼ c. à café (¼ c. à thé) de cannelle moulue
3 c. à soupe d'huile végétale
2 c. à soupe de jus de citron vert frais pressé
1 c. à soupe de sauce soja
12 ailes de poulet entières (environ 1 kg/2 lb)
Sauce crémeuse peppa (recette p. 36)

TRUC

■ **Lisez l'encadré de la p. 37 pour apprendre comment cuire les ailes de poulet au tournebroche.**

1. À l'aide du robot de cuisine, hacher finement les piments, les oignons, les oignons verts, l'ail, le gingembre, la cassonade, le sel, le thym, le piment de la Jamaïque, le poivre, la muscade et la cannelle. Ajouter lentement l'huile végétale, le jus de citron vert et la sauce soja. Transvider dans un bol.

2. Rincer les ailes de poulet à l'eau froide et bien éponger avec du papier absorbant. Couper et jeter le bout des ailes. Couper chaque aile en deux à la jointure. Mettre les ailes dans la marinade et bien remuer pour enduire uniformément. Couvrir et laisser mariner au moins 6 h (de préférence toute la nuit) dans le réfrigérateur.

3. Égoutter les ailes et jeter la marinade. Cuire les ailes, en suivant les directives de l'encadré, jusqu'à ce que la peau soit brune et croustillante et que la chair soit bien cuite. Pour vérifier la cuisson, faire une petite incision dans la partie la plus épaisse de l'aile la plus grosse. Il ne doit y avoir aucune trace de rouge près de l'os.

4. Servir dans un plat ovale ou des assiettes individuelles. Déguster en trempant les ailes dans la Sauce crémeuse peppa.

Si vous avez…

GRIL CONTACT : Préchauffer le gril. S'il est muni d'un sélecteur de température, préchauffer à température élevée. Mettre la lèchefrite sous la partie avant du gril. Quand on est prêt pour la cuisson, huiler légèrement la surface de cuisson. Déposer les ailes sur le gril chaud et fermer le couvercle. Compter de 4 à 6 min de cuisson.

GRIL ENCASTRÉ : Préchauffer le gril à température moyenne-élevée. Si la surface de cuisson n'est pas antiadhésive, brosser et huiler la grille. Déposer les ailes sur la grille chaude. Compter de 6 à 8 min de cuisson de chaque côté.

GRIL DE TABLE : Préchauffer le gril à température élevée ; il n'est pas nécessaire d'huiler la grille. Déposer les ailes sur le gril chaud. Compter de 7 à 9 min de cuisson de chaque côté.

ÂTRE : Entasser la braise ardente sous la grille et préchauffer de 3 à 5 min ; le feu doit être moyen-vif (4 Mississippi). Quand on est prêt pour la cuisson, brosser et huiler la grille. Déposer les ailes sur la grille chaude. Pour empêcher les flammes de monter, ne pas mettre trop d'ailes à la fois sur la grille. Compter de 6 à 8 min de cuisson de chaque côté.

Sauce crémeuse peppa

250 ML (1 TASSE)

Le tamarin est une gousse brune dont la pulpe sucrée et agréablement acidulée rappelle le goût du citron vert. Dans certaines boutiques, on peut se procurer des gousses fraîches ou de la pulpe congelée. Pour vous faciliter la tâche, je vous propose la sauce au tamarin jamaïcaine Pickapeppa, plus facile à trouver. Cette sauce est délicieuse avec le poisson et la volaille grillés.

125 ml (½ tasse) de mayonnaise
60 ml (¼ tasse) de crème sure
60 ml (¼ tasse) de sauce Pickapeppa

À l'aide d'un fouet, mélanger tous les ingrédients dans un petit bol. Couvrir et conserver jusqu'à 4 jours dans le réfrigérateur. Laisser reposer à température ambiante avant de servir.

AILES DE POULET PIQUANTES À LA MODE DE CALGARY

Il est difficile d'imaginer le barbecue sans bière. Je ne parle pas seulement d'en boire en mangeant, mais aussi de l'utiliser dans la marinade. Cette recette est une idée de la brasserie *Big Rock Hill* de Calgary, en Alberta, où l'on offre un choix impressionnant de bières en fût. J'ai eu le bonheur d'enseigner à cet endroit et j'en garde un souvenir impérissable puisqu'il est tombé 8 cm de neige pendant que je donnais mon cours en plein air. Un vrai cadeau pour un résidant de Miami comme moi…

AILES DE POULET AU TOURNEBROCHE

Il est facile de cuire des ailes de poulet dans un panier à rôtissoire. Prenez un panier plat et, si possible, rangez les ailes en veillant à ce qu'elles ne débordent pas du panier. Fermez bien le panier qui peut contenir une douzaine d'ailes de poulet entières. Mettez la lèchefrite au fond du four. Attachez le panier à la broche rotative et attachez la broche au tournebroche. Mettez le moteur en marche. Si votre four est muni d'un sélecteur de température, allumez-le à 200 °C (400 °F). Les ailes seront dorées et cuites à la perfection après 30 à 40 min de cuisson au tournebroche. Pour vérifier la cuisson, faites une petite incision dans la partie la plus épaisse de l'aile la plus grosse. Il ne doit y avoir aucune trace de rouge près de l'os.

12 AILES DE POULET

RECETTE

12 ailes de poulet entières (environ 1 kg/2 lb)
500 ml (2 tasses) de bière de blé
2 c. à café (2 c. à thé) de gros sel de mer ou de sel casher
1 c. à café (1 c. à thé) de poivre noir frais moulu
1 c. à café (1 c. à thé) de paprika doux
1 c. à café (1 c. à thé) d'assaisonnement au chili
½ c. à café (½ c. à thé) de graines de céleri
1 c. à soupe d'huile d'olive extravierge
Huile de cuisson en vaporisateur
4 c. à soupe de beurre non salé, fondu
60 ml (¼ tasse) de sauce Sriracha (sauce thaï piquante)
125 ml (½ tasse) de tabasco ou de sauce piquante Crystal
2 c. à soupe de coriandre ou de persil plat frais, haché

TRUC

■ Lisez l'encadré de la p. 37 pour apprendre comment cuire les ailes de poulet au tournebroche.

1. Rincer les ailes à l'eau froide et bien éponger avec du papier absorbant. Couper et jeter le bout des ailes. Couper chaque aile en deux à la jointure. Mettre les ailes et la bière dans un grand bol ou un sac de plastique à fermeture hermétique. Laisser mariner de 12 à 24 h dans le réfrigérateur. Les ailes auront meilleur goût si on les fait mariner le plus longtemps possible.

2. Dans un petit bol, mélanger le sel, le poivre, le paprika, l'assaisonnement au chili et les graines de céleri. Réserver.

3. Égoutter les ailes dans un chinois et bien éponger avec du papier absorbant avant de les mettre dans un grand bol. Ajouter l'assaisonnement réservé et bien enrober les ailes sur toutes les faces. Verser l'huile d'olive et bien mélanger.

4. Cuire les ailes, en suivant les directives de l'encadré, jusqu'à ce que la peau soit brune et croustillante et que la chair soit bien cuite. Pour vérifier la cuisson, faire une petite incision dans la partie la plus épaisse de l'aile la plus grosse. Il ne doit y avoir aucune trace de rouge près de l'os.

5. Mettre les ailes dans un bol peu profond propre. Verser le beurre, la sauce Sriracha et le tabasco. Remuer et garnir de coriandre fraîche. Servir immédiatement avec plusieurs serviettes de papier.

Notes:

■ Le chef Klaus Wöckinger, du restaurant *Big Rock Hill* de Calgary, utilise la bière de blé *Grasshopper.* On en trouve dans certaines régions du Canada. Sinon achetez une bière de blé locale ou importée. Il en existe plusieurs marques.

■ La sauce Sriracha est une sauce thaï piquante et sucrée plus proche du ketchup que de la sauce très piquante. Si vous aimez les ailes de poulet plus sucrées, achetez de la sauce chili thaï sucrée.

Si vous avez...

GRIL CONTACT : Préchauffer le gril. S'il est muni d'un sélecteur de température, préchauffer à température élevée. Mettre la lèchefrite sous la partie avant du gril. Quand on est prêt pour la cuisson, huiler légèrement la surface de cuisson. Déposer les ailes sur le gril chaud et fermer le couvercle. Compter de 4 à 6 min de cuisson.

GRIL ENCASTRÉ : Préchauffer le gril à température moyenne-élevée. Si la surface de cuisson n'est pas antiadhésive, brosser et huiler la grille. Déposer les ailes sur la grille chaude. Compter de 6 à 8 min de cuisson de chaque côté.

GRIL DE TABLE : Préchauffer le gril à température élevée ; il n'est pas nécessaire d'huiler la grille. Déposer les ailes sur le gril chaud. Compter de 7 à 9 min de cuisson de chaque côté.

ÂTRE : Entasser la braise ardente sous la grille et préchauffer de 3 à 5 min ; le feu doit être moyen-vif (4 Mississippi). Quand on est prêt pour la cuisson, brosser et huiler la grille. Déposer les ailes sur la grille chaude. Pour empêcher les flammes de monter, ne pas mettre trop d'ailes à la fois sur la grille. Compter de 6 à 8 min de cuisson de chaque côté.

Fumoir d'intérieur

AILES DE POULET DES BAYOUS

Qu'arriverait-il si un maître grillardin cajun décidait de réinventer les *Buffalo wings* ? L'assaisonnement cajun remplacerait assurément les épices traditionnelles et on aurait recours au fumoir d'intérieur, ce qui offre trois avantages : la peau devient croustillante même si l'on ne cuit pas les ailes à grande friture. La fumée ajoute une touche de saveur irrésistible. Le temps de cuisson est d'environ une dizaine de minutes seulement. Une recette gagnante à coup sûr !

12 AILES DE POULET

TRUC

■ L'assaisonnement au cajun *(pan blackening)* est facile à préparer à la maison (p. 441), mais vous ne devez avoir aucune honte de vous procurer une marque vendue dans le commerce.

■ Vous pouvez aussi fumer les ailes de poulet dans un wok. Consultez l'encadré de la p. 269.

RECETTE

12 ailes de poulet entières (environ 1 kg/2 lb)
3 c. à soupe d'assaisonnement cajun (voir Trucs)
Huile de cuisson (facultatif)
4 c. à soupe de beurre non salé
125 ml (½ tasse) de sauce piquante Crystal ou d'une autre sauce piquante de la Louisiane

1 ½ c. à soupe de sciure de hickory ou de noyer

1. Rincer les ailes de poulet à l'eau froide et bien éponger avec du papier absorbant. Couper et jeter le bout des ailes. Couper chaque aile en deux à la jointure. Mettre les ailes dans un grand bol et les enrober d'assaisonnement cajun sur toutes les faces.

2. Préparer le fumoir (directives p. 16). Mettre la sciure au centre de la partie inférieure du fumoir. Tapisser la lèchefrite de papier d'aluminium et mettre dans le fumoir. Vaporiser légèrement la plaque du fumoir avec de l'huile de cuisson ou la frotter avec du papier absorbant trempé dans l'huile. Mettre la grille dans le fumoir. Mettre les ailes sur la grille en gardant un espace de 1,25 cm (½ po) entre elles. Fermer le couvercle et mettre à feu vif 3 min. Baisser le feu à température moyenne et fumer les ailes environ 20 min, jusqu'à ce qu'elles soient colorées, croustillantes et bien cuites. Pour vérifier la cuisson, faire une petite incision dans la partie la plus épaisse de l'aile la plus grosse. Il ne doit y avoir aucune trace de rouge près de l'os.

3. Pendant ce temps, faire fondre le beurre dans une petite casserole à feu moyen-vif. Verser la sauce piquante et porter à ébullition.

4. Servir dans un plat ovale ou des assiettes individuelles. Verser la sauce chaude sur les ailes et remuer pour bien enrober. Servir immédiatement avec une bonne bière froide.

FOIES DE VOLAILLE YAKITORI

Birdland est un haut lieu du yakitori dans le scintillant quartier Ginza de Tokyo. Le propriétaire, Toshihiro Wada, compte parmi ses clients les réputés chefs Joël Robuchon et Jamie Oliver. Homme d'esprit universel, Monsieur Wada utilise des ingrédients occidentaux comme le fromage grillé pour donner une nouvelle dimension aux grillades japonaises classiques. Essayez sans la moindre hésitation ses foies de poulet à la sauce soja et au vinaigre balsamique.

16 FOIES DE POULET

TRUCS

■ Le chef Wada fait griller les foies de poulet à feu vif en les gardant presque crus à l'intérieur. Peu de grils d'intérieur peuvent donner des résultats identiques à ceux du gril à yakitori japonais. On obtiendra généralement un degré de cuisson à point, ce qui convient davantage à ceux qui aiment les foies de volaille bien cuits.

RECETTE

125 ml (½ tasse) de sauce soja
125 ml (½ tasse) de vinaigre balsamique
16 foies de poulet (environ 480 g/1 lb)
Gros sel de mer ou sel casher et poivre blanc frais moulu

16 brochettes de bambou de 20 cm (8 po)

1. Mélanger la sauce soja et le vinaigre balsamique à feu vif dans une casserole à fond épais. Porter à ébullition. Baisser le feu et laisser mijoter à feu moyen-vif, en remuant à l'aide d'une cuillère de bois, environ 5 min, jusqu'à ce que la sauce ait la consistance du sirop d'érable. Retirer du feu et réserver.

2. Débarrasser les foies de tout tendon, gras ou partie verdâtre. Couvrir et conserver dans le réfrigérateur jusqu'au moment de griller.

3. Cuire les foies de volaille, en suivant les directives de l'encadré, jusqu'à cuisson au goût. Pour vérifier la cuisson, presser un foie entre le pouce et l'index ; il doit céder sans être mou ni caoutchouteux. Retourner les foies après 1 min de cuisson et badigeonner avec la sauce réservée.

4. Mettre les foies dans une assiette ovale ou des assiettes individuelles. Saler et poivrer au goût. Enfiler les foies sur les brochettes et servir immédiatement.

Si vous avez…

GRIL CONTACT : Préchauffer le gril. S'il est muni d'un sélecteur de température, préchauffer à température élevée. Mettre la lèchefrite sous la partie avant du gril. Quand on est prêt pour la cuisson, huiler légèrement la surface de cuisson. Déposer les foies de poulet sur le gril chaud et fermer le couvercle. Compter de 2 à 3 min de cuisson pour cuisson à point. Retourner les foies en cours de cuisson pour pouvoir les badigeonner de chaque côté.

POÊLE À FOND CANNELÉ : Préchauffer la poêle à feu moyen-vif sur la cuisinière. Quand on peut y faire rebondir une goutte d'eau, c'est qu'elle est suffisamment chaude. Quand on est prêt pour la cuisson, huiler légèrement les rainures. Déposer les foies de poulet dans la poêle chaude. Compter environ 2 min de cuisson de chaque côté pour cuisson à point. Badigeonner parcimonieusement, car la sauce aura tendance à brûler au fond. Laisser tremper la poêle refroidie dans l'eau chaude pour faciliter le nettoyage.

GRIL ENCASTRÉ : Préchauffer le gril à température élevée. Si la surface de cuisson n'est pas antiadhésive, brosser et huiler la grille. Déposer les foies sur la grille chaude. Compter environ 2 min de cuisson de chaque côté pour cuisson à point.

GRIL DE TABLE : Préchauffer le gril à température élevée ; il n'est pas nécessaire d'huiler la grille. Déposer les foies sur le gril chaud. Compter de 3 à 5 min de cuisson de chaque côté pour cuisson à point.

ÂTRE : Entasser la braise ardente sous la grille et préchauffer de 3 à 5 min ; le feu doit être chaud (2 à 3 Mississippi). Quand on est prêt pour la cuisson, brosser et huiler la grille. Déposer les foies sur la grille chaude. Pour empêcher les flammes de monter, ne pas mettre trop d'ailes à la fois sur la grille. Compter environ 2 min de cuisson de chaque côté pour cuisson à point.

BOULETTES DE VIANDE SUÉDOISES

Les boulettes de viande sont populaires dans le monde entier. La Bulgarie a ses *kyufte*, la Yougoslavie, ses *cevapcici* et la Roumanie, ses *karnatzlack* bien aillés. Quant aux Suédois, ils raffolent des *frikadeller*. Ils n'ont pas l'habitude de les faire griller, mais voici une méthode qui fait en sorte que la chaleur sèche du gril crée autour de la viande une croûte caramélisée des plus savoureuses. Saurez-vous résister à ce riche mélange de veau et de porc parfumé d'aneth et de muscade ?

36 À 40 BOULETTES

RECETTE

2 tranches de pain blanc, en morceaux de 2,5 cm (1 po)
125 ml (½ tasse) de lait
360 g (12 oz) de veau haché
12 oz de porc haché
½ oignon moyen, émincé
1 c. à soupe d'aneth frais, haché
1 ½ c. à café (1 ½ c. à thé) de gros sel de mer ou de sel casher
½ c. à café (½ c. à thé) de poivre noir frais moulu
½ c. à café (½ c. à thé) de piment de la Jamaïque moulu
½ c. à café (½ c. à thé) de muscade moulue
1 gros œuf
Sauce à l'aneth et aux câpres (p. 45)

36 à 40 brochettes de bambou de 15 cm (6 po)

1. Mettre le pain dans un grand bol et couvrir avec le lait. Laisser tremper environ 5 min, jusqu'à ce qu'il soit très mou. Égoutter dans une passoire au-dessus de l'évier et extraire le maximum de liquide en pressant avec les doigts. Remettre le pain dans le bol.

2. Dans le même bol, ajouter le veau, le porc, les oignons, l'aneth, le sel, le poivre, le piment de la Jamaïque, la muscade et l'œuf. Bien mélanger à l'aide d'une cuillère de bois. Conserver au moins 1 h dans le réfrigérateur, ce qui facilitera le façonnage des boulettes.

3. Étendre de la pellicule plastique dans une grande assiette et mettre un bol d'eau à côté. Humecter les mains dans l'eau et prélever un morceau de 2,5 cm (1 po) de viande. Former une boulette et la mettre dans l'assiette. Façonner toutes les boulettes de la même manière en humectant les mains si nécessaire. On peut préparer les boulettes jusqu'à 2 h d'avance jusqu'à cette étape. Couvrir de pellicule plastique et conserver dans le réfrigérateur jusqu'au moment de la cuisson.

4. Cuire les boulettes, en suivant les directives de l'encadré, jusqu'à ce qu'elles soient colorées à l'extérieur et cuites à l'intérieur. Les boulettes doivent être fermes quand on les presse. Procéder en deux ou trois fois si la surface de cuisson n'est pas assez grande.

5. Servir dans un plat ovale ou des assiettes individuelles. Piquer chaque boulette sur une brochette et servir avec la Sauce à l'aneth et aux câpres.

Si vous avez...

GRIL CONTACT : Préchauffer le gril. S'il est muni d'un sélecteur de température, préchauffer à température élevée. Mettre la lèchefrite sous la partie avant du gril. Quand on est prêt pour la cuisson, huiler légèrement la surface de cuisson. Déposer les frikadeller sur le gril chaud et fermer le couvercle. Compter de 3 à 4 min de cuisson.

POÊLE À FOND CANNELÉ : Préchauffer la poêle à feu moyen-vif sur la cuisinière. Quand on peut y faire rebondir une goutte d'eau, c'est qu'elle est suffisamment chaude. Quand on est prêt pour la cuisson, huiler légèrement les rainures. Déposer les frikadeller dans la poêle chaude. Compter de 3 à 4 min de cuisson de chaque côté (12 à 16 min en tout).

GRIL ENCASTRÉ : Préchauffer le gril à température élevée. Si la surface de cuisson n'est pas antiadhésive, brosser et huiler la grille. Déposer les frikadeller sur la grille chaude. Compter de 3 à 4 min de cuisson de chaque côté (12 à 16 min en tout).

GRIL DE TABLE : Préchauffer le gril à température élevée ; il n'est pas nécessaire d'huiler la grille. Déposer les frikadeller sur le gril chaud. Compter de 4 à 5 min de cuisson de chaque côté (16 à 20 min en tout).

ÂTRE : Entasser la braise ardente sous la grille et préchauffer de 3 à 5 min ; le feu doit être chaud (2 à 3 Mississippi). Quand on est prêt pour la cuisson, brosser et huiler la grille. Aplatir légèrement les frikadeller et les déposer sur la grille chaude. Compter de 3 à 4 min de cuisson de chaque côté (12 à 16 min en tout).

Sauce à l'aneth et aux câpres

ENVIRON 250 ML (1 TASSE)

Voici une sauce à l'aneth que je vous invite à servir avec les *frikadeller*. Pour obtenir une sauce plus sucrée à la mode scandinave, remplacez les câpres par de la cassonade pâle ou du sucre roux. Cette sauce est aussi recommandée avec le saumon ou l'omble chevalier grillé.

80 ml (⅓ tasse) de mayonnaise
80 ml (⅓ tasse) de crème sure ou de mayonnaise supplémentaire
80 ml (⅓ tasse) de moutarde de Dijon
2 c. à soupe d'aneth frais, haché finement
1 c. à soupe de câpres, égouttées
Gros sel de mer ou sel casher et poivre noir frais moulu

À l'aide d'un fouet, mélanger tous les ingrédients dans un bol. Couvrir et conserver jusqu'à 3 jours dans le réfrigérateur.

TRUC

■ Une excellente façon d'utiliser le pain rassis. Le mélange de pain et de lait donne une consistance étonnamment légère aux boulettes de viande suédoises.

BOULETTES D'AGNEAU À LA GRECQUE, SAUCE YAOURT À L'ANETH

Faites des *frikadeller* en remplaçant le porc par de l'agneau et les assaisonnements scandinaves par des assaisonnements typiques du Péloponnèse. Ces boulettes à la mode grecque, aux bons parfums d'aneth et de menthe, sont délicieuses avec une sauce yaourt à l'aneth. Pour une saveur plus intense, remplacez le veau par de l'agneau.

RECETTE

36 À 40 BOULETTES

360 g (12 oz) d'agneau haché
360 g (12 oz) de veau haché
3 oignons verts (le blanc et le vert), hachés finement
1 à 2 gousses d'ail, émincées
2 c. à soupe de menthe fraîche, hachée
2 c. à soupe d'aneth frais, haché
1 ½ c. à café (1 ½ c. à thé) de gros sel de mer ou de sel casher
½ c. à café (½ c. à thé) de poivre noir frais moulu
Sauce yaourt à l'aneth (p. 48)

36 à 40 brochettes de bambou de 15 cm (6 po)

1. Mettre tous les ingrédients, sauf la sauce yaourt, dans un grand bol. Bien mélanger à l'aide d'une cuillère de bois ou du robot de cuisine. Conserver au moins 1 h dans le réfrigérateur, ce qui facilitera le façonnage des boulettes.

2. Étendre de la pellicule plastique dans une grande assiette et mettre un bol d'eau à côté. Humecter les mains dans l'eau et prélever un morceau de 2,5 cm (1 po) de viande. Former une boulette et la mettre dans l'assiette. Aplatir légèrement la boulette avec les doigts. Façonner toutes les boulettes de la même manière en humectant les mains si nécessaire. On peut préparer les boulettes jusqu'à 2 h d'avance jusqu'à cette étape. Couvrir de pellicule plastique et conserver dans le réfrigérateur jusqu'au moment de la cuisson.

3. Cuire les boulettes, en suivant les directives de l'encadré, jusqu'à ce qu'elles soient colorées à l'extérieur et cuites à l'intérieur. Les boulettes doivent être fermes quand on les presse. Procéder en deux ou trois fois si la surface de cuisson n'est pas assez grande.

4. Servir dans un plat ovale ou des assiettes individuelles. Piquer chaque boulette sur une brochette et servir avec la Sauce yaourt à l'aneth.

Si vous avez...

GRIL CONTACT : Préchauffer le gril. S'il est muni d'un sélecteur de température, préchauffer à température élevée. Mettre la lèchefrite sous la partie avant du gril. Quand on est prêt pour la cuisson, huiler légèrement la surface de cuisson. Déposer les boulettes de viande sur le gril chaud et fermer le couvercle. Compter de 3 à 4 min de cuisson.

POÊLE À FOND CANNELÉ : Préchauffer la poêle à feu moyen-vif sur la cuisinière. Quand on peut y faire rebondir une goutte d'eau, c'est qu'elle est suffisamment chaude. Quand on est prêt pour la cuisson, huiler légèrement les rainures. Déposer les boulettes de viande dans la poêle chaude. Compter de 3 à 4 min de cuisson de chaque côté (12 à 16 min en tout).

GRIL ENCASTRÉ : Préchauffer le gril à température élevée. Si la surface de cuisson n'est pas antiadhésive, brosser et huiler la grille. Déposer les boulettes de viande sur la grille chaude. Compter de 3 à 4 min de cuisson de chaque côté (12 à 16 min en tout).

GRIL DE TABLE : Préchauffer le gril à température élevée ; il n'est pas nécessaire d'huiler la grille. Déposer les boulettes de viande sur le gril chaud. Compter de 4 à 5 min de cuisson de chaque côté (16 à 20 min en tout).

ÂTRE : Entasser la braise ardente sous la grille et préchauffer de 3 à 5 min ; le feu doit être chaud (2 à 3 Mississippi). Quand on est prêt pour la cuisson, brosser et huiler la grille. Aplatir légèrement les boulettes de viande et les déposer sur la grille chaude. Compter de 3 à 4 min de cuisson de chaque côté (12 à 16 min en tout).

Sauce yaourt à l'aneth

ENVIRON 250 ML (1 TASSE)

Il existe des centaines de sauces au yaourt dans le monde entier. En voici une que vous pouvez rehausser avec des graines de cumin ou de coriandre, des piments hachés ou de la coriandre fraîche. Ou ajoutez des dés de concombre et de tomate et faites-en une salade que vous servirez avec les boulettes dans un pain pita.

1 grosse gousse d'ail, émincée
½ c. à café (½ c. à thé) de gros sel de mer ou de sel casher, ou plus au goût
250 g (1 tasse) de yaourt de lait entier
1 c. à soupe de jus de citron frais pressé
1 oignon vert (le blanc et le vert), haché finement
2 c. à soupe d'aneth frais, haché ou 1 c. à soupe d'aneth frais + 1 c. à soupe de menthe fraîche
¼ c. à café (¼ c. à thé) de poivre noir frais moulu, ou plus au goût

Mettre le sel et l'ail dans un bol et réduire en purée avec le dos d'une cuillère de bois. Ajouter les autres ingrédients et bien mélanger. Rectifier l'assaisonnement en sel et en poivre si nécessaire. Cette sauce, couverte, se conserve quelques jours dans le réfrigérateur.

Cuisson dans l'âtre

CARPACCIO DE BŒUF SUR LE FEU

Le carpaccio est du bœuf cru que l'on tranche mince comme du papier. La recette a été créée en 1950 par le légendaire restaurateur vénitien Giuseppe Cipriani pour une comtesse soumise à une diète d'aliments crus. (La viande rouge et la sauce blanche rappellent les couleurs du peintre de la Renaissance Vittore Carpaccio.) Ma philosophie est que tous les aliments sont meilleurs quand ils sont cuits au four, grillés, frits ou sautés. Je crois que même le carpaccio est plus savoureux si on le fait griller légèrement. Voici une recette agrémentée d'un arôme subtil de fumée. Un argument de plus pour attirer ceux qui ne sont pas naturellement attirés par le bœuf cru.

4 PORTIONS

RECETTE

480 g (1 lb) de filet de bœuf, paré (voir Notes)
Gros sel de mer ou sel casher et grains de poivre noir frais concassés
1 c. à soupe d'huile d'olive extravierge
125 ml (½ tasse) de mayonnaise
1 c. à soupe de moutarde de Dijon
½ c. à café (½ c. à thé) de zeste de citron frais râpé
2 c. à café (2 c. à thé) de jus de citron frais pressé, ou plus au goût
1 c. à café (1 c. à thé) de sauce Worcestershire
Poivre blanc frais moulu
1 c. à soupe de ciboulette fraîche, hachée (facultatif)

Vaporisateur (facultatif)

TRUCS

■ Le bœuf sera plus facile à découper en tranches si on l'a d'abord gardé dans le réfrigérateur pendant quelques heures. Vous pouvez le faire griller une journée d'avance.

1. Allumer le feu dans l'âtre et le laisser brûler jusqu'à ce que la braise soit rougeoyante (directives p. 11). Râteler une couche de braise au centre de l'âtre et placer le gril au centre. Laisser préchauffer de 3 à 5 min. Le feu doit être chaud (2 à 3 Mississippi).

2. Saler et poivrer (poivre noir) généreusement le bœuf de chaque côté. Arroser d'huile d'olive et frotter les assaisonnements sur la viande avec les mains.

3. Quand on est prêt pour la cuisson, huiler le gril et mettre la viande dessus. Griller de 1 à 2 min de chaque côté (4 à 8 min en tout), jusqu'à ce que le bœuf soit noirci à l'extérieur et toujours cru à l'intérieur. Mettre le bœuf dans une assiette et laisser refroidir à température ambiante. Garder ensuite le bœuf dans le congélateur environ 1 h pour qu'il devienne très froid sans être congelé.

4. Pendant ce temps, verser la mayonnaise dans un bol. Ajouter la moutarde, le zeste, le jus de citron et la sauce Worcestershire. Remuer à l'aide d'un fouet. Saler et poivrer (poivre blanc) au goût. La sauce doit être bien assaisonnée. Transvider dans un vaporisateur si désiré.

5. À l'aide d'un couteau parfaitement effilé, découper le bœuf en travers en tranches très fines. Couvrir 4 assiettes glacées avec les tranches. Si l'on utilise un vaporisateur, vaporiser la sauce en dessinant des formes décoratives. Sinon, verser la sauce à l'aide d'une cuillère sur la viande. Garnir de ciboulette et servir immédiatement.

Notes:

■ La viande doit être de la meilleure qualité possible puisqu'elle sera servie presque crue. Elle doit provenir du centre d'un morceau de filet et être méticuleusement débarrassée de toute trace de gras, de nerf et de cartilage.

■ Si vous n'avez pas de foyer ou de cheminée, saisissez le carpaccio dans une poêle à fond cannelé ou sur un gril encastré. (La plupart des grils contact ne deviennent pas assez chauds pour qu'on puisse y saisir convenablement la viande.) Cuire la viande de 1 à 2 min de chaque côté (4 à 8 min en tout).

CREVETTES FROTTÉES AU PIMENT AVEC SALSA À L'AVOCAT ET AU MAÏS

Je n'ai jamais compris l'engouement que certaines personnes ont pour le cocktail aux crevettes. Qu'y a-t-il de vraiment appétissant dans un plat de crevettes bouillies et refroidies présentées avec un semblant de sauce au ketchup et au raifort? Voici un cocktail de crevettes plein de bon sens mettant en vedette des crevettes frottées au piment que l'on saisit ensuite sur le gril. Une salsa croquante et haute en couleurs à base de maïs et d'avocat rehausse le tout fort agréablement.

Vous pouvez refroidir les crevettes avant de les servir, mais personnellement j'aime bien le contraste entre les crevettes chaudes et la salsa froide.

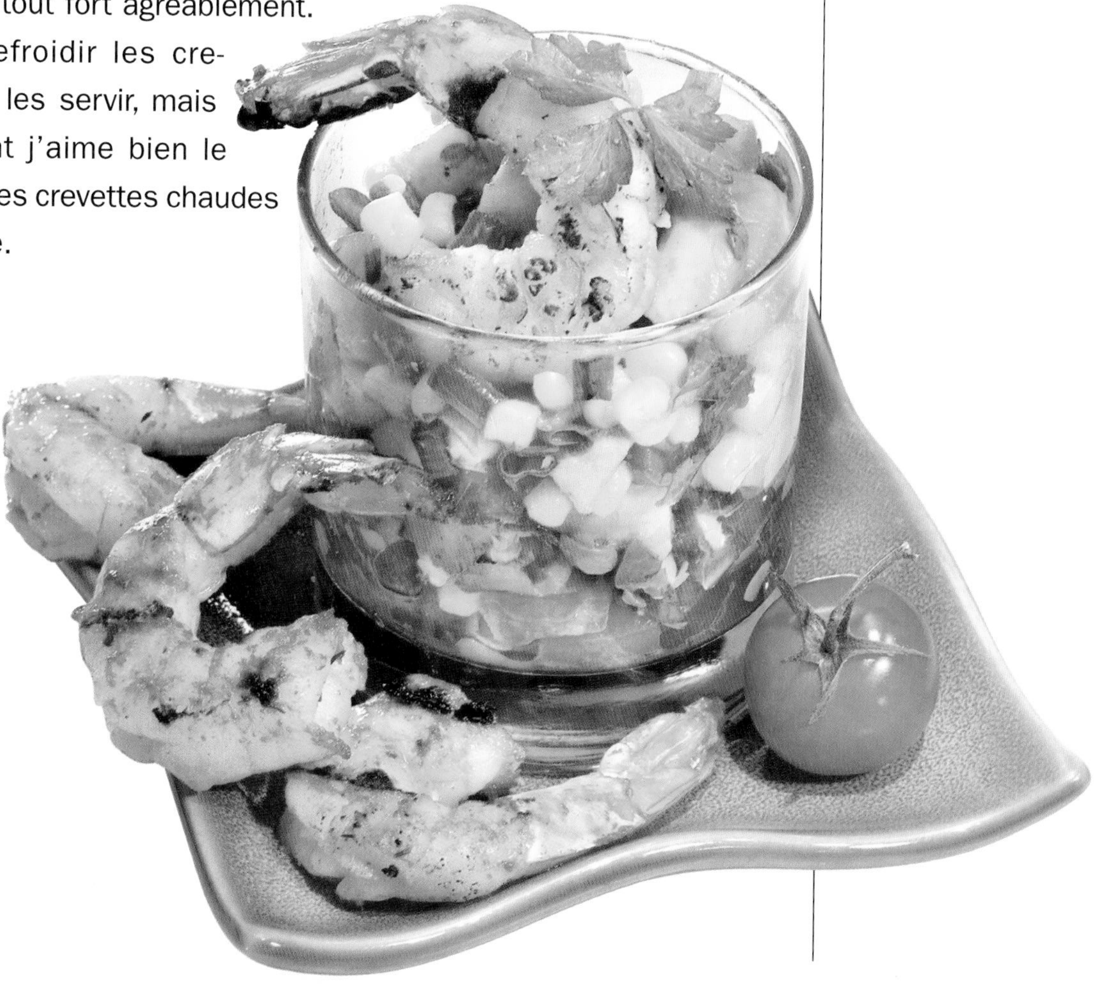

4 PORTIONS

RECETTE

16 crevettes géantes (environ 720 g/1 ½ lb), décortiquées et déveinées
1 c. à soupe d'assaisonnement au chili ancho
1 ½ c. à café (1 ½ c. à thé) de sel d'ail
1 c. à café (1 c. à thé) de coriandre moulue
1 c. à café (1 c. à thé) d'origan séché
½ c. à café (½ c. à thé) de cumin moulu
½ c. à café (½ c. à thé) de poivre noir frais moulu
2 c. à soupe d'huile d'olive extravierge
Salsa à l'avocat et au maïs (ci-dessous)

1. Rincer les crevettes à l'eau froide et bien éponger avec du papier absorbant.

2. Dans un bol, mélanger l'assaisonnement au chili, le sel d'ail, la coriandre, l'origan, le cumin et le poivre. Ajouter les crevettes et bien enrober sur toutes les faces. Couvrir et laisser mariner de 30 à 60 min dans le réfrigérateur.

3. Cuire les crevettes, en suivant les directives de l'encadré, jusqu'à ce qu'elles soient cuites. Elles sont prêtes quand elles deviennent fermes et d'un beau blanc rosé.

4. Verser la salsa dans 4 verres à martini ou bols individuels. Mettre 4 crevettes chaudes sur le bord de chaque verre et servir immédiatement. Pour un mets froid, laisser les crevettes refroidir à température ambiante. Couvrir et laisser refroidir dans le réfrigérateur avant de les servir avec la salsa. Les crevettes cuites se conservent jusqu'à 2 jours dans le réfrigérateur.

Si vous avez...

GRIL CONTACT : Préchauffer le gril. S'il est muni d'un sélecteur de température, préchauffer à température élevée. Mettre la lèchefrite sous la partie avant du gril. Quand on est prêt pour la cuisson, huiler légèrement la surface de cuisson. Déposer les crevettes marinées sur le gril chaud et fermer le couvercle. Compter de 1 à 3 min de cuisson.

POÊLE À FOND CANNELÉ : Préchauffer la poêle à feu vif sur la cuisinière. Quand on peut y faire rebondir une goutte d'eau, c'est qu'elle est suffisamment chaude. Quand on est prêt pour la cuisson, huiler légèrement les rainures. Déposer les crevettes marinées dans la poêle chaude. Compter de 1 à 3 min de cuisson de chaque côté.

GRIL ENCASTRÉ : Préchauffer le gril à température élevée. Si la surface de cuisson n'est pas antiadhésive, brosser et huiler la grille. Déposer les crevettes marinées sur la grille chaude. Compter de 1 à 3 min de cuisson de chaque côté.

GRIL DE TABLE : Préchauffer le gril à température élevée ; il n'est pas nécessaire d'huiler la grille. Déposer les crevettes marinées sur le gril chaud. Compter de 2 à 4 min de cuisson de chaque côté.

ÂTRE : Entasser la braise ardente sous la grille et préchauffer de 3 à 5 min ; le feu doit être chaud (2 à 3 Mississippi). Quand on est prêt pour la cuisson, brosser et huiler la grille. Déposer les crevettes marinées sur la grille chaude. Compter de 1 à 3 min de cuisson de chaque côté.

Salsa à l'avocat et au maïs

500 À 750 ML (2 À 3 TASSES)

Une salsa aussi simple peut être facilement gâchée si l'on n'utilise pas des ingrédients de première qualité, c'est-à-dire un avocat bien mûr, une tomate bien juteuse et un épi de maïs sucré bien frais. Le caractère croquant du maïs ranime la douceur de l'avocat.

1 avocat mûr, en dés de 6 mm (¼ po)
2 à 3 c. à soupe de jus de citron vert frais pressé
1 tomate rouge mûre, épépinée et coupée en dés de 6 mm (¼ po)
1 épi de maïs sucré, épluché

1 oignon vert (le blanc et le vert), haché finement ou 3 c. à soupe d'oignons doux, en dés
1 à 2 piments jalapeños ou serranos, épépinés et émincés (garder les graines si l'on veut un goût plus piquant)
10 g (¼ tasse) de coriandre fraîche, hachée
Gros sel de mer ou sel casher et poivre noir frais moulu

1. Mettre l'avocat dans un bol et mélanger doucement avec 2 c. à soupe de jus de citron vert. Déposer les tomates sur les dés d'avocat.

2. Détacher les grains de l'épi de maïs à l'aide d'un gros couteau. Jeter les grains sur les tomates. Cette salsa peut être préparée jusqu'à 2 h d'avance jusqu'à cette étape. Couvrir et conserver dans le réfrigérateur.

3. Juste avant de servir, ajouter les piments et la coriandre. Remuer doucement. Ajouter du jus de citron vert si nécessaire et saler et poivrer au goût. La salsa doit être bien assaisonnée.

Note : Pour savoir si un avocat est mûr, pressez ses côtés. La chair doit alors céder légèrement.

Fumoir d'intérieur

COCKTAILS DE CREVETTES FUMÉES À LA CRÈME DE RAIFORT

Les crevettes et la fumée s'entendent à merveille. Les aliments fumés font bon ménage avec le raifort qui est ici mis en valeur dans une sauce crémeuse. Dans cette recette, la fumée de bois donne aux crevettes un goût complexe fort évocateur. On opte volontairement pour des assaisonnements dépouillés de toute prétention – du sel et du poivre au citron maison – afin que l'accent soit mis entièrement sur le bon goût fumé des crevettes.

RECETTE

4 PORTIONS

CREVETTES ET ASSAISONNEMENTS
2 rubans de zeste de citron de 1,25 x 5 cm (½ x 2 po), hachés grossièrement
2 c. à café (2 c. à thé) de grains de poivre noir
2 c. à café (2 c. à thé) de gros sel de mer ou de sel casher
480 à 720 g (1 à 1 ½ lb) de crevettes géantes, décortiquées et déveinées (voir Trucs p. 312)
2 c. à café (2 c. à thé) d'huile végétale
Huile de cuisson (facultatif)

CRÈME DE RAIFORT
1 morceau de racine de raifort frais de 5 cm (2 po), pelé ou 2 à 3 c. à soupe de raifort blanc préparé vendu dans le commerce
160 ml (⅔ tasse) de mayonnaise
80 ml (⅓ tasse) de crème sure
½ c. à café (½ c. à thé) de zeste de citron frais râpé
2 c. à café (2 c. à thé) de jus de citron frais pressé
Gros sel de mer ou sel casher et poivre noir frais moulu

1 c. à soupe de sciure de bois

1. Préparer les assaisonnements : Mettre le zeste, les grains de poivre et le sel dans un moulin à épices ou à café propre. Moudre grossièrement. (On peut aussi le faire avec un mortier et un pilon.)

2. Rincer les crevettes à l'eau froide et bien éponger avec du papier absorbant. Mélanger les crevettes et les assaisonnements dans un grand bol. Ajouter l'huile végétale et bien remuer. Couvrir et laisser mariner de 30 à 60 min dans le réfrigérateur.

3. Quand on est prêt pour la cuisson, préparer le fumoir (directives p. 16). Mettre la sciure au centre de la partie inférieure du fumoir. Tapisser la lèchefrite de papier d'aluminium et le mettre dans le fumoir. Vaporiser légèrement la plaque du fumoir avec de l'huile de cuisson ou la frotter avec du papier absorbant trempé dans l'huile. Mettre la grille dans le fumoir. Mettre les crevettes sur la surface de cuisson en laissant 6 mm (¼ po) entre elles. Couvrir le fumoir et mettre 3 min à feu vif. Baisser le feu et fumer les crevettes de 10 à 12 min, jusqu'à ce qu'elles soient cuites. Elles sont prêtes quand elles deviennent fermes et d'un beau blanc rosé. Laisser les crevettes refroidir sur une grille placée dans une assiette. Couvrir et conserver dans le réfrigérateur jusqu'au moment de servir.

4. Préparer la crème de raifort : Si l'on utilise du raifort frais, le couper d'abord en tranches de 1,25 cm (½ po), puis le râper ou le hacher finement à l'aide du robot de cuisine muni d'une lame métallique. (Ne pas inhaler l'odeur pénétrante du raifort.) Mettre le raifort dans un bol, ajouter la mayonnaise, la crème sure, le zeste et le jus de citron. Mélanger à l'aide d'un fouet. Saler et poivrer au goût.

5. Pour servir, verser 2 à 3 c. à soupe de crème de raifort au fond de 4 verres à martini ou petits bols décoratifs. Mettre les crevettes fumées sur le bord des verres. On peut aussi les servir dans une assiette, accompagnées d'un bol de crème au raifort.

TRUCS

■ **Si vous êtes pressé, achetez du poivre au citron. Il suffit d'en ajouter 1 c. à café (1 c. à thé) aux assaisonnements en prenant soin de ne pas mettre de zeste de citron et de couper la quantité de grains de poivre de moitié.**

■ **Prélevez le zeste de citron à l'aide d'un zesteur ou d'un éplucheur en prenant soin de ne pas prendre la petite peau blanchâtre (ziste) amère située sous l'écorce jaune et parfumée.**

■ **Pour savoir comment utiliser un wok pour fumer les aliments, lisez les directives de la p. 269.**

TRUCS

■ **Le shiso frais, aussi appelé *perilla*, est vendu dans les marchés japonais et plusieurs magasins d'aliments naturels. On peut le remplacer par de grandes feuilles de basilic frais.**

ROULEAUX DE CREVETTES GRILLÉES AU SHISO

Cette recette est inspirée d'un hors-d'œuvre vietnamien bien connu, le rouleau de bœuf haché à l'ail enveloppé dans une feuille de riz que l'on fait griller dans des feuilles de basilic frais. Je lui ai ajouté une touche japonaise grâce au shiso, une herbe aromatique qui ressemble à la paume de notre main et dont la saveur se situe entre la menthe et le basilic frais (le shiso est assurément plus intéressant et électrisant que ces derniers). J'ai aussi remplacé le bœuf par des crevettes en l'honneur des merveilleux *dumplings* japonais. Cela peut sembler compliqué, mais il vous faudra moins de 15 minutes pour réussir ce tour de magie.

RECETTE

16 À 20 ROULEAUX

240 g (8 oz) de crevettes, décortiquées, déveinées (voir Trucs p. 312) et coupées en morceaux de 1,25 cm (½ po) (voir Note)
2 gousses d'ail, émincées
2 c. à café (2 c. à thé) de gingembre frais, pelé et haché finement
2 c. à café (2 c. à thé) de sucre, ou plus au goût
1 c. à café (1 c. à thé) de poivre noir frais moulu
¼ c. à café (¼ c. à thé) de gros sel de mer ou de sel casher, ou plus au goût
1 c. à soupe de sauce soja
16 à 20 feuilles de shiso ou de grandes feuilles de basilic

4 brochettes métalliques de 25 à 30 cm (10 à 12 po) ou 8 à 10 brochettes de bambou de 15 cm (6 po)

1. À l'aide du robot de cuisine, hacher finement les crevettes, l'ail, le gingembre, le sucre, le poivre, le sel et la sauce soja. Rectifier l'assaisonnement en sucre et/ou en sel si nécessaire. Le goût doit être à la fois salé et sucré.

2. Mettre de 2 à 3 c. à café (2 à 3 c. à thé) de la préparation au centre d'une feuille de shiso. Rouler, en commençant par la partie inférieure de la feuille, pour former un cylindre compact. Répéter jusqu'à épuisement des crevettes.

3. Enfiler 2 rouleaux en travers sur chaque brochette. Les rouleaux peuvent être préparés quelques heures d'avance jusqu'à cette étape. Couvrir et conserver dans le réfrigérateur.

4. Cuire les rouleaux de crevettes, en suivant les directives de l'encadré, de 2 à 4 min de chaque côté, jusqu'à ce qu'ils soient dorés à l'extérieur et bien cuits à l'intérieur. Servir immédiatement.

Notes :

■ La grosseur des crevettes importe peu puisqu'on doit les hacher. Choisissez les moins chères, qu'elles soient moyennes ou grosses.

■ Vous pouvez aussi faire cette recette en remplaçant les crevettes par 240 g (8 oz) de bœuf, de poulet ou de porc haché.

Si vous avez...

GRIL CONTACT : Préchauffer le gril. S'il est muni d'un sélecteur de température, préchauffer à température élevée. Mettre la lèchefrite sous la partie avant du gril. Quand on est prêt pour la cuisson, huiler légèrement la surface de cuisson. Déposer les rouleaux de crevettes sur le gril chaud et fermer le couvercle. Compter de 2 à 3 min de cuisson.

POÊLE À FOND CANNELÉ : Préchauffer la poêle à feu moyen-vif sur la cuisinière. Quand on peut y faire rebondir une goutte d'eau, c'est qu'elle est suffisamment chaude. Quand on est prêt pour la cuisson, huiler légèrement les rainures. Déposer les rouleaux de crevettes dans la poêle chaude. Compter de 2 à 3 min de cuisson de chaque côté.

GRIL ENCASTRÉ : Préchauffer le gril à température élevée. Si la surface de cuisson n'est pas antiadhésive, brosser et huiler la grille. Déposer les rouleaux de crevettes sur la grille chaude. Compter de 2 à 3 min de cuisson de chaque côté.

GRIL DE TABLE : Préchauffer le gril à température élevée ; il n'est pas nécessaire d'huiler la grille. Déposer les rouleaux de crevettes sur le gril chaud. Compter de 3 à 5 min de cuisson de chaque côté.

ÂTRE : Entasser la braise ardente sous la grille et préchauffer de 3 à 5 min ; le feu doit être chaud (2 à 3 Mississippi). Quand on est prêt pour la cuisson, brosser et huiler la grille. Déposer les rouleaux de crevettes sur la grille chaude. Compter de 2 à 3 min de cuisson de chaque côté.

Fumoir d'intérieur

GASPACHO FUMÉ

Mon intérêt – pour ne pas dire mon obsession – pour les soupes grillées et fumées s'est développé le jour même où j'ai acheté mon premier fumoir d'intérieur. Voici un gaspacho à base de tomates prunes fumées, de poivrons, d'ail et d'oignons. Pendant l'été, le curieux mariage entre la fraîcheur des légumes, leur goût fumé et l'arôme de bois de chêne vous coupera le souffle. Servez ce gaspacho avec le pain à l'ail de la p. 326.

RECETTE

4 PORTIONS

Huile de cuisson en vaporisateur (facultatif)
6 tomates prunes (environ 600 g/1 ¼ lb), coupées en deux sur la longueur
1 poivron rouge moyen, évidé, épépiné et coupé en quartiers
1 concombre moyen, pelé, coupé en deux et épépiné
¼ de gros oignon rouge
3 gousses d'ail, épluchées et enfilées sur un cure-dent de bois
3 c. à soupe d'huile d'olive extravierge
2 c. à soupe de vinaigre de vin rouge, ou plus au goût
Gros sel de mer ou sel casher et poivre noir frais moulu
2 c. à soupe de ciboulette fraîche ou d'une autre herbe fraîche, hachée finement

1 ½ c. à soupe de sciure de chêne

1. Préparer le fumoir (directives p. 16). Mettre la sciure au centre de la partie inférieure du fumoir. Tapisser la lèchefrite de papier d'aluminium et le mettre dans le fumoir. Vaporiser légèrement la plaque du fumoir avec de l'huile de cuisson ou la frotter avec du papier absorbant trempé dans l'huile. Mettre la grille dans le fumoir. Mettre les tomates, les poivrons, les concombres et les oignons sur la grille, face coupée vers le haut. Ajouter les gousses d'ail. Couvrir et mettre 3 min à feu vif. Baisser le feu à température moyenne et cuire environ 8 min, jusqu'à ce que les légumes soient bien fumés mais encore cru au centre (ils seront recouverts d'une fine pellicule brunâtre).

2. Mettre les légumes sur une planche à découper et laisser refroidir à température ambiante. Couper les légumes en morceaux de 2,5 cm (1 po) et réduire en purée à l'aide du robot de cuisine ou du mélangeur.

3. Pendant que le moteur tourne, ajouter 2 c. à soupe d'huile d'olive, le vinaigre et suffisamment d'eau pour obtenir une soupe consistante mais facile à verser. Ajouter du vinaigre si nécessaire ; saler et poivrer au goût. Si l'on utilise le mélangeur, on peut ajouter tous les ingrédients et 125 ml (½ tasse) d'eau en même temps. Ajouter de l'eau si la soupe est trop épaisse. Le gaspacho peut être préparé jusqu'à 8 h d'avance. Couvrir et laisser refroidir dans le réfrigérateur jusqu'au moment de servir. Rectifier l'assaisonnement en vinaigre, en sel et en poivre si nécessaire.

4. Verser le gaspacho dans des bols ou des verres refroidis. Arroser avec l'huile d'olive restante et garnir de ciboulette.

TRUCS

- **Vous pouvez aussi fumer les légumes dans un wok. Consultez l'encadré de la p. 269.**
- **Pour obtenir un gaspacho onctueux, faites-le avec le mélangeur. Si vous préférez une soupe qui contient quelques morceaux de légumes, utilisez alors le robot de cuisine.**

POULET YAKITORI AUX OIGNONS VERTS

Le yakitori n'est pas seulement un goûter pour les Japonais ; c'est un véritable mode de vie. Chaque après-midi, après le travail, des dizaines de milliers de travailleurs s'arrêtent pour déguster de minuscules kebabs de poulet grillé avant leur long voyage de retour à la maison. Les *yakitori parlors* sont de petits endroits très humbles ou de chics restaurants où il est pratiquement impossible de trouver une place. Traditionnellement, on fait griller le yakitori nature. À mi-cuisson, on le trempe dans une sauce foncée, sirupeuse et sucrée-salée appelée *tare* pour lui donner un fini laqué. Le reste de la sauce est bouilli, ravivé avec des ingrédients frais et réutilisé le lendemain. Certaines sauces yakitori remontent à plusieurs années, voire des décennies, et chaque brochette qu'on y fait tremper leur ajoute plus de saveur.

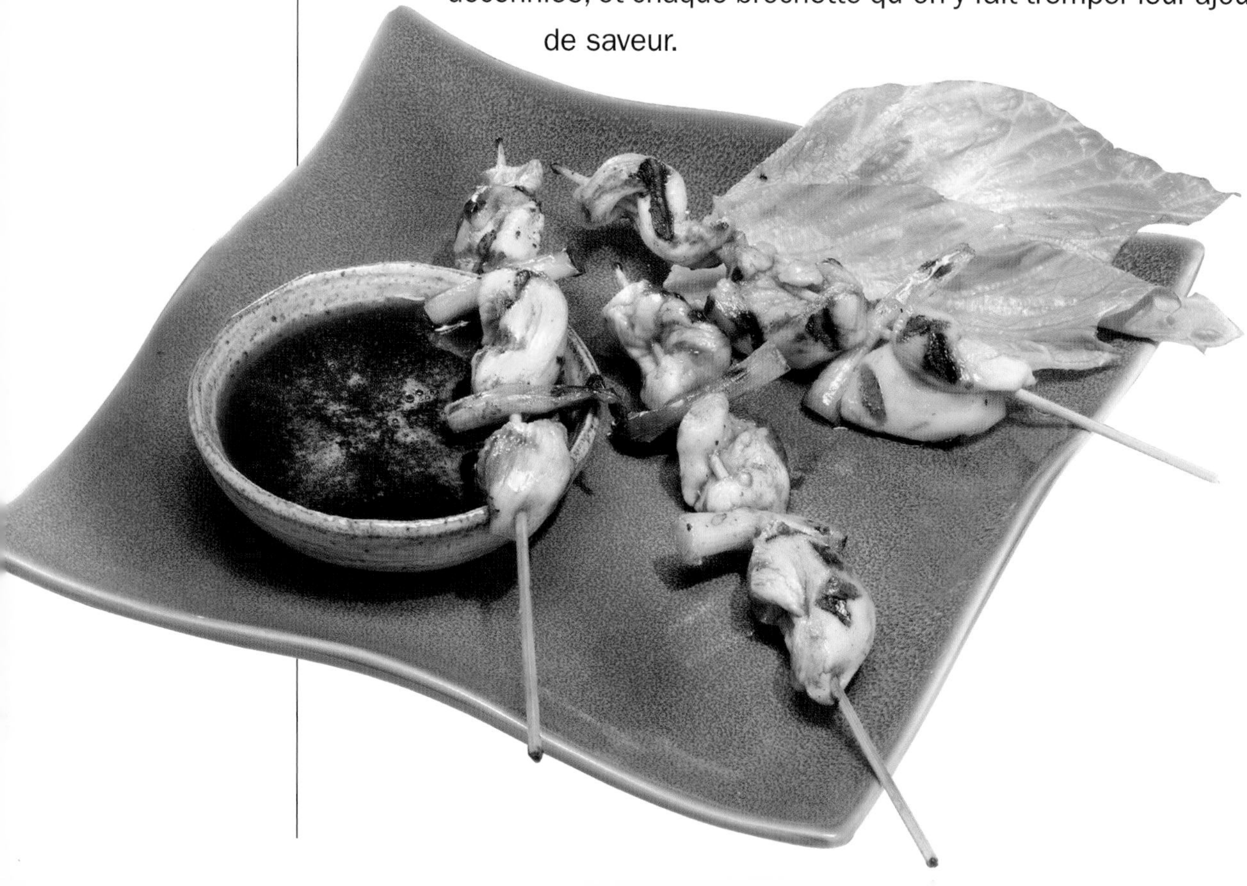

RECETTE

ENVIRON 20 BROCHETTES

YAKITORI
1 kg (2 lb) de cuisses de poulet (voir Notes)
1 botte d'oignons verts (le blanc et le vert), parés
Gros sel de mer ou sel casher

SAUCE
500 ml (2 tasses) de sauce soja
500 ml (2 tasses) de mirin
250 ml (1 tasse) de saké
6 c. à soupe de sucre, ou plus au goût
2 c. à soupe de miel

Environ 20 brochettes de bambou de 20 cm (8 po)

1. Préparer le yakitori : Rincer les cuisses de poulet à l'eau froide et bien éponger avec du papier absorbant. Retirer la peau des cuisses (on peut la conserver et l'enfiler sur les brochettes pour la faire griller). À l'aide d'un couteau bien affûté, détacher la chair de l'os en faisant des morceaux les plus gros possible. Réserver les os. Couper le poulet en morceaux d'environ 4 cm (1 ½ po) de long et 1,25 cm (½ po) de large et d'épaisseur.

2. Couper les oignons verts en diagonale en morceaux de 4 cm (1 ½ po). Enfiler 3 morceaux de poulet et 2 morceaux d'oignon sur une brochette en les faisant alterner. Répéter avec le poulet et les oignons verts restants. Couvrir et conserver dans le réfrigérateur jusqu'au moment de la cuisson.

3. Préparer la sauce : Dans une casserole profonde à fond épais, mélanger la sauce soja, le mirin, le saké, le sucre et le miel à feu moyen-vif. Ajouter les os de poulet. Porter lentement à ébullition en remuant à l'aide d'une cuillère de bois. Rectifier l'assaisonnement en sucre si nécessaire. Réduire la chaleur et laisser mijoter à feu moyen de 10 à 15 min, jusqu'à consistance épaisse et sirupeuse ; la sauce doit avoir la consistance d'une crème épaisse. Retirer du feu et laisser refroidir un peu. Réserver une partie de la sauce pour l'étape 5.

Si vous avez...

GRIL CONTACT : Préchauffer le gril. S'il est muni d'un sélecteur de température, préchauffer à température élevée. Mettre la lèchefrite sous la partie avant du gril. Quand on est prêt pour la cuisson, huiler légèrement la surface de cuisson. Déposer le yakitori sur le gril chaud et fermer le couvercle. Compter de 2 à 4 min de cuisson.

POÊLE À FOND CANNELÉ : Habituellement je n'aime pas faire cuire des aliments enrobés d'une sauce sirupeuse dans une poêle à fond cannelé puisque la sauce a tendance à brûler au fond. Toutefois, si l'on trempe le yakitori brièvement dans la sauce et qu'on laisse égoutter le surplus, on peut utiliser cette poêle. Préchauffer la poêle à feu moyen-vif sur la cuisinière. Quand on peut y faire rebondir une goutte d'eau, c'est qu'elle est suffisamment chaude. Quand on est prêt pour la cuisson, huiler légèrement les rainures. Déposer le yakitori dans la poêle chaude. Compter de 2 à 3 min de cuisson de chaque côté. Laisser tremper la poêle refroidie dans l'eau chaude pour faciliter le nettoyage.

GRIL ENCASTRÉ : Préchauffer le gril à température élevée. Si la surface de cuisson n'est pas antiadhésive, brosser et huiler la grille. Déposer le yakitori sur la grille chaude, en veillant à ce que l'extrémité dénudée des brochettes soit à l'extérieur du gril. Compter de 2 à 3 min de cuisson de chaque côté.

GRIL DE TABLE : Préchauffer le gril à température élevée ; il n'est pas nécessaire d'huiler la grille. Déposer le yakitori sur le gril chaud. Compter de 3 à 5 min de cuisson de chaque côté.

ÂTRE : Entasser la braise ardente sous la grille et préchauffer de 3 à 5 min ; le feu doit être chaud (2 à 3 Mississippi). Plier un morceau de papier d'aluminium résistant de 46 x 30 cm (18 x 12 po) en trois, comme une lettre. Quand on est prêt pour la cuisson, brosser et huiler la grille. Placer le papier d'aluminium au bout de la grille. Déposer le yakitori sur la grille chaude au-dessus du feu en veillant à ce que l'extrémité dénudée des brochettes repose sur le papier d'aluminium. Compter de 2 à 3 min de cuisson de chaque côté.

TRUC

■ **Si vous voulez perpétuer la tradition japonaise et réutiliser la sauce yakitori restante, faites-la bouillir 3 min une fois que la cuisson du poulet est terminée. Laissez refroidir à température ambiante et conservez dans le réfrigérateur pour une autre recette. Ajoutez de la sauce soja, du mirin, du saké, du sucre et du miel si nécessaire en respectant les proportions de la recette et le mode de cuisson de l'étape 3 de la p. 61.**

4. Saler les brochettes et cuire, en suivant les directives de l'encadré, jusqu'à ce qu'elles commencent à brunir : environ 1 ½ min sur un gril contact et 1 ½ min de chaque côté sur les autres grils. Tremper les brochettes dans la sauce et remettre sur le gril jusqu'à ce que le poulet soit cuit et doré. Procéder par étapes si le gril n'est pas assez grand. Déposer les brochettes dans un plat ovale et couvrir légèrement avec du papier d'aluminium pour garder au chaud jusqu'à ce que toutes les brochettes soient cuites.

5. Tremper le yakitori dans la sauce réservée et servir immédiatement dans une assiette ovale.

Notes :

■ Les Japonais préfèrent prendre les cuisses de poulet pour faire le yakitori. Elles sont plus goûteuses que les blancs et contiennent plus de gras, ce qui les empêche de sécher sur le gril. Si vous préférez la viande blanche, achetez des tendres de poulet.

■ Même si cela exige plus de travail, faites griller les os de poulet avant de les ajouter à la sauce. Préchauffer le gril à température moyenne-élevée et faites griller les os des cuisses de 4 à 6 min sur un gril contact et de 4 à 6 min de chaque côté sur les autres grils d'intérieur. La sauce aura ainsi plus de goût.

BŒUF

Dans plusieurs endroits – au Texas, en Toscane et partout en Argentine, par exemple –, le bœuf est considéré comme l'âme de la cuisine au barbecue. De plus en plus, on apprend à faire cuire cette viande sur des grils d'intérieur. Imaginez une côte de bœuf, un steak au poivre ou un bifteck de côte cuit dans l'âtre ! Saviez-vous que l'on pouvait aussi préparer un « *cheese steak* » à l'italienne dans une simple poêle à fond cannelé ? Voici des recettes qui redonneront de la vigueur à votre manière d'apprêter le bœuf, qu'il s'agisse d'un rôti à la broche ou de côtes de dos au paprika fumé.

Rôtissoire

RÔTI DE BŒUF À L'AIL ET AUX FINES HERBES À LA BROCHE

La côte de bœuf est une coupe de viande coûteuse et impressionnante. Son goût est inégalable. Rien de mieux pour transformer un samedi soir en véritable fête. Vous ne pouvez imaginer à quel point cette recette est facile, surtout si vous avez l'intention d'utiliser votre rôtissoire. Mettant en vedette une purée à base d'ail, de fines herbes fraîches et de zeste de citron, ce rôti sera encore meilleur si vous prenez le temps de mettre la moitié de celle-ci dans des petites incisions que vous ferez sur toute la surface du rôti.

RECETTE

4 À 6 PORTIONS

PURÉE DE FINES HERBES
4 gousses d'ail, hachées grossièrement
15 g (⅓ tasse) de fines herbes fraîches variées, équeutées et hachées grossièrement
1 c. à soupe de gros sel de mer ou de sel casher
1 c. à soupe de grains de poivre noir concassés
2 c. à café (2 c. à thé) de zeste de citron frais râpé
Environ 2 c. à soupe d'huile d'olive extravierge

1 rôti de côtes de bœuf de 1,8 à 2 kg (4 à 4 ½ lb) (2 côtes)
Jus à l'ail (p. 66)

1. Préparer la purée de fines herbes : À l'aide d'un pilon et d'un mortier, réduire en purée grossière l'ail, les fines herbes, le sel, les grains de poivre et le zeste. Incorporer lentement l'huile d'olive et réduire en purée onctueuse. On peut aussi faire cette étape en hachant finement les ingrédients à l'aide du robot de cuisine. On ajoute ensuite suffisamment d'huile d'olive pour obtenir une purée onctueuse en raclant les parois du bol avec une spatule de caoutchouc.

2. Avec la pointe d'un couteau d'office, faire de petites incisions de 1,25 cm (½ po) de profondeur sur toutes les faces du rôti en les espaçant de 4 cm (1 ½ po). Élargir les trous avec le bout de l'index. Déposer une petite cuillerée de purée de fines herbes dans chaque trou en la faisant pénétrer avec un doigt. Cette étape demandera environ la moitié de la purée. Bien enduire l'extérieur du rôti avec la purée restante. On peut faire cuire la viande immédiatement ou la couvrir et la laisser mariner de 1 à 2 h dans le réfrigérateur, ce qui lui donnera meilleur goût.

3. Quand on est prêt pour la cuisson, placer la lèchefrite dans la rôtissoire. Embrocher le rôti en insérant la broche rotative entre les côtes. Attacher la broche au tournebroche et mettre la rôtissoire en marche. Si le four est muni d'un sélecteur de température, l'allumer à 200 °C (400 °F) (voir directives p. 14).

4. Cuire le rôti de 1 h 15 à 1 h 30, jusqu'à ce qu'il soit cuit au goût et très coloré sur toutes les faces. Vérifier la cuisson avec un thermomètre à mesure instantanée ; celui-ci ne doit toucher ni à la broche ni aux os. Si l'on aime le bœuf mi-saignant, la température interne doit être de 63 °C (145 °F). Si la rôtissoire est munie d'une touche de pause, arrêter la broche de tourner après 1 h de cuisson et exposer le côté plat du rôti aux éléments chauffants en laissant la viande brunir quelques minutes. Faites tourner la broche rotative jusqu'à ce que l'autre côté plat du rôti soit exposé à l'élément chauffant et laisser brunir quelques minutes.

5. Déposer le rôti dans un plat ovale ou une planche à découper et laisser reposer environ 10 min. Réserver le jus de cuisson pour la sauce. Détacher la chair des os en passant un couteau le long de leur partie intérieure. Séparer les deux côtes et laisser les convives se les partager à table. Découper le rôti en fines tranches et servir avec le Jus à l'ail.

TRUCS

- **Cette recette est faite avec un rôti de 2 côtes, une grosseur qui convient à la plupart des rôtissoires et qui saura faire bonne impression à table.**
- **Vous pouvez aussi faire cette recette dans l'âtre (p. 11). Retirez tout le surplus de gras avant d'embrocher la viande. Faites cuire au-dessus d'un feu de 2 à 3 Mississippi. Il faut compter de 1 h à 1 h 15 de cuisson selon le cas.**
- **Confectionnez un sandwich spectaculaire en empilant des tranches de rôti de bœuf sur un pain mollet ou une tranche de pain. Trempez ensuite le sandwich dans le Jus à l'ail.**

TOUCHE DE PAUSE

Les rôtissoires sont idéales pour faire cuire les rôtis et la volaille de forme cylindrique tels que les jarrets d'agneau ou les poulets entiers. Mais qu'en est-il d'un rôti de côtes ? La touche de pause peut être très utile pour arrêter la rotation de la broche dans le but d'exposer la partie plate du rôti à l'élément chauffant pour la faire brunir uniformément. La rôtissoire joue alors le rôle d'un gril latéral.

Attendez simplement qu'un côté du rôti soit face à l'élément chauffant, puis appuyez sur la touche de pause. Il faut compter environ de 3 à 5 min de chaque côté pour faire brunir la croûte. Laissez ensuite la broche rotative faire un demi-tour et appuyez de nouveau sur la touche de pause pour faire brunir un autre côté du rôti. Il est préférable de procéder à cette étape en fin de cuisson afin de mieux contrôler le degré de cuisson.

Jus à l'ail

ENVIRON 375 ML (1 ½ TASSE)

Enrichissez le jus de cuisson avec un peu de bouillon de veau, de bœuf ou de poulet. Les morceaux d'ail frits lui donneront beaucoup d'éclat. Ce jus à l'ail est divin avec le bœuf. Utilisez du bouillon fait maison de préférence.

Jus de cuisson du Rôti de bœuf à l'ail et aux fines herbes à la broche (p. 65)
6 gousses d'ail, coupées en travers en fines tranches
1 c. à soupe de romarin ou de persil plat frais, haché finement
Environ 250 ml (1 tasse) de bouillon de veau, de bœuf ou de poulet, ou plus si nécessaire
Gros sel de mer ou sel casher et poivre noir frais moulu

1. Verser le jus de cuisson réservé du rôti dans un séparateur de graisses (voir encadré p. 205). Laisser reposer 5 min. Verser 2 c. à soupe du gras accumulé dans la partie supérieure du séparateur de graisses dans une casserole. Chauffer à feu moyen. Ajouter l'ail et le romarin et laisser colorer de 3 à 4 min en remuant à l'aide d'une cuillère de bois.

2. Verser le jus accumulé dans la partie inférieure du séparateur de graisses dans une passoire posée au-dessus d'une tasse à mesurer. Cesser de verser dès que le gras commence à sortir. Ajouter suffisamment de bouillon pour obtenir 375 ml (1 ½ tasse) de liquide. Verser dans la casserole, augmenter la chaleur et porter à ébullition. Laisser bouillir environ 1 min. Saler et poivrer au goût.

Fumoir d'intérieur

POINTE DE POITRINE DE BŒUF À LA MODE TEXANE

Pour un Texan qui ne jure que par la cuisson en plein air, cette recette sera peut-être considérée comme pure hérésie, mais cette pointe de poitrine de bœuf n'en sera pas moins délectable. Le secret consiste à utiliser un fumoir pour donner un goût de fumée à la viande que l'on fera ensuite cuire lentement au four, jusqu'à ce qu'elle se défasse à la fourchette. Si vous aimez la pointe de poitrine de bœuf tendre et fumée, sans un iota de sucre mais avec beaucoup d'épices, essayez cette recette qui sera aussi savoureuse que si vous l'aviez préparée sur votre barbecue d'extérieur.

6 À 8 PORTIONS

TRUC

■ Je vous recommande d'acheter un morceau de pointe de poitrine qui provient de la partie rectangulaire du milieu. Cette coupe de bœuf est plus facile à trouver dans les supermarchés, où le boucher aura préalablement enlevé la plus grande partie du gras. Choisissez un morceau qui est enrobé d'une couche de gras de 3 mm (⅛ po) environ. Le gras fondra en cours de cuisson, ce qui préservera la tendreté de la viande.

RECETTE

1 c. à soupe de paprika doux
2 c. à café (2 c. à thé) d'assaisonnement au chili
2 c. à café (2 c. à thé) de gros sel de mer ou de sel casher
1 c. à café (1 c. à thé) de poivre noir frais moulu
1 c. à café (1 c. à thé) de cumin moulu
¼ à ½ c. à café (¼ à ½ c. à thé) de cayenne
¼ c. à café (¼ c. à thé) de cannelle moulue
1 morceau de pointe de poitrine de bœuf (coupe du milieu) de 1,6 à 1,8 kg (3 ½ à 4 lb)
Huile de cuisson en vaporisateur (facultatif)
Sauce barbecue à la mode texane (p. 69)

3 c. à soupe de sciure de chêne

1. Mélanger le paprika, l'assaisonnement au chili, le sel, le poivre, le cumin, le cayenne et la cannelle dans un petit bol.

2. Mettre le morceau de viande sur une plaque à pâtisserie et le frotter sur toutes les faces avec les assaisonnements avec le bout des doigts. On peut fumer la poitrine de bœuf maintenant ou la couvrir et la laisser saumurer de 2 à 4 h dans le réfrigérateur, ce qui lui donnera plus de goût.

3. Quand on est prêt pour la cuisson, préparer le fumoir (directives p. 16). Mettre la sciure au centre de la partie inférieure du fumoir. Tapisser la lèchefrite de papier d'aluminium et mettre dans le fumoir. Vaporiser légèrement la plaque du fumoir avec de l'huile de cuisson ou la frotter avec du papier absorbant trempé dans l'huile. Placer la grille dans le fumoir. Déposer la viande sur la grille, gras tourné vers le haut. Couvrir le fumoir et mettre à feu vif 3 min, puis baisser à chaleur moyenne. Fumer la pointe de poitrine de bœuf environ 30 min pour lui donner un bon goût fumé.

4. Pendant ce temps, préchauffer le four à 135 °C (275 °F).

5. Étendre une grande feuille de papier d'aluminium résistant sur une planche à découper, côté luisant vers le bas. Déposer la viande sur le papier. Réserver le jus accumulé dans la lèchefrite pour faire la sauce. Fermer hermétiquement le papier en repliant les bouts pour bien sceller. Déposer sur une plaque à pâtisserie et cuire au four de 2 h 30 à 3 h, jusqu'à ce que la chair soit très tendre. Vérifier la cuisson avec un thermomètre à mesure instantanée ; la température interne doit être de 88 °C (190 °F) environ (soulever le papier d'un côté et insérer le thermomètre dans le côté de la viande).

6. Déposer la viande, toujours dans son papier, sur une planche à découper. Ouvrir le papier doucement. Verser le jus accumulé dans le papier et le jus réservé de la lèchefrite dans un séparateur de graisses ; on en obtiendra environ 300 ml (1 ¼ tasse). Réserver pour faire la sauce. Envelopper la viande de nouveau et laisser reposer environ 10 min pendant la préparation de la sauce.

7. Ouvrir le papier d'aluminium et ajouter le jus accumulé à la sauce barbecue. Déposer la pointe de poitrine sur une planche à découper et en travers du grain. Servir la sauce barbecue à côté.

Sauce barbecue à la mode texane

ENVIRON 560 ML (2 ¼ TASSES)

Cette sauce n'est pas épaisse. Ni trop sucrée. Ni particulièrement complexe. Au Texas, on recueille le jus de cuisson que l'on mélange avec un peu de sauce tomate ou de ketchup. Voici une version subtilement améliorée qui ne reléguera pas le goût du bœuf au second plan. La modération a souvent bien meilleur goût.

1 c. à soupe de beurre
1 tranche de bacon, coupée en travers en filaments de 6 mm (¼ po)
1 petit oignon, haché finement
Jus de cuisson de la Pointe de poitrine de bœuf à la mode texane (p. 68)
125 à 250 ml (½ à 1 tasse) de bouillon de bœuf ou de veau (maison de préférence)
80 ml (⅓ tasse) de ketchup ou de sauce tomate
2 c. à soupe de sirop de maïs foncé, ou plus au goût
1 c. à soupe de jus de citron frais pressé, ou plus au goût
1 c. à soupe de vinaigre blanc distillé ou de vinaigre de cidre
2 c. à café (2 c. à thé) de sauce Worcestershire
Gros sel de mer ou sel casher et poivre noir frais moulu

1. Faire fondre le beurre à feu moyen dans une casserole. Ajouter le bacon et les oignons et cuire de 4 à 5 min, jusqu'à ce qu'ils soient légèrement dorés.

2. Verser le jus de cuisson réservé dans un séparateur de graisses et laisser reposer au moins 3 min. Verser le jus accumulé dans la partie inférieure du séparateur de graisses dans une passoire placée au-dessus d'une tasse à mesurer de 500 ml (2 tasses). Cesser de verser dès que le gras commence à sortir. Ajouter suffisamment de bouillon pour obtenir 500 ml (2 tasses). Verser sur le bacon et les oignons, monter le feu et laisser mijoter vivement.

3. Dans la même casserole, ajouter le ketchup, le sirop de maïs, le jus de citron, le vinaigre et la sauce Worcestershire. Laisser mijoter de 6 à 8 min, jusqu'à léger épaississement. La sauce doit être plutôt liquide et plus claire que la sauce barbecue traditionnelle. Saler et poivrer au goût. Si l'on préfère une sauce plus sucrée, ajouter un peu de sirop de maïs. Pour une saveur plus acidulée, ajouter un peu de jus de citron.

Rôtissoire

BŒUF AU POIVRE ET À L'AIL

L'aiguillette baronne est très populaire en Californie, mais pratiquement inconnue dans le reste des États-Unis et dans plusieurs autres pays. Le nom anglais de ce rôti *(tri-tip)* vient de la forme triangulaire de cette partie de la surlonge de bœuf. On découpe la viande comme on le ferait pour une pointe de poitrine de bœuf, puis on la fait cuire et on la mange comme un bifteck. Cette façon de faire vient de Santa Maria, entre Los Angeles et San Francisco. Depuis quelques années, on a l'habitude de cuire cette viande sur de la braise de chêne, mais à l'origine on utilisait davantage le tournebroche. Nous devons cette technique au boucher Bob Schutz, qui l'a fait connaître en Californie en 1952. Votre rôtissoire saura faire des merveilles, mais vous pouvez également opter pour les autres méthodes proposées dans l'encadré. Servez cette recette avec une salsa bien assaisonnée et du pain à l'ail (p. 326).

RECETTE

4 À 6 PORTIONS

Poudre d'ail
Gros sel de mer ou sel casher
Grains de poivre noir concassé ou poivre noir frais moulu
1 partie d'aiguillette baronne* (tri-tip) *de 1 à 1,2 kg (2 à 2 ½ lb)
Salsa Santa Maria (p. 72)

1. Assaisonner généreusement la viande sur toutes les faces avec la poudre d'ail, le sel et les grains de poivre.

2. Quand on est prêt pour la cuisson, déposer la viande dans le panier à rôtissoire. Placer la lèchefrite dans la rôtissoire. Attacher le panier à la rôtissoire. Attacher la broche rotative au tournebroche et mettre la rôtissoire en marche. Si le four est muni d'un sélecteur de température, l'allumer à 200 °C (400 °F) (voir directives p. 14).

3. Cuire environ 40 min pour obtenir une viande mi-saignante. Vérifier la cuisson avec un thermomètre à mesure instantanée en l'insérant sur le côté du morceau de viande sans toucher à la broche. La température interne doit être de 63 °C (145 °F) environ pour une cuisson mi-saignante. Si la rôtissoire est munie d'une touche de pause, arrêter la broche de tourner après 30 min de cuisson et exposer le côté plat de la viande aux éléments chauffants pour le laisser brunir quelques minutes. Faire tourner la broche rotative d'un demi-tour et faire brunir de la même façon de l'autre côté.

4. Déposer la viande dans un plat ovale ou sur une planche à découper. Retirer la broche et laisser reposer 5 min légèrement couvert de papier d'aluminium. Découper en fines tranches, perpendiculairement aux fibres, et servir avec la salsa Santa Maria.

Si vous avez...

GRIL CONTACT : Les morceaux de viande les plus petits et les plus minces donneront les meilleurs résultats sur ce genre de gril. Les morceaux épais auront tendance à brûler à l'extérieur avant d'être cuits suffisamment au centre. Préchauffer le gril. S'il est muni d'un sélecteur de température, préchauffer à température élevée. Mettre la lèchefrite sous la partie avant du gril. Quand on est prêt pour la cuisson, huiler légèrement la surface de cuisson. Déposer la viande sur le gril chaud en mettant des morceaux de papier d'aluminium entre la surface de cuisson et la viande, ce qui empêchera celle-ci de brûler trop rapidement. Fermer le couvercle. Compter de 8 à 10 min de cuisson pour obtenir une viande mi-saignante.

GRIL ENCASTRÉ : Préchauffer le gril à température moyenne-élevée. Si la surface de cuisson n'est pas antiadhésive, brosser et huiler la grille. Déposer la viande sur la grille chaude. Compter de 8 à 10 min de cuisson de chaque côté pour obtenir une viande mi-saignante.

GRIL DE TABLE : Si l'on aime cette viande très saignante, le gril de table est idéal. Préchauffer le gril à température élevée ; il n'est pas nécessaire d'huiler la grille. Déposer la viande sur le gril chaud et mettre un poêlon lourd sur le dessus pour le garder plat. Compter de 10 à 12 min de cuisson de chaque côté pour obtenir une viande saignante. Pour obtenir une viande mi-saignante ou bien cuite, il faudra être très patient.

ÂTRE : Cette viande est délicieuse grillée dans l'âtre au-dessus d'un feu de bois de chêne rouge. Entasser la braise ardente sous la grille et préchauffer de 3 à 5 min ; le feu doit être moyen-vif (4 Mississippi). Quand on est prêt pour la cuisson, brosser et huiler la grille. Déposer la viande sur la grille chaude. Compter de 8 à 10 min de cuisson de chaque côté pour obtenir une viande mi-saignante.

TRUC

■ Il n'est pas toujours facile de trouver de l'aiguillette baronne (*tri-tip* en anglais). Il faut souvent la commander d'avance à son boucher. Ce morceau de bœuf est prélevé dans le bas de surlonge. Si vous n'en trouvez pas, un morceau de surlonge ou d'extérieur de ronde de 5 cm (2 po) d'épaisseur fera aussi l'affaire.

Salsa Santa Maria

ENVIRON 750 ML (3 TASSES)

En Californie, cette recette est habituellement servie avec une salsa. L'influence italienne et mexicaine gagne ici la partie avec l'ajout de céleri, d'origan et de vinaigre de vin rouge.

3 oignons verts, hachés grossièrement
2 branches de céleri, pelées avec un éplucheur et hachées grossièrement
2 à 4 piments jalapeños, épépinés et hachés grossièrement (garder les graines si l'on veut un goût plus piquant)
2 gousses d'ail, hachées grossièrement
½ c. à café (½ c. à thé) d'origan séché
6 à 8 tomates prunes, hachées grossièrement, avec leur jus
3 c. à soupe de coriandre fraîche, hachée
1 c. à soupe de vinaigre de vin rouge
1 c. à soupe de jus de citron vert frais pressé
Gros sel de mer ou sel casher et poivre noir frais moulu

À l'aide du robot de cuisine, hacher finement les oignons verts, le céleri, les piments, l'ail et l'origan. Ajouter les tomates et procéder par à-coups afin de ne pas réduire la salsa en purée. Ajouter la coriandre, le vinaigre et le jus de citron vert, puis saler et poivrer au goût. La salsa doit être bien assaisonnée et on peut la préparer 2 h d'avance.

« CHEESE STEAK » À L'ITALIENNE

Voici un « *cheese steak* » que je dédie amicalement à la génération obsédée par les glucides. Aucun pain à l'horizon puisque le « sandwich » est composé de fines tranches de bœuf farcies de fontina et de prosciutto. *Mince* est le mot-clé dans cette recette. Tranchée mince, la viande de bœuf semble toujours plus tendre.

TRUC

■ S'il y a un marché italien près de chez vous, commandez un *braciole*, c'est-à-dire une tranche d'extérieur de ronde large et mince. Vous pouvez aussi opter pour un morceau très mince d'intérieur de ronde ou de surlonge. Le secret consiste à trancher la viande en biais, perpendiculairement aux fibres.

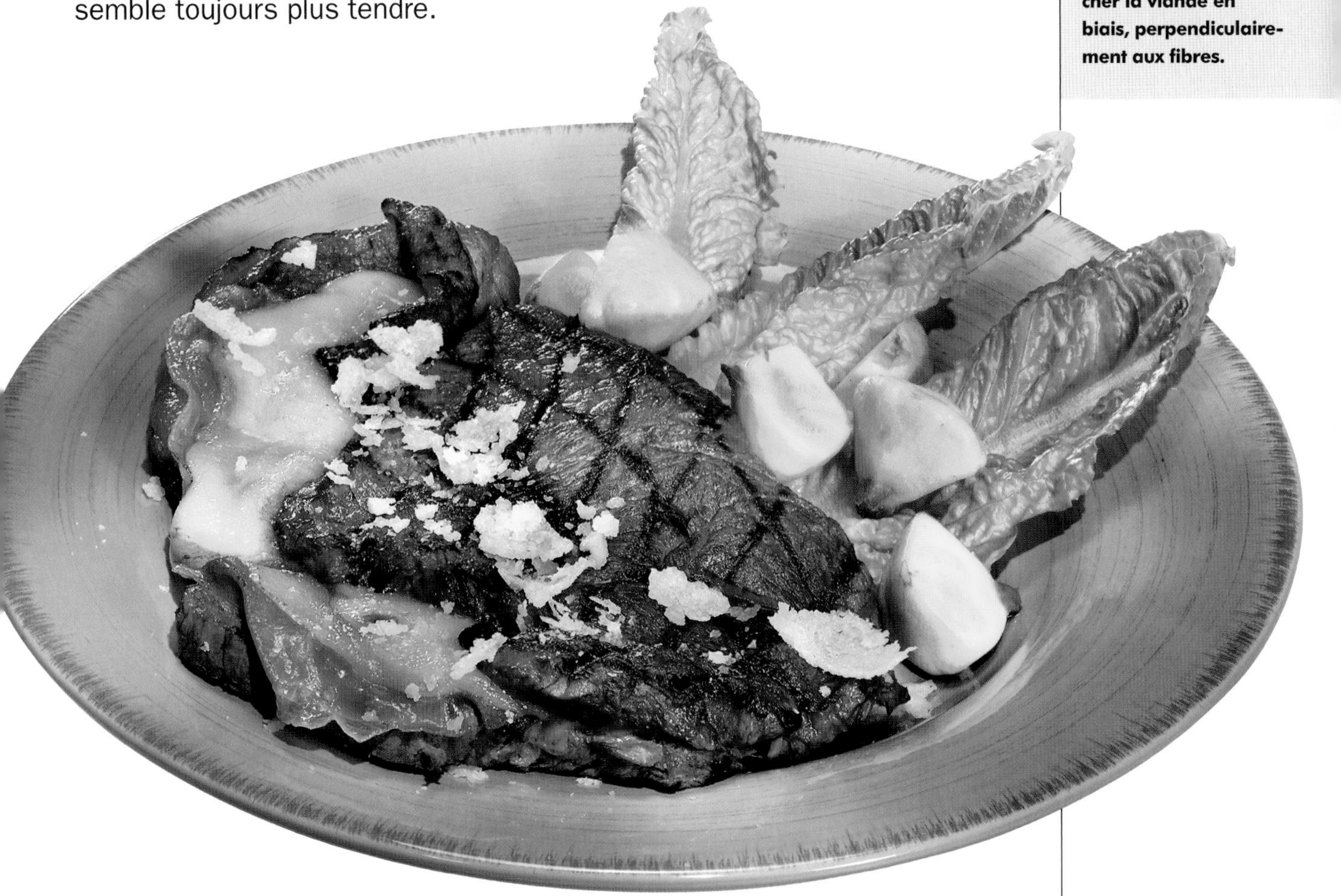

2 PORTIONS

RECETTE

2 morceaux très minces d'intérieur de ronde, d'extérieur de ronde ou de surlonge de 180 g (6 oz), 20 cm (8 po) de long, 10 cm (4 po) de large et à peine 6 mm (¼ po) d'épaisseur chacun
Gros sel de mer ou sel casher et poivre noir frais moulu
60 g (2 oz) de fromage fontina, en fines tranches
2 tranches de prosciutto (45 g/1 ½ oz en tout)
3 c. à soupe de parmesan frais râpé

Cure-dents de bois

1. Mettre un bifteck sur une planche à découper, côté le plus long vers soi. À l'aide d'un couteau bien affûté, entailler la chair sur toute la longueur du milieu mais sans la pénétrer complètement, ce qui permettra de refermer facilement le bifteck comme un livre. Répéter avec l'autre morceau de viande. Saler et poivrer de chaque côté.

2. Mettre un steak sur une planche à découper. Étendre la moitié du fromage sur la moitié d'un steak, parallèlement à l'entaille. Couvrir avec une tranche de prosciutto et ajouter 1 ½ c. à soupe de parmesan. Plier le steak comme un sandwich le long de l'entaille. Faire tenir avec des cure-dents. Faire la même chose avec l'autre steak. On peut les préparer jusqu'à cette étape quelques heures d'avance et les conserver bien couverts dans le réfrigérateur.

3. Cuire les steaks, en suivant les directives de l'encadré, jusqu'à ce que le fromage soit fondu et que la chair soit cuite au goût et bien colorée.

4. Déposer dans un plat ovale ou des assiettes individuelles. Enlever et jeter les cure-dents et servir immédiatement.

Variante : Pour adapter cette recette à la mode alpine, remplacer le fontina par du gruyère, du appenzeller ou du fromage à raclette et le prosciutto par du *bresaola*, une viande de bœuf saumurée séchée à l'air.

Si vous avez...

GRIL CONTACT : Préchauffer le gril. S'il est muni d'un sélecteur de température, préchauffer à température élevée. Mettre la lèchefrite sous la partie avant du gril. Quand on est prêt pour la cuisson, huiler légèrement la surface de cuisson. Déposer la viande sur le gril chaud et fermer le couvercle. Compter de 4 à 6 min de cuisson.

POÊLE À FOND CANNELÉ : Préchauffer la poêle à feu moyen-vif sur la cuisinière. Quand on peut y faire rebondir une goutte d'eau, c'est qu'elle est suffisamment chaude. Quand on est prêt pour la cuisson, huiler légèrement les rainures. Déposer la viande dans la poêle chaude. Compter de 2 à 3 min de cuisson de chaque côté.

GRIL ENCASTRÉ : Préchauffer le gril à température moyenne-élevée. Si la surface de cuisson n'est pas antiadhésive, brosser et huiler la grille. Déposer la viande sur la grille chaude. Compter de 2 à 3 min de cuisson de chaque côté.

GRIL DE TABLE : Préchauffer le gril à température élevée ; il n'est pas nécessaire d'huiler la grille. Déposer la viande sur le gril chaud. Compter de 3 à 5 min de cuisson de chaque côté.

ÂTRE : Entasser la braise ardente sous la grille et préchauffer de 3 à 5 min ; le feu doit être chaud (2 à 3 Mississippi). Quand on est prêt pour la cuisson, brosser et huiler la grille. Déposer la viande sur la grille chaude. Compter de 2 à 3 min de cuisson de chaque côté.

ROULEAUX DE BŒUF À LA MODE HONGROISE

Les rouleaux de bœuf et les cigares au chou sont populaires partout en Europe de l'Est. Ils jouent même un rôle majeur dans le film d'horreur *Gloomy Sunday* dont l'action se déroule à Budapest pendant la Deuxième Guerre mondiale. La recette varie d'un pays à l'autre et d'une cuisine à l'autre. Je vous propose des morceaux de bœuf farcis au jambon saumuré, fumé ou cuit et/ou au fromage. Ajoutez ensuite du bacon, des cornichons, des câpres ou des quartiers d'oignon. Comme j'aime toujours exagérer un peu, je ne me gêne pas pour mettre tous ces ingrédients dans la garniture. Si vous êtes plus sage que moi, vous pouvez vous contenter de moins d'ingrédients ou les varier à votre goût. En Europe de l'Est, on fait cuire les rouleaux à la poêle, mais je préfère les grils d'intérieur qui permettent de saisir la croûte tout en faisant fondre la garniture.

TRUC

■ Inutile d'acheter des morceaux de viande trop coûteux pour cette recette. L'intérieur et l'extérieur de ronde conviennent très bien ici. Dites à votre boucher que vous voulez des morceaux très minces. Quand je prépare cette recette, je prends des morceaux de pointe de surlonge ayant un peu moins de 6 mm (¼ po) d'épaisseur.

4 PORTIONS

RECETTE

8 morceaux très minces d'intérieur de ronde, d'extérieur de ronde ou de surlonge de 120 g (4 oz), 10 x 10 cm (4 x 4 po) et à peine 6 mm (¼ po) d'épaisseur chacun
1 c. à soupe de paprika hongrois doux
Gros sel de mer ou sel casher et poivre noir frais moulu
1 c. à soupe de moutarde de Dijon
8 fines tranches de provolone ou de cheddar, en morceaux de 8 x 8 cm (3 x 3 po)
8 fines tranches de jambon fumé (Westphalie, Forêt-Noire, etc.), en morceaux de 8 x 10 cm (3 x 4 po)
1 cornichon à l'aneth, coupé en 8 petites pointes
8 tranches de bacon
Huile de cuisson en vaporisateur

Cure-dents de bois ou ficelle

1. Mettre les morceaux de viande sur une planche à découper. Assaisonner de paprika, de sel et de poivre de chaque côté. Étendre la moutarde sur le dessus. Mettre une tranche de fromage et une tranche de jambon sur chaque morceau. Déposer un quartier de cornichon sur le côté le plus large de la viande et rouler en petit rouleau. Répéter avec les autres morceaux de bœuf. Enrouler une tranche de bacon diagonalement autour de chaque rouleau comme les rayures sur une canne en sucre. Faire tenir avec de la ficelle ou des cure-dents.

2. Cuire les rouleaux, en suivant les directives de l'encadré, jusqu'à ce que le fromage soit fondu et que la viande soit cuite et bien colorée à l'extérieur. Procéder par étapes si le gril n'est pas assez grand. Jeter la ficelle ou les cure-dents et servir immédiatement.

Si vous avez…

GRIL CONTACT : Préchauffer le gril. S'il est muni d'un sélecteur de température, préchauffer à température élevée. Mettre la lèchefrite sous la partie avant du gril. Quand on est prêt pour la cuisson, huiler légèrement la surface de cuisson. Déposer les rouleaux sur le gril chaud et fermer le couvercle. Compter de 5 à 8 min de cuisson.

POÊLE À FOND CANNELÉ : Préchauffer la poêle à feu moyen-vif sur la cuisinière. Quand on peut y faire rebondir une goutte d'eau, c'est qu'elle est suffisamment chaude. Quand on est prêt pour la cuisson, huiler légèrement les rainures. Déposer les rouleaux dans la poêle chaude. Compter de 1 ½ à 2 min de cuisson de chaque côté (6 à 8 min en tout).

GRIL ENCASTRÉ : Préchauffer le gril à température moyenne-élevée. Si la surface de cuisson n'est pas antiadhésive, brosser et huiler la grille. Déposer les rouleaux sur la grille chaude. Pour empêcher les flammes de monter, ne pas mettre trop de rouleaux à la fois sur la grille. Compter de 1 ½ à 2 min de cuisson de chaque côté (6 à 8 min en tout).

GRIL DE TABLE : Préchauffer le gril à température élevée ; il n'est pas nécessaire d'huiler la grille. Déposer les rouleaux sur le gril chaud. Compter de 2 ½ à 3 min de cuisson de chaque côté (10 à 12 min en tout).

ÂTRE : Entasser la braise ardente sous la grille et préchauffer de 3 à 5 min ; le feu doit être moyen-vif (4 Mississippi). Quand on est prêt pour la cuisson, brosser et huiler la grille. Déposer les rouleaux sur la grille chaude. Pour empêcher les flammes de monter, ne pas mettre trop de rouleaux à la fois sur la grille. Compter de 1 ½ à 2 min de cuisson de chaque côté (6 à 8 min en tout). Si les flammes montent trop haut, déplacer les rouleaux sur une partie moins chaude de la grille.

RÔTISSOIRE : Mettre les rouleaux dans un panier à rôtissoire. Mettre la lèchefrite au fond de la rôtissoire. Attacher le panier à la broche, puis fixer la broche au tournebroche. Si la rôtissoire est munie d'un sélecteur de température, le régler à 200 °C (400 °F). Compter de 20 à 30 min de cuisson.

BIFTECK DE FLANC ROULÉ AU POIVRE ET AU CITRON (LONDON BROIL)

La cuisine, comme la mode, a ses hauts et ses bas. Quand j'étais enfant, le bifteck de flanc roulé *(London broil)* était un plat commun servi dans tous les restaurants locaux. Mais il me semble que je n'ai pas trouvé ce plat au menu depuis fort longtemps. C'est bien dommage puisqu'il s'agit d'une façon intelligente de servir les morceaux de bœuf les moins coûteux. Pour obtenir des tranches bien tendres, il suffit de découper la viande diagonalement. Afin de faire revivre ce grand classique, je vous donne ma recette que j'apprête avec une marinade qui unit l'Orient et l'Occident.

4 PORTIONS

RECETTE

1 bavette de flanchet ou 1 morceau de surlonge, d'extérieur ou d'intérieur de ronde de 720 à 840 g (1 ½ à 1 ¾ lb)
1 c. à soupe de grains de poivre noir concassés
2 c. à café (2 c. à thé) de zeste de citron frais râpé
3 gousses d'ail, hachées grossièrement
1 échalote, hachée grossièrement
3 c. à soupe de sauce soja
1 c. à soupe de moutarde de Dijon
1 c. à soupe de jus de citron frais pressé
2 c. à soupe d'huile végétale

Si vous avez...

GRIL CONTACT : Quand on utilise ce gril, il est préférable de choisir une coupe de viande épaisse comme la surlonge ou la ronde ; la bavette de flanchet cuira plus rapidement. Préchauffer le gril. S'il est muni d'un sélecteur de température, préchauffer à température élevée. Mettre la lèchefrite sous la partie avant du gril. Quand on est prêt pour la cuisson, huiler légèrement la surface de cuisson. Déposer le bœuf sur le gril chaud et fermer le couvercle. Le bifteck de surlonge ou de ronde sera mi-saignant après 7 à 10 min de cuisson ; la bavette de flanchet sera à point après 3 à 5 min de cuisson.

POÊLE À FOND CANNELÉ : Préchauffer la poêle à feu moyen-vif sur la cuisinière. Quand on peut y faire rebondir une goutte d'eau, c'est qu'elle est suffisamment chaude. Quand on est prêt pour la cuisson, huiler légèrement les rainures. Déposer le bœuf dans la poêle chaude. Le bifteck de surlonge ou de ronde sera mi-saignant après 5 à 8 min de cuisson de chaque côté ; la bavette de flanchet sera mi-saignante après 4 à 6 min de cuisson de chaque côté.

GRIL ENCASTRÉ : Préchauffer le gril à température élevée. Si la surface de cuisson n'est pas antiadhésive, brosser et huiler la grille. Déposer le bœuf sur la grille chaude. Le bifteck de surlonge ou de ronde sera mi-saignant après 5 à 8 min de cuisson de chaque côté ; la bavette de flanchet sera mi-saignante après 4 à 6 min de cuisson de chaque côté.

GRIL DE TABLE : Préchauffer le gril à température élevée ; il n'est pas nécessaire d'huiler la grille. Déposer le bœuf sur le gril chaud. Le bifteck de surlonge ou de ronde sera mi-saignant après 6 à 9 min de cuisson de chaque côté ; la bavette de flanchet sera mi-saignante après 5 à 7 min de cuisson de chaque côté.

ÂTRE : Entasser la braise ardente sous la grille et préchauffer de 3 à 5 min ; le feu doit être chaud (2 à 3 Mississippi). Quand on est prêt pour la cuisson, brosser et huiler la grille. Déposer le bœuf sur la grille chaude. Le bifteck de surlonge ou de ronde sera mi-saignant après 5 à 8 min de cuisson de chaque côté ; la bavette de flanchet sera mi-saignante après 4 à 6 min de cuisson de chaque côté.

1. Si l'on utilise de la bavette de flanchet, quadriller la viande de chaque côté en faisant des incisions de 3 mm (⅛ po) de profondeur à intervalle de 6 mm (¼ po) environ. Cela empêchera la viande de retrousser en cours de cuisson. Cette étape est inutile pour la surlonge ou la ronde.

2. À l'aide du robot de cuisine, réduire en purée grossière les grains de poivre, le zeste, l'ail et les échalotes. Ajouter la sauce soja, la moutarde, le jus de citron et 1 c. à soupe d'huile. Verser la moitié de la sauce dans un plat de cuisson juste assez grand pour contenir la viande. Mettre le bœuf dans le plat et couvrir avec la sauce restante. Laisser mariner au moins 4 h ou toute la nuit. On peut aussi faire mariner le bœuf dans un sac de plastique à fermeture hermétique.

3. Quand on est prêt pour la cuisson, égoutter la viande et racler presque complètement la marinade à l'aide d'une spatule de caoutchouc, ce qui facilitera la cuisson et assurera une certaine propreté sur le gril. Badigeonner le bœuf avec l'huile restante de chaque côté et l'étendre avec les doigts.

4. Cuire le bœuf au goût en suivant les directives de l'encadré. Pour vérifier la cuisson, appuyer sur le bœuf avec un doigt ; quand il est mi-saignant, il cède doucement sous la pression.

5. Déposer la viande sur une planche à découper et laisser reposer 3 min. Découper en fines tranches, perpendiculairement aux fibres. Dresser les tranches en éventail dans un plat ovale ou une assiette de service. Servir immédiatement.

Note : Cette recette convient aux coupes de viande moins coûteuses : bavette de flanchet, surlonge, intérieur et extérieur de ronde. En découpant le bœuf en fines tranches, perpendiculairement aux fibres, on obtient des rubans de viande bien tendres. Si vous optez pour la bavette de flanchet, choisissez-en une de 18 mm (¾ po) d'épaisseur. Les autres coupes doivent avoir de 2,5 à 4 cm (1 à 1 ½ po) d'épaisseur.

TRUC

■ **Rodolfo Lagua utilise une marinade comme celle-ci pour l'aiguillette baronne (tri-tip). Choisissez un morceau de viande de 1 à 1,2 kg (2 à 2 ½ lb). Préparez la marinade en suivant l'étape 1 de la recette et laissez mariner de 12 à 24 h. On peut faire rôtir la viande dans la rôtissoire en suivant les directives des étapes 2 et 3 de la recette de la p. 71 ou opter pour l'une des méthodes de cuisson de la p. 71.**

BAVETTE DE FLANCHET À LA MODE PHILIPPINE

Rodolfo Lagua est un vétéran de la cuisine barbecue depuis plus de trente ans. D'origine philippine, il a été mon inspiration pour cette recette qui lui a été transmise par son ami Sammy Ariola, un des premiers immigrants philippins en Californie. « Je n'ai aucun argent à te léguer en héritage », lui aurait-il confié sur son lit de mort, « mais je vais au moins te donner la recette de ma marinade. » Depuis ce temps, Lagua remporte de nombreux prix grâce à ses recettes et il a ainsi amassé des milliers de dollars pour des œuvres de bienfaisance au sein de sa communauté. Dans cette sauce, l'équilibre harmonieux entre le salé, le sucré et l'aigre est unique en son genre. Voici mon adaptation de cette marinade pour le bifteck. Lagua servirait sûrement ce plat avec du riz bouilli.

RECETTE

4 À 6 PORTIONS

2 citrons moyens
250 ml (1 tasse) de sauce soja
125 ml (½ tasse) de vinaigre blanc distillé
125 ml (½ tasse) d'huile végétale
1 oignon moyen, haché finement
3 gousses d'ail, hachées finement
3 feuilles de laurier, émiettées
1 c. à soupe de graines de coriandre
1 c. à café (1 c. à thé) de poivre noir
1 bavette de flanchet ou 1 morceau de surlonge, d'extérieur ou d'intérieur de ronde de 720 à 840 g (1 ½ à 1 ¾ lb); voir Note p. 79

1. Rincer les citrons. Couper chacun en deux et presser le jus à l'aide d'un presse-citron. Verser le jus dans un bol. Couper l'écorce d'un citron en dés de 6 mm (¼ po) et mélanger avec le jus. Ajouter la sauce soja, le vinaigre, l'huile, les oignons, l'ail, les feuilles de laurier, les graines de coriandre et le poivre. Bien remuer. Réserver la moitié qui servira comme sauce.

2. Si l'on utilise de la bavette de flanchet, quadriller la viande de chaque côté en faisant des incisions de 3 mm (⅛ po) de profondeur à intervalle de 6 mm (¼ po) environ. Cela empêchera la viande de retrousser en cours de cuisson. Cette étape est inutile pour la surlonge ou la ronde.

3. Verser la moitié de la sauce dans un plat de cuisson juste assez grand pour contenir la viande. Mettre le bœuf dans le plat et couvrir avec la sauce restante. Laisser mariner au moins 6 h ou toute la nuit. On peut aussi faire mariner le bœuf dans un sac de plastique à fermeture hermétique.

4. Quand on est prêt pour la cuisson, égoutter la viande et racler presque complètement la marinade à l'aide d'une spatule de caoutchouc. Cuire le bœuf au goût en suivant les directives de l'encadré. Pour vérifier la cuisson, appuyer sur le bœuf avec un doigt; quand il est mi-saignant, il cède doucement sous la pression.

5. Déposer la viande sur une planche à découper et laisser reposer 5 min. Découper en fines tranches, perpendiculairement aux fibres, en tenant le couteau à un angle de 45 degrés. Napper avec la sauce restante et servir immédiatement.

Si vous avez...

GRIL CONTACT : Quand on utilise ce gril, il est préférable de choisir une coupe de viande épaisse comme la surlonge ou la ronde; la bavette de flanchet cuira plus rapidement. Préchauffer le gril. S'il est muni d'un sélecteur de température, préchauffer à température élevée. Mettre la lèchefrite sous la partie avant du gril. Quand on est prêt pour la cuisson, huiler légèrement la surface de cuisson. Déposer le bœuf sur le gril chaud et fermer le couvercle. Le bifteck de surlonge ou de ronde sera mi-saignant après 7 à 10 min de cuisson; la bavette de flanchet sera à point après 3 à 5 min de cuisson.

POÊLE À FOND CANNELÉ : Préchauffer la poêle à feu moyen-vif sur la cuisinière. Quand on peut y faire rebondir une goutte d'eau, c'est qu'elle est suffisamment chaude. Quand on est prêt pour la cuisson, huiler légèrement les rainures. Déposer le bœuf dans la poêle chaude. Le bifteck de surlonge ou de ronde sera mi-saignant après 5 à 8 min de cuisson de chaque côté; la bavette de flanchet sera mi-saignante après 4 à 6 min de cuisson de chaque côté.

GRIL ENCASTRÉ : Préchauffer le gril à température élevée. Si la surface de cuisson n'est pas antiadhésive, brosser et huiler la grille. Déposer le bœuf sur la grille chaude. Le bifteck de surlonge ou de ronde sera mi-saignant après 5 à 8 min de cuisson de chaque côté; la bavette de flanchet sera mi-saignante après 4 à 6 min de cuisson de chaque côté.

GRIL DE TABLE : Préchauffer le gril à température élevée; il n'est pas nécessaire d'huiler la grille. Déposer le bœuf sur le gril chaud. Le bifteck de surlonge ou de ronde sera mi-saignant après 6 à 9 min de cuisson de chaque côté; la bavette de flanchet sera mi-saignante après 5 à 7 min de cuisson de chaque côté.

ÂTRE : Entasser la braise ardente sous la grille et préchauffer de 3 à 5 min; le feu doit être chaud (2 à 3 Mississippi). Quand on est prêt pour la cuisson, brosser et huiler la grille. Déposer le bœuf sur la grille chaude. Le bifteck de surlonge ou de ronde sera mi-saignant après 5 à 8 min de cuisson de chaque côté; la bavette de flanchet sera mi-saignante après 4 à 6 min de cuisson de chaque côté.

Rôtissoire

BRACIOLE À LA MODE SICILIENNE

Le *braciole* me rappelle l'époque où je faisais la critique des restaurants pour le magazine *Boston*. J'aimais aller me balader dans la partie nord de la ville ou dans la Petite Italie où je faisais le recensement des meilleurs marchés et des restaurants les plus intéressants. C'est là, chez un boucher depuis longtemps disparu, que j'ai découvert le *braciole*, un rouleau de bœuf farci avec du prosciutto, du salami, de la mortadelle et d'autres viandes froides italiennes savamment rehaussés de provolone et de piments forts. On l'achetait déjà farci et on le faisait cuire au four selon les directives du boucher. Le résultat était absolument exquis et avait de quoi bloquer nos artères pour toujours. C'était bon chaud. C'était bon froid. Comme hors-d'œuvre ou comme plat principal. Voici une recette qui s'éloigne un peu de la tradition puisque j'utilise de la bavette de flanchet que je fais cuire à la broche.

RECETTE

1 bavette de flanchet de 720 à 840 g (1 ½ à 1 ¾ lb)
Gros sel de mer ou sel casher et poivre noir frais moulu
1 c. à soupe d'origan séché
120 g (4 oz) de provolone très affiné
45 g (1 ½ oz) de prosciutto, en fines tranches
45 g (1 ½ oz) de salami de Gênes ou d'un autre salami italien, en fines tranches
45 g (1 ½ oz) de pepperoni
45 g (1 ½ oz) de mortadelle (facultatif)
120 g (½ tasse) de piments forts italiens marinés (facultatif), égouttés et hachés finement
4 tranches de pancetta déroulées ou de bacon

1. Parer la viande sous forme de papillon: Couper les bords de la bavette pour lui donner une forme rectangulaire. Déposer la bavette au bord d'une planche à découper. À l'aide d'un long couteau bien affûté, trancher dans le sens de l'épaisseur (horizontalement) sans couper jusqu'au bout. Ouvrir la bavette comme un livre et aplatir le centre avec une batte ou le plat d'un couperet. Il s'agit d'obtenir un morceau de viande de 30 à 38 cm (12 à 15 po) de long et de large.

2. Saler et poivrer de chaque côté. Déposer la bavette sur une planche à découper, face coupée vers le haut, en plaçant le côté le plus court vers soi.

3. Faire des couches de provolone, de prosciutto, de salami, de pepperoni et de mortadelle sur la bavette en mettant les tranches à 1,25 cm (½ po) de la partie inférieure et des côtés. Garnir de piments et rouler pour obtenir un rouleau compact. Déplacer doucement à côté de la planche.

4. Couper 4 bouts de ficelle de 38 cm (15 po) et les poser sur la planche parallèlement les uns aux autres en laissant 5 cm (2 po) entre eux. Mettre 1 tranche de pancetta perpendiculairement en plein milieu.

5. Déposer le rouleau de viande sur la pancetta, perpendiculairement aux bouts de ficelle. Déposer une tranche de pancetta sur le rouleau. Presser les 2 tranches de pancetta restantes de chaque côté du rouleau. Ficeler pour que la pancetta tienne bien. On peut préparer la recette jusqu'à cette étape quelques heures d'avance. Couvrir et garder dans le réfrigérateur jusqu'au moment de la cuisson.

6. Quand on est prêt pour la cuisson, placer la lèchefrite dans la rôtissoire. Aplatir doucement le rouleau de viande avec la main pour qu'il puisse tenir facilement dans le panier à rôtissoire. Mettre le rouleau dans le panier de façon que la broche rotative passe en travers. Attacher la broche au tournebroche et mettre la rôtissoire en marche. Si le four est muni d'un sélecteur de température, l'allumer à 200 °C (400 °F) (voir directives p. 14). Cuire le *braciole* jusqu'à ce qu'il soit croustillant et coloré à l'extérieur. Vérifier la cuisson avec un thermomètre à mesure instantanée en l'insérant au centre du rouleau sans toucher à la broche. La température interne doit être de 88 °C (190 °F) environ.

7. Déposer le *braciole* sur une planche à découper et laisser reposer quelques minutes. Enlever et jeter la ficelle. Découper en travers en tranches de 1,25 cm (½ po) et servir. Le *braciole* est aussi délicieux à température ambiante et même froid.

8 À 10 PORTIONS EN HORS-D'ŒUVRE

4 À 6 PORTIONS EN PLAT PRINCIPAL

TRUCS

■ J'aime utiliser la bavette de flanchet pour cette recette parce qu'elle est facile à parer sous forme de papillon. (Le boucher peut faire cette étape pour vous.) La bavette de flanchet se roule facilement, ce qui permet de l'embrocher et de la trancher sans difficulté. Vous pouvez aussi prendre de très fines tranches d'extérieur de ronde. Comptez environ 720 g (1 ½ lb) de tranches ayant un peu moins de 6 mm (¼ po) d'épaisseur. Demandez à votre boucher de le faire à l'aide de sa trancheuse. La pancetta ou le prosciutto permet de garder la chair tendre et juteuse.

■ La mortadelle est un saucisson de porc cuit, truffé de morceaux de gras, de grains de poivre concassés et parfois de pistaches. Cette charcuterie est une spécialité de Bologne et son goût peut être comparé à celui du saucisson de Bologne.

BIFTECKS AU FROMAGE COTIJA ET À LA SALSA AUX DEUX POIVRES

Bifteck, fromage et piments. Une combinaison honorée depuis fort longtemps en Europe comme dans le Nouveau Monde. En Italie, on savoure le *braciole* ; à Philadelphie, on aime le bifteck au fromage. Voici l'une des nombreuses versions mexicaines de cette recette. Achetez du bon bifteck de hampe, des chipotles (jalapeños frais et fumés) et du *cotija*, un fromage salé au goût prononcé. Mélangez-les pour faire un plat hautement coloré, riche en saveurs et en textures variées.

RECETTE

4 PORTIONS

720 g (1 ½ lb) de biftecks de hampe, coupés en 4 portions de même grosseur
Sel d'ail
Poivre noir frais moulu
Salsa aux deux piments (ci-dessous)
60 g (2 oz) de fromage cotija
4 brins de coriandre fraîche

1. Assaisonner les biftecks de chaque côté avec le sel d'ail et le poivre. Cuire, en suivant les directives de l'encadré, jusqu'à cuisson au goût. On peut quadriller la viande en la faisant pivoter d'un quart de tour après 1 ½ min de cuisson. Pour vérifier la cuisson, appuyer sur un bifteck avec un doigt; quand il est mi-saignant, il cède doucement sous la pression.

2. Verser la salsa dans un plat ovale ou des assiettes individuelles. Déposer les biftecks. Râper grossièrement le cojita sur le dessus et garnir avec un brin de coriandre. Servir immédiatement.

Si vous avez...

GRIL CONTACT : Préchauffer le gril. S'il est muni d'un sélecteur de température, préchauffer à température élevée. Mettre la lèchefrite sous la partie avant du gril. Quand on est prêt pour la cuisson, huiler légèrement la surface de cuisson. Déposer la viande sur le gril chaud et fermer le couvercle. Compter de 3 à 4 min de cuisson.

POÊLE À FOND CANNELÉ : Préchauffer la poêle à feu moyen-vif sur la cuisinière. Quand on peut y faire rebondir une goutte d'eau, c'est qu'elle est suffisamment chaude. Quand on est prêt pour la cuisson, huiler légèrement les rainures. Déposer la viande dans la poêle chaude. Compter de 3 à 4 min de cuisson de chaque côté pour cuisson mi-saignante.

GRIL ENCASTRÉ : Préchauffer le gril à température élevée. Si la surface de cuisson n'est pas antiadhésive, brosser et huiler la grille. Déposer la viande sur la grille chaude. Compter de 3 à 4 min de cuisson de chaque côté pour cuisson mi-saignante.

GRIL DE TABLE : Préchauffer le gril à température élevée; il n'est pas nécessaire d'huiler la grille. Déposer la viande sur le gril chaud. Compter environ 4 min de cuisson de chaque côté pour cuisson mi-saignante.

ÂTRE : Entasser la braise ardente sous la grille et préchauffer de 3 à 5 min; le feu doit être chaud (2 à 3 Mississippi). Quand on est prêt pour la cuisson, brosser et huiler la grille. Déposer la viande sur la grille chaude. Compter de 3 à 4 min de cuisson de chaque côté pour cuisson mi-saignante.

Salsa aux deux piments

ENVIRON 375 ML (1 ½ TASSE)

Les tomatilles ressemblent à des tomates cerises vertes recouvertes d'une membrane brunâtre fine comme du papier. Leur saveur est à la fois acidulée et fruitée. Vous pouvez les faire griller avec les autres légumes qui composent la salsa un ou deux jours d'avance. Vous pouvez aussi les faire rôtir dans un poêlon en fonte.

4 grosses tomatilles, épluchées (environ 180 g/6 oz en tout)
3 tomates prunes (240 à 300 g/8 à 10 oz en tout)
2 piments jalapeños
4 oignons verts (le blanc et le vert), parés
3 gousses d'ail, enfilées sur un cure-dent de bois
1 à 2 piments chipotles en conserve (voir Note), hachés grossièrement, avec 1 c. à soupe de leur sauce adobo, ou plus au goût
3 c. à soupe de coriandre fraîche, hachée
1 c. à soupe de jus de citron vert frais pressé, ou plus si nécessaire
Une pincée de sucre
Gros sel de mer ou sel casher et poivre noir frais moulu

TRUC

■ **Le fromage *cotija* est disponible dans les marchés mexicains et hispaniques. On peut le remplacer par la feta.**

1. Cuire les tomatilles, les tomates, les piments, les oignons verts et l'ail en suivant les directives de l'encadré, jusqu'à ce qu'ils commencent à brunir sur toutes les faces. Utiliser une pince pour les retourner en cours de cuisson.

2. Déposer les légumes grillés dans une assiette et laisser refroidir. Si l'on préfère la salsa douce, épépiner les piments jalapeños.

3. Couper les légumes en morceaux de 2,5 cm (1 po) et les mettre dans le robot de cuisine. Ajouter les chipotles, 1 c. à soupe de sauce *adobo* et la coriandre. Réduire en purée grossière. Ajouter le jus de citron vert et le sucre. Rectifier l'assaisonnement en sauce *adobo* si nécessaire, puis saler et poivrer au goût. La salsa doit être bien assaisonnée. Si nécessaire, ajouter de 1 à 2 c. à soupe d'eau ; la salsa doit être consistante mais facile à verser. On peut la préparer 2 jours d'avance et la conserver bien couverte dans le réfrigérateur. Avant de servir, laisser reposer à température ambiante et rectifier l'assaisonnement en jus de citron vert et/ou en sel si nécessaire.

Note : Les piments chipotles sont des piments jalapeños fumés. On les achète séchés ou en conserve. Je préfère ces derniers puisqu'ils sont offerts avec leur jus, appelé *adobo*, qui leur donne énormément de saveur.

Si vous avez...

GRIL CONTACT : Préchauffer le gril. S'il est muni d'un sélecteur de température, préchauffer à température élevée. Mettre la lèchefrite sous la partie avant du gril. Quand on est prêt pour la cuisson, huiler légèrement la surface de cuisson. Déposer les légumes sur le gril chaud et fermer le couvercle. (Voir Temps de cuisson ci-après.)

POÊLE À FOND CANNELÉ : Préchauffer la poêle à feu moyen-vif sur la cuisinière. Quand on peut y faire rebondir une goutte d'eau, c'est qu'elle est suffisamment chaude. Quand on est prêt pour la cuisson, huiler légèrement les rainures. Déposer les légumes dans la poêle chaude. (Voir Temps de cuisson ci-après.)

GRIL ENCASTRÉ : Préchauffer le gril à température élevée. Si la surface de cuisson n'est pas antiadhésive, brosser et huiler la grille. Déposer les légumes sur la grille chaude. (Voir Temps de cuisson ci-après.)

GRIL DE TABLE : Préchauffer le gril à température élevée ; il n'est pas nécessaire d'huiler la grille. Déposer les légumes sur le gril chaud. (Voir Temps de cuisson ci-après.)

ÂTRE : Entasser la braise ardente sous la grille et préchauffer de 3 à 5 min ; le feu doit être chaud (2 à 3 Mississippi). Quand on est prêt pour la cuisson, brosser et huiler la grille. Déposer les légumes sur la grille chaude. (Voir Temps de cuisson ci-après.)

TEMPS DE CUISSON : Sur tous les grils, les tomatilles, les tomates prunes et les jalapeños seront prêts en 6 à 8 min de cuisson ; les oignons verts et l'ail prendront de 4 à 5 min de cuisson.

PAILLARDES DE BŒUF ET SALADES DE FINES HERBES FRAÎCHES

Une paillarde est un morceau de viande que l'on a aplati pour qu'il soit mince comme du papier dans le but de le faire griller très rapidement. (On peut faire la même chose avec le blanc de poulet; voir p. 225.) Le fait d'aplatir le filet de bœuf permet d'exposer une plus grande surface de viande à la chaleur et de la cuire plus vite. Le temps de cuisson est ainsi diminué d'une ou deux minutes. Je recommande le filet de bœuf pour cette recette, mais vous pouvez aussi prendre de l'intérieur ou de l'extérieur de ronde. Les paillardes ont vraiment fière allure une fois recouvertes de salade de fines herbes fraîches aux asperges.

TRUC

■ Choisissez les fines herbes selon la saison et la disponibilité. Remplacez celles que je vous propose par d'autres que vous préférez ou qui sont plus faciles à trouver. Si vous n'avez pas de roquette, optez pour des petites feuilles de laitue.

Cette recette convient également pour les biftecks d'extérieur de ronde.

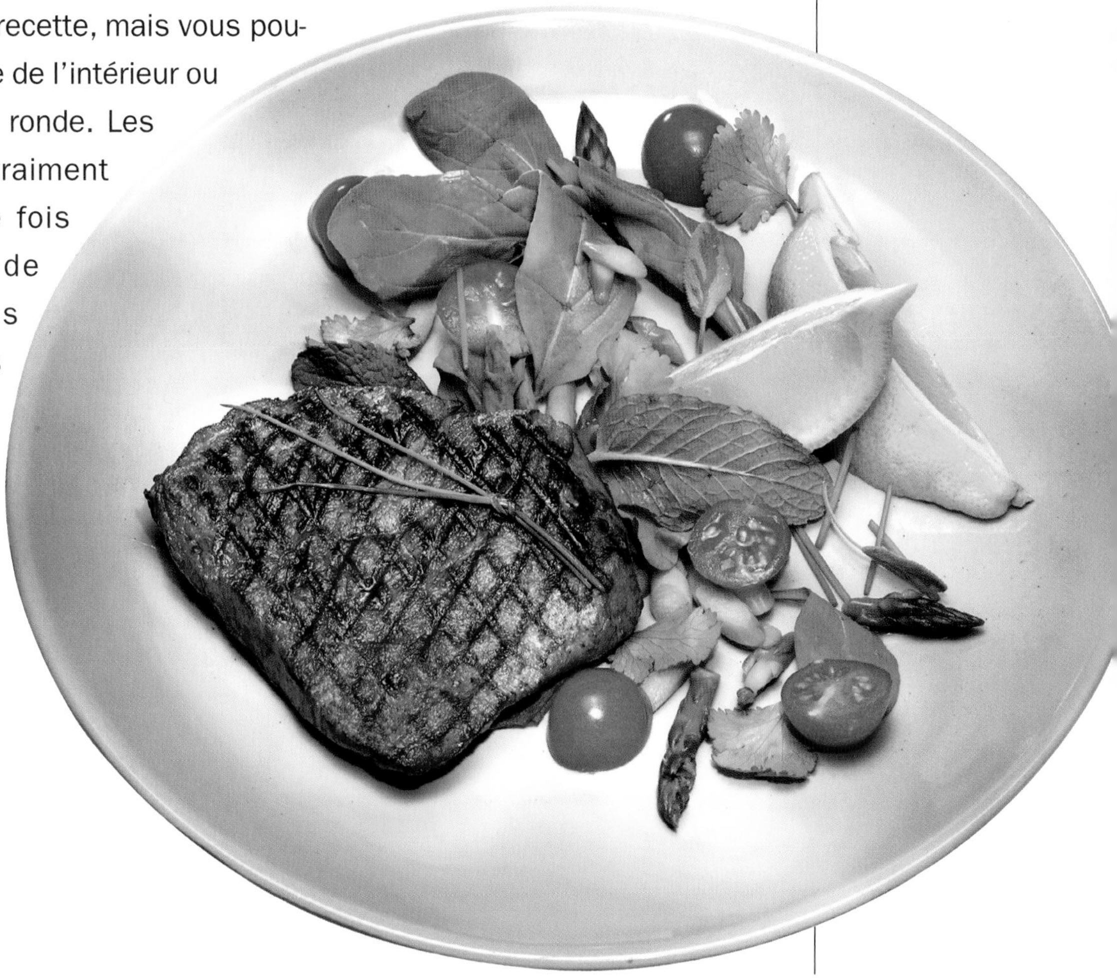

4 PORTIONS

RECETTE

1 morceau de filet de bœuf (coupe du milieu) de 720 g (1 ½ lb), paré
8 pointes d'asperges
80 g (2 tasses) de fines herbes fraîches variées (incluant estragon, cerfeuil, menthe, persil plat et/ou feuilles de coriandre et/ou feuilles de basilic déchiquetées)
1 c. à soupe de ciboulette fraîche, hachée finement
1 botte de roquette, rincée, essorée et déchiquetée en morceaux de 5 cm (2 po)
16 tomates en grappe ou 8 tomates cerises, coupées en deux
3 ½ c. à soupe d'huile d'olive extravierge
Gros sel de mer ou sel casher et poivre noir frais moulu
2 c. à soupe de jus de citron frais pressé
Quartiers de citron

1. Mettre le filet sur une planche à découper. Tenir un couteau à découper bien affûté parallèlement à la planche et couper le filet en 4 tranches de même grosseur. On peut maintenir la viande en place en la pressant avec la paume de la main. (On peut aussi demander au boucher de faire cette étape.) Mettre une tranche de bœuf entre 2 feuilles de pellicule plastique et l'aplatir doucement avec une batte ou le plat d'un couperet. Répéter avec les 3 autres tranches.

2. Couper les parties ligneuses des asperges. Il suffit de tenir l'asperge à sa base d'une main et de la plier de l'autre main. Elle cassera exactement là où se termine la partie ligneuse. Couper les asperges diagonalement en tranches extrêmement minces.

3. Dans un bol, mettre les asperges, les fines herbes, la ciboulette, la roquette et les tomates sans mélanger.

4. Badigeonner les tranches de bœuf de chaque côté avec 1 ½ c. à soupe d'huile d'olive. Saler et poivrer les deux faces. Cuire les paillardes au goût en suivant les directives de l'encadré. Procéder par étapes si le gril n'est pas assez grand. Pour vérifier la cuisson, appuyer sur la viande avec un doigt ; quand elle est mi-saignante, elle cède doucement sous la pression. Les paillardes cuisent très rapidement ; soyez vigilant !

5. Servir les paillardes dans un plat ovale ou des assiettes individuelles. Mélanger la salade avec le jus de citron et l'huile d'olive restante. Couvrir la viande avec la salade et servir immédiatement avec des quartiers de citron.

Si vous avez...

GRIL CONTACT : Préchauffer le gril. S'il est muni d'un sélecteur de température, préchauffer à température élevée. Mettre la lèchefrite sous la partie avant du gril. Quand on est prêt pour la cuisson, huiler légèrement la surface de cuisson. Déposer la viande sur le gril chaud et fermer le couvercle. Compter de 2 à 3 min de cuisson pour obtenir une viande à point.

POÊLE À FOND CANNELÉ : Préchauffer la poêle à feu moyen-vif sur la cuisinière. Quand on peut y faire rebondir une goutte d'eau, c'est qu'elle est suffisamment chaude. Quand on est prêt pour la cuisson, huiler légèrement les rainures. Déposer la viande dans la poêle chaude. Compter de 1 à 2 min de cuisson de chaque côté pour obtenir une viande mi-saignante.

GRIL ENCASTRÉ : Préchauffer le gril à température élevée. Si la surface de cuisson n'est pas antiadhésive, brosser et huiler la grille. Déposer la viande sur la grille chaude. Compter de 1 à 2 min de cuisson de chaque côté pour obtenir une viande mi-saignante.

GRIL DE TABLE : Préchauffer le gril à température élevée ; il n'est pas nécessaire d'huiler la grille. Déposer la viande sur le gril chaud. Compter de 2 à 3 min de cuisson pour obtenir une viande mi-saignante.

ÂTRE : Entasser la braise ardente sous la grille et préchauffer de 3 à 5 min ; le feu doit être chaud (2 à 3 Mississippi). Quand on est prêt pour la cuisson, brosser et huiler la grille. Déposer la viande sur la grille chaude. Compter de 1 à 2 min de cuisson pour obtenir une viande mi-saignante.

BIFTECK À LA SAUCE AUX SHIITAKE ET À LA SYRAH

Le bifteck de côte fait les délices des véritables amateurs de bœuf. Il a la succulence du rôti de bœuf et la bonne texture du bifteck grillé. Il peut peser jusqu'à 1 kg (2 lb) et satisfaire généreusement deux ou trois personnes. La première fois que j'en ai mangé, mes hôtes français l'avaient fait cuire sur la braise dans l'âtre. Un souvenir impérissable. À l'université du barbecue de Greenbrier, nous le préparons dans la partie seigneuriale de notre « campus », le Kate's Mountain Lodge. Tous apprécient son goût robuste et sa présentation, sans parler du bonheur de le voir cuire dans l'âtre. Le bifteck de côte est particulièrement savoureux quand on le fait cuire au-dessus de bûches de chêne, de hickory ou de noyer.

2 OU 3 PORTIONS

RECETTE

1 bifteck de côte de 1 kg (2 lb) et de 4 à 5 cm (1 ½ à 2 po) d'épaisseur (voir Note)
1 c. à soupe d'huile d'olive extravierge
2 gousses d'ail, émincées
2 c. à soupe de romarin séché, émietté avec les doigts
Gros sel de mer ou sel casher et grains de poivre noir concassés
Sauce aux shiitake et à la syrah (p. 91)
2 c. à soupe de persil plat frais, haché finement

1. Badigeonner le bifteck avec l'huile d'olive de chaque côté. Enrober la viande d'une croûte épaisse d'ail et de romarin. Assaisonner avec le sel et les grains de poivre. Couvrir et conserver dans le réfrigérateur jusqu'au moment de la cuisson.

2. Cuire le bifteck au goût en suivant les directives de l'encadré. Pour vérifier la cuisson, appuyer sur la viande avec un doigt; quand elle est mi-saignante, elle cède doucement sous la pression. On peut aussi insérer un thermomètre à mesure instantanée dans le bifteck sans toucher l'os. La température interne doit être de 63 °C (145 °F) pour une cuisson mi-saignante. Retourner la viande quand le dessous est bien coloré et que des perles de jus commencent à apparaître sur le dessus. On peut quadriller le bifteck en le faisant pivoter d'un quart de tour après 3 min de cuisson de chaque côté.

3. Déposer la viande dans un plat ovale ou sur une planche à découper. Laisser reposer 3 min. Enlever l'os et réserver (si la viande autour de l'os est trop saignante, remettre l'os sur le gril pour le cuire davantage). Découper le bifteck en biais. Donner au bifteck la forme d'un éventail et napper de Sauce aux shiitake et à la syrah. Servir immédiatement.

Note: Vous devrez probablement acheter votre bœuf de côte chez un boucher, ou le commander d'avance à votre supermarché, car le bifteck de côte est souvent vendu sous forme de rôtis, pas de biftecks.

Si vous avez...

GRIL CONTACT: Il n'est pas facile de faire cuire le bifteck de côte sur un gril contact. Il est préférable d'acheter 2 biftecks de faux-filet désossés de 2,5 à 3 cm (1 à 1 ¼ po) d'épaisseur. Les grils contact les plus gros et les plus puissants donneront les meilleurs résultats. Préchauffer le gril. S'il est muni d'un sélecteur de température, préchauffer à température élevée. Mettre la lèchefrite sous la partie avant du gril. Quand on est prêt pour la cuisson, huiler légèrement la surface de cuisson. Déposer la viande sur le gril chaud et fermer le couvercle. Compter de 7 à 10 min de cuisson pour obtenir une viande mi-saignante.

POÊLE À FOND CANNELÉ: Il est préférable d'acheter des biftecks plus minces; opter pour 2 biftecks de faux-filet désossés de 2 cm (¾ po) d'épaisseur. Préchauffer la poêle à feu moyen-vif sur la cuisinière. Quand on peut y faire rebondir une goutte d'eau, c'est qu'elle est suffisamment chaude. Quand on est prêt pour la cuisson, huiler légèrement les rainures. Déposer la viande dans la poêle chaude. Compter de 4 à 6 min de cuisson de chaque côté pour obtenir une viande mi-saignante. Quadriller en tournant les biftecks après 2 min de cuisson de chaque côté.

GRIL ENCASTRÉ: Même si ce gril ne dégage aucune odeur de fumée, la croûte sera magnifique. Préchauffer le gril à température moyenne-élevée. Si la surface de cuisson n'est pas antiadhésive, brosser et huiler la grille. Déposer la viande sur la grille chaude. Compter de 7 à 9 min de cuisson de chaque côté pour obtenir une viande mi-saignante.

ÂTRE: Entasser la braise ardente sous la grille et préchauffer de 3 à 5 min; le feu doit être moyen-vif (4 Mississippi). Quand on est prêt pour la cuisson, brosser et huiler la grille. Déposer la viande sur la grille chaude. Compter de 7 à 9 min de cuisson de chaque côté pour obtenir une viande mi-saignante.

Sauce aux shiitake et à la syrah

ENVIRON 260 ML (1 ¼ TASSE)

Le bœuf et le champignon sont faits l'un pour l'autre. On les retrouve encore une fois ensemble dans une sauce à base de bouillon de viande suffisamment costaude pour affronter le bifteck de côte. Utilisez les champignons sauvages que vous préférez.

3 c. à soupe de beurre non salé
3 ou 4 échalotes, émincées
180 g (6 oz) de shiitake ou d'autres champignons (jeter les pieds et essuyer les chapeaux avec un papier absorbant humide), en fines tranches
Environ 500 ml (2 tasses) de syrah ou d'un autre vin rouge sec corsé
250 ml (1 tasse) de bouillon de bœuf, de veau ou de poulet (maison de préférence)
1 c. à café (1 c. à thé) de fécule de maïs (facultatif)
Gros sel de mer ou sel casher et poivre noir frais moulu

1. Faire fondre 2 c. à soupe de beurre à feu moyen dans une casserole. Ajouter les échalotes et cuire environ 3 min, en remuant souvent, jusqu'à ce qu'elles soient tendres et colorées. Ajouter les champignons et cuire environ 3 min, jusqu'à ce que le liquide soit presque complètement évaporé. Ajouter 500 ml (2 tasses) de vin, monter le feu et porter à ébullition. Laisser mijoter vivement environ 5 min, jusqu'à réduction de moitié.

2. Verser le bouillon dans la casserole. Laisser mijoter vivement de 5 à 10 min, jusqu'à réduction à 300 ml (1 ¼ tasse). Si l'on utilise du bouillon de qualité, la sauce sera assez épaisse et ne nécessitera pas l'ajout de fécule de maïs. Sinon, mélanger la fécule et 1 c. à soupe de vin dans un petit bol et remuer jusqu'à dissolution. Verser dans la sauce, porter au point d'ébullition et laisser épaissir légèrement environ 1 min.

3. Retirer la casserole du feu et incorporer le beurre restant. Saler et poivrer au goût. Cette sauce doit être bien assaisonnée.

BIFTECKS SAIGNANTS FAÇON DE MA MÈRE

Impétueux. Audacieux. Extrême. Voilà des mots bien étranges pour parler d'un bifteck, mais ils décrivent à la perfection ma chère mère qui était danseuse de ballet. Elle a toujours vécu avec détermination et insouciance. Lorsque venait le temps d'exécuter des mouvements de danse ou de faire griller un bifteck, elle procédait avec de grands gestes sans jamais faire preuve de conformisme. Pour elle, pas question de quadriller la viande sur le gril. Ni de calculer le temps de cuisson ou d'utiliser un thermomètre. Elle jetait la viande sur le gril et faisait noircir l'extérieur jusqu'à ce qu'il soit à peine plus pâle que le charbon. L'intérieur de la viande était à peine cuit qu'elle déposait déjà la viande dans nos assiettes. Dans les années 1950, on appelait cette méthode de cuisson « le bifteck saignant de Pittsburgh ». L'extérieur noirci de la viande rappelait sans doute la fumée ou le charbon des aciéries de la ville. Si vous aimez le goût du sang de bœuf, il n'y a pas meilleure manière de faire griller cette viande. Ma mère utilisait uniquement du sel et du poivre pour l'assaisonner, mais je crois que vous ne direz pas non au beurre de roquefort que je vous propose.

RECETTE

2 PORTIONS

30 g (1 oz) de roquefort, à température ambiante
2 c. à soupe de beurre non salé, à température ambiante
2 biftecks d'aloyau (T-bone) de 300 à 360 g (10 à 12 oz) et de 2,5 à 3 cm (1 à 1 ¼ po) d'épaisseur chacun
Gros sel de mer ou sel casher et grains de poivre noir concassés

1. Dans un bol, réduire le roquefort en purée à l'aide d'une fourchette. Ajouter le beurre et remuer. Réserver.

2. Saler et poivrer très généreusement les biftecks de chaque côté. Cuire la viande, en suivant les directives de l'encadré, jusqu'à ce qu'elle soit bien colorée (presque noircie) à l'extérieur et très saignante à l'intérieur. La viande saignante est molle quand on la presse avec un doigt.

3. Déposer la viande dans un plat ovale ou une assiette et laisser reposer 2 min. Napper avec un peu de beurre de roquefort et servir immédiatement.

TRUCS

■ Pour un succès assuré, achetez des biftecks d'aloyau (T-bone) de 2,5 cm (1 po) d'épaisseur et faites-les cuire sur un gril encastré ou dans l'âtre à chaleur très intense. Si vous utilisez une poêle à fond cannelé ou un gril de table, achetez des biftecks plus minces. Le gril contact n'est pas recommandé pour cette recette.

Si vous avez…

GRIL CONTACT : Il n'est pas facile de faire cuire le bifteck d'aloyau sur un gril contact à cause de son os. Il est préférable d'acheter 2 biftecks de faux-filet désossés de 2,5 à 3 cm (1 à 1 ¼ po) d'épaisseur. Préchauffer le gril. S'il est muni d'un sélecteur de température, préchauffer à température élevée. Mettre la lèchefrite sous la partie avant du gril. Quand on est prêt pour la cuisson, huiler légèrement la surface de cuisson. Déposer la viande sur le gril chaud et fermer le couvercle. Compter de 5 à 8 min de cuisson pour obtenir une viande saignante.

POÊLE À FOND CANNELÉ : Il est préférable d'acheter des biftecks plus minces ; opter pour 2 biftecks de faux-filet désossés de 2 cm (¾ po) d'épaisseur. Préchauffer la poêle à feu moyen-vif sur la cuisinière. Quand on peut y faire rebondir une goutte d'eau, c'est qu'elle est suffisamment chaude. Quand on est prêt pour la cuisson, huiler légèrement les rainures. Déposer la viande dans la poêle chaude. Compter environ 3 min de cuisson de chaque côté pour obtenir une viande saignante.

GRIL ENCASTRÉ : Préchauffer le gril à température élevée. Si la surface de cuisson n'est pas antiadhésive, brosser et huiler la grille. Déposer la viande sur la grille chaude. Compter environ 4 min de cuisson de chaque côté pour obtenir une viande saignante.

ÂTRE : Entasser la braise ardente sous la grille et préchauffer de 3 à 5 min ; le feu doit être très chaud (2 Mississippi). Quand on est prêt pour la cuisson, brosser et huiler la grille. Déposer la viande sur la grille chaude. Compter environ 4 min de cuisson de chaque côté pour obtenir une viande saignante.

BIFTECKS AU SOJA ET AU SÉSAME

Le gril contact est très utile pour faire cuire plusieurs aliments. Les biftecks ne font habituellement pas partie de ceux-là. Peu de modèles deviennent assez chauds, si bien que la viande cuit à l'étouffée ou trop vite entre les plaques. Pour éviter cela, achetez un bifteck épais afin que le sang reste prisonnier au centre. Une autre manière consiste à utiliser une marinade ou un mélange d'assaisonnements légèrement sucré pour accélérer la cuisson. Voilà pourquoi j'utilise la sauce soja et l'huile de sésame dans cette recette. Un rappel du fameux *bool kogi*, une spécialité coréenne. Si vous êtes un adepte de la cuisson dans l'âtre ou si vous avez un gril encastré, cela vous facilitera la tâche. Vous pouvez remplacer le faux-filet par n'importe quel autre bifteck, qu'il s'agisse de bifteck d'aloyau ou de filet mignon (tournedos).

2 PORTIONS

RECETTE

2 biftecks de faux-filet de 240 à 300 g (8 à 10 oz) et de 3 cm (1 ¼ po) d'épaisseur chacun
Gros sel de mer ou sel casher et poivre noir frais moulu
2 c. à soupe de cassonade foncée ou de sucre roux
Environ 3 c. à soupe de sauce soja
3 c. à soupe d'huile de sésame orientale (foncée)

1. Mettre les biftecks dans un plat de cuisson juste assez large pour les contenir sur une seule couche. Saler un peu et poivrer beaucoup de chaque côté. Saupoudrer 1 ½ c. à café (1 ½ c. à thé) de cassonade de chaque côté en la faisant pénétrer avec le dos d'une fourchette. Arroser le dessus de chaque bifteck avec un peu de sauce soja et faire pénétrer avec la fourchette pour bien marier avec la cassonade. Répéter de l'autre côté et laisser reposer 5 min. Verser la sauce soja et l'huile de sésame sur la viande et la retourner pour bien l'enduire de chaque côté. Couvrir et laisser mariner de 1 à 4 h dans le réfrigérateur.

2. Bien égoutter les biftecks et cuire au goût en suivant les directives de l'encadré. La viande mi-saignante cède doucement sous la pression d'un doigt.

3. Servir immédiatement dans un plat ovale ou des assiettes individuelles.

Si vous avez...

GRIL CONTACT : Préchauffer le gril. S'il est muni d'un sélecteur de température, préchauffer à température élevée. Mettre la lèchefrite sous la partie avant du gril. Quand on est prêt pour la cuisson, huiler légèrement la surface de cuisson. Déposer la viande sur le gril chaud et fermer le couvercle. Compter de 6 à 10 min de cuisson pour obtenir une viande mi-saignante.

POÊLE À FOND CANNELÉ : Préchauffer la poêle à feu moyen-vif sur la cuisinière. Quand on peut y faire rebondir une goutte d'eau, c'est qu'elle est suffisamment chaude. Quand on est prêt pour la cuisson, huiler légèrement les rainures. Déposer la viande dans la poêle chaude. Compter de 4 à 6 min de cuisson de chaque côté pour obtenir une viande mi-saignante.

GRIL ENCASTRÉ : Préchauffer le gril à température élevée. Si la surface de cuisson n'est pas antiadhésive, brosser et huiler la grille. Déposer la viande sur la grille chaude. Compter de 4 à 6 min de cuisson de chaque côté pour obtenir une viande mi-saignante.

GRIL DE TABLE : Il est préférable d'acheter des biftecks plus minces ; opter pour 2 biftecks de faux-filet désossés de 2 cm (¾ po) d'épaisseur. Préchauffer le gril à température élevée ; il n'est pas nécessaire d'huiler la grille. Déposer la viande sur le gril chaud. Compter de 4 à 6 min de cuisson de chaque côté pour obtenir une viande mi-saignante.

ÂTRE : Entasser la braise ardente sous la grille et préchauffer de 3 à 5 min ; le feu doit être chaud (2 à 3 Mississippi). Quand on est prêt pour la cuisson, brosser et huiler la grille. Déposer la viande sur la grille chaude. Compter de 4 à 6 min de cuisson de chaque côté pour obtenir une viande mi-saignante.

STEAKS AU POIVRE

Depuis quelques années, le steak au poivre se refait une beauté grâce aux nombreux poivres que l'on met à son service (blanc, noir, vert, rose, cayenne, Sichuan, etc.). Mais il ne faut jamais oublier ce que doit être un vrai steak au poivre : un morceau de bœuf rehaussé de poivre de façon subtile et non pas agressive. On cuit habituellement le steak au poivre dans une poêle à frire, ce qui permet de faire pénétrer les grains de poivre dans la viande (sur un gril, ils ont tendance à se détacher de la viande). Un gril contact donne des résultats similaires et permet de quadriller la viande. Essayez aussi cette recette avec d'autres grils d'intérieur. Vous perdrez sûrement quelques grains de poivre, mais le bon goût poivré sera tout de même présent. Et que dire de la merveilleuse sauce crémeuse au cognac ?

RECETTE

2 PORTIONS ; CETTE RECETTE PEUT ÊTRE MULTIPLIÉE AU GOÛT

2 biftecks de coquille d'aloyau de 300 à 360 g (10 à 12 oz) ou 4 filets mignons (tournedos) de 180 g (6 oz) et de 3 cm (1 ¼ po) d'épaisseur chacun
Gros sel de mer ou sel casher
1 c. à soupe d'huile d'olive extravierge
1 c. à soupe de moutarde sèche
2 à 4 c. à soupe de grains de poivre noir concassés
Sauce au cognac (ci-dessous)

1. Saler généreusement les biftecks et badigeonner d'huile d'olive de chaque côté. Saupoudrer de moutarde sèche et étendre avec le dos d'une fourchette. Couvrir de grains de poivre et les presser légèrement dans la viande.

2. Cuire au goût en suivant les directives de l'encadré. Procéder par étapes si le gril n'est pas assez grand. La viande mi-saignante cède doucement sous la pression d'un doigt.

3. Déposer les biftecks dans un plat ovale ou des assiettes individuelles. Napper de Sauce au cognac et servir immédiatement.

Si vous avez...

GRIL CONTACT : Préchauffer le gril. S'il est muni d'un sélecteur de température, préchauffer à température élevée. Mettre la lèchefrite sous la partie avant du gril. Quand on est prêt pour la cuisson, huiler légèrement la surface de cuisson. Déposer la viande sur le gril chaud et fermer le couvercle. Pour le bifteck de coquille d'aloyau, le filet mignon ou le tournedos, compter de 6 à 10 min de cuisson pour obtenir une viande mi-saignante.

POÊLE À FOND CANNELÉ : Il est préférable d'acheter des biftecks plus minces de 2 cm (¾ po) d'épaisseur. Préchauffer la poêle à feu moyen-vif sur la cuisinière. Quand on peut y faire rebondir une goutte d'eau, c'est qu'elle est suffisamment chaude. Quand on est prêt pour la cuisson, huiler légèrement les rainures. Déposer la viande dans la poêle chaude. Pour le bifteck de coquille d'aloyau, le filet mignon ou le tournedos, compter environ 4 min de cuisson de chaque côté pour obtenir une viande mi-saignante.

GRIL ENCASTRÉ : Préchauffer le gril à température élevée. Si la surface de cuisson n'est pas antiadhésive, brosser et huiler la grille. Déposer la viande sur la grille chaude. Pour le bifteck de coquille d'aloyau, le filet mignon ou le tournedos, compter de 6 à 8 min de cuisson de chaque côté pour obtenir une viande mi-saignante.

GRIL DE TABLE : Il est préférable d'acheter des biftecks plus minces de 2 cm (¾ po) d'épaisseur. Préchauffer le gril à température élevée ; il n'est pas nécessaire d'huiler la grille. Déposer la viande sur le gril chaud. Pour le bifteck de coquille d'aloyau, le filet mignon ou le tournedos, compter environ 5 min de cuisson de chaque côté pour obtenir une viande mi-saignante.

ÂTRE : Entasser la braise ardente sous la grille et préchauffer de 3 à 5 min ; le feu doit être chaud (2 à 3 Mississippi). Quand on est prêt pour la cuisson, brosser et huiler la grille. Déposer la viande sur la grille chaude. Pour le bifteck de coquille d'aloyau, le filet mignon ou le tournedos, compter de 6 à 8 min de cuisson de chaque côté pour obtenir une viande mi-saignante.

Sauce au cognac

ENVIRON 175 ML (¾ TASSE)

Le cognac, la crème et les échalotes sont les racines mêmes de cette sauce bien française. Je vous recommande de prendre du bouillon de veau, de bœuf ou de poulet fait maison parce que les bouillons en conserve contiennent beaucoup de sel, ce qui n'est pas idéal pour cette sauce. Cette sauce est sublime avec du porc ou du poulet grillé. Je parie que vous ne vous gênerez pas pour essuyer votre assiette avec un morceau de pain.

1 ½ c. à soupe de beurre non salé
2 échalotes, épluchées et émincées
3 c. à soupe de cognac
250 ml (1 tasse) de bouillon de veau, de bœuf ou de poulet (maison de préférence)
250 ml (1 tasse) de crème épaisse à fouetter (35 %)
2 c. à café (2 c. à thé) de moutarde de Dijon
Gros sel de mer ou sel casher et poivre noir frais moulu

TRUC

■ **Plusieurs préfèrent le filet mignon ou le tournedos pour faire le steak au poivre. Personnellement, je préfère une coupe plus généreuse en viande. Essayez cette recette avec 720 à 840 g (1 ½ à 1 ¾ lb) de côtelettes de porc épaisses. Original et délicieux!**

1. Faire fondre le beurre à feu moyen dans une casserole. Ajouter les échalotes et cuire 3 min, jusqu'à ce qu'elles soient tendres et transparentes sans brunir.

2. Ajouter le cognac et augmenter le feu. Laisser bouillir à feu vif environ 2 min jusqu'à ce qu'il ne reste plus que 1 c. à soupe de liquide environ. Ajouter le bouillon, porter à ébullition et cuire de 5 à 8 min, jusqu'à ce qu'il ne reste plus que 80 ml (⅓ tasse) de liquide. Ajouter la crème, porter à ébullition et cuire de 5 à 8 min, jusqu'à ce qu'il ne reste plus que 175 ml (¾ tasse) de liquide. Incorporer la moutarde, puis saler et poivrer au goût. Cette sauce peut être préparée la veille. Il suffit de la couvrir et de la conserver dans le réfrigérateur. Réchauffer à feu doux juste avant de servir.

Note : Si vous utilisez une poêle à fond cannelé, vous pouvez faire la sauce directement dans la poêle et profiter du bon goût de jus de cuisson.

LE STEAK SUR LE GRIL CONTACT

Le gril contact sert efficacement à la cuisson de plusieurs aliments : poissons, burgers, sandwiches, etc. Malheureusement, le steak ne fait pas partie de cette liste. La chaleur trop faible et la surface de cuisson réduite ont tendance à cuire la viande à la vapeur plutôt que de la saisir, ce qui la cuit de façon exagérée tout en lui donnant une couleur grisâtre.

Il y a toutefois quelques exceptions : le gril contact donne des résultats acceptables avec les recettes où la viande doit être bien cuite comme le « Cheese steak » à l'italienne (73) et les Rouleaux de bœuf à la mode hongroise (p. 75). Mais si mourez d'envie de manger un T-bone ou un bifteck d'aloyau saignant et juteux, je vous suggère d'opter pour la cuisson dans l'âtre, le gril encastré ou la poêle à fond cannelé.

Lorsque vous cuisinez avec le gril contact, respectez les conseils suivants :

1. Achetez un gril contact le plus puissant possible (1400 watts de préférence). Les modèles ayant une puissance calorifique moins élevée ne deviennent pas assez chauds.

2. Le gril doit avoir des rainures bien nettes comme celles de la machine à panini afin que vous puissiez saisir la viande sans la faire cuire à l'étouffée.

3. Prenez le temps de préchauffer le gril.

4. Choisissez un steak ayant de préférence 2,5 à 4 cm (1 à 1 ½ po) d'épaisseur. Le centre restera saignant et juteux et l'extérieur sera légèrement saisi.

5. Saupoudrer un peu de sucre ou d'épices à barbecue sur la viande juste avant de la griller. En caramélisant, ils aideront à faire brunir la croûte.

FILETS MIGNONS OU TOURNEDOS ASSAISONNÉS À LA MODE DES GAUCHOS

Les amateurs de biftecks aiment la façon de faire des Argentins. Connaissez-vous le *chimichurri*, un assaisonnement simple mais vibrant à base d'ail, de fines herbes et de vinaigre ? Dans ce pays, on utilise des herbes séchées pour préparer cette sauce que l'on sert avec les viandes grillées. Voici la version « cow-boy » de cette recette. Une expérience inoubliable avec le tournedos ou le filet mignon.

4 PORTIONS

TRUC

■ Les Argentins remplaceraient l'huile d'olive par de l'huile végétale ordinaire.

RECETTE

1 gousse d'ail, émincée
Gros sel de mer ou sel kasher et poivre noir frais moulu
1 c. à soupe d'origan séché
1 c. à café (1 c. à thé) de sauge séchée
2 c. à soupe de vinaigre blanc distillé ou de vinaigre de vin, ou plus au goût
2 c. à soupe d'huile d'olive extravierge
2 c. à soupe d'eau bouillante
720 g (1 ½ lb) de filets mignons ou de tournedos (voir Note)

1. Mettre l'ail, 1 c. à café (1 c. à thé) de sel et ½ c. à café (½ c. à thé) de poivre dans un petit bol. Réduire en purée avec le dos d'une cuillère. Ajouter l'origan et la sauge et réduire en purée en remuant. Ajouter le vinaigre et remuer. Incorporer l'huile d'olive, puis l'eau bouillante. Rectifier l'assaisonnement en sel, en poivre et/ou en vinaigre si nécessaire. Cette sauce doit être bien assaisonnée.

2. Saler et poivrer la viande de chaque côté. Cuire le bœuf au goût en suivant les directives de l'encadré. Pour vérifier la cuisson, appuyer sur un morceau avec un doigt ; quand il est mi-saignant, il cède doucement sous la pression.

Note : Choisissez l'épaisseur de la viande selon le gril utilisé : 4 cm (1 ½ po) si l'on cuit la viande sur un gril contact. Dans une poêle à fond cannelé, la viande doit avoir 2 cm (¾ po) d'épaisseur. Sur un gril incorporé ou pour cuisson dans l'âtre, les filets de 3 cm (1 ¼ po) sont préférables.

Si vous avez...

GRIL CONTACT : Préchauffer le gril. S'il est muni d'un sélecteur de température, préchauffer à température élevée. Mettre la lèchefrite sous la partie avant du gril. Quand on est prêt pour la cuisson, huiler légèrement la surface de cuisson. Déposer la viande sur le gril chaud et fermer le couvercle. Compter de 6 à 10 min de cuisson pour obtenir une viande mi-saignante. (On obtiendra de meilleurs résultats avec une machine à paninis puissante.)

POÊLE À FOND CANNELÉ : Préchauffer la poêle à feu moyen-vif sur la cuisinière. Quand on peut y faire rebondir une goutte d'eau, c'est qu'elle est suffisamment chaude. Quand on est prêt pour la cuisson, huiler légèrement les rainures. Déposer la viande dans la poêle chaude. Compter environ 4 min de cuisson de chaque côté pour obtenir une viande mi-saignante.

GRIL ENCASTRÉ : Préchauffer le gril à température élevée. Si la surface de cuisson n'est pas antiadhésive, brosser et huiler la grille. Déposer la viande sur la grille chaude. Compter de 6 à 8 min de cuisson de chaque côté pour obtenir une viande mi-saignante. Il sera probablement nécessaire de tourner la viande pour faire aussi griller le tour.

ÂTRE : Entasser la braise ardente sous la grille et préchauffer de 3 à 5 min ; le feu doit être chaud (2 à 3 Mississippi). Quand on est prêt pour la cuisson, brosser et huiler la grille. Déposer la viande sur la grille chaude. Compter de 6 à 8 min de cuisson de chaque côté pour obtenir une viande mi-saignante. Il sera probablement nécessaire de tourner la viande pour faire aussi griller le tour.

Rôtissoire

CÔTES DE DOS À LA CITRONNELLE

Voici des côtes de dos à la broche traitées comme on le ferait dans le Sud-Est asiatique. La citronnelle donne beaucoup de saveur au bœuf. Pour une touche finale empreinte d'authenticité, saupoudrez la viande d'arachides hachées grillées juste avant de servir. Ce mélange semblera familier à tous ceux qui ont déjà eu la chance de manger le plat de bœuf préféré des Vietnamiens, le *bo bun*.

4 PORTIONS

TRUC

■ De nos jours, on trouve de la citronnelle beaucoup plus facilement qu'autrefois. Coupez et jetez la racine et les feuilles vert foncé. La partie comestible est le centre vert pâle et crémeux situé dans le tiers inférieur de la tige.

RECETTE

2 tiges de citronnelle, parées et hachées grossièrement
1 échalote, pelée et hachée grossièrement
2 gousses d'ail, pelées et hachées grossièrement
1 à 2 piments jalapeños ou serranos, épépinés et hachées grossièrement (garder les graines si l'on veut un goût plus piquant)
3 c. à soupe de feuilles de coriandre fraîche + 10 g (¼ tasse) de coriandre hachée finement pour garnir
2 c. à soupe de sauce de poisson orientale ou de sauce soja
1 c. à soupe de jus de citron frais pressé
1 c. à soupe d'huile végétale
½ c. à café (½ c. à thé) de poivre noir frais moulu
1,4 kg (3 lb) de côtes de dos de bœuf (1 train ou 6 à 8 côtes séparées)
40 g (¼ tasse) d'arachides, grillées et hachées

1. À l'aide du robot de cuisine, hacher finement la citronnelle, les échalotes, l'ail, les piments et 3 c. à soupe de coriandre. Ajouter la sauce de poisson, le jus de citron, l'huile et le poivre. Réduire en purée onctueuse.

2. Rincer les côtes à l'eau froide et bien éponger avec du papier absorbant. Déposer dans un grand bol et couvrir uniformément avec l'assaisonnement à la citronnelle. Couvrir et laisser mariner 6 h ou toute la nuit dans le réfrigérateur.

3. Quand on est prêt pour la cuisson, placer la lèchefrite dans la rôtissoire. Mettre les côtes dans le panier à rôtissoire et bien fermer le couvercle. Attacher le panier au tournebroche et mettre la rôtissoire en marche. Si le four est muni d'un sélecteur de température, le régler à 200 °C (400 °F) (voir directives p. 14). Cuire les côtes environ 40 min, jusqu'à ce qu'elles soient bien colorées et croustillantes et que la viande se rétracte d'environ 1,25 cm (½ po) aux extrémités des os.

4. Déposer les côtes dans un plat ovale, saupoudrer d'arachides grillées et de coriandre hachée et servir immédiatement.

Rôtissoire

CÔTES DE DOS AU PAPRIKA FUMÉ ESPAGNOL

Dans le fond de mon cœur, je suis d'abord et avant tout un adepte du barbecue en plein air. Voilà pourquoi j'essaie toujours de trouver la meilleure façon d'obtenir une saveur de fumée similaire lorsque j'utilise une rôtissoire ou un gril d'intérieur. La recette suivante vous fera découvrir un des ingrédients les plus piquants importés d'Espagne : le *pimenton* ou paprika fumé. Les piments sont fumés au-dessus du bois de chêne avant d'être moulus.

4 PORTIONS

PAPRIKA FUMÉ
On trouve le paprika fumé dans les marchés hispaniques et les boutiques spécialisées. Il en existe au moins trois différents : le paprika fumé doux, le paprika fumé aigre-doux et le paprika fumé fort. À vous de choisir.

1,4 kg (3 lb) de côtes de dos de bœuf (6 à 8 côtes séparées)
1 c. à soupe de paprika fumé
1 ½ c. à café (1 ½ c. à thé) de gros sel de mer ou de sel casher
1 c. à café (1 c. à thé) de poivre noir frais moulu
1 c. à café (1 c. à thé) de poudre d'oignon
1 c. à café (1 c. à thé) de poudre d'ail
½ c. à café (½ c. à thé) de cumin moulu
½ c. à café (½ c. à thé) de coriandre moulue
½ c. à café (½ c. à thé) d'origan séché
½ c. à café (½ c. à thé) de gingembre moulu
¼ c. à café (¼ c. à thé) de cayenne en flocons
1 c. à soupe d'huile d'olive extravierge
Sauce au paprika fumé (facultatif; ci-dessous)

1. Rincer les côtes à l'eau froide et bien éponger avec du papier absorbant.

2. Dans un petit bol, mélanger le paprika, le sel, le poivre, la poudre d'oignon, la poudre d'ail, le cumin, la coriandre, l'origan, le gingembre et le cayenne. Avec le bout des doigts, frotter les côtes sur toutes les faces avec ces assaisonnements. Badigeonner d'huile d'olive de chaque côté. On peut cuire les côtes maintenant et elles seront délicieuses, mais elles seront encore meilleures si on les laisse saumurer toute la nuit dans le réfrigérateur.

3. Quand on est prêt pour la cuisson, placer la lèchefrite dans la rôtissoire. Mettre les côtes dans le panier à rôtissoire et bien fermer le couvercle. Attacher le panier au tournebroche et mettre la rôtissoire en marche. Si le four est muni d'un sélecteur de température, l'allumer à 200 °C (400 °F) (voir directives p. 14). Cuire les côtes environ 40 min, jusqu'à ce qu'elles soient bien colorées et croustillantes et que la viande se rétracte d'environ 1,25 cm (½ po) aux extrémités des os.

4. Déposer les côtes dans un plat ovale et servir immédiatement avec la Sauce au paprika fumé au goût.

Sauce au paprika fumé

ENVIRON 250 ML (1 TASSE)

Les Catalans l'appellent *allioli*. En français, on écrit plutôt *aïoli*. Peu importe, cette mayonnaise fortement aillée est irrésistible. Le paprika fumé en fait une excellente sauce à tremper pour les côtes de dos. Utilisez la variété de paprika que vous préférez dans cette recette (doux, mi-amer, fort ou fumé).

3 gousses d'ail, émincées
½ c. à café (½ c. à thé) de gros sel de mer ou de sel casher
250 ml (1 tasse) de mayonnaise
½ c. à café (½ c. à thé) de poivre blanc frais moulu
2 c. à café (2 c. à thé) de paprika fumé
1 c. à soupe de jus de citron frais pressé, ou plus au goût

Avec le dos d'une cuillère, réduire l'ail et le sel en purée. Incorporer la mayonnaise, le poivre, le paprika et le jus de citron. Rectifier l'assaisonnement en jus de citron si nécessaire. Pour que la sauce soit à son meilleur, laisser reposer 30 min avant de servir. On peut aussi la conserver quelques jours dans le réfrigérateur, bien couverte.

KEBABS DE GIBIER MARINÉS AU GENIÈVRE

Le gibier offre de multiples possibilités à l'amateur de barbecue. Cette viande riche tire profit d'une cuisson à feu vif, mais si la chair est trop maigre, elle aura tendance à se dessécher. Voilà pourquoi je suggère de faire une marinade et d'utiliser quelques tranches de bacon. La viande conservera ainsi une plus grande partie de son humidité.

TRUCS

- **Vous serez peut-être étonné de pouvoir remplacer les baies de genièvre par du gin, mais n'oubliez pas que ces petites baies noirâtres servent à parfumer cette boisson.**
- **Si vous ne trouvez pas de gibier, essayez cette recette avec du bœuf, du porc ou de l'agneau.**

4 PORTIONS

RECETTE

1 c. à soupe de baies de genièvre ou 2 c. à soupe de gin
2 c. à café (2 c. à thé) de grains de poivre noir
1 c. à café (1 c. à thé) de baies de piment de la Jamaïque
2 brins de romarin frais, haché ou 1 c. à soupe de romarin séché
3 gousses d'ail, épluchées et aplaties doucement avec le plat d'un couperet
3 rubans de zeste de citron de 1,25 x 4 cm (½ x 1 ½ po)
3 c. à soupe de jus de citron frais pressé
3 c. à soupe de vermouth blanc sec ou de vin blanc sec
60 ml (¼ tasse) d'huile d'olive extravierge
2 oignons moyens
720 g (1 ½ lb) de venaison (chair de grand gibier), en cubes de 2,5 cm (1 po)
4 tranches épaisses de bacon, en morceaux de 2,5 cm (1 po)
Gros sel de mer ou sel casher et poivre noir frais moulu

8 brochettes métalliques ou de bambou de 20 cm (8 po)

1. Mettre les baies de genièvre, les grains de poivre, les baies de piments de la Jamaïque et le romarin dans un grand bol et les écraser avec le dos d'une cuillère de bois pour qu'ils libèrent toutes leurs huiles aromatiques. Ajouter l'ail, le zeste, le jus de citron, le vermouth et l'huile d'olive. Mélanger et réserver.

2. Couper chaque oignon en quartiers sur la longueur, puis couper chaque quartier en travers en deux morceaux. Ajouter les tout petits morceaux du centre à la marinade et réserver les autres morceaux.

3. Déposer le gibier dans la marinade et remuer pour bien enrober. Couvrir et laisser mariner 4 h ou toute la nuit dans le réfrigérateur.

4. Égoutter le gibier dans une passoire placée au-dessus d'une casserole. Porter la marinade à ébullition à feu vif et laisser bouillir vivement environ 3 min pour obtenir une concentration des saveurs. Enfiler les cubes de gibier sur les brochettes en les séparant avec un morceau des oignons réservés et un morceau de bacon. On peut préparer les kebabs jusqu'à cette étape quelques heures d'avance, couvrir et conserver dans le réfrigérateur.

5. Saler et poivrer généreusement les kebabs. Cuire au goût en suivant les directives de l'encadré (p. 107) jusqu'à ce que la viande soit bien colorée. Presser un cube entre le pouce et l'index ; la chair cédera doucement si la cuisson est mi-saignante. Quand les kebabs commencent à brunir, les badigeonner avec la marinade bouillie. (Si l'on utilise un gril contact, il n'est pas nécessaire de les badigeonner.)

6. Servir immédiatement les kebabs dans un plat ovale ou des assiettes individuelles. Si l'on a utilisé des brochettes métalliques, en informer les convives afin qu'ils ne se brûlent pas.

Si vous avez...

GRIL CONTACT : Préchauffer le gril. S'il est muni d'un sélecteur de température, préchauffer à température élevée. Mettre la lèchefrite sous la partie avant du gril. Quand on est prêt pour la cuisson, huiler légèrement la surface de cuisson. Déposer les kebabs sur le gril chaud et fermer le couvercle. Après 2 min, tourner les kebabs d'un quart de tour. Compter de 3 à 4 min de cuisson pour obtenir une viande mi-saignante et de 5 à 6 min pour une viande à point.

POÊLE À FOND CANNELÉ : Préchauffer la poêle à feu moyen-vif sur la cuisinière. Quand on peut y faire rebondir une goutte d'eau, c'est qu'elle est suffisamment chaude. Quand on est prêt pour la cuisson, huiler légèrement les rainures. Déposer les kebabs dans la poêle chaude. Compter environ 1 ½ min de cuisson de chaque côté (6 min en tout) pour obtenir une viande mi-saignante et de 2 à 3 min de chaque côté (8 à 12 min en tout) pour une viande à point. Badigeonner parcimonieusement de marinade bouillie. Laisser tremper la poêle refroidie dans l'eau chaude pour faciliter le nettoyage.

GRIL ENCASTRÉ : Préchauffer le gril à température élevée. Si la surface de cuisson n'est pas antiadhésive, brosser et huiler la grille. Déposer les kebabs sur la grille chaude en veillant à ce que l'extrémité dénudée des brochettes soit à l'extérieur du gril. Compter environ 1 ½ min de cuisson de chaque côté (6 min en tout) pour obtenir une viande mi-saignante et de 2 à 3 min de chaque côté (8 à 12 min en tout) pour une viande à point.

GRIL DE TABLE : Préchauffer le gril à température élevée ; il n'est pas nécessaire d'huiler la grille. Déposer les kebabs sur le gril chaud. Compter environ 2 ½ min de cuisson de chaque côté (10 min en tout) pour obtenir une viande mi-saignante et de 3 à 4 min de chaque côté (12 à 16 min en tout) pour une viande à point.

ÂTRE : Entasser la braise ardente sous la grille et préchauffer de 3 à 5 min ; le feu doit être chaud (2 à 3 Mississippi). Quand on est prêt pour la cuisson, brosser et huiler la grille. Déposer les kebabs sur la grille chaude. Compter environ 1 ½ min de cuisson de chaque côté (6 min en tout) pour obtenir une viande mi-saignante et de 2 à 3 min de chaque côté (8 à 12 min en tout) pour une viande à point.

TRUCS

■ L'ajout de fromage à la recette de saltimbocca est une invention de mon cru. Je suggère le taleggio, un fromage de lait de vache doux et crémeux. On peut aussi opter pour du provolone, du fontina ou de la mozzarella fraîche.

■ Si vous aimez jouer avec le feu, ajoutez une tranche de piment jalapeño au centre de chaque escalope. Une suggestion d'un copain texan !

SALTIMBOCCA

De petits rouleaux de veau farcis avec des feuilles de sauge fraîche et des tranches de prosciutto. Cette recette est l'un des plus beaux cadeaux offerts par Rome à tous les amateurs de veau du monde entier. Dans la recette originale, on fait poêler les fines tranches de veau, mais la cuisson au gril réclame moins de gras et moins d'efforts en plus de donner des rouleaux plus croustillants. Ce mets exquis porte bien son nom : saute dans *(salt im)* la bouche *(bocca)*.

RECETTE

4 PORTIONS

720 g (1 ½ lb) d'escalopes de veau, en fines tranches
Gros sel de mer ou sel casher et poivre noir frais moulu
4 fines tranches de prosciutto, coupées en travers en 4 morceaux
1 botte de sauge fraîche, rincée, équeutée et bien épongée
90 g (3 oz) de taleggio ou d'un autre fromage, en lamelles de 6 x 6 mm (¼ x ¼ po)
Huile d'olive

16 cure-dents de bois

1. Mettre une escalope de veau entre 2 feuilles de pellicule plastique et aplatir à 3 mm (⅛ po) d'épaisseur à l'aide d'une batte ou le plat d'un couperet. Répéter avec les autres escalopes. Couper chaque escalope en morceaux de 8 cm (3 po) de long et 5 cm (2 po) de large. Saler et poivrer de chaque côté.

2. Mettre un morceau de viande sur une planche à découper et couvrir avec un morceau de prosciutto. Déposer une feuille de sauge entière et un morceau de fromage sur le bout étroit de la viande et rouler pour obtenir un petit rouleau. Faire tenir avec un cure-dent. Répéter avec les autres morceaux de veau ; on obtiendra environ 16 rouleaux. On peut préparer la recette jusqu'à cette étape quelques heures d'avance, couvrir et conserver dans le réfrigérateur.

3. Badigeonner les rouleaux d'huile d'olive, puis saler et poivrer sur toutes les faces. Cuire, en suivant les directives de l'encadré, jusqu'à ce que l'extérieur soit bien coloré et que la viande soit parfaitement cuite. À moins d'utiliser un gril contact, il faudra souvent retourner les rouleaux à l'aide d'une pince pour les faire brunir uniformément.

4. Déposer les rouleaux dans un plat ovale ou des assiettes individuelles. Enlever et jeter les cure-dents. Servir immédiatement.

Si vous avez...

GRIL CONTACT : Préchauffer le gril. S'il est muni d'un sélecteur de température, préchauffer à température élevée. Mettre la lèchefrite sous la partie avant du gril. Quand on est prêt pour la cuisson, huiler légèrement la surface de cuisson. Déposer les rouleaux sur le gril chaud et fermer le couvercle. Compter de 3 à 5 min de cuisson.

POÊLE À FOND CANNELÉ : Préchauffer la poêle à feu moyen-vif sur la cuisinière. Quand on peut y faire rebondir une goutte d'eau, c'est qu'elle est suffisamment chaude. Quand on est prêt pour la cuisson, huiler légèrement les rainures. Déposer les rouleaux dans la poêle chaude. Compter de 2 à 3 min de cuisson de chaque côté (4 à 6 min en tout).

GRIL ENCASTRÉ : Préchauffer le gril à température moyenne-élevée. Si la surface de cuisson n'est pas antiadhésive, brosser et huiler la grille. Déposer les rouleaux sur la grille chaude. Compter de 2 à 3 min de cuisson de chaque côté (4 à 6 min en tout).

GRIL DE TABLE : Préchauffer le gril à température élevée ; il n'est pas nécessaire d'huiler la grille. Déposer les rouleaux sur le gril chaud. Compter de 3 à 4 min de cuisson de chaque côté (6 à 8 min en tout).

ÂTRE : Entasser la braise ardente sous la grille et préchauffer de 3 à 5 min ; le feu doit être chaud (2 à 3 Mississippi). Quand on est prêt pour la cuisson, brosser et huiler la grille. Déposer les rouleaux sur la grille chaude. Compter de 2 à 3 min de cuisson de chaque côté (4 à 6 min en tout).

FOIE DE VEAU GRILLÉ AUX TRUFFES

Doux et moelleux, le foie de veau est délicieux quand on le saisit rapidement au gril au-dessus d'un bon feu de bois. On le prépare ainsi depuis près d'un siècle au restaurant *Da Toso* situé près d'Udine, dans le Frioul. Un immense foyer *(fogolar)* trône au milieu de la place pour le plus grand bonheur des convives. On couvre ensuite le foie grillé avec un autre superbe trésor italien, de la truffe blanche que l'on découpe élégamment en fins copeaux. Oserai-je dire que c'est peut-être là le meilleur foie de veau au monde ?

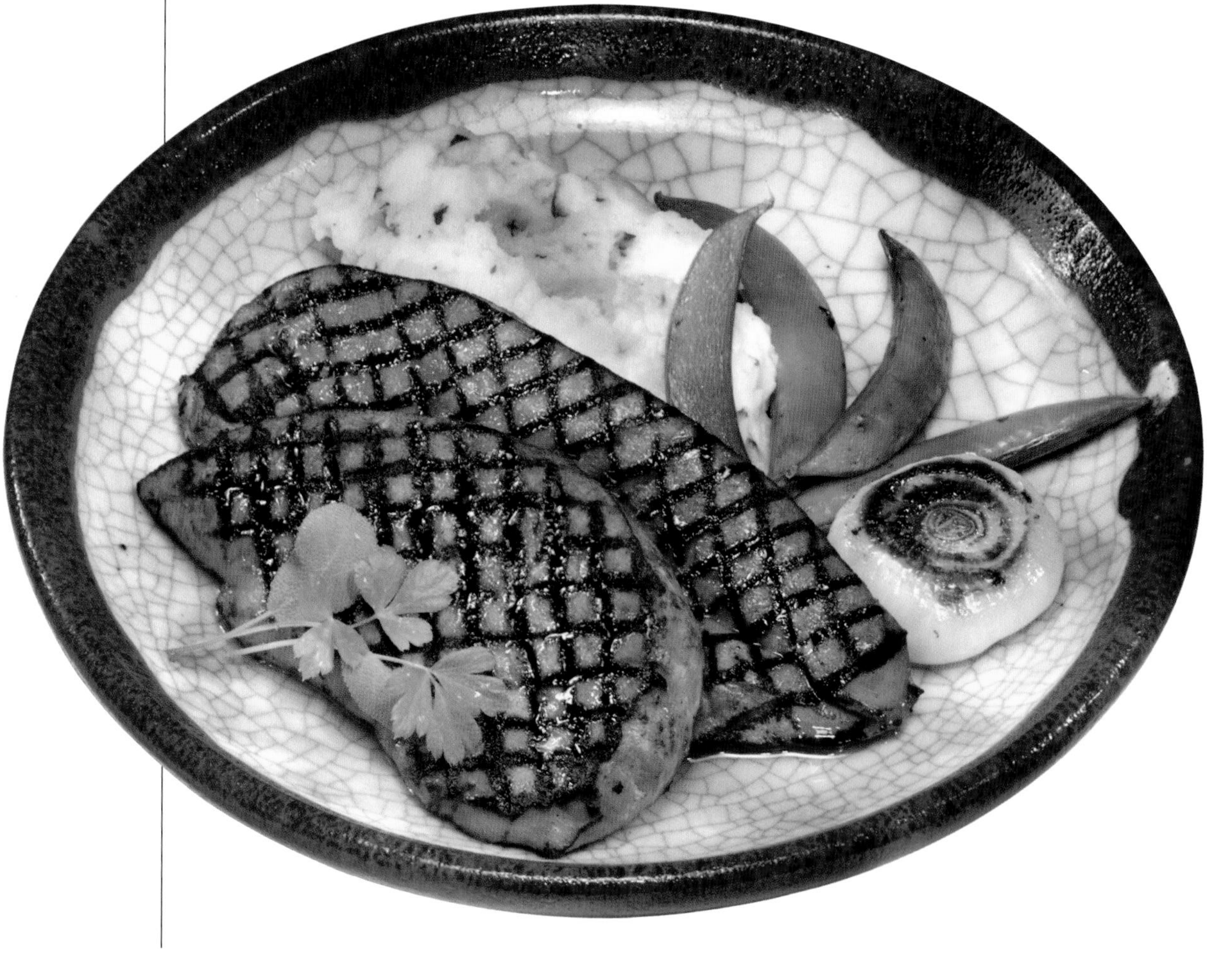

RECETTE

4 PORTIONS

4 fines tranches de foie de veau (pas moins de 6 mm/¼ po et pas plus de 12 mm/½ po d'épaisseur; environ 720 g (1 ½ lb) en tout)
Gros sel de mer ou sel kasher et poivre noir frais moulu
1 à 2 c. à soupe d'huile d'olive extravierge
1 petite truffe blanche de 15 à 30 g (½ à 1 oz), essuyée avec un papier absorbant humide (voir Notes)

1. Saler et poivrer généreusement les tranches de foie de chaque côté. Cuire au goût en suivant les directives de l'encadré. Pour vérifier la cuisson, appuyer sur une tranche avec un doigt; quand elle est mi-saignante, elle cède doucement sous la pression.

2. Servir le foie dans un plat ovale ou des assiettes individuelles. Arroser d'huile d'olive et déposer des tranches de truffe blanche sur le dessus. Servir immédiatement.

Notes:

■ Il est toujours préférable d'acheter le foie de veau chez le boucher plutôt qu'au supermarché.

■ La truffe blanche vaut son pesant d'or. Intensément parfumée, on la détaille en lamelles encore plus minces que du papier. Au marché, on la trouve plus facilement en automne, à défaut de quoi on peut la remplacer par quelques gouttes d'huile de truffe. Dans ce cas, on doit omettre l'huile d'olive dans la recette et verser ½ c. à café (½ c. à thé) d'huile de truffe sur chaque tranche de foie.

Si vous avez...

GRIL CONTACT: Préchauffer le gril. S'il est muni d'un sélecteur de température, préchauffer à température élevée. Mettre la lèchefrite sous la partie avant du gril. Quand on est prêt pour la cuisson, huiler légèrement la surface de cuisson. Déposer les tranches de foie sur le gril chaud et fermer le couvercle. Compter de 2 à 3 min de cuisson pour obtenir une viande mi-saignante.

POÊLE À FOND CANNELÉ: Préchauffer la poêle à feu moyen-vif sur la cuisinière. Quand on peut y faire rebondir une goutte d'eau, c'est qu'elle est suffisamment chaude. Quand on est prêt pour la cuisson, huiler légèrement les rainures. Déposer les tranches de foie dans la poêle chaude. Compter de 2 à 3 min de cuisson de chaque côté pour obtenir une viande mi-saignante.

GRIL ENCASTRÉ: Préchauffer le gril à température élevée. Si la surface de cuisson n'est pas antiadhésive, brosser et huiler la grille. Déposer les tranches de foie sur la grille chaude. Compter de 2 à 3 min de cuisson de chaque côté pour obtenir une viande mi-saignante.

GRIL DE TABLE: Préchauffer le gril à température élevée; il n'est pas nécessaire d'huiler la grille. Déposer les tranches de foie le gril chaud. Compter de 3 à 4 min de cuisson de chaque côté pour obtenir une viande mi-saignante.

ÂTRE: Entasser la braise ardente sous la grille et préchauffer de 3 à 5 min; le feu doit être chaud (2 à 3 Mississippi). Quand on est prêt pour la cuisson, brosser et huiler la grille. Déposer les tranches de foie sur la grille chaude. Compter de 2 à 3 min de cuisson de chaque côté pour obtenir une viande mi-saignante.

PORC

Allez! Faites un goinfre de vous-même! Le porc est idéal pour les grils d'intérieur. Si vous aimez les kebabs qui sortent de l'ordinaire, vous aimerez les souvlakis parfumés à la menthe fraîche. La poêle à fond cannelé vous permettra de faire des côtelettes cuites à la perfection avec des assaisonnements de Grèce ou d'Orient. Quant aux Côtes levées à la mode toscane, elles vous raviront assurément. Les Côtes levées barbecue à la mode de Kansas City et le Porc à l'ail à la broche vous enseigneront qu'il n'y a rien de plus simple que de devenir un adepte des plaisirs gourmands.

Rôtissoire

PORC À L'AIL CUIT À LA BROCHE

En Amérique, chacun a sa version personnelle du rôti de porc. Voici une recette des Grandes Antilles, riche en ail, coriandre, cumin, origan, oignon et jus de citron vert. La méthode de cuisson privilégiée, à Miami du moins, est de cuire le rôti au four ou à la broche. La rotation douce et lente du tournebroche permet de faire brunir joliment l'extérieur de la viande et de rendre la chair si tendre qu'on peut la défaire avec les doigts. Si vous voulez servir le rôti avec une excellente sauce, essayez la Sauce cubaine à l'ail, au cumin et aux agrumes (p. 367).

RECETTE

8 À 10 PORTIONS

4 gousses d'ail, hachées grossièrement
10 g (¼ tasse) de coriandre fraîche, hachée grossièrement
1 c. à café (1 c. à thé) de cumin moulu
1 c. à café (1 c. à thé) d'origan séché
Gros sel de mer ou sel casher et poivre noir frais moulu
1 c. à soupe d'huile végétale
2 à 3 c. à soupe de jus de citron vert frais pressé + 175 ml (¾ tasse) pour la marinade
1 rôti d'épaule de porc de 2,25 kg (5 lb) environ
1 petit oignon doux, en fines tranches

1. Mettre l'ail, la coriandre, le cumin et l'origan dans un mortier. Ajouter 1 c. à soupe de sel et 2 c. à café (2 c. à thé) de poivre et réduire en purée grossière à l'aide du pilon. Incorporer graduellement l'huile et suffisamment de jus de citron vert pour obtenir une purée épaisse. On peut aussi hacher finement l'ail, la coriandre, le cumin, l'origan, 1 c. à soupe de sel et 2 c. à café (2 c. à thé) de poivre à l'aide du robot de cuisine jusqu'à l'obtention d'une purée épaisse.

2. Avec la pointe d'un couteau d'office, faire de petites incisions sur toutes les faces du rôti à environ 4 cm (1 ½ po) d'intervalle. Élargir les trous avec le bout de l'index. En utilisant environ la moitié de la purée faite à l'étape 1, en mettre une petite cuillerée dans chaque trou en utilisant l'index pour bien faire pénétrer. Saler, poivrer et couvrir uniformément le rôti avec la purée restante. Mettre le rôti dans un grand sac de plastique à fermeture hermétique ou un grand bol. Ajouter les oignons. Verser 175 ml (¾ tasse) de jus de citron vert par-dessus. Laisser mariner de 4 à 12 h, en le retournant à quelques reprises. Plus le temps de marinade sera long, meilleure sera la viande.

3. Quand on est prêt pour la cuisson, placer la lèchefrite dans la rôtissoire. Embrocher le rôti sur la longueur sur la broche rotative du four. Attacher la broche au tournebroche et mettre la rôtissoire en marche. Si le four est muni d'un sélecteur de température, le régler à 200 °C (400 °F) (voir directives p. 14). Cuire le rôti de 2 h à 2 h 30, jusqu'à ce qu'il soit bien cuit et très coloré sur toutes les faces. Vérifier la cuisson avec un thermomètre à mesure instantanée ; celui-ci ne doit toucher ni à la broche ni aux os. La température du porc bien cuit varie entre 88 et 90 °C (190 et 195 °F). Le rôti sera peut-être plus cuit que vous ne l'aimez habituellement, mais il est nécessaire de respecter cette température pour que la chair se détache de l'os toute seule, ce qui garantira sa tendreté.

4. Déposer le rôti dans un plat ovale ou sur une planche à découper. Retirer la broche et laisser reposer 10 min avant de servir. Hacher ou découper en fines tranches avant de servir.

TRUCS

- **Choisissez un rôti d'épaule bien marbré. Le gras imprégnera la viande en fondant.**
- **Vous pouvez aussi cuire la viande à la broche dans l'âtre. Enlevez tout surplus de gras avant de l'embrocher. Faites cuire au-dessus d'un feu de 2 à 3 Mississippi. Il faut compter de 1 h 30 à 2 h de cuisson selon le cas.**

Rôtissoire

PORC À L'HUILE DE ROCOU À LA MODE PORTORICAINE

Une épaule de porc ou un porc entier croustillant cuit à la broche et parfumé d'ail, de fines herbes antillaises et d'huile de rocou jusqu'à ce qu'il soit doré à point – si c'est là l'idée que vous vous faites du paradis, rendez-vous à Porto Rico où le porc cuit au barbecue fait intimement partie de l'art culinaire et des symboles culturels. Cette recette n'est pas un substitut de seconde classe puisqu'elle offre les arômes caractéristiques du porc préparé à la mode portoricaine. La purée d'épices, faite avec de l'ail, du *culentro*, de l'orange amère et de l'huile dorée de rocou, est l'un des assaisonnements les plus connus des Antilles. La chair cuite devient magnifiquement dorée et les arômes dégagés sont enivrants. Votre rôtissoire vous permettra d'obtenir une épaule de porc colorée et croustillante à l'extérieur et vraiment tendre à l'intérieur.

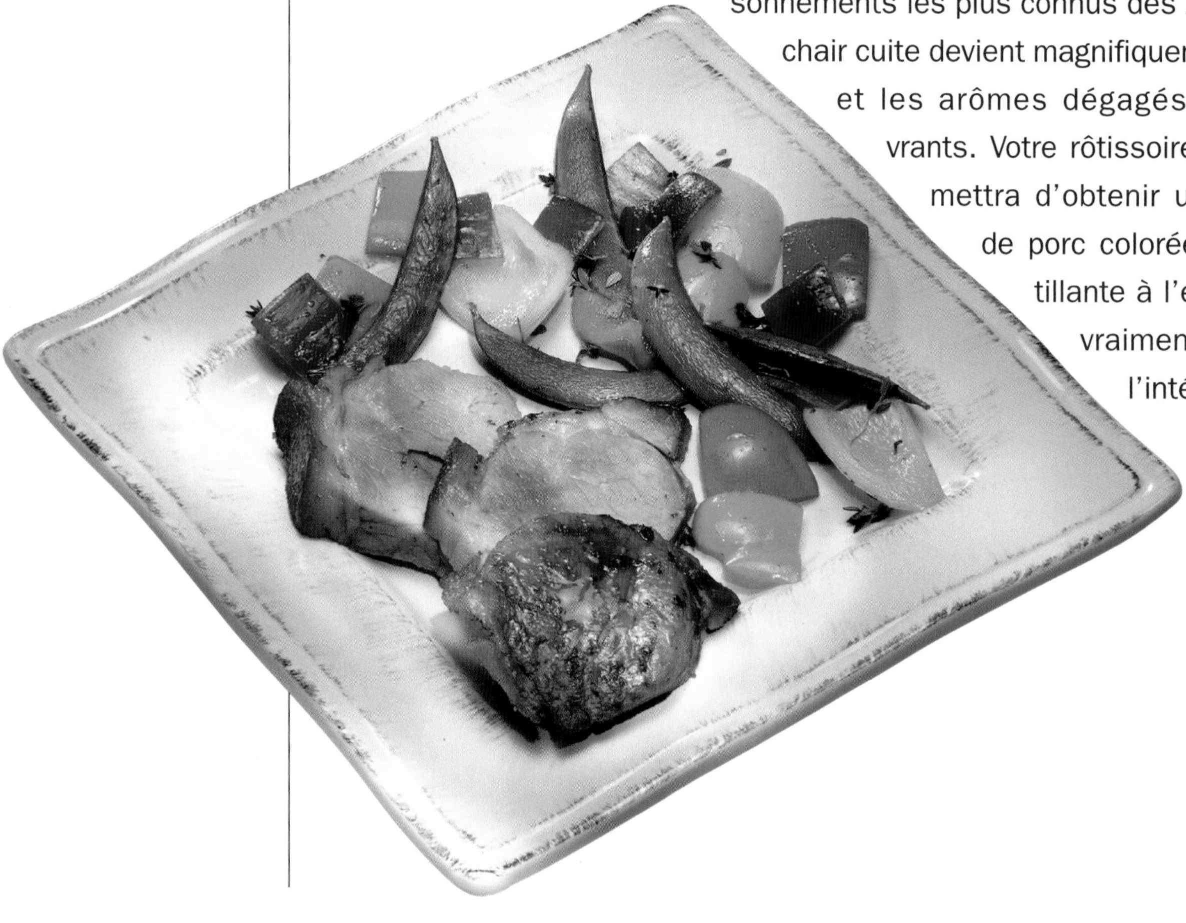

RECETTE

8 À 10 PORTIONS

160 ml (⅔ tasse) d'huile végétale
40 g (⅓ tasse) de graines de rocou ou 3 c. à soupe de paprika doux
1 botte de culentro (voir Note), rincée, séchée, équeutée et hachée grossièrement
8 gousses d'ail, hachées grossièrement
Gros sel de mer ou sel casher et poivre noir frais moulu
60 ml (¼ tasse) de jus d'orange amère ou 2 c. à soupe de jus de citron vert frais pressé + 2 c. à soupe de jus d'orange frais pressé
1 rôti d'épaule de porc de 2,25 kg (5 lb) environ

1. Chauffer l'huile dans un petit poêlon à feu moyen jusqu'à ce qu'elle soit suffisamment chaude pour y faire danser et grésiller les graines de rocou. Ajouter les graines de rocou et cuire de 3 à 5 min, jusqu'à ce qu'elles commencent à crépiter et que l'huile soit d'un beau brun doré. Verser l'huile dans une passoire placée au-dessus d'un bol résistant à la chaleur et jeter les graines. (Si l'on utilise du paprika, le cuire 15 sec dans l'huile, puis verser dans une passoire métallique tapissée d'un papier-filtre à café.) Laisser l'huile reposer à température ambiante.

2. À l'aide du robot de cuisine, hacher finement le *culentro*, l'ail, 1 c. à soupe de sel et 2 c. à café (2 c. à thé) de poivre. Ajouter 60 ml (¼ tasse) d'huile de rocou et le jus d'orange amère. Réduire en purée grossière en raclant les parois du bol à l'aide d'une spatule. Réserver l'huile de rocou restante.

3. Avec la pointe d'un couteau d'office, faire de petites incisions sur toutes les faces du rôti à environ 4 cm (1 ½ po) d'intervalle. Élargir les trous avec le bout de l'index. En utilisant environ la moitié de la purée faite à l'étape 1, en mettre une petite cuillerée dans chaque trou en utilisant l'index pour bien faire pénétrer. Saler, poivrer et couvrir uniformément le rôti avec la purée restante. Mettre le rôti dans un grand sac de plastique à fermeture hermétique ou un grand bol. Laisser mariner 4 h ou toute la nuit, en le retournant à quelques reprises. Plus le temps de marinade est élevé, meilleure sera la viande.

4. Quand on est prêt pour la cuisson, placer la lèchefrite dans la rôtissoire. Embrocher le rôti sur la longueur sur la broche rotative du four. Attacher la broche au tournebroche et mettre la rôtissoire en marche. Si le four est muni d'un sélecteur de température, le régler à 200 °C (400 °F) (voir directives p. 14). Cuire le rôti de 2 h à 2 h 30, jusqu'à ce qu'il soit bien cuit et très coloré sur toutes les faces. Vérifier la cuisson avec un thermomètre à mesure instantanée ; celui-ci ne doit toucher ni à la broche ni aux os. La température du porc bien cuit varie entre 88 et 90 °C (190 et 195 °F). Le rôti sera peut-être plus cuit que vous ne l'aimez habituellement, mais il est nécessaire de respecter cette température pour que la chair se détache de l'os toute seule, ce qui garantira sa tendreté. Badigeonner le rôti avec l'huile de rocou restante toutes les 20 min.

5. Déposer le rôti dans un plat ovale ou sur une planche à découper. Retirer la broche et laisser reposer 10 min avant de servir. Hacher ou découper en fines tranches avant de servir.

Note : On peut remplacer le *culentro* par ½ botte de coriandre fraîche rincée, séchée, équeutée et hachée grossièrement et 20 g (½ tasse) de persil plat frais haché.

TRUCS

■ Le *culentro* est une herbe vert foncé dont les feuilles dentelées ressemblent à un pouce. Son goût se situe entre celui de la coriandre et du persil plat frais. Les oranges amères ressemblent à des oranges, mais elles goûtent davantage le citron vert. Les graines de rocou *(annatto)* sont dures, triangulaires et de couleur rouille. Leur goût rappelle un peu celui de l'iode. Ces trois ingrédients sont faciles à trouver dans les marchés cubains ou portoricains. Vous pouvez remplacer le rocou par du paprika doux et le *culentro* par de la coriandre et du persil plat. Quant au jus d'orange amère, remplacez-le par un mélange de jus de citron vert et de jus d'orange.

Rôtissoire

CARRÉ DE PORC À LA MODE ORIENTALE CUIT À LA BROCHE

Le carré de porc est l'un des secrets les mieux gardés au comptoir des viandes de plusieurs supermarchés. Avec son allure impressionnante et son goût remarquable, il ne coûte pourtant qu'une fraction de ce que l'on paie habituellement pour un carré d'agneau ou un train de côtes de bœuf. Cette recette est rehaussée par la « Sainte Trinité » orientale, c'est-à-dire le gingembre frais, les oignons verts et l'ail. On fait cuire le carré de porc dans la rôtissoire jusqu'à ce qu'il prenne la couleur du bois d'acajou. Cela ne vous demandera que quelques minutes de préparation, mais vous vous en rappellerez pendant des jours.

RECETTE

6 PORTIONS

ASSAISONNEMENTS
2 c. à soupe de gingembre frais, pelé et haché grossièrement
2 oignons verts (le blanc et le vert), hachés grossièrement
4 gousses d'ail, hachées grossièrement
½ c. à café (½ c. à thé) de poivre blanc frais moulu
2 c. à soupe d'huile de sésame orientale (foncée)
2 c. à soupe de sauce soja

1 carré de porc de 2,25 à 2,5 kg (5 à 5 ½ lb ; voir Note)
Vinaigrette au gingembre et au sésame (facultatif ; ci-dessous)

1. Préparer les assaisonnements : À l'aide d'un pilon et d'un mortier, réduire en purée grossière le gingembre, les oignons verts, l'ail et le poivre blanc. Verser graduellement l'huile de sésame et la sauce soja et piler en purée onctueuse. On peut aussi réduire tous ces mêmes ingrédients en purée onctueuse à l'aide du robot de cuisine.

2. Avec la pointe d'un couteau d'office, faire de petites incisions de 1,25 cm (½ po) sur toutes les faces du rôti à environ 4 cm (1 ½ po) d'intervalle. Élargir les trous avec le bout de l'index. En utilisant environ la moitié des assaisonnements préparés à l'étape 1, en mettre une petite cuillerée dans chaque trou en utilisant l'index pour bien faire pénétrer. Couvrir uniformément le rôti avec les assaisonnements restants. On peut faire cuire la viande immédiatement, mais elle sera meilleure si on la laisse mariner, couverte, de 1 à 2 h dans le réfrigérateur.

3. Quand on est prêt pour la cuisson, placer la lèchefrite dans la rôtissoire. Embrocher le rôti de manière que la broche rotative soit perpendiculaire aux os. Attacher la broche au tournebroche et mettre la rôtissoire en marche. Cuire le rôti de 1 h 30 à 2 h, jusqu'à ce qu'il soit bien cuit et très coloré sur toutes les faces. Vérifier la cuisson avec un thermomètre à mesure instantanée ; celui-ci ne doit toucher ni à la broche ni aux os. La température interne doit être de 71 °C (160 °F) environ. On peut sortir le rôti du four quand la température atteint 68 °C (155 °F) ; la cuisson se poursuivra à l'extérieur.

4. Déposer le rôti dans un plat ovale ou sur une planche à découper. Retirer la broche et laisser reposer 5 min avant de servir. Découper le carré en côtelettes et servir immédiatement avec la Vinaigrette au gingembre et au sésame au goût.

Note : Demandez au boucher de couper à travers l'échine, entre les côtelettes, ce qui vous facilitera la tâche au moment de découper la viande cuite.

TRUCS

- **Achetez un carré de côtelettes ou de côtelettes secondes (bout des côtes). Commandez-le d'avance à votre boucher.**
- **Pour donner du piquant à cette recette, ajoutez quelques piments chilis thaï, de la citronnelle hachée et un peu de coriandre aux assaisonnements.**

Vinaigrette au gingembre et au sésame

ENVIRON 250 ML (1 TASSE)

Cette vinaigrette va droit au but en ajoutant un peu de saveur à la viande tout en protégeant sa tendreté. Je vous la recommande aussi avec de la volaille, des fruits de mer ou du bœuf grillé.

TRUC

■ Vous pouvez aussi cuire la viande à la broche dans l'âtre. Enlevez tout surplus de gras avant de l'embrocher. Faites cuire au-dessus d'un feu de 2 à 3 Mississippi. Il faut compter de 1 h à 1 h 30 de cuisson selon le cas.

½ gousse d'ail, émincée
1 oignon vert (le blanc et le vert), émincé
½ c. à café (½ c. à thé) de poivre noir frais moulu
2 c. à soupe de vinaigre de riz, ou plus au goût
60 ml (¼ tasse) de sauce soja, ou plus au goût
60 ml (¼ tasse) d'huile de sésame orientale (foncée)
125 ml (½ tasse) de bouillon de poulet non salé (maison de préférence) à température ambiante
1 morceau de gingembre frais de 2,5 cm (1 po), pelé et coupé en julienne
1 c. à soupe de graines de sésame noires (ou de graines blanches, grillées) (voir Note)

À l'aide du dos d'une cuillère de bois, réduire l'ail, les oignons verts et le poivre en purée dans un bol. Ajouter le vinaigre de riz et la sauce soja et remuer à l'aide d'un fouet. Incorporer graduellement l'huile de sésame et le bouillon. Ajouter le gingembre et les graines de sésame. Ajouter plus de vinaigre et/ou de sauce soja si nécessaire. La vinaigrette doit être bien assaisonnée.

Note : Pour griller les graines de sésame, mettez-les dans une poêle en fonte ou à fond épais. (Ne pas utiliser de poêle antiadhésive.) Faire brunir légèrement les graines environ 3 min à feu moyen en secouant la poêle pour qu'elles grillent uniformément. Laisser refroidir dans un bol résistant à la chaleur.

CÔTELETTES DE PORC AU CARVI, AU CUMIN ET À L'AIL

Si vous aimez les côtelettes de porc généreuses en viande et pauvres en os, voici une recette qui vous plaira. Extrêmement maigres et faciles à cuire, ces côtelettes contiennent beaucoup de protéines et absorbent admirablement les arômes des autres ingrédients. Les graines de carvi leur donnent un accent typique de l'Europe centrale. Pour un tableau vraiment complet, servez la viande avec une bonne choucroute chaude.

4 PORTIONS

TRUC

■ Si vous utilisez un gril contact, les côtelettes doivent avoir au moins 1,25 cm (½ po) d'épaisseur sinon le contact entre la viande et la surface de cuisson ne se fera pas suffisamment.

RECETTE

4 côtelettes de porc désossées de 6 à 12 mm (¼ à ½ po) d'épaisseur (720 g/1 ½ lb en tout; voir encadré p. 126)
1 c. à soupe d'huile d'olive extravierge
Gros sel de mer ou sel casher et poivre noir frais moulu
2 gousses d'ail, hachées finement
1 c. à café (1 c. à thé) de graines de carvi
1 c. à café (1 c. à thé) de graines de cumin ou de cumin moulu
Quartiers de citron

1. Mettre les côtelettes dans un plat de cuisson et badigeonner d'huile d'olive sur les deux faces. Assaisonner de chaque côté avec le sel, le poivre, l'ail, le carvi et le cumin. Faire pénétrer du bout des doigts. Couvrir et laisser reposer 10 min dans le réfrigérateur.

2. Cuire les côtelettes, en suivant les directives de l'encadré, jusqu'à ce qu'elles soient cuites et bien colorées. La viande doit être ferme mais céder légèrement sous la pression du doigt. On peut quadriller les côtelettes en les faisant pivoter d'un quart de tour après 1 ½ min de cuisson.

3. Servir immédiatement dans un plat ovale ou des assiettes individuelles avec des quartiers de citron.

Si vous avez...

GRIL CONTACT : Préchauffer le gril. S'il est muni d'un sélecteur de température, préchauffer à température élevée. Mettre la lèchefrite sous la partie avant du gril. Quand on est prêt pour la cuisson, huiler légèrement la surface de cuisson. Déposer la viande sur le gril chaud et fermer le couvercle. Compter de 3 à 5 min de cuisson.

POÊLE À FOND CANNELÉ : Préchauffer la poêle à feu moyen-vif sur la cuisinière. Quand on peut y faire rebondir une goutte d'eau, c'est qu'elle est suffisamment chaude. Quand on est prêt pour la cuisson, huiler légèrement les rainures. Déposer la viande dans la poêle chaude. Compter de 3 à 4 min de cuisson de chaque côté.

GRIL ENCASTRÉ : Préchauffer le gril à température élevée. Si la surface de cuisson n'est pas antiadhésive, brosser et huiler la grille. Déposer la viande sur la grille chaude. Compter de 3 à 4 min de cuisson de chaque côté.

ÂTRE : Entasser la braise ardente sous la grille et préchauffer de 3 à 5 min ; le feu doit être chaud (2 à 3 Mississippi). Quand on est prêt pour la cuisson, brosser et huiler la grille. Déposer la viande sur la grille chaude. Compter de 3 à 4 min de cuisson de chaque côté.

CÔTELETTES DE PORC À L'ORIGAN GREC

Aux États-Unis, on administre un traitement à la fois sucré et fumé au porc destiné au barbecue. On apprécie les sauces et les épices barbecue à base de sucre ainsi que le goût de fumée dû au bois de hickory ou à l'arôme de fumée liquide. Les Européens préparent le porc avec des assaisonnements de leur région en veillant à ne jamais masquer le goût naturel de la viande. Dans cette recette grecque, le porc est mariné dans une vinaigrette à l'origan qu'on utilise aussi pour le badigeonner en cours de cuisson. Cette même marinade sert aussi de sauce pour le dressage. Essayez-la aussi avec du bœuf, de l'agneau, de la volaille et même des fruits de mer grillés.

UN PINCEAU ORIGINAL

Pour fabriquer un pinceau à badigeonner que vous n'aurez pas besoin de laver, achetez une botte d'origan frais, attachez les brins avec de la ficelle et couper le côté feuille en travers pour l'égaliser. Le tour est joué !

4 PORTIONS

TRUC

■ **L'origan grec a un goût plus piquant et plus parfumé que les autres variétés. Il a aussi une légère saveur de menthe fort agréable.**

RECETTE

4 côtelettes de porc désossées de 6 à 12 mm (¼ à ½ po) d'épaisseur (720 g/1 ½ lb en tout; voir encadré p. 126)
1 à 2 gousses d'ail, émincées
1 c. à café (1 c. à thé) de gros sel de mer ou de sel casher, ou plus au goût
60 ml (¼ tasse) de vinaigre de vin rouge, ou plus au goût
½ c. à café (½ c. à thé) de zeste de citron frais râpé
2 c. à soupe de jus de citron frais pressé
250 ml (1 tasse) d'huile d'olive extravierge (grecque de préférence)
2 c. à café (2 c. à thé) d'origan grec
½ c. à café (½ c. à thé) de grains de poivre noir concassés

1. Mettre les côtelettes sur une seule couche dans un plat de cuisson ou un plat à rôtir.

2. Mettre l'ail et le sel dans un bol et réduire en purée avec le dos d'une cuillère. Ajouter le vinaigre, le zeste et le jus de citron et remuer à l'aide d'un fouet jusqu'à dissolution du sel. Incorporer graduellement l'huile d'olive, l'origan et les grains de poivre. Ajouter plus de sel et/ou de vinaigre si nécessaire. La marinade doit être bien assaisonnée.

3. Verser ½ tasse de marinade sur les côtelettes et les retourner pour les imprégner uniformément de chaque côté. Verser 60 ml (¼ tasse) de la marinade dans un petit bol et réserver. Verser le reste de la marinade dans un bol et réserver. Couvrir et laisser mariner de 1 à 2 h dans le réfrigérateur.

4. Quand on est prêt pour la cuisson, bien égoutter les côtelettes et jeter la marinade. Cuire les côtelettes, en suivant les directives de l'encadré, jusqu'à ce qu'elles soient bien cuites et colorées. La viande doit être ferme mais céder légèrement sous la pression du doigt. On peut quadriller les côtelettes en les faisant pivoter d'un quart de tour après 1 ½ min de cuisson.

5. Remuer 60 ml (¼ tasse) de la marinade restante à l'aide d'une fourchette et l'utiliser pour badigeonner les côtelettes en cours de cuisson. (Ne pas badigeonner la viande crue, mais seulement la viande cuite, pour éviter la contamination croisée.)

6. Déposer les côtelettes dans une assiette ovale ou des assiettes individuelles. Remuer la marinade restante et la verser sur le dessus. Servir immédiatement.

Si vous avez...

GRIL CONTACT : Préchauffer le gril. S'il est muni d'un sélecteur de température, préchauffer à température élevée. Mettre la lèchefrite sous la partie avant du gril. Quand on est prêt pour la cuisson, huiler légèrement la surface de cuisson. Déposer la viande sur le gril chaud et fermer le couvercle. Compter de 4 à 6 min de cuisson. Retourner la viande pour la badigeonner légèrement des deux côtés.

POÊLE À FOND CANNELÉ : Préchauffer la poêle à feu moyen-vif sur la cuisinière. Quand on peut y faire rebondir une goutte d'eau, c'est qu'elle est suffisamment chaude. Quand on est prêt pour la cuisson, huiler légèrement les rainures. Déposer la viande dans la poêle chaude. Compter de 3 à 4 min de cuisson de chaque côté.

GRIL ENCASTRÉ : Préchauffer le gril à température élevée. Si la surface de cuisson n'est pas antiadhésive, brosser et huiler la grille. Déposer la viande sur la grille chaude. Compter de 4 à 6 min de cuisson de chaque côté.

ÂTRE : Ramasser la braise ardente sous la grille et préchauffer de 3 à 5 min ; le feu doit être chaud (2 à 3 Mississippi). Quand on est prêt pour la cuisson, brosser et huiler la grille. Déposer la viande sur la grille chaude. Compter de 3 à 4 min de cuisson de chaque côté.

PAPRIKACHE DE PORC NOUVEAU GENRE

J'ai osé déconstruire la recette originale des Hongrois pour vous offrir un plat que vous pouvez préparer sur un gril d'intérieur. Le paprika, le sel d'ail et la poudre d'oignon servent à saumurer la viande. La crème sure, habituellement utilisée pour faire la sauce, est servie parcimonieusement. Versez-la dans un vaporisateur et amusez-vous à dessiner des zigzags sur les côtelettes cuites. Vous pouvez aussi vous contenter de déposer une petite cuillerée de crème sur la viande, sans plus de fantaisie.

4 PORTIONS

RECETTE

4 côtelettes de porc désossées de 6 à 12 mm (¼ à ½ po) d'épaisseur (720 g/1 ½ lb en tout; voir encadré ci-dessous)
1 c. à soupe d'huile d'olive extravierge
Sel d'ail
Poudre d'oignon
Poivre noir frais moulu
Paprika doux ou fort (voir Note)
125 ml (½ tasse) de crème sure

Vaporisateur de plastique (facultatif)

1. Mettre les côtelettes dans un plat de cuisson et badigeonner d'huile d'olive sur les deux faces. Assaisonner très généreusement de chaque côté avec le sel d'ail, la poudre d'oignon, le poivre et le paprika. Couvrir et laisser saumurer au moins 20 min dans le réfrigérateur.

2. Cuire les côtelettes, en suivant les directives de l'encadré, jusqu'à ce qu'elles soient cuites et bien colorées. La viande doit être ferme mais céder légèrement sous la pression du doigt.

3. Mettre les côtelettes dans un plat ovale ou des assiettes individuelles. À l'aide du vaporisateur, dessiner des zigzags de crème sure sur le dessus. (Ou déposer une cuillerée de crème sure au centre de chaque côtelette.) Servir immédiatement.

Note : La qualité du paprika est de la plus haute importance dans cette recette. Achetez du paprika doux hongrois pour faire un plat doux et du paprika fort si vous aimez les sensations fortes. Le meilleur paprika hongrois provient de Szeged et on en trouve dans plusieurs supermarchés. Pour ajouter une touche d'originalité, pourquoi ne pas essayer le paprika fumé espagnol (pimenton) ?

CÔTELETTES DE PORC

Dans cette recette et dans celles des p. 121 à 128, je recommande l'achat de côtelettes de porc désossées prélevées dans la « noix » de la longe. Parce qu'elles sont débarrassées de leur os, elles conviennent bien aux grils contact qui ne sont pas munis d'une charnière flottante pouvant régler la hauteur de la plaque supérieure. Elles sont aussi idéales si l'on utilise une poêle à fond cannelé.
Il est plus contrariant de faire griller des côtelettes non désossées ; elles ont tendance à rester trop saignantes à l'intérieur – surtout près de l'os – même quand l'extérieur est complètement cuit.

Si vous avez une machine à panini ou si vous cuisinez sur un gril encastré ou dans l'âtre, vous pouvez acheter des côtelettes secondes (provenant de la longe). La cuisson sera un peu plus longue à cause de l'os : de 4 à 6 min de chaque côté environ. Vous pouvez aussi faire griller des tranches d'aloyau (« porterhouse »), composées de la longe et du filet, lesquels sont situés de chaque côté de l'os en forme de T. Elles pèsent environ 300 g (10 oz) et ont de 2,5 à 4 cm (1 à 1 ½ po) d'épaisseur chacune. Elles nécessitent de 5 à 8 min de cuisson de chaque côté et sont particulièrement savoureuses si on les fait cuire dans l'âtre. Si votre boucher ne fait pas ce genre de coupe, demandez-lui ce qui s'en rapproche le plus.

Les petits filets de porc sont aussi prescrits. Il faut alors compter de 4 à 8 min sur un gril contact ou environ 4 min de chaque côté (environ 16 min en tout) sur les autres grils d'intérieur.

Si vous avez…

GRIL CONTACT : Préchauffer le gril. S'il est muni d'un sélecteur de température, préchauffer à température élevée. Mettre la lèchefrite sous la partie avant du gril. Quand on est prêt pour la cuisson, huiler légèrement la surface de cuisson. Déposer la viande sur le gril chaud et fermer le couvercle. Compter de 3 à 4 min de cuisson.

POÊLE À FOND CANNELÉ : Préchauffer la poêle à feu moyen-vif sur la cuisinière. Quand on peut y faire rebondir une goutte d'eau, c'est qu'elle est suffisamment chaude. Quand on est prêt pour la cuisson, huiler légèrement les rainures. Déposer la viande dans la poêle chaude. Compter de 3 à 4 min de cuisson de chaque côté.

GRIL ENCASTRÉ : Préchauffer le gril à température élevée. Si la surface de cuisson n'est pas antiadhésive, brosser et huiler la grille. Déposer la viande sur la grille chaude. Compter de 3 à 4 min de cuisson de chaque côté.

ÂTRE : Entasser la braise ardente sous la grille et préchauffer de 3 à 5 min ; le feu doit être chaud (2 à 3 Mississippi). Quand on est prêt pour la cuisson, brosser et huiler la grille. Déposer la viande sur la grille chaude. Compter de 3 à 4 min de cuisson de chaque côté.

CÔTELETTES DE PORC SUCRÉES-SALÉES À LA CITRONNELLE

Rendez-vous au 1007, Clay Street, à Oakland, Californie, et vous verrez une longue file de gens qui attendent devant une salle à manger mystérieuse déjà bien remplie. *Le Cheval* doit son immense succès à trois facteurs : les mets vietnamiens que l'on y sert sont authentiques et savoureux, les prix sont abordables, et la famille Tran, venue de Saigon, veille au grain avec beaucoup de doigté depuis 1985. Ces côtelettes de porc vous révéleront l'un des plus beaux secrets de ce merveilleux restaurant. La chair est croustillante, succulente, parfumée d'ail et de citronnelle et grillée à feu suffisamment élevé pour faire caraméliser la sauce aux huîtres et le sucre. Bref, cette recette offre ce qu'il y a de mieux, et plus encore. Voici mon adaptation pour les grils d'intérieur.

RECETTE

4 PORTIONS

60 g (¼ tasse) de sucre
60 ml (¼ tasse) de sauce aux huîtres
60 ml (¼ tasse) de sauce soja
1 c. à café (1 c. à thé) de poivre noir frais moulu
2 tiges de citronnelle ou 2 rubans de zeste de citron (voir Notes)
4 gousses d'ail, épluchées et aplaties doucement avec le plat d'un couperet
4 côtelettes de porc désossées de 6 à 12 mm (¼ à ½ po) d'épaisseur (720 g/1 ½ lb en tout; voir encadré p. 126)

1. Mettre le sucre, la sauce aux huîtres, la sauce soja et le poivre dans un grand bol peu profond. Remuer jusqu'à dissolution du sucre.

2. Parer la citronnelle en enlevant la racine et les tiges vertes flexibles. Il ne devrait rester que la partie centrale, de couleur crème, qui mesure de 8 à 10 cm (3 à 4 po). Couper la citronnelle en morceaux de 2,5 cm (1 po) et les écraser doucement avec le plat d'un couperet pour que l'arôme se dégage. Incorporer la citronnelle et l'ail à la marinade.

3. Mettre la viande dans la marinade en l'imprégnant bien de chaque côté. Couvrir le bol de pellicule plastique et laisser mariner de 2 à 12 h dans le réfrigérateur en retournant la viande quelques fois pendant cette période. Plus le temps de marinade sera long, meilleure sera la viande. On peut aussi faire mariner les côtelettes dans un sac de plastique à fermeture hermétique.

4. Cuire les côtelettes, en suivant les directives de l'encadré, jusqu'à ce qu'elles soient cuites et bien colorées. La viande doit être ferme mais céder légèrement sous la pression du doigt.

5. Servir immédiatement dans un plat ovale ou des assiettes individuelles.

Notes:

■ La citronnelle est une graminée aromatique dont le goût est semblable à celui du citron sans être acidulé. On en trouve dans les épiceries orientales et plusieurs supermarchés. Vous pouvez la remplacer par du zeste de citron.

■ Utilisez un éplucheur pour prélever le zeste du citron en lanières. Ne prenez pas la peau blanche qui est dessous. Vous aurez besoin de deux lanières de 1,25 x 5 cm (½ x 2 po).

TRUC

■ **La sauce aux huîtres est un condiment épais sucré-salé fait à base d'huîtres et de haricots de soja.**

Si vous avez...

GRIL CONTACT: Préchauffer le gril. S'il est muni d'un sélecteur de température, préchauffer à température élevée. Mettre la lèchefrite sous la partie avant du gril. Quand on est prêt pour la cuisson, huiler légèrement la surface de cuisson. Déposer la viande sur le gril chaud et fermer le couvercle. Compter de 2 à 4 min de cuisson.

POÊLE À FOND CANNELÉ: Préchauffer la poêle à feu moyen-vif sur la cuisinière. Quand on peut y faire rebondir une goutte d'eau, c'est qu'elle est suffisamment chaude. Quand on est prêt pour la cuisson, huiler légèrement les rainures. Déposer la viande dans la poêle chaude. Compter de 3 à 4 min de cuisson de chaque côté.

GRIL ENCASTRÉ: Préchauffer le gril à température élevée. Si la surface de cuisson n'est pas antiadhésive, brosser et huiler la grille. Déposer la viande sur la grille chaude. Compter de 3 à 4 min de cuisson de chaque côté.

GRIL DE TABLE: Préchauffer le gril à température élevée; il n'est pas nécessaire d'huiler la grille. Déposer la viande sur le gril chaud. Compter de 4 à 5 min de cuisson de chaque côté.

ÂTRE: Entasser la braise ardente sous la grille et préchauffer de 3 à 5 min; le feu doit être chaud (2 à 3 Mississippi). Quand on est prêt pour la cuisson, brosser et huiler la grille. Déposer la viande sur la grille chaude. Compter de 3 à 4 min de cuisson de chaque côté.

Rôtissoire

FILETS DE PORC BARBECUE À LA MODE CHINOISE

Plusieurs restaurateurs chinois suspendent dans leur vitrine des filets de porc qu'ils ont fait rôtir jusqu'à ce qu'ils soient bien colorés et croustillants. Le miel, la sauce hoisin, l'ail et le cinq-épices font certes des miracles. Le cinq-épices est un mélange qui comprend entre autres de l'anis étoilé, des graines de fenouil, de la cannelle, du clou de girofle et du poivre. Voilà le « barbecue » chinois à son meilleur et il est possible de le préparer chez soi. Le mélange de sucre et d'ail, très populaire en Asie pour la cuisson du porc, peut sembler étrange, mais quand on y pense la sauce barbecue américaine est souvent riche en sucre et en ail elle aussi. En Chine, on fait rôtir le porc en le suspendant dans un four spécial. Mais la rôtissoire donne aussi des résultats spectaculaires. Goûtez-y : la viande de porc sera succulente et sucrée comme du bonbon.

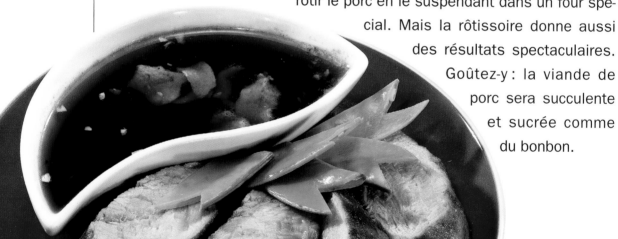

RECETTE

4 PORTIONS

2 c. à café (2 c. à thé) de cinq-épices chinois moulu
1 c. à café (1 c. à thé) de sucre
1 c. à café (1 c. à thé) de gros sel de mer ou de sel casher
1 c. à café (1 c. à thé) de poivre noir frais moulu
720 g (1 ½ lb) de filets de porc (2 ou 3 filets)
4 gousses d'ail, en fines tranches
1 morceau de gingembre frais de 5 cm (2 po), pelé et coupé en fines tranches
3 c. à soupe de sauce char siu (voir Note) ou de sauce hoisin
3 c. à soupe de vin de riz ou de xérès sec
3 c. à soupe de miel
2 c. à soupe de sauce soja

1. Dans un petit bol, mélanger le cinq-épices, le sucre, le sel et le poivre. Couvrir la viande sur toutes les faces en faisant pénétrer les assaisonnements du bout des doigts.

2. À l'aide d'un couteau, retirer la peau argentée recouvrant les filets. Mettre la viande dans un plat de cuisson ou un sac de plastique à fermeture hermétique. Ajouter l'ail et le gingembre. Dans un petit bol, mélanger la sauce char siu, le vin de riz, le miel et la sauce soja. Verser sur la viande et bien l'enduire de chaque côté. Couvrir et laisser mariner de 6 à 12 h dans le réfrigérateur.

3. Quand on est prêt pour la cuisson, égoutter le porc dans une passoire placée au-dessus d'une casserole et réserver la marinade. Placer la lèchefrite dans la rôtissoire. Embrocher les filets de manière qu'ils soient perpendiculaires à la broche. Attacher la broche rotative au tournebroche et mettre la rôtissoire en marche. Si le four est muni d'un sélecteur de température, le régler à 200 °C (400 °F) (voir directives p. 14). Cuire le rôti de 40 à 60 min, jusqu'à ce qu'il soit bien cuit et doré. Vérifier la cuisson avec un thermomètre à mesure instantanée ; celui-ci ne doit pas toucher à la broche. La température interne doit être de 71 °C (160 °F) environ.

4. Pendant ce temps, amener la marinade réservée à ébullition à feu vif. Laisser bouillir de 2 à 4 min, jusqu'à consistance épaisse et sirupeuse. Badigeonner les filets après 30 min de cuisson et une ou deux autres fois avant de les sortir du four.

5. Mettre les filets dans un plat ovale ou sur une planche à découper et laisser reposer 3 min avant de découper en fines tranches. Napper avec la marinade restante et servir immédiatement.

Note : Le *char siu (ou chu hou)* est une sauce barbecue chinoise rouge foncé vendue en pot dans les marchés orientaux et les boutiques spécialisées.

TRUC

■ Vous pouvez aussi cuire la viande à la broche dans l'âtre au-dessus d'un feu de 2 à 3 Mississippi. Il faut compter de 30 à 45 min de cuisson selon le cas.

SOUVLAKIS À LA MODE CYPRIOTE

Située dans la Méditerranée orientale, l'île de Chypre est un trait d'union entre la culture grecque et la culture turque, toutes deux réputées pour leur savoir-faire gastronomique. Selon mon ami cypriote Stelios Stylianou, la viande traditionnelle utilisée pour le souvlaki est le porc et non pas l'agneau, pourtant omniprésent sur l'île. Deux parfums étonnants sont à l'honneur dans cette recette : la menthe fraîche et la cannelle. Les autres ingrédients sont plus classiques, mais ces souvlakis ne ressemblent en rien à ceux que l'on nous sert dans la plupart des restaurants.

RECETTE

4 PORTIONS

720 g (1 ½ lb) d'épaule de porc désossée
1 ½ c. à café (1 ½ c. à thé) de gros sel de mer ou de sel casher
½ c. à café (½ c. à thé) de poivre noir frais moulu, ou plus au goût
2 bottes de menthe fraîche, rincées et équeutées (en hacher une finement)
4 bâtons de cannelle de 8 cm (3 po) chacun
250 ml (1 tasse) de vin rouge sec
60 ml (¼ tasse) d'huile d'olive extravierge
4 pains pitas (facultatif)
Salade à la mode cypriote (p. 134)

4 brochettes métalliques de 25 à 30 cm (10 à 12 po) ou 8 brochettes de bambou de 15 à 20 cm (6 à 8 po)

1. Couper le porc en cubes de 2,5 cm (1 po) en gardant un peu de gras dessus. Mettre la viande dans un grand bol. Saler et poivrer sur toutes les faces. Incorporer la menthe, la cannelle, le vin et l'huile d'olive. Couvrir et laisser mariner de 3 à 4 h dans le réfrigérateur. On peut aussi faire mariner le porc dans un sac de plastique à fermeture hermétique.

2. Bien égoutter la viande et jeter la marinade. Enfiler les cubes sur les brochettes en les séparant avec une feuille de menthe entière.

3. Cuire les kebabs, en suivant les directives de l'encadré, jusqu'à ce qu'ils soient bien cuits et colorés. Presser un cube entre le pouce et l'index; il doit rester ferme.

4. Mettre les kebabs dans un plat ovale ou des assiettes individuelles et servir avec les pains pitas et la Salade à la mode cypriote. Si l'on a utilisé des brochettes métalliques, les retirer afin que personne ne se brûle en mangeant.

Si vous avez...

GRIL CONTACT : Préchauffer le gril. S'il est muni d'un sélecteur de température, préchauffer à température élevée. Mettre la lèchefrite sous la partie avant du gril. Quand on est prêt pour la cuisson, huiler légèrement la surface de cuisson. Déposer les kebabs sur le gril chaud et fermer le couvercle. Compter de 4 à 6 min de cuisson. Tourner les kebabs d'un quart de tour après 2 min de cuisson pour les exposer à la chaleur sur toutes les faces.

POÊLE À FOND CANNELÉ : Préchauffer la poêle à feu moyen-vif sur la cuisinière. Quand on peut y faire rebondir une goutte d'eau, c'est qu'elle est suffisamment chaude. Quand on est prêt pour la cuisson, huiler légèrement les rainures. Déposer les kebabs dans la poêle chaude. Compter 2 à 3 min de cuisson de chaque côté (8 à 12 min en tout).

GRIL ENCASTRÉ : Préchauffer le gril à température élevée. Si la surface de cuisson n'est pas antiadhésive, brosser et huiler la grille. Déposer les kebabs sur la grille chaude en veillant à ce que l'extrémité dénudée des brochettes soit à l'extérieur du gril. Compter 2 à 3 min de cuisson de chaque côté (8 à 12 min en tout).

GRIL DE TABLE : Préchauffer le gril à température élevée ; il n'est pas nécessaire d'huiler la grille. Déposer les kebabs sur le gril chaud. Compter 3 à 4 min de cuisson de chaque côté (12 à 16 min en tout).

ÂTRE : Entasser la braise ardente sous la grille et préchauffer de 3 à 5 min ; le feu doit être chaud (2 à 3 Mississippi). Quand on est prêt pour la cuisson, brosser et huiler la grille. Déposer les kebabs sur la grille chaude. Compter 2 à 3 min de cuisson de chaque côté (8 à 12 min en tout).

TRUCS

■ Le secret d'un bon souvlaki réside dans le fait de choisir une viande pas trop maigre. L'épaule de porc est donc préférable aux côtelettes ou aux filets, beaucoup plus maigres. Idéalement, chaque cube de viande devrait renfermer un peu de gras. Pendant la cuisson, le gras grésille et fond, ce qui permet à la viande de conserver sa tendreté.

■ Essayez cette recette avec du bœuf, de l'agneau ou du poulet.

■ On peut réchauffer les pitas sur le gril de 30 à 60 sec.

Salade à la mode cypriote

ENVIRON 600 G (3 TASSES)

On trouve plusieurs versions de cette salade partout dans la partie orientale de la Méditerranée. Coupez les légumes en gros morceaux pour faire une salade ou en petits dés pour obtenir un genre de salsa.

2 belles tomates rouges moyennes mûres, coupées en dés de 1,25 cm (½ po) avec leur jus et leurs pépins
1 petit concombre, pelé, épépiné et coupé en dés de 1,25 cm (½ po)
½ poivron vert moyen, en dés de 1,25 cm (½ po)
80 g (½ tasse) d'olives de Kalamata
120 g (4 oz) de feta, égouttée et émiettée
3 oignons verts (le blanc et le vert), hachés finement
3 c. à soupe de menthe fraîche, hachée
3 c. à soupe d'huile d'olive extravierge
2 c. à soupe de jus de citron frais pressé ou de vinaigre de vin rouge, ou plus au goût
Gros sel de mer ou sel casher et poivre noir frais moulu

Dans un grand bol, mettre tous les ingrédients dans l'ordre, sauf le sel et le poivre. Ne mélanger que 15 min avant de servir. Goûter et ajouter du jus de citron si nécessaire. Saler et poivrer au goût.

KEBABS DE PORC À LA MODE HAÏTIENNE

Quand on prononce le mot *grillot* devant les Haïtiens, ils ont vite l'eau à la bouche et leurs yeux pétillent de plaisir. Ces bouchées de porc croustillantes sont épicées avec de l'ail, des piments Scotch Bonnet et de l'orange amère. Là-bas, on les fait cuire à grande friture, mais je crois que si un aliment est bon frit, cuit au four, à l'étuvée ou sauté, il sera probablement encore meilleur grillé. Les haricots rouges et le riz peuvent composer un bon plat d'accompagnement pour cette recette.

4 PORTIONS

TRUCS

- Pour faire des kebabs plus maigres, achetez des filets ou des côtelettes. Des cubes d'épaule de porc donneront des kebabs plus riches en matières grasses.
- L'orange amère *(narnaja agria)* est un agrume antillais que l'on ne trouve pas facilement dans tous les supermarchés. On peut remplacer son jus par une quantité égale de jus de citron vert et de jus d'orange.

RECETTE

720 g (1 ½ lb) de côtelettes, de filets ou d'épaule désossée de porc (voir Note)
3 gousses d'ail, émincées
1 piment Scotch Bonnet ou habaneros, épépinés et émincés (garder les graines si l'on veut un goût plus piquant)
2 c. à soupe de persil plat frais, haché finement
2 c. à café (2 c. à thé) de thym frais ou 1 c. à café (1 c. à thé) de thym séché
1 c. à café (1 c. à thé) de gros sel de mer ou de sel casher
½ c. à café (½ c. à thé) de poivre noir frais moulu
125 ml (½ tasse) de jus d'orange amère ou 60 ml (¼ tasse) de jus de citron vert + 60 ml (¼ tasse) de jus d'orange frais pressés
1 c. à soupe d'huile d'olive

4 brochettes métalliques de 25 à 30 cm (10 à 12 po) ou 8 brochettes de bambou de 15 à 20 cm (6 à 8 po)

1. Couper le porc en morceaux de 2,5 cm (1 po) et les mettre dans un bol. Ajouter l'ail, les piments, le persil, le thym, le sel et le poivre. Bien remuer pour enduire uniformément le porc. Laisser reposer 5 min. Ajouter le jus d'orange amère et remuer. Couvrir et laisser mariner de 2 à 12 h dans le réfrigérateur. Plus le temps de marinade sera long, meilleure sera la viande.

2. Cuire les kebabs, en suivant les directives de l'encadré, jusqu'à ce qu'ils soient bien cuits et colorés. Presser un cube entre le pouce et l'index; il doit rester ferme.

3. Mettre les kebabs dans un plat ovale ou des assiettes individuelles et servir immédiatement. Si l'on a utilisé des brochettes métalliques, les retirer afin que personne ne se brûle en mangeant.

Note : Si vous prenez du filet de porc, enlevez la fine peau argentée et transparente qui le recouvre à l'aide d'un couteau d'office.

Si vous avez...

GRIL CONTACT : Préchauffer le gril. S'il est muni d'un sélecteur de température, préchauffer à température élevée. Mettre la lèchefrite sous la partie avant du gril. Quand on est prêt pour la cuisson, huiler légèrement la surface de cuisson. Déposer les kebabs sur le gril chaud et fermer le couvercle. Compter de 4 à 6 min de cuisson. Tourner les kebabs d'un quart de tour après 2 min de cuisson pour les exposer à la chaleur sur toutes les faces.

POÊLE À FOND CANNELÉ : Préchauffer la poêle à feu moyen-vif sur la cuisinière. Quand on peut y faire rebondir une goutte d'eau, c'est qu'elle est suffisamment chaude. Quand on est prêt pour la cuisson, huiler légèrement les rainures. Déposer les kebabs dans la poêle chaude. Compter 2 à 3 min de cuisson de chaque côté (8 à 12 min en tout).

GRIL ENCASTRÉ : Préchauffer le gril à température élevée. Si la surface de cuisson n'est pas antiadhésive, brosser et huiler la grille. Déposer les kebabs sur la grille chaude en veillant à ce que l'extrémité dénudée des brochettes soit à l'extérieur du gril. Compter 2 à 3 min de cuisson de chaque côté (8 à 12 min en tout).

GRIL DE TABLE : Préchauffer le gril à température élevée ; il n'est pas nécessaire d'huiler la grille. Déposer les kebabs sur le gril chaud. Compter 3 à 4 min de cuisson de chaque côté (12 à 16 min en tout).

ÂTRE : Entasser la braise ardente sous la grille et préchauffer de 3 à 5 min ; le feu doit être chaud (2 à 3 Mississippi). Quand on est prêt pour la cuisson, brosser et huiler la grille. Déposer les kebabs sur la grille chaude. Compter 2 à 3 min de cuisson de chaque côté (8 à 12 min en tout).

KEBABS DE PORC ET DE VEAU AU LAURIER (RAZNJICI)

Dans les Balkans, on aime préparer les kebabs avec différentes viandes. Cette recette marie des cubes de veau et de porc marinés avec des oignons et du vinaigre de vin rouge. On les embroche ensuite avec des feuilles de laurier qui dégageront un arôme exquis en cours de cuisson. On sert traditionnellement les raznjici avec un mélange de persil et d'oignons en dés. Le nom original de ce plat se prononce « raj-NEE-kee ».

4 PORTIONS

RECETTE

360 g (12 oz) de porc, en cubes de 2,5 cm (1 po)
360 g (12 oz) de veau, en cubes de 2,5 cm (1 po)
1 ½ c. à café (1 ½ c. à thé) de gros sel de mer ou de sel casher
½ c. à café (½ c. à thé) de poivre noir frais moulu
2 c. à soupe d'huile d'olive extravierge
2 c. à soupe de vinaigre de vin rouge
1 oignon doux moyen
6 c. à soupe de persil plat frais, haché finement
10 à 12 feuilles de laurier, coupées en deux

4 brochettes métalliques de 25 à 30 cm (10 à 12 po) ou 8 brochettes de bambou de 15 à 20 cm (6 à 8 po)

TRUC

■ Achetez de la viande de veau et de porc contenant un peu de gras, ce qui empêchera les kebabs de se dessécher en cours de cuisson.

1. Mettre le porc et le veau dans un grand bol. Saler, poivrer et bien remuer. Incorporer l'huile d'olive et le vinaigre. Couper deux tiers de l'oignon en fines rondelles et les ajouter à la viande. Réserver le morceau d'oignon restant. Ajouter 3 c. à soupe de persil et bien mélanger. Couvrir et laisser mariner 4 h ou toute la nuit dans le réfrigérateur, en remuant une ou deux fois pendant cette période.

2. Quand on est prêt pour la cuisson, hacher finement l'oignon restant et le mélanger avec le persil restant. Mettre dans un petit bol décoratif.

3. Égoutter la viande et jeter la marinade. Enfiler les cubes sur les brochettes en faisant alterner le porc et le veau et en séparant les cubes avec une demi-feuille de laurier.

4. Cuire les kebabs, en suivant les directives de l'encadré, jusqu'à ce qu'ils soient bien cuits et colorés. Presser un cube entre le pouce et l'index; il doit rester ferme.

5. Mettre les kebabs dans un plat ovale ou des assiettes individuelles et servir avec le persil à l'oignon. Si l'on a utilisé des brochettes métalliques, les retirer afin que personne ne se brûle en mangeant.

Si vous avez...

GRIL CONTACT : Préchauffer le gril. S'il est muni d'un sélecteur de température, préchauffer à température élevée. Mettre la lèchefrite sous la partie avant du gril. Quand on est prêt pour la cuisson, huiler légèrement la surface de cuisson. Déposer les kebabs sur le gril chaud et fermer le couvercle. Compter de 4 à 6 min de cuisson. Tourner les kebabs d'un quart de tour après 2 min de cuisson pour les exposer à la chaleur sur toutes les faces.

POÊLE À FOND CANNELÉ : Préchauffer la poêle à feu moyen-vif sur la cuisinière. Quand on peut y faire rebondir une goutte d'eau, c'est qu'elle est suffisamment chaude. Quand on est prêt pour la cuisson, huiler légèrement les rainures. Déposer les kebabs dans la poêle chaude. Compter 2 à 3 min de cuisson de chaque côté (8 à 12 min en tout).

GRIL ENCASTRÉ : Préchauffer le gril à température élevée. Si la surface de cuisson n'est pas antiadhésive, brosser et huiler la grille. Déposer les kebabs sur la grille chaude en veillant à ce que l'extrémité dénudée des brochettes soit à l'extérieur du gril. Compter 2 à 3 min de cuisson de chaque côté (8 à 12 min en tout).

GRIL DE TABLE : Préchauffer le gril à température élevée ; il n'est pas nécessaire d'huiler la grille. Déposer les kebabs sur le gril chaud. Compter 3 à 4 min de cuisson de chaque côté (12 à 16 min en tout).

ÂTRE : Entasser la braise ardente sous la grille et préchauffer de 3 à 5 min ; le feu doit être chaud (2 à 3 Mississippi). Quand on est prêt pour la cuisson, brosser et huiler la grille. Déposer les kebabs sur la grille chaude. Compter 2 à 3 min de cuisson de chaque côté (8 à 12 min en tout).

Rôtissoire

CÔTES LEVÉES BARBECUE À LA MODE DE KANSAS CITY

L'idée de faire cuire des côtes levées à la broche peut sembler étonnante, mais en Europe et en Asie, les maîtres du gril ont souvent recours à ce mode de cuisson. La rôtissoire offre l'avantage de faire cuire une petite quantité de côtes levées à la fois (pour une ou deux personnes), ce qui serait impossible avec un fumoir ou un grand gril. Voici comment un maître grillardin de Kansas City ferait griller les côtes levées s'il n'avait qu'une rôtissoire à sa disposition.

2 PORTIONS

RECETTE

1 carré de petites côtes levées de dos de 1 à 1,2 kg (2 à 2 ½ lb), dégraissé

Environ 2 c. à soupe d'Épices barbecue de base (p. 438) ou d'assaisonnement pour barbecue du commerce

250 ml (1 tasse) de Sauce barbecue sucrée et fumée de Kansas City (p. 452) ou de sauce barbecue du commerce

1. Mettre le carré de petites côtes levées sur une plaque à pâtisserie. Couvrir toutes les faces avec les épices barbecue (2 à 3 c. à café ou à thé de chaque côté) en les faisant pénétrer dans la chair du bout des doigts. On peut cuire la viande dès maintenant, mais elle sera meilleure si on la laisse reposer jusqu'à 4 h, couverte, dans le réfrigérateur.

2. Quand on est prêt pour la cuisson, placer la lèchefrite dans la rôtissoire. Mettre les côtes levées dans le panier (voir encadré p. 142) et bien fermer celui-ci. Attacher le panier à la broche, attacher la broche rotative au tournebroche et mettre la rôtissoire en marche. Si le four est muni d'un sélecteur de température, le régler à 200 °C (400 °F) (voir directives p. 14). Cuire les côtes levées de 40 à 50 min, jusqu'à ce qu'elles soient brun foncé et croustillantes et que la chair se soit contractée d'environ 6 mm (¼ po) au bout des os.

3. Mettre le carré dans une assiette ovale ou sur une planche à découper et le couper en deux ou en côtelettes individuelles. Badigeonner généreusement de sauce barbecue et servir immédiatement avec la sauce restante versée dans un bol.

Notes:

■ Pour de meilleurs résultats, badigeonnez le carré de sauce barbecue de chaque côté après 30 min de cuisson, puis poursuivez la cuisson jusqu'à la fin. Le sucre contenu dans la sauce se caramélisera et la sauce imprégnera davantage la viande. Pour ce faire, vous devez retirer la broche du four, enlever le panier de la broche et l'ouvrir pour badigeonner la viande. Cela prend du temps et est plutôt salissant. Cette suggestion s'adresse donc aux fanatiques seulement.

■ On peut faire cuire le carré de petites côtes levées dans un fumoir d'intérieur (voir p. 143).

TRUC

■ Ces côtes levées sont servies avec une sauce barbecue rouge au goût fumé. Si vous souhaitez augmenter ce goût, badigeonnez les côtes levées avec 2 c. à café (2 c. à thé) d'huile végétale mélangées avec la même quantité d'arôme de fumée liquide avant de les couvrir avec les épices barbecue.

Rôtissoire

CÔTES LEVÉES DU TUNNEL BAR-B-Q

Jusqu'où êtes-vous prêt à aller pour manger des côtes levées extraordinaires ? Avez-vous le cran de vous rendre dans un autre pays ? Chaque jour, des habitants de Detroit empruntent le tunnel Windsor, qui passe sous la rivière Detroit, pour aller déguster les côtes levées les plus savoureuses du Canada. La route n'est pas très longue puisque dès la sortie du tunnel on voit scintiller les néons du *Tunnel Bar-B-Q* sur la droite. Une fois sur les lieux, ces fanatiques regardent les côtes levées et les poulets entiers tourner lentement sur la broche, comme j'aimais le faire moi aussi il y a une vingtaine d'années. Les propriétaires, Harry et Helen Racovitis, ont emprunté 500 $ quand ils sont arrivés de Grèce en 1941. Cet argent leur a permis d'ouvrir un tout petit restaurant. C'est maintenant la troisième génération qui veille sur cet empire du barbecue qui comble des milliers de personnes chaque semaine. Les Racovitis ont su miser sur le cheval gagnant : des côtes levées et du poulet assaisonnés simplement et mis à rôtir jusqu'à ce qu'ils soient grésillants, croustillants, colorés et délicieux. La recette de leurs assaisonnements est tenue secrète, mais j'ai essayé de les deviner...

2 PORTIONS

RECETTE

4 c. à café (4 c. à thé) de paprika doux
2 c. à café (2 c. à thé) de gros sel de mer ou de sel casher
2 c. à café (2 c. à thé) de poivre noir frais moulu
2 c. à café (2 c. à thé) de poudre d'ail
2 c. à café (2 c. à thé) d'origan séché
1 c. à café (1 c. à thé) de graines de céleri
1 carré de petites côtes levées de dos de 1 à 1,2 kg (2 à 2 ½ lb), dégraissé
Sauce barbecue aux tomates ou à la moutarde, au goût

1. Mettre le paprika, le sel, le poivre, la poudre d'ail, l'origan et les graines de céleri dans un petit bol et bien remuer.

2. Mettre le carré de petites côtes levées sur une plaque à pâtisserie. Couvrir toutes les faces avec le mélange d'épices (2 à 3 c. à café ou à thé de chaque côté) en les faisant pénétrer dans la chair du bout des doigts. On peut cuire la viande dès maintenant, mais elle sera meilleure si on la laisse reposer jusqu'à 4 h, couverte, dans le réfrigérateur.

3. Quand on est prêt pour la cuisson, placer la lèchefrite dans la rôtissoire. Mettre les côtes levées dans le panier (voir encadré ci-dessous) et bien fermer celui-ci. Attacher le panier à la broche, attacher la broche rotative au tournebroche et mettre la rôtissoire en marche. Si le four est muni d'un sélecteur de température, le régler à 200 °C (400 °F) (voir directives p. 14). Cuire les côtes levées de 40 à 50 min, jusqu'à ce qu'elles soient brun foncé et croustillantes et que la chair se soit contractée d'environ 6 mm (¼ po) au bout des os.

4. Mettre le carré dans une assiette ovale ou sur une planche à découper et le couper en deux ou en côtelettes individuelles. Servir immédiatement avec la sauce barbecue.

Notes:

■ On peut faire cuire le carré de petites côtes levées dans un fumoir d'intérieur (voir p. 143).

■ On peut faire cette recette dans l'âtre (voir p. 11). Enlevez tout surplus de gras avant de l'embrocher. Faites cuire au-dessus d'un feu de 2 à 3 Mississippi. Il faut compter de 30 à 40 min de cuisson selon le cas.

CÔTES DE PORC DANS LA RÔTISSOIRE

Depuis toujours, les Français, les Italiens, les Espagnols et les Turcs ont l'habitude de faire cuire les côtes de porc dans la rôtissoire. La chaleur douce parvient à attendrir même la viande la plus coriace que l'on peut ensuite détacher facilement de l'os avec les doigts. Ce mode de cuisson offre l'avantage de laisser s'écouler le gras de cuisson. La rotation lente de la broche arrose la viande à l'intérieur comme à l'extérieur, ce qui l'empêche de sécher en cours de cuisson.

Le défi consiste à attacher les côtes à la broche. Les fabricants proposent plusieurs façons de procéder. Par exemple, avec la rôtissoire Showtime, je dépose les côtes de porc dans un panier métallique plat conçu expressément pour la rôtissoire. Le manuel du manufacturier explique également comment on peut attacher un carré de côtes sur la broche à kebabs ou entre les deux broches centrales.

Je ne tenterai pas de vous expliquer toutes les méthodes possibles. Prenez le temps de lire le manuel fourni par le fabricant pour découvrir quelle est la mieux adaptée à votre rôtissoire. Vous devrez peut-être découper le carré de côtes pour pouvoir le mettre dans le panier.

La plupart des paniers à rôtissoire étant antiadhésifs, il n'est en principe pas nécessaire de les huiler avant d'y mettre la viande. Je trouve quand même plus prudent de vaporiser le panier avec un peu d'huile végétale.

CÔTES DE PORC DANS LE FUMOIR D'INTÉRIEUR

Si l'on n'a pas de rôtissoire, on peut préparer les Côtes levées barbecue à la mode de Kansas City (p. 139) et les Côtes levées du *Tunnel Bar-B-Q* (p. 141) à l'aide du fumoir d'intérieur. La fumée leur donnera un goût tout à fait différent. Suivre les directives de la recette pour bien enrober la viande avec les assaisonnements, puis préparer le fumoir (voir p. 16). Déposer 1 ½ c. à soupe de sciure de hickory ou de chêne au centre du réservoir à sciure du fumoir. Tapisser la lèchefrite avec du papier d'aluminium et la déposer dans le fumoir. Vaporiser légèrement la grille avec de l'huile végétale ou la frotter avec du papier absorbant imbibé d'huile avant de la placer dans le fumoir. Si l'on fait fumer des côtes individuelles, laisser au moins 1,25 cm (½ po) entre elles.

Couvrir le fumoir et mettre à feu vif 3 min, puis baisser à température moyenne. Fumer les côtes de 20 à 30 min, jusqu'à ce qu'elles soient complètement cuites. Une fois cuite, la viande rétrécira d'environ 6 mm (¼ po) aux extrémités et elle sera tellement tendre qu'on pourra la défaire avec les doigts. Déposer les côtes sur une planche à découper. Badigeonner les Côtes levées à la mode de Kansas City de sauce barbecue. Servir les Côtes levées du *Tunnel Bar-B-Q* avec la sauce barbecue à côté.

Rôtissoire

CÔTES LEVÉES À LA MODE TOSCANE CUITES À LA BROCHE

En Amérique du Nord et en Asie, on traite les côtes levées tel un canevas blanc à partir duquel on peut inventer à son gré différentes recettes en variant les assaisonnements, les marinades et les sauces. Les Européens pensent tout autrement. Ils font rôtir les côtes levées avec un minimum d'assaisonnements : du sel, du poivre, peut-être un peu d'ail, du romarin et de la sauge. Une approche intéressante qui permet de porter une plus grande attention au goût véritable de la viande elle-même.

RECETTE

2 PORTIONS

1 carré de petites côtes levées de dos de 1 à 1,2 kg (2 à 2 ½ lb), dégraissé
1 c. à soupe d'huile d'olive extravierge
Gros sel de mer ou sel casher et poivre noir frais moulu
2 gousses d'ail, émincées
2 c. à soupe de romarin frais, haché
2 c. à soupe de sauge ou de romarin frais, haché
Quartiers de citron

1. Mettre le carré de petites côtes levées sur une plaque à pâtisserie. Badigeonner d'huile d'olive sur toutes les faces. Couvrir toutes les faces avec le sel, le poivre, l'ail, le romarin et la sauge en les faisant pénétrer dans la chair du bout des doigts. On peut cuire la viande dès maintenant, mais elle sera meilleure si on la laisse reposer de 2 à 4 h, couverte, dans le réfrigérateur.

2. Quand on est prêt pour la cuisson, placer la lèchefrite dans la rôtissoire. Mettre les côtes levées dans le panier (voir encadré p. 142) et bien fermer celui-ci. Attacher le panier à la broche, attacher la broche au tournebroche et mettre la rôtissoire en marche. Si le four est muni d'un sélecteur de température, le régler à 200 °C (400 °F) (voir directives p. 14). Cuire les côtes levées de 40 à 50 min, jusqu'à ce qu'elles soient brun foncé et croustillantes et que la chair se soit contractée d'environ 6 mm (¼ po) au bout des os.

3. Mettre le carré dans une assiette ovale ou sur une planche à découper et le couper en deux ou en côtelettes individuelles. Servir immédiatement avec les quartiers de citron

Note : Voir Notes de la p. 142 pour une cuisson dans l'âtre.

TRUC

■ **Vous pouvez remplacer la sauge ou le romarin par du cerfeuil, de l'estragon ou des herbes de Provence.**

Rôtissoire

SAUCISSES ALLEMANDES À LA MODE DU WISCONSIN

Dans l'État du Wisconsin, on appelle *brat fry* la grande fête où tout le monde se rassemble pour manger des saucisses allemandes que l'on sert avec des oignons et des petits pains. La rôtissoire permet d'obtenir des saucisses croustillantes et des légumes savoureux. Les poivrons ajoutent une touche italienne originale à la préparation de base. N'oubliez pas : ces saucisses sont encore meilleures avec une bonne bière de blé.

RECETTE

4 PORTIONS

4 saucisses Bratwurst crues (environ 480 g/1 lb)
1 gros poivron rouge, évidé, épépiné et coupé en quartiers
1 à 2 c. à soupe d'huile d'olive extravierge
1 oignon moyen, en quartiers
Gros sel de mer ou sel casher et poivre noir frais moulu
4 petits pains durs ou petits pains empereurs (kaiser), ouverts en deux
120 g (1 tasse) de choucroute, égouttée
Moutarde allemande ou au raifort

1. Badigeonner légèrement les saucisses et les poivrons d'huile d'olive. Badigeonner les oignons d'huile d'olive plus généreusement. Saler et poivrer les poivrons et les oignons.

2. Mettre les saucisses, les poivrons et les oignons dans le panier à rôtissoire (un panier plat de préférence). Idéalement, les saucisses doivent être perpendiculaires à la broche rotative tandis que les poivrons et les oignons doivent être placés en rangs entre elles. Bien fermer le panier.

3. Quand on est prêt pour la cuisson, placer la lèchefrite dans la rôtissoire. Attacher le panier à la broche, attacher la broche rotative au tournebroche et mettre la rôtissoire en marche. Si le four est muni d'un sélecteur de température, le régler à 200 °C (400 °F) (voir directives p. 14). Cuire les saucisses, les poivrons et les oignons de 30 à 40 min, jusqu'à ce qu'ils soient colorés et bien cuits.

4. Pour servir, couper les poivrons et les oignons en fines tranches. Couper chaque saucisse en deux sur la longueur et la mettre dans un pain. Garnir avec des poivrons, des oignons et 30 g (¼ tasse) de choucroute. Étendre la moutarde sur la moitié supérieure du pain et assembler le sandwich.

Variante : Essayez cette recette avec des saucisses italiennes douces ou piquantes, des poivrons et des oignons. Le temps de cuisson sera le même que pour la saucisse allemande.

TRUC

■ **Vous pouvez faire cuire n'importe quelle saucisse de la même façon. La recette mettant en vedette la saucisse italienne (p. 148) vaut aussi la peine d'être essayée.**

ROUELLES DE JAMBON FRAIS AVEC SALSA AUX POMMES ET AUX PACANES

Quand j'étais enfant, on mangeait des rouelles de jambon tous les quinze jours. Ma mère les servait invariablement avec de la compote de pommes. J'ai amélioré la recette en créant une salsa aux pommes rafraîchissante et simple comme bonjour. Le fruit apporte un certain équilibre au goût salé de la viande. Comme les biftecks et les côtelettes, les rouelles de jambons sont meilleures saisies au gril.

2 PORTIONS; CETTE RECETTE PEUT ÊTRE MULTIPLIÉE AU GOÛT

RECETTE

SALSA AUX POMMES ET AUX PACANES

1 grosse pomme croquante acidulée
2 c. à soupe de jus de citron vert frais pressé, ou plus au goût
3 c. à soupe de pacanes, grillées et hachées grossièrement (voir Notes)
3 c. à soupe de menthe ou de coriandre fraîche, hachée finement
1 à 2 piments jalapeños, épépinés et hachés finement (garder les graines si l'on veut un goût plus piquant)
1 c. à soupe de gingembre confit, haché finement
2 c. à soupe d'oignons doux, hachés finement (facultatif)
1 à 2 c. à soupe de cassonade pâle ou de sucre roux

TRANCHES DE JAMBON

1 grosse ou 2 petites rouelles de jambon frais (360 à 480 g/12 à 16 oz en tout; voir Notes)
1 c. à soupe de beurre, fondu ou 1 c. à soupe d'huile d'olive extravierge
Poivre noir frais moulu

1. Préparer la salsa: Évider la pomme et la couper en petits dés. (Inutile de la peler; la pelure ajoutera de la couleur à la salsa.) Déposer les pommes dans un bol et mélanger avec le jus de citron vert. Ajouter les pacanes, la menthe, les piments, le gingembre confit, les oignons et la cassonade. Ne pas mélanger. On peut préparer la salsa jusqu'à cette étape quelques heures d'avance. Couvrir et conserver dans le réfrigérateur.

2. Poivrer le jambon et cuire, en suivant les directives de l'encadré, jusqu'à ce qu'il soit bien cuit. On peut le quadriller en le faisant pivoter d'un quart de tour après 1 ½ min de cuisson.

3. Déposer la viande dans un plat ovale ou des assiettes individuelles. Remuer la salsa et rectifier l'assaisonnement en jus de citron vert et/ou en cassonade si nécessaire. La salsa doit être bien assaisonnée. Déposer une grosse cuillerée de salsa sur le jambon ou la servir à côté. Servir immédiatement.

Notes:

■ Pour griller les pacanes, mettez-les dans une poêle en fonte sèche ou une poêle à fond épais (ne pas utiliser d'ustensile antiadhésif). Faites-les cuire de 3 à 6 min à feu moyen jusqu'à ce qu'elles dégagent leur arôme et qu'elles brunissent légèrement. Secouez la poêle pour que les noix grillent uniformément. Laissez refroidir dans un bol résistant à la chaleur.

■ Pour obtenir de meilleurs résultats, achetez du jambon salé à sec de première qualité. Cette viande étant très salée, vous voudrez probablement la laisser tremper dans un plat de cuisson rempli d'eau froide pendant quelques heures (changez l'eau deux ou trois fois). Éponger minutieusement le jambon avec du papier absorbant avant de le faire griller. Si cela semble trop compliqué, des rouelles de jambon ordinaire feront l'affaire.

Si vous avez…

GRIL CONTACT : Préchauffer le gril. S'il est muni d'un sélecteur de température, préchauffer à température élevée. Mettre la lèchefrite sous la partie avant du gril. Quand on est prêt pour la cuisson, huiler légèrement la surface de cuisson. Déposer la viande sur le gril chaud et fermer le couvercle. Compter de 3 à 5 min de cuisson.

POÊLE À FOND CANNELÉ : Préchauffer la poêle à feu moyen-vif sur la cuisinière. Quand on peut y faire rebondir une goutte d'eau, c'est qu'elle est suffisamment chaude. Quand on est prêt pour la cuisson, huiler légèrement les rainures. Déposer la viande dans la poêle chaude. Compter de 3 à 5 min de cuisson de chaque côté.

GRIL ENCASTRÉ : Préchauffer le gril à température élevée. Si la surface de cuisson n'est pas antiadhésive, brosser et huiler la grille. Déposer la viande sur la grille chaude. Compter de 3 à 5 min de cuisson de chaque côté.

GRIL DE TABLE : Préchauffer le gril à température élevée ; il n'est pas nécessaire d'huiler la grille. Déposer la viande sur le gril chaud. Compter de 4 à 6 min de cuisson de chaque côté.

ÂTRE : Entasser la braise ardente sous la grille et préchauffer de 3 à 5 min ; le feu doit être chaud (2 à 3 Mississippi). Quand on est prêt pour la cuisson, brosser et huiler la grille. Déposer la viande sur la grille chaude. Compter de 3 à 5 min de cuisson de chaque côté.

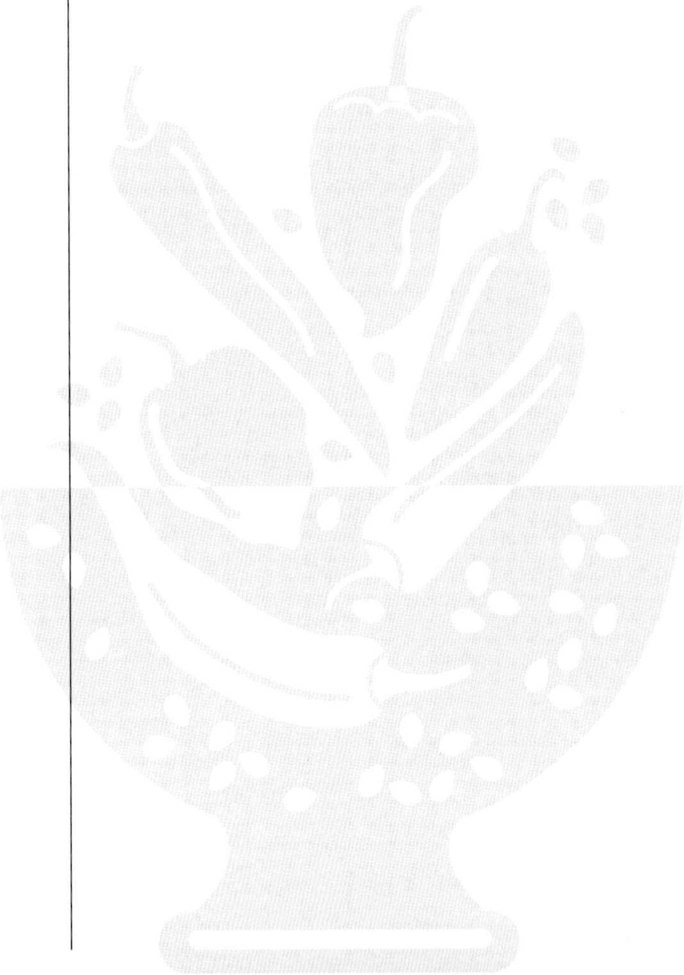

AGNEAU

De l'Afrique du Nord à l'Indonésie, la viande de choix est indubitablement l'agneau. Pensez à la diversité des plats d'agneau que vous pouvez préparer sur votre gril d'intérieur. Agneau aux épices berbères à la broche, Côtelettes d'agneau grillées au romarin, Kebabs d'agneau à la mode iranienne... peut-on rêver de mets plus exotiques ? Et que dire des Tranches d'agneau à la feta et du Chevreau à la *salsa verde* du chef piémontais Cesare Giaccone ? Quant au Gigot d'agneau fumé à la mode du Kentucky, les mots me manquent...

TRUC

■ **Il est très important de savoir comment faire cuire un gigot non désossé si vous ne trouvez pas de gigot désossé chez votre boucher. Achetez de préférence un rôti de haut de gigot non désossé. Il aura plus de viande et moins de tendons que le bas de gigot. Vous pouvez aussi faire cette recette avec un gigot d'agneau papillon. Consultez la recette suivante pour connaître le temps de cuisson nécessaire.**

Rôtissoire

AGNEAU AUX ÉPICES BERBÈRES CUIT À LA BROCHE

Les Berbères sont un peuple nomade du nord-ouest de l'Afrique. Cette recette est marocaine, mais les épices sont berbères. Elles sont tellement bonnes qu'elles ont réussi à s'infiltrer dans la cuisine juive et la cuisine éthiopienne. Comme le *jerk* jamaïcain, les épices berbères ont d'abord servi à conserver les aliments. Elles offrent des arômes complexes de coriandre, de cumin et de gingembre avec une touche légèrement sucrée de cannelle, de clou de girofle et de piment de la Jamaïque. Au Maroc, les épices berbères sont surtout appréciées avec l'agneau, mais je vous invite à les essayer également avec du poulet, du bœuf ou un poisson entier.

RECETTE

6 À 8 PORTIONS

MÉLANGE D'ÉPICES
1 petit oignon, haché grossièrement
1 morceau de gingembre frais de 5 cm (2 po), pelé et haché grossièrement
2 gousses d'ail, hachées grossièrement
1 à 2 piments jalapeños, épépinés et hachés grossièrement (garder les graines si l'on veut un goût plus piquant)
25 g (¼ tasse) de paprika doux
1 c. à soupe de gros sel de mer ou de sel casher, ou plus au goût
2 c. à café (2 c. à thé) de grains de poivre concassés
2 c. à café (2 c. à thé) de coriandre moulue
1 c. à café (1 c. à thé) de cumin moulu
½ c. à café (½ c. à thé) de cardamome moulue
½ c. à café (½ c. à thé) de cannelle moulue
½ c. à café (½ c. à thé) de fenugrec moulu (facultatif)
¼ c. à café (¼ c. à thé) de piment de la Jamaïque moulu
⅛ c. à café (⅛ c. à thé) de clou de girofle moulu
80 ml (⅓ tasse) d'huile d'olive
3 c. à soupe de jus de citron frais pressé, ou plus au goût

1 gigot d'agneau non désossé de 1,8 à 2,25 kg (4 à 5 lb)
2 c. à soupe de beurre non salé (facultatif), fondu

Ficelle

1. Préparer le mélange d'épices : Hacher finement les oignons, le gingembre, l'ail et les piments à l'aide du robot de cuisine. Ajouter le paprika, le sel, le poivre, la coriandre, le cumin, la cardamome, la cannelle, le fenugrec, le piment de la Jamaïque et le clou de girofle. Verser graduellement l'huile d'olive et le jus de citron. Ajouter du jus de citron et/ou du sel si nécessaire. Le mélange doit être bien assaisonné.

2. Avec la pointe d'un couteau d'office, faire de petites incisions sur toutes les faces du gigot à environ 4 cm (1 ½ po) d'intervalle. Élargir les trous avec le bout de l'index. Mettre une petite cuillerée du mélange d'épices dans chaque trou en utilisant l'index pour bien faire pénétrer. Couvrir uniformément le gigot avec le mélange d'épices restant. Ficeler l'agneau en lui donnant l'allure d'un cylindre bien serré. On peut faire cuire la viande immédiatement, mais elle sera meilleure si on la laisse mariner, couverte, de 4 à 6 h dans le réfrigérateur.

3. Quand on est prêt pour la cuisson, placer la lèchefrite dans la rôtissoire. Embrocher le rôti sur la longueur sur la broche rotative du four. Attacher la broche au tournebroche et mettre la rôtissoire en marche. Si le four est muni d'un sélecteur de température, le régler à 200 °C (400 °F) (voir directives p. 14). Cuire le rôti de 1 h 15 à 1 h 30 pour une cuisson mi-saignante et environ 1 h 45 si l'on préfère l'agneau à point ou bien cuit (la plupart des Marocains la préfèrent ainsi). Vérifier la cuisson avec un thermomètre à mesure instantanée ; celui-ci ne doit toucher ni à la broche ni aux os. L'agneau mi-saignant aura une température interne de 63 °C (145 °F) environ ; la viande cuite à point atteindra environ 71 °C (160 °F).

4. Déposer le rôti dans un plat ovale ou sur une planche à découper. Retirer la broche et laisser reposer 5 min avant de servir. Jeter la ficelle. Badigeonner l'agneau de beurre au goût (cela peut sembler exagéré, mais le mets n'en sera que plus appétissant quoique plus riche). Découper en fines tranches et servir immédiatement.

TRUCS

■ Le mot fenugrec signifie littéralement «foin grec». Il s'agit d'une petite graine oblongue et aplatie au goût agréablement amer. Le mélange d'épices que je vous propose ici peut certainement s'en passer, mais pourquoi vous priver d'un aromate aussi odorant ? Vous en trouverez dans toutes les épiceries indiennes (parfois sous le nom de *methi*) et dans la plupart des supermarchés.

■ Vous pouvez aussi cuire la viande à la broche dans l'âtre (p. 11). Enlevez tout surplus de gras avant de l'embrocher. Faites cuire au-dessus d'un feu de 2 à 3 Mississippi. Il faut compter de 1 à 1 h 15 de cuisson pour une viande mi-saignante et 1 h 30 pour une viande à point.

Rôtissoire

GIGOT D'AGNEAU AUX ÉPICES HUMIDES À L'AIL ET À LA MENTHE

L'agneau adore la menthe ! Voici de quoi redécouvrir cette heureuse association culinaire. Le sel épicé est préparé avec de la menthe fraîche, de l'ail et du citron. La gelée de menthe tient un rôle de simple figurant dans la sauce.

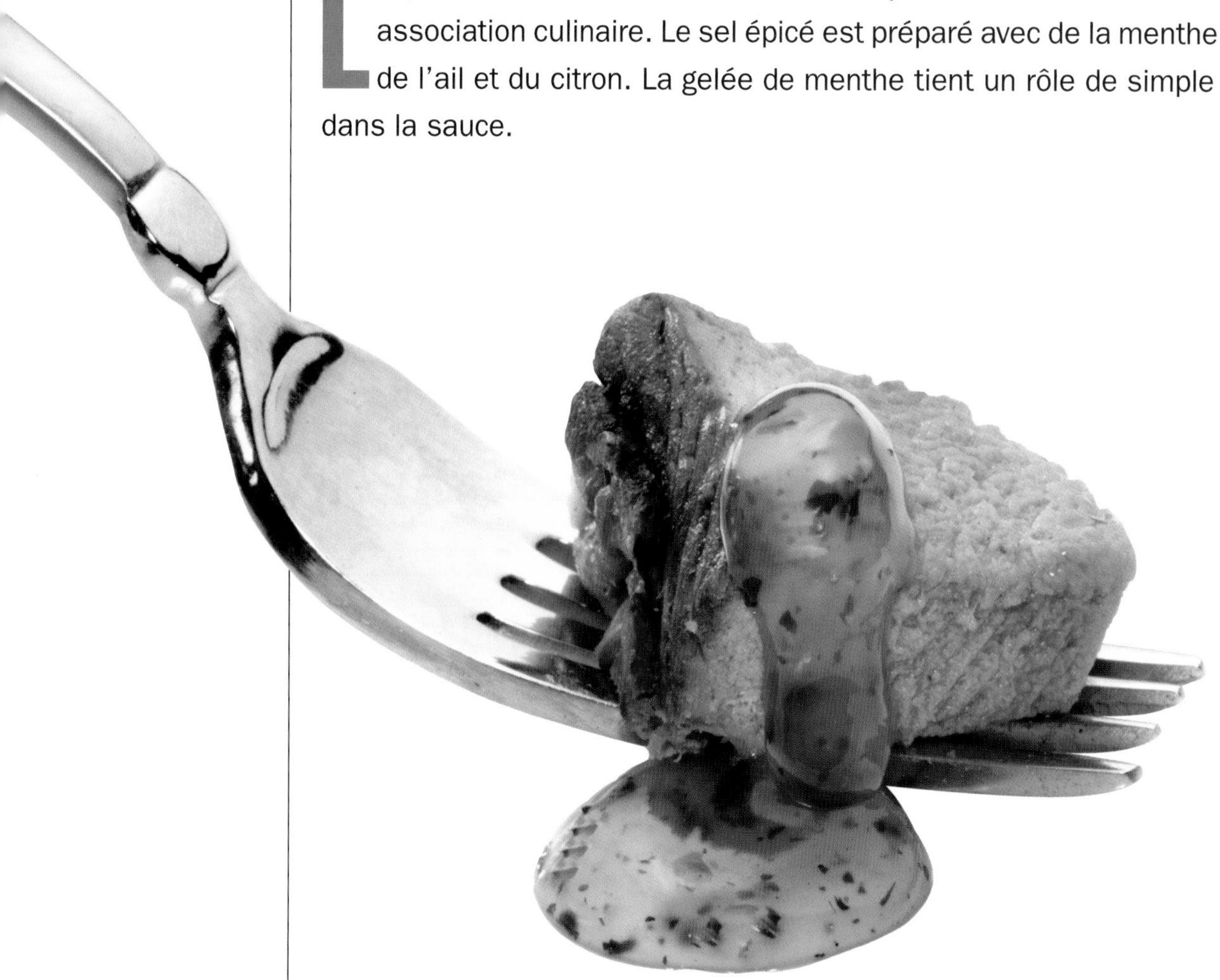

RECETTE

6 PORTIONS

3 gousses d'ail, hachées grossièrement
2 rubans de zeste de citron de 1,25 x 1,25 cm (½ x ½ po), hachés finement
1 à 2 bottes de menthe fraîche, rincées, essorées et équeutées
1 c. à café (1 c. à thé) de gros sel de mer ou de sel casher
½ c. à café (½ c. à thé) de poivre noir concassé ou moulu grossièrement
2 c. à soupe d'huile d'olive extravierge
1 c. à soupe de jus de citron frais pressé
1 gigot d'agneau papillon de 1,4 à 1,6 kg (3 à 3 ½ lb) (voir encadré), ficelé en rôti cylindrique
Sauce à la menthe aigre-douce (ci-dessous)

1. Hacher finement l'ail, le zeste, la menthe, le sel et le poivre à l'aide du robot de cuisine. Ajouter l'huile d'olive et le jus de citron et réduire en purée onctueuse.

2. Avec la pointe d'un couteau d'office, faire de petites incisions sur toutes les faces du gigot à environ 4 cm (1 ½ po) d'intervalle. Élargir les trous avec le bout de l'index. Mettre une petite cuillerée de la purée à la menthe dans chaque trou en utilisant l'index pour bien faire pénétrer. Si l'on est ambitieux, on peut prendre le temps de mettre de la purée de menthe entre les différentes couches du rôti. Couvrir uniformément le rôti avec le mélange d'épices restant. On peut faire cuire la viande immédiatement, mais elle sera meilleure si on la laisse mariner, couverte, de 1 à 2 h dans le réfrigérateur.

3. Quand on est prêt pour la cuisson, placer la lèchefrite dans la rôtissoire. Embrocher le rôti sur la longueur sur la broche rotative du four. Attacher la broche au tournebroche et mettre la rôtissoire en marche. Si le four est muni d'un sélecteur de température, le régler à 200 °C (400 °F) (voir directives p. 14 pour la rôtissoire et les Trucs de la p. 153 pour une cuisson dans l'âtre). Cuire le rôti de 1 h à 1 h 15 pour une cuisson mi-saignante et environ 1 h 30 si l'on préfère l'agneau à point. Vérifier la cuisson avec un thermomètre à mesure instantanée; celui-ci ne doit pas toucher à la broche. L'agneau mi-saignant aura une température interne de 63 °C (145 °F) environ; la viande cuite à point atteindra environ 71 °C (160 °F).

4. Déposer le rôti dans un plat ovale ou sur une planche à découper. Retirer la broche et laisser reposer de 5 à 10 min avant de servir. On peut conserver le jus de cuisson pour faire la Sauce à la menthe aigre-douce. Jeter la ficelle. Découper en fines tranches et servir immédiatement avec la Sauce à la menthe aigre-douce, au goût.

GIGOT PAPILLON
Un gigot papillon est tout simplement un gigot d'agneau désossé. En roulant et en ficelant un gigot papillon, on obtient un rôti d'agneau désossé.

Sauce à la menthe aigre-douce

ENVIRON 300 ML (1 ¼ TASSE)

Une sauce faite simplement avec le jus de cuisson de l'agneau, de la gelée de menthe et un peu de vinaigre pour éviter qu'elle soit trop sucrée.

2 c. à soupe de jus de cuisson du Gigot d'agneau aux épices humides à l'ail et à la menthe (ci-dessus)
250 ml (1 tasse) de bouillon de veau, d'agneau, de bœuf ou de poulet (maison de préférence)
2 c. à soupe de vin blanc sec
2 c. à soupe de gelée de menthe
1 c. à soupe de vinaigre de riz ou de vinaigre blanc distillé, ou plus au goût
Gros sel de mer ou sel casher et poivre noir frais moulu

Dans une casserole, amener tous les ingrédients à ébullition à feu vif et laisser bouillir environ 10 min, jusqu'à ce que la gelée de menthe soit dissoute et que le vin ait perdu son goût d'alcool.

Rôtissoire

GIGOT D'AGNEAU AU ROQUEFORT, AUX ÉPINARDS ET AUX PIGNONS

Cette recette est inspirée d'un plat des Grands Causses, une région montagneuse du sud du Massif central. Cette région en apparence inhospitalière fournit pourtant deux aliments exquis, le roquefort et l'agneau du printemps. Faites-les cuire tous les deux à la broche et vous obtiendrez une viande croustillante à l'extérieur et tendre à l'intérieur. Le fromage lui donne un goût salé et piquant caractéristique. Les pignons et les épinards ajoutent beaucoup de saveur à ce plat tandis que le roquefort, en fondant, imprègne la viande de l'intérieur.

RECETTE

6 PORTIONS

240 g (8 oz) d'épinards frais, rincés et équeutés (voir Notes)
90 g (3 oz) de roquefort, émietté
2 c. à soupe de pignons, grillés (voir Notes)
Gros sel de mer ou sel casher et poivre noir frais moulu
1 gigot d'agneau papillon de 1,4 à 1,6 kg (3 à 3 ½ lb) (voir p. 155)
Environ 2 c. à café (2 c. à thé) d'huile d'olive extravierge
Sauce tomate à la menthe (facultatif; p. 158)

Ficelle

1. Amener 500 ml (2 tasses) d'eau salée à ébullition à feu vif dans une grande casserole. Cuire les épinards 1 ou 2 min pour les ramollir. Égoutter dans un chinois, rincer à l'eau froide pour bien refroidir, puis égoutter minutieusement en pressant quelques poignées à la fois (l'eau doit être enlevée complètement). Hacher grossièrement à l'aide d'un couteau d'office et déposer dans un grand bol. Incorporer le roquefort, les pignons, le sel et le poivre.

2. Étendre le gigot sur une planche à découper. Saler et poivrer. À l'aide d'une spatule, étendre uniformément la purée d'épinards sur la viande. Rouler le gigot pour former un cylindre bien serré et faire tenir avec quelques bouts de ficelle. Frotter ou badigeonner légèrement l'extérieur de l'agneau avec de l'huile d'olive. Saler et poivrer très généreusement.

3. Quand on est prêt pour la cuisson, placer la lèchefrite dans la rôtissoire. Embrocher le rôti sur la longueur sur la broche rotative du four. Attacher la broche au tournebroche et mettre la rôtissoire en marche. Si le four est muni d'un sélecteur de température, le régler à 200 °C (400 °F) (voir directives p. 14). Cuire le rôti jusqu'à ce qu'il soit bien coloré sur toutes les faces et cuit au goût : de 1 h à 1 h 15 pour une cuisson mi-saignante et environ 1 h 30 si l'on préfère l'agneau à point. Vérifier la cuisson avec un thermomètre à mesure instantanée ; celui-ci ne doit pas toucher à la broche. L'agneau mi-saignant aura une température interne de 63 °C (145 °F) environ ; la viande cuite à point atteindra environ 71 °C (160 °F).

4. Déposer le rôti dans un plat ovale ou sur une planche à découper. Retirer la broche et laisser reposer 5 min. On peut conserver le jus de cuisson pour faire la Sauce tomate à la menthe. Jeter la ficelle. Découper en fines tranches et servir immédiatement avec la sauce tomate à la menthe, au goût.

Notes :

■ Comme je suis du genre puriste, je suggère de prendre des épinards frais, mais je ne vous en voudrai pas si vous achetez des épinards congelés. Préparez environ 300 g (10 oz) d'épinards hachés congelés en suivant les directives de l'emballage et égouttez-les parfaitement avant d'ajouter le roquefort et les pignons.

■ Pour griller les pignons, mettez-les dans une poêle à fond épais propre et sèche. Faites brunir légèrement de 2 à 4 min à feu moyen en secouant la poêle pour qu'ils grillent uniformément. Laissez refroidir dans un bol résistant à la chaleur.

TRUCS

■ Le gigot d'agneau papillon est parfois vendu dans un filet qu'il faudra évidemment retirer pour farcir la viande. Vous attacherez ensuite le rôti avec de la ficelle.

■ Pour un effet spectaculaire, achetez du roquefort authentique. Aucune imitation n'est permise pour cette recette.

■ Vous pouvez aussi faire cette recette dans l'âtre. Lisez les Trucs de la p. 153.

Sauce tomate à la menthe

ENVIRON 375 ML (1 ½ TASSE)

En Amérique du Nord et en Grande-Bretagne, on sert souvent l'agneau avec de la menthe. Dans les pays méditerranéens et au Proche-Orient, on le sert avec des tomates. Cette sauce simple est délicieuse avec ou sans le jus de cuisson du gigot d'agneau. Dégraissez le jus de cuisson le mieux possible avant de le verser dans la casserole.

250 ml (1 tasse) de bouillon de veau, d'agneau, de bœuf ou de poulet (maison de préférence)
60 ml (¼ tasse) de sauce tomate en conserve
3 c. à soupe de gelée de menthe
1 gousse d'ail, épluchée et aplatie doucement avec le plat d'un couperet
2 c. à soupe de jus de cuisson du Gigot d'agneau au roquefort, aux épinards et aux pignons (facultatif; recette p. 157)
Gros sel de mer ou sel casher et poivre noir frais moulu

Dans une casserole à fond épais, remuer tous les ingrédients à feu moyen. Laisser mijoter de 5 à 8 min, jusqu'à léger épaississement, en remuant de temps à autre. Saler et poivrer au goût.

Fumoir d'intérieur

GIGOT D'AGNEAU FUMÉ

On sert l'agneau grillé la plupart du temps, mais on pense rarement à le fumer. Sauf à Owensboro, au Kentucky, une petite ville située sur la rivière Ohio où le mouton cuit au barbecue est populaire plus que n'importe où ailleurs sur la planète. Mais l'agneau étant une viande plus douce que le mouton, je vous propose une recette qui vous plaira davantage. Vous n'avez besoin que d'un fumoir d'intérieur. Vous pouvez servir le gigot avec une sauce tomate à la menthe ou une sauce barbecue « noire », comme le veut la tradition à Owensboro.

RECETTE

6 PORTIONS

1 gigot d'agneau papillon de 1,4 à 1,6 kg (3 à 3 ½ lb) (voir encadré p. 155), ficelé en rôti cylindrique
Gros sel de mer ou casher et poivre noir frais moulu
Huile de cuisson en vaporisateur (facultatif)
1 c. à soupe de beurre, fondu (facultatif)
Sauce barbecue noire (p. 160) ou Sauce tomate à la menthe (p. 158)

3 c. à soupe de sciure de hickory ou de noyer

1. Mettre le gigot sur une plaque à pâtisserie. Saler et poivrer généreusement sur toutes les faces.

2. Préparer le fumoir (directives p. 16). Mettre la sciure au centre de la partie inférieure du fumoir. Tapisser la lèchefrite de papier d'aluminium et mettre dans le fumoir. Vaporiser légèrement la plaque du fumoir avec de l'huile de cuisson ou la frotter avec du papier absorbant trempé dans l'huile. Mettre la grille dans le fumoir. Mettre le gigot sur la grille, gras tourné vers le haut. Couvrir la viande avec une grande feuille de papier d'aluminium résistant en le plissant sur le bord inférieur du fumoir pour fermer hermétiquement. Le papier ne doit pas toucher la viande.

3. Mettre 3 min à feu vif, puis baisser la chaleur. Fumer l'agneau environ 30 min à température moyenne, jusqu'à ce qu'il ait un bon goût fumé.

4. Pendant ce temps, préchauffer le four à 180 °C (350 °F).

5. Enlever et jeter le papier d'aluminium. Laisser l'agneau sur la partie inférieure du fumoir et le cuire au four jusqu'à ce qu'il soit croustillant et très coloré à l'extérieur et cuit au goût à l'intérieur : environ 30 min pour cuisson mi-saignante et environ 45 min pour cuisson à point. Vérifier la cuisson avec un thermomètre à mesure instantanée. L'agneau mi-saignant aura une température interne de 63 °C (145 °F) environ ; la viande cuite à point atteindra environ 71 °C (160 °F).

6. Déposer le rôti dans un plat ovale ou sur une planche à découper. Jeter la ficelle et badigeonner la viande avec le beurre fondu. Laisser la viande reposer 5 min. Découper en fines tranches et servir avec la Sauce barbecue noire.

Sauce barbecue noire

ENVIRON 375 ML (1 ½ TASSE)

Aux États-Unis, cette sauce est unique dans les annales de la sauce barbecue parce que sa couleur est noire et qu'elle met de côté trois ingrédients solidement associés aux sauces américaines : le ketchup, l'arôme de fumée liquide et la mélasse. Ce condiment est acidulé, piquant et épicé. Il n'a pas le goût repoussant de certaines sauces trop sucrées. Utilisez le poivre généreusement et vous aurez une sauce qui saura illuminer la saveur riche et fumée de l'agneau.

4 c. à soupe de beurre non salé
2 gousses d'ail, émincées
1 échalote ou ½ petit oignon, émincé
60 ml (¼ tasse) de sauce Worcestershire
60 ml (¼ tasse) de vinaigre blanc distillé
2 c. à soupe de jus de citron frais pressé
1 c. à soupe de cassonade foncée ou de sucre roux
¼ c. à café (¼ c. à thé) de piment de la Jamaïque moulu
175 ml (¾ tasse) de bouillon de bœuf, de veau ou de poulet (maison de préférence)
Gros sel de mer ou sel casher et poivre noir frais moulu

1. Faire fondre le beurre à feu vif dans une casserole à fond épais. Ajouter l'ail et les échalotes et cuire environ 3 min.

2. Ajouter la sauce Worcestershire, le vinaigre, le jus de citron, la cassonade, le piment de la Jamaïque et le bouillon. Porter à ébullition. Réduire la chaleur et laisser mijoter de 4 à 6 min. Saler et poivrer au goût. Servir cette sauce chaude ou à température ambiante. Couverte, on peut la conserver quelques jours dans le réfrigérateur.

LE FUMAGE EN DEUX ÉTAPES

Le fumoir d'intérieur est très apprécié lorsque vient le temps de fumer et de cuire des aliments en morceaux : ailes de poulet, saumon, tomates, tofu, etc. Mais comment procéder quand on doit fumer des pièces de viande beaucoup plus grosses et difficiles à cuire comme le jarret d'agneau, la dinde et même le poulet sur une canette de bière ? L'utilisation du fumoir d'intérieur permet de cuire l'extérieur des aliments de manière satisfaisante, ce qui est souvent difficile à faire dans l'environnement humide d'un fumoir. Le fumage en deux étapes est une solution très efficace.

La première étape consiste à utiliser le fumoir pour imprégner les aliments d'un bon goût fumé. Si les aliments sont trop hauts et empêchent que l'on puisse fermer le couvercle, comme un poulet cuit sur une canette de bière ou une dinde par exemple, il suffit de recouvrir le fumoir avec une « tente » en papier d'aluminium. Il est important de bien sceller le dessus de la « tente » en repliant le papier de façon que la fumée reste emprisonnée à l'intérieur. Il faut compter de 30 à 40 min pour le fumage.

Pour terminer la cuisson des aliments plus gros, positionner la grille du four ordinaire dans la partie inférieure et préchauffer le four. Quand le fumage est terminé, retirer et jeter le papier d'aluminium. Laisser les aliments dans le fumoir et déposer au four. Cuire à découvert jusqu'à cuisson complète. Cette méthode offre à la fois les avantages du fumage et de la cuisson au four.

TRANCHES D'AGNEAU AU CHIMICHURRI À LA MENTHE

Cette recette donne un nouveau souffle à l'association agneau-gelée de menthe. Les tranches d'agneau sont ici rehaussées de *chimichurri*, un condiment argentin qui sent la menthe fraîche et l'ail. On sert habituellement cette sauce avec du bœuf grillé. Dans cette recette, elle sert à la fois de marinade et de sauce. En Argentine, on utilise du persil plutôt que de la menthe, mais pourquoi ne pas innover?

TRUC

■ Selon les régions, il n'est pas toujours facile de trouver des tranches d'agneau. Certains supermarchés en offrent, mais vous aurez plus de chance auprès de votre boucher ou d'un marché grec. Vous pouvez les remplacer par des côtelettes prises dans le carré ou des côtelettes de filet. Les côtelettes de 1,25 cm (½ po) d'épaisseur seront mi-saignantes après 3 à 5 min de cuisson de chaque côté. Les côtelettes de filet de 2,5 cm (1 po) d'épaisseur le seront après 4 à 6 min de cuisson de chaque côté.

4 PORTIONS

RECETTE

1 à 2 bottes de menthe fraîche, rincées et essorées
3 gousses d'ail, hachées grossièrement
1 c. à café (1 c. à thé) de gros sel de mer ou de sel casher, ou plus au goût
½ c. à café (½ c. à thé) de poivre noir frais moulu, ou plus au goût
80 ml (⅓ tasse) d'huile d'olive extravierge (espagnole de préférence)
2 c. à soupe de vinaigre de vin rouge
4 tranches (steaks) d'agneau de 180 à 240 g (6 à 8 oz) et de 1,25 cm (½ po) d'épaisseur chacune

1. Réserver 4 brins de menthe pour garnir et équeuter la menthe restante. Hacher finement les feuilles de menthe, l'ail, le sel et le poivre à l'aide du robot de cuisine. Ajouter l'huile d'olive et le vinaigre de vin en un mince filet. Ajouter de 2 à 4 c. à soupe d'eau pour que la sauce soit facile à verser. Saler et poivrer davantage si nécessaire. Le *chimichurri* doit être bien assaisonné.

2. Étendre environ 60 ml (¼ tasse) de *chimichurri* au fond d'un plat de cuisson pouvant contenir les tranches d'agneau sur une seule couche. Déposer la viande et la napper avec le tiers du *chimichurri* à l'aide du dos d'une cuillère. Couvrir et laisser mariner de 30 min à 4 h. Plus le temps de marinade sera long, meilleure sera la viande. Couvrir le *chimichurri* restant et le conserver dans le réfrigérateur. On l'utilisera comme sauce (laisser reposer à température ambiante avant de servir).

3. Quand on est prêt pour la cuisson, bien égoutter la viande en raclant le surplus de marinade à l'aide d'une spatule de caoutchouc. Jeter la marinade. Cuire la viande, en suivant les directives de l'encadré, jusqu'à ce qu'elle soit colorée et cuite au goût. Presser doucement une tranche avec un doigt. La viande mi-saignante cédera au toucher. On peut quadriller les tranches d'agneau en les faisant pivoter d'un quart de tour après 1 ½ min de cuisson.

4. Déposer la viande dans un plat ovale ou des assiettes individuelles. Garnir chacune avec un brin de menthe et servir avec un peu de *chimichurri* à côté.

Si vous avez...

GRIL CONTACT : Préchauffer le gril. S'il est muni d'un sélecteur de température, préchauffer à température élevée. Mettre la lèchefrite sous la partie avant du gril. Quand on est prêt pour la cuisson, huiler légèrement la surface de cuisson. Déposer la viande sur le gril chaud et fermer le couvercle. Compter de 3 à 4 min de cuisson pour obtenir une viande mi-saignante et de 5 à 6 min pour une viande à point.

POÊLE À FOND CANNELÉ : Préchauffer la poêle à feu moyen-vif sur la cuisinière. Quand on peut y faire rebondir une goutte d'eau, c'est qu'elle est suffisamment chaude. Quand on est prêt pour la cuisson, huiler légèrement les rainures. Déposer la viande dans la poêle chaude. Compter de 3 à 4 min de cuisson de chaque côté pour obtenir une viande mi-saignante et de 5 à 6 min de chaque côté pour une viande à point. Laisser tremper la poêle refroidie dans l'eau chaude pour faciliter le nettoyage.

GRIL ENCASTRÉ : Préchauffer le gril à température élevée. Si la surface de cuisson n'est pas antiadhésive, brosser et huiler la grille. Déposer la viande sur la grille chaude. Compter de 3 à 4 min de cuisson de chaque côté pour obtenir une viande mi-saignante et de 5 à 6 min de chaque côté pour une viande à point.

ÂTRE : Entasser la braise ardente sous la grille et préchauffer de 3 à 5 min ; le feu doit être chaud (2 à 3 Mississippi). Quand on est prêt pour la cuisson, brosser et huiler la grille. Déposer la viande sur la grille chaude. Compter de 3 à 4 min de cuisson de chaque côté pour obtenir une viande mi-saignante et de 5 à 6 min de chaque côté pour une viande à point.

TRANCHES D'AGNEAU À LA FETA

Les tranches ou les steaks d'agneau ne sont pas souvent vendus au comptoir des viandes. Comme le bifteck, ils offrent une grande surface de cuisson, ce qui permet de les saisir rapidement et efficacement. Ils coûtent beaucoup moins cher que le carré ou les côtelettes d'agneau. Une sauce au fromage feta conviendra parfaitement au goût robuste de la viande.

4 PORTIONS

RECETTE

4 tranches (steaks) d'agneau de 180 à 240 g (6 à 8 oz) et de 1,25 cm (½ po) d'épaisseur chacune
2 c. à soupe d'huile d'olive
1 c. à soupe d'origan séché (grec de préférence)
1 c. à soupe d'ail, émincé
Gros sel de mer ou sel casher et poivre noir frais moulu
40 g (¼ tasse) d'oignons doux, en dés
10 g (¼ tasse) de persil plat frais, haché
Sauce à la feta (ci-dessous)

1. Mettre les tranches d'agneau dans un plat de cuisson et badigeonner d'huile d'olive de chaque côté. Couvrir d'origan et d'ail sur les deux faces, puis saler et poivrer. Laisser mariner 30 min.

2. Cuire la viande, en suivant les directives de l'encadré (p. 165), jusqu'à ce qu'elle soit colorée et cuite au goût. Presser doucement une tranche avec un doigt. La viande mi-saignante cédera au toucher.

3. Pendant ce temps, mélanger les oignons et le persil dans un petit bol. Réserver.

4. Déposer les tranches d'agneau dans un plat ovale ou des assiettes individuelles. Garnir avec le mélange oignon-persil et servir la Sauce à la feta à côté.

Sauce à la feta

ENVIRON 250 ML (1 TASSE)

Cette sauce a une saveur très prononcée à cause de la feta. Ce fromage de lait de brebis est saumuré, ce qui lui donne un goût salé particulier. Idéal pour l'agneau grillé ou cuit à la broche.

90 g (3 oz) de feta, égouttée et émiettée (voir Note)
60 ml (¼ tasse) de lait ou d'eau
3 c. à soupe d'huile d'olive extravierge
2 c. à soupe de mayonnaise
2 c. à café (2 c. à thé) de paprika doux
½ c. à café (½ c. à thé) de cayenne en flocons
Environ 3 c. à soupe de crème épaisse à fouetter (35 %)
1 c. à café (1 c. à thé) de jus de citron frais pressé, ou plus au goût
Gros sel de mer ou sel casher et poivre noir frais moulu

À l'aide du mélangeur, réduire en purée onctueuse la feta, le lait, l'huile d'olive, la mayonnaise, le paprika et le piment. Ajouter la crème et le jus de citron. Mélanger un peu pour réduire en purée. Si l'on mélange trop la sauce, elle caillera. Elle doit être facile à verser. Si elle est trop épaisse, ajouter jusqu'à 1 c. à soupe de crème supplémentaire. Ajouter du jus de citron et du sel si nécessaire et poivrer au goût.

Note : Plusieurs pays de la Méditerranée et des Balkans sont de grands producteurs de feta : la Bulgarie, la Turquie, la Grèce, etc. La feta offre un goût unique selon la région où on la fabrique. Achetez celle que vous aimez le plus. Il faut parfois en essayer plusieurs avant de trouver celle qui retiendra notre attention. La feta vendue dans un contenant de plastique dans les supermarchés n'est certes pas une digne représentante de la qualité exquise de ce fromage.

Si vous avez…

GRIL CONTACT : Préchauffer le gril. S'il est muni d'un sélecteur de température, préchauffer à température élevée. Mettre la lèchefrite sous la partie avant du gril. Quand on est prêt pour la cuisson, huiler légèrement la surface de cuisson. Déposer la viande sur le gril chaud et fermer le couvercle. Compter de 3 à 4 min de cuisson pour obtenir une viande mi-saignante et de 5 à 6 min pour une viande à point.

POÊLE À FOND CANNELÉ : Préchauffer la poêle à feu moyen-vif sur la cuisinière. Quand on peut y faire rebondir une goutte d'eau, c'est qu'elle est suffisamment chaude. Quand on est prêt pour la cuisson, huiler légèrement les rainures. Déposer la viande dans la poêle chaude. Compter de 3 à 4 min de cuisson de chaque côté pour obtenir une viande mi-saignante et de 5 à 6 min de chaque côté pour une viande à point. Laisser tremper la poêle refroidie dans l'eau chaude pour faciliter le nettoyage.

GRIL ENCASTRÉ : Préchauffer le gril à température élevée. Si la surface de cuisson n'est pas antiadhésive, brosser et huiler la grille. Déposer la viande sur la grille chaude. Compter de 3 à 4 min de cuisson de chaque côté pour obtenir une viande mi-saignante et de 5 à 6 min de chaque côté pour une viande à point.

ÂTRE : Entasser la braise ardente sous la grille et préchauffer de 3 à 5 min ; le feu doit être chaud (2 à 3 Mississippi). Quand on est prêt pour la cuisson, brosser et huiler la grille. Déposer la viande sur la grille chaude. Compter de 3 à 4 min de cuisson de chaque côté pour obtenir une viande mi-saignante et de 5 à 6 min de chaque côté pour une viande à point.

CÔTELETTES D'AGNEAU GRILLÉES AU ROMARIN FAÇON DA TOSO

Si vous ne croyez pas encore aux vertus des grils d'intérieur, pensez au restaurant italien *Da Toso* situé dans la ville de Leonacco, dans le Frioul. Dans cette région, plusieurs maisons sont équipées du gril d'intérieur le plus original qui soit – le *fogolar* –, que l'on place au centre du salon ou de la salle à manger. Ce gril a une hotte en forme d'oignon que l'on suspend au plafond pour éliminer la fumée. Depuis 1907, la famille Toso fait griller des biftecks, des saucisses, du poulet et des côtelettes sur de la braise de chêne. Les assaisonnements sont simples : un peu d'huile d'olive ainsi qu'un soupçon d'ail ou de romarin. On mise d'abord et avant tout sur la qualité de la viande. L'atmosphère y est des plus accueillantes, particulièrement les jours d'hiver quand on a besoin de réconfort.

RECETTE

4 PORTIONS

1 kg (2 lb) ou 12 côtelettes d'agneau de 1,25 à 1,8 cm (½ à ¾ po) d'épaisseur (voir Note)
Gros sel de mer ou sel casher et poivre noir frais moulu
3 c. à soupe d'huile d'olive extravierge
2 gousses d'ail, émincées
2 c. à soupe de romarin frais, haché finement + 1 long brin

1. Saler et poivrer généreusement les côtelettes de chaque côté. Arroser avec quelques gouttes d'huile d'olive sur les deux faces et la faire pénétrer dans la chair en frottant (utiliser environ 1 c. à soupe d'huile en tout). Assaisonner avec l'ail et le romarin de chaque côté. Laisser mariner 20 min.

2. Cuire la viande, en suivant les directives de l'encadré, jusqu'à ce qu'elle soit cuite au goût. Presser doucement une tranche avec un doigt. La viande mi-saignante cédera au toucher. Utiliser le long brin de romarin réservé pour badigeonner les côtelettes avec l'huile d'olive restante en cours de cuisson.

3. Servir dans un plat ovale ou des assiettes individuelles.

Note : Vous pouvez acheter des côtelettes prises dans le carré ou le filet d'agneau. Si vous préférez les côtelettes de filet, n'en achetez que 8. Elles seront mi-saignantes après 4 à 6 min de cuisson de chaque côté.

Si vous avez...

GRIL CONTACT : Préchauffer le gril. S'il est muni d'un sélecteur de température, préchauffer à température élevée. Mettre la lèchefrite sous la partie avant du gril. Quand on est prêt pour la cuisson, huiler légèrement la surface de cuisson. Déposer la viande sur le gril chaud et fermer le couvercle. Compter de 3 à 5 min de cuisson pour obtenir une viande mi-saignante. Il faudra retourner la viande pour pouvoir la badigeonner de chaque côté.

POÊLE À FOND CANNELÉ : Préchauffer la poêle à feu moyen-vif sur la cuisinière. Quand on peut y faire rebondir une goutte d'eau, c'est qu'elle est suffisamment chaude. Quand on est prêt pour la cuisson, huiler légèrement les rainures. Déposer la viande dans la poêle chaude. Compter de 3 à 5 min de cuisson de chaque côté pour obtenir une viande mi-saignante.

GRIL ENCASTRÉ : Préchauffer le gril à température élevée. Si la surface de cuisson n'est pas antiadhésive, brosser et huiler la grille. Déposer la viande sur la grille chaude. Compter de 3 à 5 min de cuisson de chaque côté pour obtenir une viande mi-saignante.

ÂTRE : Entasser la braise ardente sous la grille et préchauffer de 3 à 5 min ; le feu doit être chaud (2 à 3 Mississippi). Quand on est prêt pour la cuisson, brosser et huiler la grille. Déposer la viande sur la grille chaude. Compter de 3 à 5 min de cuisson de chaque côté pour obtenir une viande mi-saignante.

TRUCS

■ Vous pouvez aussi faire cuire les côtelettes de la même manière.

■ Le chef Sandro Gamba a créé cette recette en essayant de faire rôtir des carrés d'agneau dans la rôtissoire. N'hésitez pas à l'essayer. Mettez deux carrés d'agneau dans un panier à rôtissoire, côté chair vers l'extérieur. Comptez environ 40 min de cuisson. Appuyez sur la touche de pause et exposez les côtés des carrés d'agneau aux éléments chauffants afin de les faire brunir.

■ Cette recette est très simple, mais je vous recommande vivement de faire mariner la viande pendant 24 h pour obtenir de meilleurs résultats.

CÔTELETTES DE FILET D'AGNEAU À LA LAVANDE ET À LA CARDAMOME

Le chef Sandro Gamba est peut-être français – parmi ses mentors on compte Alain Ducasse et Joël Robuchon –, mais il a une sensibilité typiquement américaine. Son restaurant *NoMI* du Chicago Park Hyatt est remarquable pour son menu audacieux et sans prétention. Cette recette a des racines européennes à cause de la lavande, des graines de fenouil et de l'huile d'olive, mais son goût sucré est indéniablement très américain.

RECETTE

4 PORTIONS

250 ml (1 tasse) d'huile d'olive extravierge
280 ml (1 tasse + 2 c. à soupe) de miel de lavande (voir Note)
1 ½ c. à café (1 ½ c. à thé) de lavande séchée
1 c. à café (1 c. à thé) de cayenne en flocons
1 c. à café (1 c. à thé) de graines de fenouil
8 côtelettes de filet d'agneau de 2,5 cm (1 po) d'épaisseur (environ 1 kg/2 lb)
80 ml (⅓ tasse) de vinaigre blanc distillé
1 c. à café (1 c. à thé) de cardamome moulue
Gros sel de mer ou sel casher et poivre noir frais moulu

1. Dans un bol, bien mélanger l'huile d'olive, 2 c. à soupe de miel, la lavande, le piment et les graines de fenouil.

2. Mettre les côtelettes dans un plat de cuisson pouvant les contenir sur une seule couche. Couvrir avec le mélange huile d'olive-miel et retourner la viande pour bien l'enrober de chaque côté. Couvrir et laisser mariner 24 h dans le réfrigérateur en retournant les côtelettes à quelques reprises pendant cette période.

3. Dans une petite casserole, mélanger le miel restant, le vinaigre et la cardamome. Porter à ébullition à feu moyen-vif et laisser bouillir de 3 à 6 min, jusqu'à consistance épaisse et sirupeuse. On peut faire cette étape jusqu'à 4 h d'avance.

4. Quand on est prêt pour la cuisson, bien égoutter les côtelettes en raclant presque toute la marinade à l'aide d'une spatule de caoutchouc. Saler et poivrer généreusement de chaque côté. Cuire la viande, en suivant les directives de l'encadré, jusqu'à cuisson au goût. Presser doucement une tranche avec un doigt. La viande mi-saignante cédera au toucher. On peut quadriller les côtelettes en les faisant pivoter d'un quart de tour après 2 min de cuisson. Quand la viande a été cuite 3 min d'un côté, la badigeonner avec un peu de la glace au miel et à la cardamome.

5. Mettre les côtelettes dans un plat ovale ou des assiettes individuelles. Napper avec un peu de glace au miel et à la cardamome et servir immédiatement.

Note : Si vous voulez être un chef rigoureux, utilisez du véritable miel de lavande, sinon prenez du miel de trèfle.

Si vous avez...

GRIL CONTACT : Préchauffer le gril. S'il est muni d'un sélecteur de température, préchauffer à température élevée. Mettre la lèchefrite sous la partie avant du gril. Quand on est prêt pour la cuisson, huiler légèrement la surface de cuisson. Déposer la viande sur le gril chaud et fermer le couvercle. Compter de 4 à 6 min de cuisson pour obtenir une viande mi-saignante. Il faudra retourner la viande pour pouvoir la badigeonner de chaque côté.

POÊLE À FOND CANNELÉ : Préchauffer la poêle à feu moyen-vif sur la cuisinière. Quand on peut y faire rebondir une goutte d'eau, c'est qu'elle est suffisamment chaude. Quand on est prêt pour la cuisson, huiler légèrement les rainures. Déposer la viande dans la poêle chaude. Compter de 4 à 6 min de cuisson de chaque côté pour obtenir une viande mi-saignante.

GRIL ENCASTRÉ : Préchauffer le gril à température élevée. Si la surface de cuisson n'est pas antiadhésive, brosser et huiler la grille. Déposer la viande sur la grille chaude. Compter de 4 à 6 min de cuisson de chaque côté pour obtenir une viande mi-saignante.

GRIL DE TABLE : Préchauffer le gril à température élevée ; il n'est pas nécessaire d'huiler la grille. Déposer la viande sur le gril chaud et mettre un poêlon lourd sur le dessus pour le garder plat. Compter de 5 à 7 min de cuisson de chaque côté pour obtenir une viande mi-saignante.

ÂTRE : Cette viande est délicieuse grillée dans l'âtre au-dessus d'un feu de bois de chêne rouge. Entasser la braise ardente sous la grille et préchauffer de 3 à 5 min ; le feu doit être chaud (2 à 3 Mississippi). Quand on est prêt pour la cuisson, brosser et huiler la grille. Déposer la viande sur la grille chaude. Compter de 4 à 6 min de cuisson de chaque côté pour obtenir une viande mi-saignante.

KEBABS D'AGNEAU À LA MODE IRANIENNE

Quand on voyage de la Turquie vers l'Iran, on a souvent le bonheur de manger des kebabs qui ont été marinés dans du yaourt et du safran. Le yaourt ajoute une touche incomparable à la viande et son acidité contribue à la garder tendre. Utilisez du yaourt de lait entier nature et des filaments plutôt que de la poudre de safran.

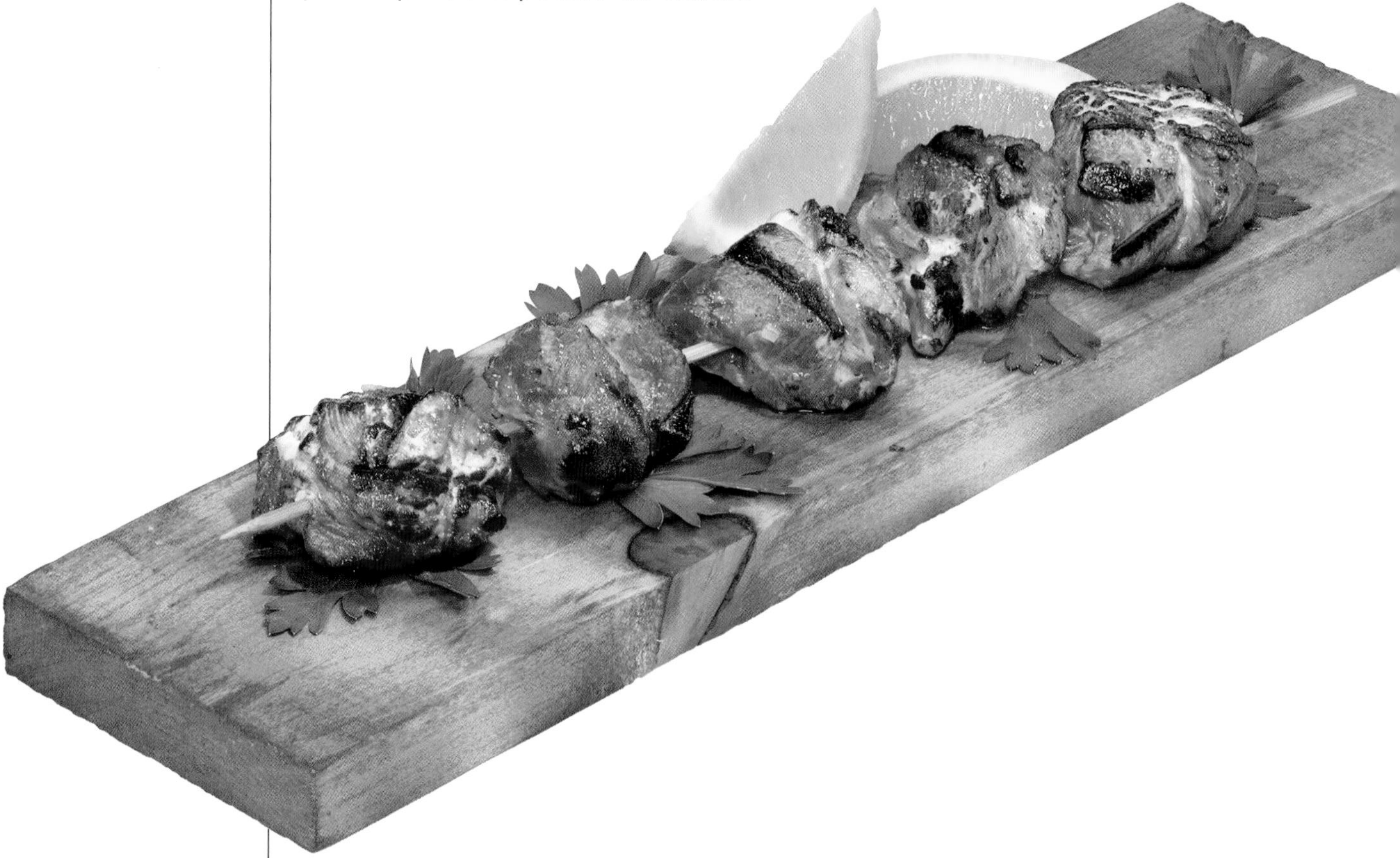

RECETTE

4 PORTIONS

720 g (1 ½ lb) de gigot ou d'épaule d'agneau, en cubes de 2,5 cm (1 po)
1 ½ c. à café (1 ½ c. à thé) de gros sel de mer ou de sel casher
½ c. à café (½ c. à thé) de poivre noir moulu ou concassé
½ c. à café (½ c. à thé) de filaments de safran, émiettés entre le pouce et l'index
1 oignon moyen, en fines rondelles
250 g (1 tasse) de yaourt de lait entier nature
2 c. à soupe d'huile d'olive extravierge
2 c. à soupe de beurre salé, fondu
1 citron, en quartiers

4 brochettes métalliques de 30 à 35 cm (12 à 14 po) ou 8 brochettes de bambou de 15 à 20 cm (6 à 8 po)

1. Mettre l'agneau dans un grand bol. Ajouter le sel, le poivre et le safran et bien remuer. Ajouter les oignons, le yaourt et l'huile d'olive et bien remuer. Couvrir et laisser mariner de 2 à 12 h dans le réfrigérateur en remuant une ou deux fois pendant cette période. Plus le temps de marinade sera long, meilleure sera la viande.

2. Enfiler les cubes d'agneau sur les brochettes et jeter la marinade.

3. Cuire les kebabs, en suivant les directives de l'encadré, jusqu'à ce que la viande soit bien colorée et bien cuite. La viande est cuite à point quand un cube pressé entre le pouce et l'index cède difficilement. Badigeonner les brochettes de beurre au cours des 2 dernières minutes de cuisson.

4. Servir immédiatement avec les quartiers de citron. Si l'on a utilisé des brochettes métalliques, en informer les convives afin qu'ils ne se brûlent pas.

Si vous avez...

GRIL CONTACT : Préchauffer le gril. S'il est muni d'un sélecteur de température, préchauffer à température élevée. Mettre la lèchefrite sous la partie avant du gril. Quand on est prêt pour la cuisson, huiler légèrement la surface de cuisson. Déposer les kebabs sur le gril chaud et fermer le couvercle. Tourner les kebabs d'un quart de tour après 2 min de cuisson et badigeonner. Compter de 3 à 5 min de cuisson pour obtenir une viande à point.

POÊLE À FOND CANNELÉ : Préchauffer la poêle à feu moyen-vif sur la cuisinière. Quand on peut y faire rebondir une goutte d'eau, c'est qu'elle est suffisamment chaude. Quand on est prêt pour la cuisson, huiler légèrement les rainures. Déposer les kebabs dans la poêle chaude. Compter 2 à 3 min de cuisson de chaque côté (8 à 12 min en tout).

GRIL ENCASTRÉ : Préchauffer le gril à température élevée. Si la surface de cuisson n'est pas antiadhésive, brosser et huiler la grille. Déposer les kebabs sur la grille chaude en veillant à ce que l'extrémité dénudée des brochettes soit à l'extérieur du gril. Compter 2 à 3 min de cuisson de chaque côté (8 à 12 min en tout).

GRIL DE TABLE : Préchauffer le gril à température élevée ; il n'est pas nécessaire d'huiler la grille. Déposer les kebabs sur le gril chaud. Compter 3 à 4 min de cuisson de chaque côté (12 à 16 min en tout).

ÂTRE : Entasser la braise ardente sous la grille et préchauffer de 3 à 5 min ; le feu doit être chaud (2 à 3 Mississippi). Quand on est prêt pour la cuisson, brosser et huiler la grille. Déposer les kebabs sur la grille chaude. Compter 2 à 3 min de cuisson de chaque côté (8 à 12 min en tout).

KEBABS AU CARI, SAUCE YAOURT À LA MENTHE

On ne peut cacher les influences indiennes de cette recette à cause du gingembre, de l'ail et du cari qu'on utilise. La sauce est à base de menthe et de yaourt. Les dattes ne semblent peut-être pas à leur place, mais personnellement j'aime le goût sucré dont elles imprègnent les autres ingrédients.

RECETTE

4 PORTIONS

720 g (1 ½ lb) de gigot ou d'épaule d'agneau, en cubes de 2,5 cm (1 po)
1 c. à soupe de gingembre frais, pelé et émincé
2 gousses d'ail, émincées
2 c. à café (2 c. à thé) de cari
1 ½ c. à café (1 ½ c. à thé) de gros sel de mer ou de sel casher
½ c. à café (½ c. à thé) de poivre noir grossièrement moulu
¼ à ½ c. à café (¼ à ½ c. à thé) de cayenne
2 c. à soupe d'huile de moutarde (voir Note)
1 oignon blanc moyen, pelé
2 poivrons rouges ou jaunes moyens, évidés, épépinés et coupés en carrés de 2,5 cm (1 po)
12 grosses dattes, dénoyautées et coupées en deux sur la longueur
Sauce yaourt à la menthe (p. 174)

4 brochettes métalliques de 12 à 14 po (30 à 35 cm) ou 8 brochettes de bambou de 15 à 20 cm (6 à 8 po)

1. Mettre l'agneau dans un bol. Ajouter le gingembre, l'ail, le cari, le sel, le poivre et le cayenne. Remuer pour enrober la viande. Ajouter l'huile de moutarde et bien remuer. Couvrir et laisser mariner de 1 à 12 h dans le réfrigérateur en remuant les cubes à quelques reprises pour leur permettre de mariner uniformément.

2. Couper l'oignon en deux et couper chaque moitié en couches. Défaire chaque quartier en rondelles.

3. Enfiler les cubes d'agneau sur les brochettes en les faisant alterner avec des oignons, des poivrons et des dattes. On peut préparer les kebabs jusqu'à cette étape quelques heures d'avance, les couvrir et les conserver dans le réfrigérateur.

4. Cuire les kebabs, en suivant les directives de l'encadré, jusqu'à ce que la viande soit bien colorée et bien cuite. La viande est cuite à point quand un cube pressé entre le pouce et l'index cède difficilement.

5. Servir immédiatement avec la Sauce yaourt à la menthe. Si l'on a utilisé des brochettes métalliques, en informer les convives afin qu'ils ne se brûlent pas.

Note : L'huile de moutarde est une huile épicée vendue dans les marchés indiens. Si vous n'en trouvez pas, remplacez-la par 2 c. à soupe d'huile végétale mélangée avec ½ c. à café (½ c. à thé) de moutarde en poudre.

Si vous avez...

GRIL CONTACT : Préchauffer le gril. S'il est muni d'un sélecteur de température, préchauffer à température élevée. Mettre la lèchefrite sous la partie avant du gril. Quand on est prêt pour la cuisson, huiler légèrement la surface de cuisson. Déposer les kebabs sur le gril chaud et fermer le couvercle. Tourner les kebabs d'un quart de tour après 2 min de cuisson et badigeonner. Compter de 3 à 5 min de cuisson pour obtenir une viande à point.

POÊLE À FOND CANNELÉ : Préchauffer la poêle à feu moyen-vif sur la cuisinière. Quand on peut y faire rebondir une goutte d'eau, c'est qu'elle est suffisamment chaude. Quand on est prêt pour la cuisson, huiler légèrement les rainures. Déposer les kebabs dans la poêle chaude. Compter 2 à 3 min de cuisson de chaque côté (8 à 12 min en tout) pour obtenir une viande à point.

GRIL ENCASTRÉ : Préchauffer le gril à température élevée. Si la surface de cuisson n'est pas antiadhésive, brosser et huiler la grille. Déposer les kebabs sur la grille chaude en veillant à ce que l'extrémité dénudée des brochettes soit à l'extérieur du gril. Compter 2 à 3 min de cuisson de chaque côté (8 à 12 min en tout) pour obtenir une viande à point.

GRIL DE TABLE : Préchauffer le gril à température élevée ; il n'est pas nécessaire d'huiler la grille. Déposer les kebabs sur le gril chaud. Compter 3 à 4 min de cuisson de chaque côté (12 à 16 min en tout) pour obtenir une viande à point.

ÂTRE : Entasser la braise ardente sous la grille et préchauffer de 3 à 5 min ; le feu doit être chaud (2 à 3 Mississippi). Quand on est prêt pour la cuisson, brosser et huiler la grille. Déposer les kebabs sur la grille chaude. Compter 2 à 3 min de cuisson de chaque côté (8 à 12 min en tout) pour obtenir une viande à point.

TRUCS

■ Les meilleures dattes sont les Medjool parce qu'elles sont tendres et sucrées. On les trouve dans les marchés du Moyen-Orient, les magasins d'aliments naturels et plusieurs supermarchés.

■ Essayez ces kebabs en remplaçant l'agneau par 720 g (1 ½ lb) de poulet désossé sans peau. Comptez de 3 à 5 min de cuisson dans un gril contact ou de 2 à 3 min de chaque côté dans une poêle à fond cannelé, un gril encastré ou dans l'âtre (8 à 12 min de cuisson en tout).

Sauce yaourt à la menthe

ENVIRON 350 ML (1 ¼ TASSE)

On trouve cette recette sous plusieurs formes, du *tzatziki* grec au *raita* indien. Pour de meilleurs résultats, achetez du yaourt de lait entier.

1 gousse d'ail, émincée
½ c. à café (½ c. à thé) de gros sel de mer ou de sel casher, ou plus au goût
½ c. à café (½ c. à thé) de poivre blanc frais moulu
½ c. à café (½ c. à thé) de coriandre moulue
¼ c. à café (¼ c. à thé) de cumin moulu, ou plus au goût
½ concombre moyen, pelé et épépiné
250 g (1 tasse) de yaourt de lait entier nature
3 c. à soupe de menthe verte fraîche, hachée très finement, ou 1 c. à soupe de menthe verte séchée

Mettre l'ail, le sel, le poivre, la coriandre et le cumin dans un bol. Réduire en purée avec le dos d'une cuillère de bois. Râper le concombre dans le bol avec les trous les plus gros d'une râpe. Ajouter le yaourt et la menthe. Bien remuer. Ajouter du sel et/ou du cumin si nécessaire.

Rôtissoire

AGNEAU OU CHEVREAU À LA SALSA VERDE

Chez *Cesare*, un restaurant piémontais d'Albaretto della Torre, la spécialité est le chevreau. Cet endroit est un incontournable pour tous les fanatiques de viande grillée. Depuis plusieurs années, Cesare Giaccone prend le temps de faire rôtir le chevreau au-dessus d'un bon feu de bois de chêne et de hêtre. Des deux côtés de l'Atlantique, des critiques gastronomiques ont déclaré qu'il s'agissait de l'une des meilleures viandes servies dans toute l'Italie. Si vous voulez essayer une variante plus humble de ce mets gastronomique dans votre rôtissoire, voici une recette que je vous invite à servir avec une *salsa*.

4 À 6 PORTIONS

RECETTE

1 gigot ou une épaule d'agneau ou de chevreau de 1,2 à 1,4 kg (2 ½ à 3 lb)
Gros sel de mer ou sel casher et poivre noir frais moulu
2 gousses d'ail, hachées finement
3 c. à soupe de feuilles de romarin frais, hachées
3 c. à soupe de feuilles de sauge fraîche, hachées
3 c. à soupe de persil plat frais, haché
250 ml (1 tasse) d'huile d'olive extravierge

1. Saler et poivrer très généreusement la viande sur toutes les faces.

2. Quand on est prêt pour la cuisson, placer la lèchefrite dans la rôtissoire. Attacher le panier à la broche, attacher la broche rotative au tournebroche et mettre la rôtissoire en marche. Si le four est muni d'un sélecteur de température, le régler à 200 °C (400 °F) (voir directives p. 14). Cuire la viande jusqu'à ce qu'elle soit très colorée et cuite au goût, environ 1 h pour cuisson à point. Vérifier la cuisson avec un thermomètre à mesure instantanée ; celui-ci ne doit toucher ni à la broche ni aux os. La température interne doit atteindre environ 71 °C (160 °F).

3. Pendant ce temps, préparer la *salsa verde* : Mettre l'ail et ½ c. à café (½ c. à thé) de sel dans un bol et réduire en purée avec le dos d'une cuillère. Ajouter le romarin, la sauge et le persil et écraser légèrement avec le dos d'une cuillère pour libérer les huiles aromatisantes. Incorporer l'huile d'olive, saler davantage si nécessaire et poivrer au goût. Pour obtenir une sauce plus épaisse et plus onctueuse, la préparer à l'aide du robot de cuisine ou du mélangeur.

4. Mettre la viande dans un plat ovale ou des assiettes individuelles. Retirer la broche et laisser reposer 5 min. Découper en fines tranches ou en morceaux. Servir avec la *salsa verde* à côté.

TRUCS

■ Assurez-vous d'acheter du chevreau et non de la chèvre. Le goût de cette dernière est beaucoup plus prononcé. Cette recette est aussi délicieuse avec de l'agneau du printemps. L'agneau et le chevreau réclament la même durée de cuisson.

■ Pour faire cette recette dans l'âtre, consultez le Truc n° 2 de la p. 153. Le feu doit être chaud (2 à 3 Mississippi). Comptez de 45 à 60 min de cuisson selon le cas.

BURGERS

Si l'on me demandait de nommer le plat le plus facile à préparer sur un gril contact, je répondrais sans broncher que c'est le hamburger. Ce chapitre vous en mettra plein la vue : Burgers au fromage nouvelle vague, Burgers aux piments chilis verts du Nouveau-Mexique, Burgers au porc, sauce barbecue à la moutarde et au miel, etc. Vous êtes à la recherche d'une idée encore plus originale ? Les Burgers à l'agneau, sauce au yaourt et au concombre et les Burgers épicés à la dinde avec salsa au piment chipotle sauront vous surprendre. Et pour ceux qui ne jurent que par le poisson, les Burgers au thon et aux cornichons à la mode thaï répondront certainement à tous leurs caprices.

BURGERS AU STEAK TARTARE GRILLÉ

Il y a quelque temps, j'ai mangé un steak tartare dans un restaurant de Buenos Aires. Je n'en avais pas mangé depuis très longtemps et l'idée de manger du bœuf cru me semblait plutôt audacieuse. Les troupeaux argentins étant nourris exclusivement d'herbe, les risques associés à cette viande dans d'autres pays étaient heureusement beaucoup moins élevés au pays des gauchos. Voici une façon de profiter de la saveur unique du steak tartare – les câpres et les anchois salés et acidulés ; les échalotes et la moutarde piquantes – sans être forcé de manger de bœuf cru.

RECETTE

4 PORTIONS

720 g (1 ½ lb) de bœuf haché (surlonge ou bloc d'épaule)
1 grosse échalote, émincée
2 c. à soupe de persil plat frais, haché finement
2 c. à soupe de câpres, égouttées
2 à 4 filets d'anchois, égouttés, épongés et hachés finement
1 c. à soupe de moutarde de Dijon
1 c. à soupe de jus de citron frais pressé
1 c. à café (1 c. à thé) de gros sel de mer ou de sel casher
½ c. à café (½ c. à thé) de poivre noir frais moulu
4 œufs de caille (facultatif; voir Note)
Huile de cuisson en vaporisateur
1 botte de feuilles de roquette, rincées et essorées
4 tranches de pain blanc à sandwich à mie dense ou de pain de seigle, grillées

1. Dans un grand bol, mettre le bœuf, les échalotes, le persil, les câpres, les anchois, la moutarde, le jus de citron, le sel et le poivre. Mélanger à l'aide d'une cuillère de bois. Humecter les mains avec de l'eau froide et diviser la viande en 4 portions de même grosseur. Façonner 4 burgers épais en travaillant la viande rapidement et légèrement. Mettre les burgers dans un plat ovale couvert de pellicule plastique, couvrir et conserver dans le réfrigérateur jusqu'au moment de les faire cuire. On peut préparer la recette jusqu'à cette étape jusqu'à 2 h d'avance.

2. Griller les burgers en suivant les directives de l'encadré jusqu'à ce qu'ils soient cuits. Voir l'encadré suivant pour vérifier la cuisson. Retirer le burgers et les couvrir pour qu'ils restent chauds.

3. Frire les œufs de caille dans un poêlon antiadhésif vaporisé d'huile de cuisson.

4. Déposer quelques feuilles de roquette sur chaque tranche de pain. Ajouter les burgers, puis les œufs frits.

Si vous avez...

GRIL CONTACT : Préchauffer le gril. S'il est muni d'un sélecteur de température, préchauffer à température élevée. Mettre la lèchefrite sous la partie avant du gril. Quand on est prêt pour la cuisson, huiler légèrement la surface de cuisson. Déposer les burgers sur le gril chaud et fermer doucement le couvercle. Compter de 4 à 6 min de cuisson.

POÊLE À FOND CANNELÉ : Préchauffer la poêle à feu moyen-vif sur la cuisinière. Quand on peut y faire rebondir une goutte d'eau, c'est qu'elle est suffisamment chaude. Quand on est prêt pour la cuisson, huiler légèrement les rainures. Déposer les burgers dans la poêle chaude. Compter de 4 à 6 min de cuisson de chaque côté.

GRIL ENCASTRÉ : Préchauffer le gril à température élevée. Si la surface de cuisson n'est pas antiadhésive, brosser et huiler la grille. Déposer les burgers sur la grille chaude. Compter de 4 à 6 min de cuisson de chaque côté.

GRIL DE TABLE : Préchauffer le gril à température élevée ; il n'est pas nécessaire d'huiler la grille. Déposer les burgers sur le gril chaud. Compter environ 7 min de cuisson de chaque côté.

ÂTRE : Entasser la braise ardente sous la grille et préchauffer de 3 à 5 min ; le feu doit être chaud (2 à 3 Mississippi). Quand on est prêt pour la cuisson, brosser et huiler la grille. Déposer les burgers sur la grille chaude. Compter de 4 à 6 min de cuisson de chaque côté.

Note : On trouve des œufs de caille dans plusieurs supermarchés et magasins spécialisés. Si l'on n'en a pas, il suffit de prendre des œufs de poule. Les œufs de caille sont parfois difficiles à casser. Tenez l'œuf à la verticale, bout étroit vers le haut, dans une main. À l'aide du tranchant d'un couteau d'office, frappez sur le bout supérieur de l'œuf à quelques reprises. Versez l'œuf dans le poêlon huilé et faites-le frire de 1 à 2 min.

CUISSON DES BURGERS

Si vous achetez votre viande hachée au supermarché, je vous recommande fortement de bien la faire cuire, au moins jusqu'à cuisson à point afin qu'il ne reste plus la moindre trace de sang au centre. Mais comment savoir si un burger est suffisamment cuit ? Essayez l'une des trois méthodes suivantes.

1. Appuyer au centre du burger avec le bout de l'index. La viande doit être plutôt ferme et céder juste un peu au centre.

2. Utiliser un thermomètre à lecture instantanée : l'insérer sur le côté (on n'obtiendra pas une lecture juste si on l'insère sur le dessus). La température interne doit être de 71 °C (160 °F) au moins pour les burgers de bœuf et de porc et de 77 °C (170 °F) au moins pour les burgers de volaille. Les burgers de thon peuvent être servis saignants ou mi-saignants si l'on a pris soin d'acheter du poisson de qualité sushi.

3. Faire une petite incision au centre du burger avec la pointe d'un couteau. On ne doit voir aucune trace de sang ; seule une légère teinte rosée est acceptable. Ne pas abuser de cette méthode parce qu'à chacune des incisions le burger perdra un peu de son jus de cuisson si délicieux. Au moment de servir, veiller à ce que la partie entaillée soit tournée vers le fond.

Certains restaurants servent les burgers saignants, mais il faut absolument s'assurer que le chef utilise de la viande de première qualité qu'il hache sur place au fur et à mesure. Si vous voulez faire de même à la maison, choisissez alors le genre de cuisson qui vous convient.

BURGERS AUX PIMENTS CHILIS VERTS DU NOUVEAU-MEXIQUE

Le burger joue un rôle central dans la gastronomie américaine. Chaque région interprète la recette de base à sa manière. Par exemple, cette recette du Nouveau-Mexique requiert l'ajout de piments chilis verts rôtis. Je vous offre même une double dose de piments : d'abord sous forme de *rajas*, c'est-à-dire des lanières rôties que l'on dépose sur la viande, puis sous forme de *salsa verde*, une sauce au piment vert typique du Nouveau-Mexique.

4 PORTIONS

RECETTE

60 g (½ tasse) de piments chilis verts du Nouveau-Mexique, d'Anaheim ou de piments poblanos, rôtis et coupés en lanières de 6 mm (¼ po)
120 g (1 tasse) de cheddar blanc, râpé grossièrement
720 g (1 ½ lb) de bœuf haché (surlonge ou bloc d'épaule)
Gros sel de mer ou sel casher
4 pains à hamburgers
2 c. à soupe d'huile d'olive
Salsa verde du Nouveau-Mexique (p. 183)

1. Mettre les lanières de piments dans un bol de service et mélanger avec le cheddar. Couvrir et conserver dans le réfrigérateur.

2. Humecter les mains avec de l'eau froide et diviser la viande en 4 portions de même grosseur. Façonner 4 burgers épais en travaillant la viande rapidement et légèrement. Mettre les burgers dans un plat ovale couvert de pellicule plastique, couvrir et conserver dans le réfrigérateur jusqu'au moment de les faire cuire.

3. Saler et poivrer très généreusement les burgers de chaque côté. Griller les burgers en suivant les directives de l'encadré jusqu'à ce qu'ils soient cuits. Voir l'encadré de la p. 180 pour vérifier la cuisson. Retirer le burgers et les couvrir pour qu'ils restent chauds. Laisser le gril allumé.

4. Badigeonner l'intérieur des pains avec de l'huile d'olive. Mettre les pains sur la grille chaude, face huilée vers le bas. Griller de 1 à 2 min en baissant la température si nécessaire. Si la surface n'est pas assez grande, procéder en deux ou trois fois.

5. Déposer les burgers sur la moitié inférieure des pains. Couvrir avec le mélange de piments et de fromage. Napper de *salsa verde* et assembler les burgers. Servir immédiatement.

PIMENTS GRILLÉS

Il existe plusieurs façons de rôtir les piments chilis : dans l'âtre, sur un gril encastré, dans une poêle à fond cannelé (gril noir) ou dans une poêle en fonte non graissée. (Le gril contact ne devient pas assez chaud.) **Donne environ 150 g (1 ½ tasse)**

720 g (1 ½ lb) de piments chilis verts du Nouveau-Mexique, de piments chilis Anaheim ou de piments poblanos

1. Utiliser l'une des méthodes de cuisson mentionnées précédemment et griller les piments de 2 à 3 min de chaque côté (8 à 12 min en tout), jusqu'à ce que la pelure soit noircie et boursouflée. Mettre les piments rôtis dans un grand bol, couvrir de pellicule plastique (cela permettra d'enlever la pelure plus facilement) et laisser refroidir à température ambiante.
2. À l'aide d'un couteau d'office bien affûté, racler et retirer la pelure. Couper les piments en deux sur la longueur et épépiner. On peut maintenant les utiliser dans la recette de son choix.

Salsa verde du Nouveau-Mexique

ENVIRON 250 ML (1 TASSE)

Cette salsa parfumée et douce est une recette de base de la cuisine du Nouveau-Mexique. La simplicité de la préparation met en valeur le goût des piments. Déposer 2 c. à soupe de cette salsa sur chaque burger et versez le reste dans un bol où chacun pourra se servir à sa guise.

4 gousses d'ail non pelées, enfilées sur des cure-dents de bois ou de petites brochettes de bambou
120 g (1 tasse) de piments chilis verts du Nouveau-Mexique ou d'Anaheim, en lanières de 6 mm (¼ po) (voir encadré p. 182)
2 c. à soupe de coriandre fraîche, hachée
2 c. à café (2 c. à thé) de jus de citron vert frais pressé, ou plus au goût
½ c. à café (½ c. à thé) de cumin moulu
½ c. à café (½ c. à thé) d'origan séché
Gros sel de mer ou sel casher et poivre noir frais moulu

1. Préchauffer le gril.

2. Griller les gousses d'ail de 2 à 3 min de chaque côté, jusqu'à ce qu'elles brunissent légèrement et qu'elles soient tendres (de 4 à 6 min en tout).

3. Racler la partie brûlée des pelures. Mettre les gousses, les piments, la coriandre, le jus de citron vert, le cumin, l'origan et 4 c. à soupe d'eau dans le mélangeur. Réduire en purée onctueuse en raclant les parois du récipient à l'aide d'une spatule.

4. Transvider la salsa dans une casserole et laisser mijoter doucement de 5 à 8 min à feu moyen en remuant avec une cuillère de bois. La salsa doit être épaisse mais on doit pouvoir la verser facilement (comme une crème épaisse). Ajouter de l'eau si nécessaire. Goûter et ajouter du jus de citron vert si nécessaire. Saler et poivrer au goût. La salsa doit être bien assaisonnée.

TRUC

■ Le bœuf haché ne doit pas être trop maigre. Je vous recommande la viande de surlonge (ou un mélange de surlonge et de bloc d'épaule) ayant environ 15 % de gras.

Si vous avez…

GRIL CONTACT : Préchauffer le gril. S'il est muni d'un sélecteur de température, préchauffer à température élevée. Mettre la lèchefrite sous la partie avant du gril. Quand on est prêt pour la cuisson, huiler légèrement la surface de cuisson. Déposer les burgers sur le gril chaud et fermer doucement le couvercle. Compter de 4 à 6 min de cuisson.

POÊLE À FOND CANNELÉ : Préchauffer la poêle à feu moyen-vif sur la cuisinière. Quand on peut y faire rebondir une goutte d'eau, c'est qu'elle est suffisamment chaude. Quand on est prêt pour la cuisson, huiler légèrement les rainures. Déposer les burgers dans la poêle chaude. Compter de 4 à 6 min de cuisson de chaque côté.

GRIL ENCASTRÉ : Préchauffer le gril à température élevée. Si la surface de cuisson n'est pas antiadhésive, brosser et huiler la grille. Déposer les burgers sur la grille chaude. Compter de 4 à 6 min de cuisson de chaque côté.

GRIL DE TABLE : Préchauffer le gril à température élevée ; il n'est pas nécessaire d'huiler la grille. Déposer les burgers sur le gril chaud. Compter environ 7 min de cuisson de chaque côté.

ÂTRE : Entasser la braise ardente sous la grille et préchauffer de 3 à 5 min ; le feu doit être chaud (2 à 3 Mississippi). Quand on est prêt pour la cuisson, brosser et huiler la grille. Déposer les burgers sur la grille chaude. Compter de 4 à 6 min de cuisson de chaque côté.

BURGERS AU FROMAGE NOUVELLE VAGUE

Certaines personnes lèvent le nez sur les grils d'intérieur parce qu'ils ne permettent pas de profiter de la bonne odeur de fumée qui se dégage quand on cuit à l'extérieur. Et pourtant! En ajoutant du bacon et du cheddar fumé au bœuf haché et en préparant une mayonnaise au piment chipotle, on peut obtenir un burger au bon goût fumé. Le bacon et le fromage doivent être incorporés à la viande et non pas déposés sur le dessus. Les burgers resteront ainsi très juteux, même si l'on aime la viande cuite à point.

RECETTE

4 PORTIONS

120 g (4 oz) de bacon (4 tranches épaisses ou de 6 à 8 minces)
720 g (1 ½ lb) de bœuf haché (surlonge ou bloc d'épaule)
180 g (6 oz) de cheddar fumé (ou autre fromage fumé), râpé grossièrement
1 gousse d'ail, émincée
Gros sel de mer ou sel casher et beaucoup de poivre noir frais moulu
4 pains à hamburgers
2 c. à soupe de beurre (facultatif), fondu
Feuilles de roquette
Tranches de tomate mûre
Rondelles d'oignon doux
Tranches de cornichon
Mayonnaise au piment chipotle (p. 186)

1. Mettre le bacon dans un grand poêlon à fond épais et cuire à feu moyen-vif 8 min, jusqu'à ce qu'il soit bien coloré et croustillant de chaque côté. Transvider sur une assiette couverte de papier absorbant et laisser reposer à température ambiante.

2. Émietter ou hacher finement le bacon et le mettre dans un bol. Ajouter le bœuf, le cheddar et l'ail, Mélanger à l'aide d'une cuillère de bois. Humecter les mains avec de l'eau froide et diviser la viande en 4 portions de même grosseur. Façonner 4 burgers épais en travaillant la viande rapidement et légèrement. Mettre les burgers dans un plat ovale couvert de pellicule plastique, couvrir et conserver dans le réfrigérateur jusqu'au moment de les faire cuire.

3. Saler et poivrer les burgers de chaque côté. Griller les burgers en suivant les directives de l'encadré jusqu'à ce qu'ils soient cuits. Voir l'encadré de la p. 180 pour vérifier la cuisson. Retirer les burgers et les couvrir pour qu'ils restent chauds. Laisser le gril allumé.

4. Badigeonner l'intérieur des pains avec le beurre fondu. Mettre les pains sur la grille chaude, face beurrée vers le bas. Griller de 1 à 2 min en baissant la température si nécessaire. Si la surface n'est pas assez grande, procéder en deux ou trois fois.

UNE CHORÉGRAPHIE HARMONIEUSE

Pour faire un burger digne de ce nom, il faut utiliser le gril au moins deux fois – pour le pain et pour la viande. Si vous voulez faire preuve d'originalité, vous pouvez aussi griller les oignons, les poivrons, les piments, le jambon ou le bacon. Cela est facile à faire sur un gril d'extérieur, mais une telle chorégraphie est plus complexe si la surface de cuisson est petite comme sur le gril contact ou dans une poêle à fond cannelé. Voici comment procéder.

1. Griller d'abord les légumes choisis : oignons, poivrons, piments, etc. Il n'est pas nécessaire qu'ils soient très chauds, ce qui permet de les griller en premier.
2. Griller le bacon d'avance, surtout si l'on *doit* l'émietter pour le mélanger à la viande comme c'est le cas pour les Burgers au fromage nouvelle vague (ci-haut) et les Burgers au porc (p. 190). Dans ce cas, le bacon doit être refroidi.
3. Griller les pains et les garder au chaud dans un panier en les recouvrant d'un linge propre. Seule exception : les tortillas qui peuvent être réchauffées en quelques secondes seulement.
4. Griller les burgers et les garder au chaud.

Si le gril n'offre pas une grande surface de cuisson, procéder en deux ou trois étapes. Il n'y a rien de pire que de mettre trop d'aliments à la fois sur le gril.

TRUCS

- **Pour une saveur unique, achetez du bacon de fabrication artisanale que vous pourrez faire cuire d'avance.**
- **Vous pouvez remplacer le cheddar fumé par de la mozzarella ou du scamorze fumé**

5. Déposer les burgers sur la moitié inférieure des pains. Couvrir avec la roquette, les tomates, les oignons, les cornichons et un peu de mayonnaise. Assembler les burgers et servir immédiatement.

Note : Le gril contact et le gril de table ne conviennent pas à la cuisson du bacon. Vous devrez d'abord frire le bacon à la poêle à feu moyen environ 5 min d'un côté, puis 3 min de l'autre.

Mayonnaise au piment chipotle

ENVIRON 125 ML (½ TASSE)

Les piments chipotles sont des piments jalapeños fumés. Ils font partie des rares aliments que je vous recommande d'acheter en conserve parce qu'ils viennent avec une sauce très vinaigrée appelée *adobo*. En achetant les piments, on peut aussi bénéficier de leur sauce.

125 ml (½ tasse) de mayonnaise (Hellmann's de préférence)
1 à 2 piments chipotles en conserve, émincés, + 1 c. à soupe de leur sauce adobo
½ c. à café (½ c. à thé) de paprika doux

Mettre la mayonnaise, les piments et le paprika dans un petit bol. Mélanger à l'aide d'un fouet. Couvrir et conserver dans le réfrigérateur si l'on ne l'utilise pas immédiatement. Cette mayonnaise, bien couverte, se conserve quelques jours dans le réfrigérateur.

Si vous avez...

GRIL CONTACT : Préchauffer le gril. S'il est muni d'un sélecteur de température, préchauffer à température élevée. Mettre la lèchefrite sous la partie avant du gril. Quand on est prêt pour la cuisson, huiler légèrement la surface de cuisson. Déposer les burgers sur le gril chaud et fermer doucement le couvercle. Compter de 4 à 6 min de cuisson.

POÊLE À FOND CANNELÉ : Préchauffer la poêle à feu moyen-vif sur la cuisinière. Quand on peut y faire rebondir une goutte d'eau, c'est qu'elle est suffisamment chaude. Quand on est prêt pour la cuisson, huiler légèrement les rainures. Déposer les burgers dans la poêle chaude. Compter de 4 à 6 min de cuisson de chaque côté.

GRIL ENCASTRÉ : Préchauffer le gril à température élevée. Si la surface de cuisson n'est pas antiadhésive, brosser et huiler la grille. Déposer les burgers sur la grille chaude. Compter de 4 à 6 min de cuisson de chaque côté.

GRIL DE TABLE : Préchauffer le gril à température élevée ; il n'est pas nécessaire d'huiler la grille. Déposer les burgers sur le gril chaud. Compter environ 7 min de cuisson de chaque côté.

ÂTRE : Entasser la braise ardente sous la grille et préchauffer de 3 à 5 min ; le feu doit être chaud (2 à 3 Mississippi). Quand on est prêt pour la cuisson, brosser et huiler la grille. Déposer les burgers sur la grille chaude. Compter de 4 à 6 min de cuisson de chaque côté.

BURGERS AU FROMAGE ET À LA SAUCE AU JALAPEÑO

Ces burgers contiennent du cumin, de la coriandre et du fromage au piment. La plupart des recettes recommandent de mettre le fromage sur la viande, mais personnellement je préfère le mélanger avec le bœuf haché. En fondant, il permet à ce dernier de rester juteux, même si l'on aime la viande cuite à point.

4 PORTIONS

RECETTE

720 g (1 ½ lb) de bœuf haché (surlonge ou bloc d'épaule)
120 g (1 tasse) de fromage jack au piment jalapeño ou de cheddar, râpé grossièrement
3 c. à soupe de coriandre fraîche, hachée
1 c. à café (1 c. à thé) de cumin moulu
Gros sel de mer ou sel casher et poivre noir frais moulu
4 pains à hamburgers
2 c. à soupe d'huile d'olive extravierge
90 g (1 ½ tasse) de laitue, en fines lanières
1 tomate rouge moyenne bien mûre, en fines tranches
Piments jalapeños marinés, en tranches
Sauce piquante au piment jalapeño (p. 189)

UN SUJET COLLANT
Le fromage contenu dans les burgers a tendance à coller sur le gril, sauf sur le gril contact à surface antiadhésive. Si vous n'en avez pas, assurez-vous de bien huiler la plaque de votre gril.

1. Dans un bol, mélanger le bœuf, le fromage, la coriandre et le cumin à l'aide d'une cuillère de bois. Humecter les mains avec de l'eau froide et diviser la viande en 4 portions de même grosseur. Façonner 4 burgers épais en travaillant la viande rapidement et légèrement. Saler et poivrer de chaque côté. Mettre les burgers dans un plat ovale couvert de pellicule plastique, couvrir et conserver dans le réfrigérateur jusqu'au moment de les faire cuire.

2. Griller les burgers en suivant les directives de l'encadré jusqu'à ce qu'ils soient cuits. Voir l'encadré de la p. 180 pour vérifier la cuisson. Retirer les burgers et les couvrir pour qu'ils restent chauds. Laisser le gril allumé.

3. Badigeonner l'intérieur des pains avec l'huile d'olive. Mettre les pains sur la grille chaude, face huilée vers le bas. Griller de 1 à 2 min en baissant la température si nécessaire. Si la surface n'est pas assez grande, procéder en deux ou trois fois.

Si vous avez...

GRIL CONTACT : Préchauffer le gril. S'il est muni d'un sélecteur de température, préchauffer à température élevée. Mettre la lèchefrite sous la partie avant du gril. Quand on est prêt pour la cuisson, huiler légèrement la surface de cuisson. Déposer les burgers sur le gril chaud et fermer doucement le couvercle. Compter de 4 à 6 min de cuisson.

POÊLE À FOND CANNELÉ : Préchauffer la poêle à feu moyen-vif sur la cuisinière. Quand on peut y faire rebondir une goutte d'eau, c'est qu'elle est suffisamment chaude. Quand on est prêt pour la cuisson, huiler légèrement les rainures. Déposer les burgers dans la poêle chaude. Compter de 4 à 6 min de cuisson de chaque côté.

GRIL ENCASTRÉ : Préchauffer le gril à température élevée. Si la surface de cuisson n'est pas antiadhésive, brosser et huiler la grille. Déposer les burgers sur la grille chaude. Compter de 4 à 6 min de cuisson de chaque côté.

GRIL DE TABLE : Préchauffer le gril à température élevée ; il n'est pas nécessaire d'huiler la grille. Déposer les burgers sur le gril chaud. Compter environ 7 min de cuisson de chaque côté.

ÂTRE : Entasser la braise ardente sous la grille et préchauffer de 3 à 5 min ; le feu doit être chaud (2 à 3 Mississippi). Quand on est prêt pour la cuisson, brosser et huiler la grille. Déposer les burgers sur la grille chaude. Compter de 4 à 6 min de cuisson de chaque côté.

4. Déposer les burgers sur la moitié inférieure des pains. Couvrir avec la laitue, les tomates, les piments et un peu de sauce piquante. Assembler les burgers et servir immédiatement.

Sauce piquante au piment jalapeño

ENVIRON 125 ML (½ TASSE)

Cette sauce est piquante et on doit l'utiliser avec prudence. Si vous utilisez deux piments jalapeños, la sauce sera un peu piquante. Si vous en mettez six, vous créerez un volcan. Dans un cas comme dans l'autre, les effets se feront sentir pendant un bon moment. Si vous voulez une sauce encore plus piquante, n'épépinez pas les piments.

2 à 6 piments jalapeños, épépinés et hachés grossièrement
20 g (½ tasse) de coriandre fraîche, hachée
3 gousses d'ail, hachées grossièrement
½ c. à café (½ c. à thé) de cumin moulu
2 c. à soupe de jus de citron vert frais pressé, ou plus au goût
½ c. à café (½ c. à thé) de gros sel de mer ou de sel casher, ou plus au goût

Dans le mélangeur, mettre les piments, la coriandre, l'ail, le cumin, le jus de citron vert, le sel et 60 ml (¼ tasse) d'eau. Réduire en purée onctueuse en raclant les parois du récipient à l'aide d'une spatule. Ajouter de l'eau si nécessaire pour obtenir une consistance onctueuse. Ajouter du jus de citron vert et du sel si nécessaire.

BURGERS AU PORC, SAUCE BARBECUE À LA MOUTARDE ET AU MIEL

Ces burgers m'ont été inspirés par la recette de porc en filaments à la mode de la Caroline (épaule de porc fumée défaite en filaments). On les sert avec une sauce moutardée au miel. Un délice inégalé du Sud des États-Unis !

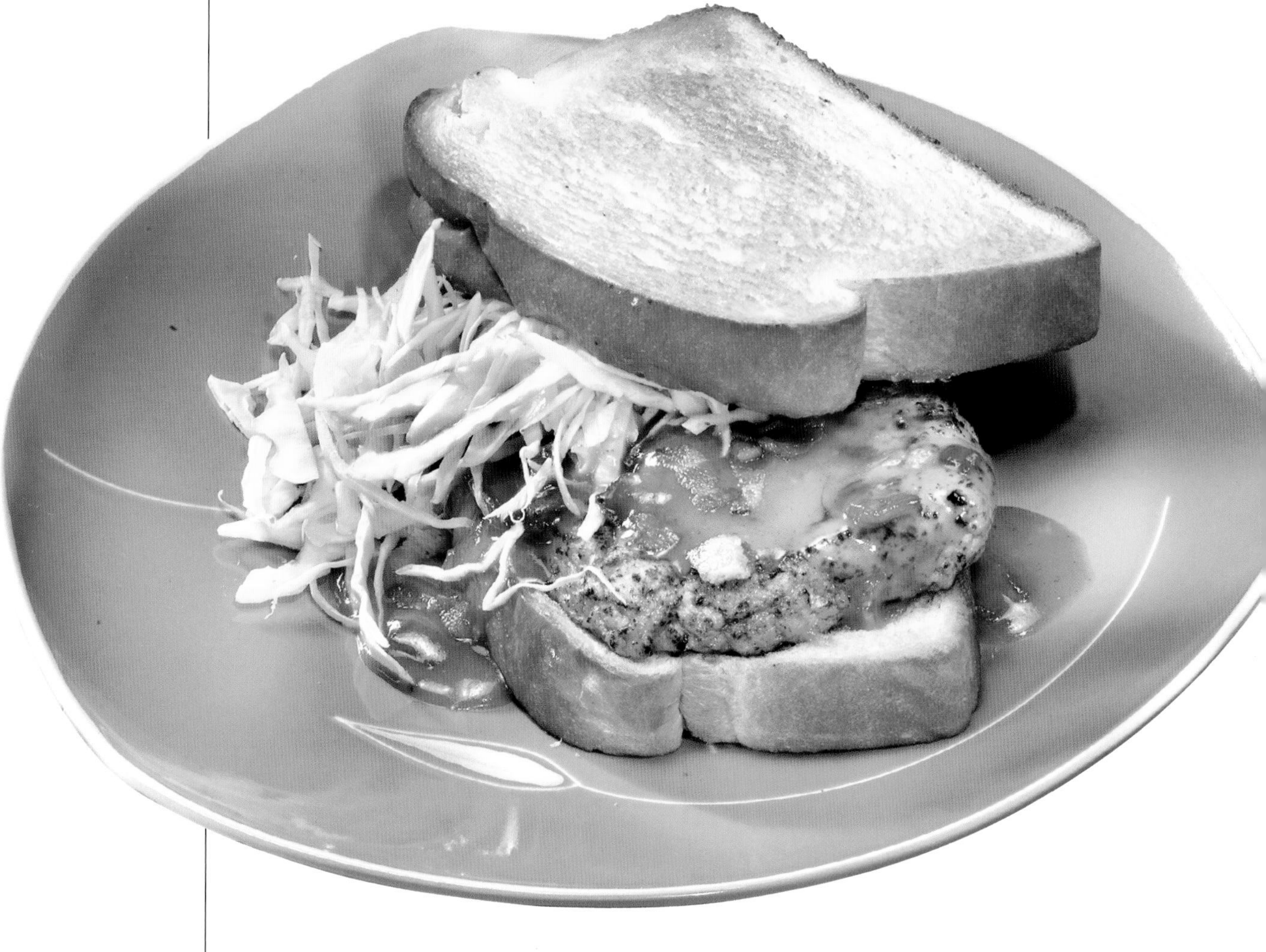

RECETTE

4 PORTIONS

2 tranches de bacon
240 g (8 oz) de porc haché maigre
1 c. à café (1 c. à thé) d'arôme de fumée liquide (voir encadré p. 209)
1 c. à café (1 c. à thé) de gros sel de mer ou de sel casher
1 c. à café (1 c. à thé) de poivre noir frais moulu
1 c. à café (1 c. à thé) de paprika doux
1 c. à café (1 c. à thé) de cassonade ou de sucre roux
½ c. à café (½ c. à thé) d'oignon en poudre
½ c. à café (½ c. à thé) d'ail en poudre
¼ c. à café (¼ c. à thé) de graines de céleri
8 tranches de pain blanc à sandwich, grillées
200 g (1 tasse) de chou vert, haché finement ou en fines lanières
Sauce barbecue à la moutarde et au miel

1. Mettre le bacon dans un grand poêlon à fond épais et cuire à feu moyen-vif 8 min, jusqu'à ce qu'il soit bien coloré et croustillant de chaque côté. Transvider sur une assiette couverte de papier absorbant et laisser reposer à température ambiante.

2. Émietter ou hacher finement le bacon et le mettre dans un bol. Ajouter le porc, l'arôme de fumée liquide, le sel, le poivre, le paprika, la cassonade, la poudre d'oignon, la poudre d'ail et les graines de céleri. Mélanger à l'aide d'une cuillère de bois.

3. Humecter les mains avec de l'eau froide et diviser la viande en 4 portions de même grosseur. Façonner 4 burgers épais en travaillant la viande rapidement et légèrement. Mettre les burgers dans un plat ovale couvert de pellicule plastique, couvrir et conserver dans le réfrigérateur jusqu'au moment de les faire cuire.

4. Griller les burgers en suivant les directives de l'encadré jusqu'à ce qu'ils soient cuits. Voir l'encadré de la p. 180 pour vérifier la cuisson. Retirer les burgers et les couvrir pour qu'ils restent chauds.

5. Déposer un burger sur une tranche de pain. Couvrir avec le chou et environ 2 c. à soupe de sauce barbecue. Couvrir avec une tranche de pain. Faire les 3 autres burgers de la même façon et servir immédiatement.

Si vous avez...

GRIL CONTACT : Préchauffer le gril. S'il est muni d'un sélecteur de température, préchauffer à température élevée. Mettre la lèchefrite sous la partie avant du gril. Quand on est prêt pour la cuisson, huiler légèrement la surface de cuisson. Déposer les burgers sur le gril chaud et fermer doucement le couvercle. Compter de 4 à 6 min de cuisson.

POÊLE À FOND CANNELÉ : Préchauffer la poêle à feu moyen-vif sur la cuisinière. Quand on peut y faire rebondir une goutte d'eau, c'est qu'elle est suffisamment chaude. Quand on est prêt pour la cuisson, huiler légèrement les rainures. Déposer les burgers dans la poêle chaude. Compter de 4 à 6 min de cuisson de chaque côté.

GRIL ENCASTRÉ : Préchauffer le gril à température élevée. Si la surface de cuisson n'est pas antiadhésive, brosser et huiler la grille. Déposer les burgers sur la grille chaude. Compter de 4 à 6 min de cuisson de chaque côté.

GRIL DE TABLE : Préchauffer le gril à température élevée ; il n'est pas nécessaire d'huiler la grille. Déposer les burgers sur le gril chaud. Compter environ 7 min de cuisson de chaque côté.

ÂTRE : Entasser la braise ardente sous la grille et préchauffer de 3 à 5 min ; le feu doit être chaud (2 à 3 Mississippi). Quand on est prêt pour la cuisson, brosser et huiler la grille. Déposer les burgers sur la grille chaude. Compter de 4 à 6 min de cuisson de chaque côté.

Sauce barbecue à la moutarde et au miel

ENVIRON 250 ML (1 TASSE)

En Caroline du Sud, on aime cette sauce qui allie le miel ou la cassonade avec de la moutarde et du vinaigre. Si vous avez l'habitude de manger des sauces très sucrées, je vous invite à faire une découverte fort différente.

1 c. à soupe de beurre non salé
2 tranches de bacon, coupées en travers en lanières de 6 mm (¼ po)
½ oignon moyen, haché finement
80 ml (⅓ tasse) de miel
80 ml (⅓ tasse) de moutarde de Dijon
4 c. à soupe de vinaigre de cidre, ou plus au goût
Gros sel de mer ou sel casher et poivre noir frais moulu

1. Faire fondre le beurre à feu moyen dans une casserole. Ajouter le bacon et les oignons et cuire de 4 à 5 min, jusqu'à ce qu'il soit bien coloré. Retirer le surplus de gras ou le garder pour obtenir une sauce plus riche.

2. Ajouter le miel, la moutarde et le vinaigre. Mélanger. Laisser mijoter à feu moyen-doux de 8 à 10 min, en remuant de temps à autre avec une cuillère de bois, jusqu'à ce que la sauce soit épaisse. Ajouter du vinaigre si nécessaire et saler et poivrer au goût (voir Note).

Note : Cette recette donne plus de sauce que nécessaire pour les 4 burgers. Couvrez le reste et conservez-le dans le réfrigérateur pendant quelques jours. Cette sauce est délicieuse sur du poulet grillé chaud ou froid ou des tranches de porc. Réchauffez-la à feu doux avant de servir.

TRUCS

■ Vous pouvez griller le bacon directement sur un gril contact. Étendez les tranches sur la grille et fermez le couvercle. Faites cuire de 2 à 4 min, jusqu'à ce que le bacon soit coloré et croustillant.

BURGERS À L'AGNEAU, SAUCE AU YAOURT ET AU CONCOMBRE

Les fricadelles de viande hachée sont populaires dans le monde entier. La viande varie selon les régions. En Grèce, en Asie mineure, en Asie centrale, au Moyen-Orient et dans les Balkans, les maîtres grillardins préfèrent l'agneau au bœuf. Ces burgers à l'agneau regorgent des parfums de Grèce à cause de l'ail, de l'origan et de la menthe. On les sert avec du *tzatziki*, une sauce à tremper à base de yaourt et de concombre. J'utilise des pains pitas plutôt que des pains à hamburger ordinaires.

4 PORTIONS

RECETTE

720 g (1 ½ lb) d'agneau haché
1 petit oignon, haché finement
1 gousse d'ail, émincée
3 c. à soupe de menthe fraîche, hachée ou 2 c. à café (2 c. à thé) de menthe séchée
3 c. à soupe de persil plat frais, haché finement
1 c. à café (1 c. à thé) d'origan séché (grec de préférence)
1 c. à café (1 c. à thé) de gros sel de mer ou de sel casher, ou plus au goût
1 c. à café (1 c. à thé) de poivre noir frais moulu
4 pains pitas
4 feuilles de laitue romaine, rincées
4 rondelles d'oignon rouge, minces comme du papier (facultatif)
1 concombre moyen, pelé et coupé en fines tranches
1 tomate rouge moyenne bien mûre, en fines tranches
Sauce au yaourt et au concombre (p. 195)

1. Dans un grand bol, à l'aide d'une cuillère de bois, mélanger l'agneau, les oignons hachés, l'ail, la menthe, le persil, l'origan, le sel et le poivre. Humecter les mains avec de l'eau froide et diviser la viande en 4 portions de même grosseur. Façonner 4 burgers épais en travaillant la viande rapidement et légèrement. Mettre les burgers dans un plat ovale couvert de pellicule plastique, couvrir et conserver dans le réfrigérateur jusqu'au moment de les faire cuire.

2. Griller les burgers en suivant les directives de l'encadré jusqu'à ce qu'ils soient cuits. Voir l'encadré de la p. 180 pour vérifier la cuisson. Retirer les burgers et les couvrir pour qu'ils restent chauds. Laisser le gril allumé.

3. Mettre les pains sur la grille chaude et les griller environ 1 min sur le gril contact et 1 min de chaque côté pour les autres grils intérieurs. (Baisser la température si nécessaire et procéder en deux ou trois fois si la surface est trop petite.)

4. Ouvrir les pains pitas. Mettre une feuille de laitue à l'intérieur. Ajouter un burger, une rondelle d'oignon, des concombres et des tomates. Terminer avec une généreuse cuillerée de sauce et servir immédiatement.

Si vous avez…

GRIL CONTACT : Préchauffer le gril. S'il est muni d'un sélecteur de température, préchauffer à température élevée. Mettre la lèchefrite sous la partie avant du gril. Quand on est prêt pour la cuisson, huiler légèrement la surface de cuisson. Déposer les burgers sur le gril chaud et fermer doucement le couvercle. Compter de 4 à 6 min de cuisson.

POÊLE À FOND CANNELÉ : Préchauffer la poêle à feu moyen-vif sur la cuisinière. Quand on peut y faire rebondir une goutte d'eau, c'est qu'elle est suffisamment chaude. Quand on est prêt pour la cuisson, huiler légèrement les rainures. Déposer les burgers dans la poêle chaude. Compter de 4 à 6 min de cuisson de chaque côté.

GRIL ENCASTRÉ : Préchauffer le gril à température élevée. Si la surface de cuisson n'est pas antiadhésive, brosser et huiler la grille. Déposer les burgers sur la grille chaude. Compter de 4 à 6 min de cuisson de chaque côté.

GRIL DE TABLE : Préchauffer le gril à température élevée ; il n'est pas nécessaire d'huiler la grille. Déposer les burgers sur le gril chaud. Compter environ 7 min de cuisson de chaque côté.

ÂTRE : Entasser la braise ardente sous la grille et préchauffer de 3 à 5 min ; le feu doit être chaud (2 à 3 Mississippi). Quand on est prêt pour la cuisson, brosser et huiler la grille. Déposer les burgers sur la grille chaude. Compter de 4 à 6 min de cuisson de chaque côté.

Sauce au yaourt et au concombre

ENVIRON 375 ML (1 ½ TASSE)

Cette sauce est appelée *tzatziki* en Grèce, *raita* en Inde et *cajik* en Turquie. Utilisez du yaourt de lait entier plutôt que du yaourt écrémé.

1 concombre moyen
1 gousse d'ail, émincée
½ c. à café (½ c. à thé) de gros sel de mer ou de sel casher, ou plus au goût
250 g (1 tasse) de yaourt nature de lait entier
2 c. à soupe d'huile d'olive extravierge
1 c. à soupe de menthe fraîche, hachée ou 1 c. à café (1 c. à thé) de menthe séchée
Poivre noir frais moulu

1. Peler le concombre et le couper en deux sur la longueur. Retirer les graines à l'aide d'une cuillère à melon ou une cuillère. Râper grossièrement le concombre.

2. Mettre l'ail et le sel dans un grand bol et réduire en purée avec le dos d'une cuillère. Incorporer les concombres, le yaourt, l'huile et la menthe. Ajouter du sel si nécessaire et poivrer au goût. Cette sauce doit être bien assaisonnée.

TRUC

■ Pour faire des burgers encore plus originaux, mettez un morceau de feta ou de fromage de chèvre au centre des burgers avant de les faire griller.

BURGERS ÉPICÉS À LA DINDE, SALSA AU PIMENT CHIPOTLE

TRUC

■ La dinde hachée peut être maigre ou désagréablement grasse. Les meilleurs burgers requièrent de la chair blanche contenant de 8 à 10% de gras.

L'État d'Oaxaca, baigné par le Pacifique, est un haut lieu de la cuisine mexicaine. On y sert des *moles* qui regorgent de légumes grillés, de noix et de piments. Parmi les spécialités régionales, on compte la *cecina* (porc saumuré grillé), le *carne asada* (bœuf grillé) et le maïs rôti sur la braise. Ces burgers à la dinde n'ont pas vu le jour au Mexique même si la dinde est originaire de l'Amérique centrale et était très appréciée des Aztèques. Les épices et les assaisonnements sont toutefois typiques de la cuisine d'Oaxaca. Je crois que vous aimerez beaucoup le mélange de graines de citrouille, de sésame et de cumin rôties.

RECETTE

4 PORTIONS

3 c. à soupe de graines de citrouille, décortiquées
2 c. à soupe de graines de sésame
1 c. à café (1 c. à thé) de graines de cumin
720 g (1 ½ lb) de dinde hachée maigre
3 c. à soupe de coriandre fraîche, hachée finement
1 oignon vert (le blanc et le vert), paré et émincé
1 gousse d'ail, émincée
1 c. à soupe d'assaisonnement au chili (à base de piment ancho de préférence)
1 c. à café (1 c. à thé) de gros sel de mer ou de sel casher, ou plus au goût
1 c. à café (1 c. à thé) de coriandre moulue
½ c. à café (½ c. à thé) de cannelle moulue
½ c. à café (½ c. à thé) de poivre noir frais moulu
4 tortillas de blé de 25 cm (10 po)
Salsa au piment chipotle (p. 448)
240 g (8 oz) de jicama (dolique tubéreux), pelé et coupé en fine julienne
1 avocat moyen, pelé, dénoyauté et coupé en dés

1. Chauffer un petit poêlon (pas de poêlon antiadhésif) à feu moyen. Ajouter les graines de citrouille et griller légèrement de 2 à 3 min en secouant le poêlon. Transvider dans un bol résistant à la chaleur. Griller les graines de sésame de 1 à 2 min, jusqu'à ce qu'elles brunissent légèrement. Transvider dans le bol. Griller les graines de cumin de 1 à 2 min, jusqu'à ce qu'elles brunissent légèrement. Transvider dans le bol. Laisser refroidir les graines à température ambiante.

2. Mettre la dinde dans le bol avec les graines grillées. Ajouter la coriandre fraîche, les oignons verts, l'ail, l'assaisonnement au chili, le sel, la coriandre moulue, la cannelle et le poivre. Mélanger avec une cuillère de bois. Humecter les mains avec de l'eau froide et diviser la viande en 4 portions de même grosseur. Façonner 4 burgers épais en travaillant la viande rapidement et légèrement. Mettre les burgers dans un plat ovale couvert de pellicule plastique, couvrir et conserver dans le réfrigérateur jusqu'au moment de les faire cuire.

3. Griller les burgers en suivant les directives de l'encadré jusqu'à ce qu'ils soient cuits. Voir l'encadré de la p. 180 pour vérifier la cuisson. Retirer les burgers et les couvrir pour qu'ils restent chauds. Laisser le gril allumé.

4. Mettre les tortillas sur la grille chaude et les griller environ 1 min sur le gril contact et 1 min de chaque côté pour les autres grils intérieurs. Baisser la température si nécessaire et procéder en deux ou trois fois si la surface est trop petite.

5. Mettre un burger sur chaque tortilla. Napper de sauce et garnir de jicama et d'avocat. Plier les tortillas et servir immédiatement.

Si vous avez…

GRIL CONTACT : Préchauffer le gril. S'il est muni d'un sélecteur de température, préchauffer à température élevée. Mettre la lèchefrite sous la partie avant du gril. Quand on est prêt pour la cuisson, huiler légèrement la surface de cuisson. Déposer les burgers sur le gril chaud et fermer doucement le couvercle. Compter de 4 à 6 min de cuisson.

POÊLE À FOND CANNELÉ : Préchauffer la poêle à feu moyen-vif sur la cuisinière. Quand on peut y faire rebondir une goutte d'eau, c'est qu'elle est suffisamment chaude. Quand on est prêt pour la cuisson, huiler légèrement les rainures. Déposer les burgers dans la poêle chaude. Compter de 4 à 6 min de cuisson de chaque côté.

GRIL ENCASTRÉ : Préchauffer le gril à température élevée. Si la surface de cuisson n'est pas antiadhésive, brosser et huiler la grille. Déposer les burgers sur la grille chaude. Compter de 4 à 6 min de cuisson de chaque côté.

GRIL DE TABLE : Préchauffer le gril à température élevée ; il n'est pas nécessaire d'huiler la grille. Déposer les burgers sur le gril chaud. Compter environ 7 min de cuisson de chaque côté.

ÂTRE : Entasser la braise ardente sous la grille et préchauffer de 3 à 5 min ; le feu doit être chaud (2 à 3 Mississippi). Quand on est prêt pour la cuisson, brosser et huiler la grille. Déposer les burgers sur la grille chaude. Compter de 4 à 6 min de cuisson de chaque côté.

BURGERS AU THON ET AUX CORNICHONS À LA MODE THAÏ, SAUCE TARTARE AUX PIMENTS ET À L'ARACHIDE

Peut-on parler encore de burgers quand la viande est remplacée par du poisson ? Pourquoi pas ? Cette recette est un dérivé du *tod mun pla*, une fricadelle de poisson frite très populaire en Thaïlande. Le thon est bien secondé par une salade de cornichon rafraîchissante qui apaise efficacement les feux de la sauce tartare aux piments et à l'arachide.

RECETTE

4 PORTIONS

SALADE DE CORNICHON
2 cornichons, en fines tranches
¼ d'oignon rouge moyen, en fines tranches
1 c. à soupe de sucre
1 c. à café (1 c. à thé) rase de gros sel de mer ou de sel casher
3 c. à soupe de vinaigre de riz ou de vinaigre blanc distillé
Poivre noir frais moulu

BURGERS
720 g (1 ½ lb) de thon rouge de première fraîcheur
1 gousse d'ail, hachée finement
2 c. à café (2 c. à thé) de gingembre frais, pelé et râpé
1 c. à café (1 c. à thé) de sucre
4 feuilles de basilic frais, en fines lanières
2 c. à soupe de coriandre fraîche, hachée
1 piment chili thaï ou serrano, épépiné et émincé (garder les graines si l'on veut un goût plus piquant)
2 c. à soupe de sauce de poisson ou de sauce soja, ou plus au goût

DRESSAGE
4 pains à hamburgers
2 c. à soupe d'huile de sésame orientale (foncée)
Sauce tartare aux piments et à l'arachide (p. 200)

1. Préparer la salade de cornichons : Mélanger les cornichons, les oignons, le sucre, le sel et le vinaigre dans un bol. Poivrer au goût. Laisser reposer 1 h à température ambiante en la remuant une ou deux fois pendant cette période.

2. Préparer les burgers : Enlever toute tache foncée ou toute tache de sang du poisson. Rincer à l'eau froide et bien éponger avec du papier absorbant. Hacher finement à la main (de préférence) ou à l'aide du robot de cuisine. Si l'on opte pour le robot, couper le

Si vous avez…

GRIL CONTACT : Préchauffer le gril. S'il est muni d'un sélecteur de température, préchauffer à température élevée. Mettre la lèchefrite sous la partie avant du gril. Quand on est prêt pour la cuisson, huiler légèrement la surface de cuisson. Déposer les burgers sur le gril chaud et fermer doucement le couvercle. Compter environ 3 min de cuisson.

POÊLE À FOND CANNELÉ : Préchauffer la poêle à feu moyen-vif sur la cuisinière. Quand on peut y faire rebondir une goutte d'eau, c'est qu'elle est suffisamment chaude. Quand on est prêt pour la cuisson, huiler légèrement les rainures. Déposer les burgers dans la poêle chaude. Compter environ 3 min de cuisson de chaque côté.

GRIL ENCASTRÉ : Préchauffer le gril à température élevée. Si la surface de cuisson n'est pas antiadhésive, brosser et huiler la grille. Déposer les burgers sur la grille chaude. Compter environ 3 min de cuisson de chaque côté.

GRIL DE TABLE : Préchauffer le gril à température élevée ; il n'est pas nécessaire d'huiler la grille. Déposer les burgers sur le gril chaud. Compter environ 4 min de cuisson de chaque côté.

ÂTRE : Entasser la braise ardente sous la grille et préchauffer de 3 à 5 min ; le feu doit être chaud (2 à 3 Mississippi). Quand on est prêt pour la cuisson, brosser et huiler la grille. Déposer les burgers sur la grille chaude. Compter environ 3 min de cuisson de chaque côté.

TRUCS

■ Achetez du thon à sushi de la meilleure qualité afin de pouvoir éviter une cuisson trop longue.

■ La sauce de poisson n'a pas une odeur très agréable, mais elle a beaucoup de saveur puisqu'elle contient des anchois fermentés. Achetez-la en bouteille de verre. On en trouve dans plusieurs supermarchés, épiceries orientales et boutiques spécialisées. On peut la remplacer par de la sauce soja si son goût nous déplaît.

thon en morceaux de 1,25 cm (½ po) et remplir le bol au quart seulement. Faire fonctionner l'appareil et l'arrêter à quelques reprises.

3. Dans un grand bol, à l'aide du dos d'une cuillère, réduire l'ail, le gingembre et le sucre en purée. Ajouter le thon, le basilic, la coriandre, les piments et la sauce de poisson. Remuer à l'aide d'une cuillère de bois. Ajouter de la sauce de poisson si nécessaire. Humecter les mains avec de l'eau froide et diviser la viande en 4 portions de même grosseur. Façonner 4 burgers en travaillant la viande rapidement et légèrement. Mettre les burgers dans un plat ovale couvert de pellicule plastique, couvrir et conserver dans le réfrigérateur jusqu'au moment de les faire cuire.

4. Griller les burgers en suivant les directives de l'encadré (p. 199) jusqu'à ce qu'ils soient cuits (à point-saignant). Le tour des burgers sera cuit, mais le centre sera encore rosé (vérifier avec la pointe d'un couteau). Retirer les burgers et les couvrir pour qu'ils restent chauds. Laisser le gril allumé.

5. Pour servir : Badigeonner l'intérieur des pains avec de l'huile de sésame. Mettre les pains sur la grille chaude, face huilée vers le bas. Griller de 1 à 2 min en baissant la température si nécessaire. Si la surface n'est pas assez grande, procéder en deux ou trois fois.

6. Mettre un peu de sauce tartare sur la moitié inférieure des pains. Déposer un burger par-dessus. À l'aide d'une écumoire, garnir avec un peu de salade de cornichon et assembler les burgers avec le pain restant. Servir immédiatement.

Sauce tartare aux piments et à l'arachide

ENVIRON 250 ML (1 TASSE)

L'Orient et l'Occident se rencontrent dans cette sauce tartare qui explose de saveurs. Servez-la avec n'importe quel plat de fruits de mer grillés.

250 ml (1 tasse) de mayonnaise (Hellmann's de préférence)
1 ou 2 piments chili thaï ou serrano, épépinés et émincés (garder les graines si l'on veut un goût plus piquant)
2 c. à soupe d'arachides rôties à sec, hachées finement
2 c. à soupe de coriandre fraîche, hachée finement
2 c. à café (2 c. à thé) de gingembre frais, pelé et râpé finement
1 c. à café (1 c. à thé) de zeste de citron, râpé finement
2 c. à café (2 c. à thé) de jus de citron frais pressé, ou plus au goût
1 c. à soupe de sauce de poisson ou de sauce soja, ou plus au goût
Poivre noir frais moulu

Dans un grand bol, à l'aide d'un fouet, mélanger la mayonnaise, les piments, les arachides, la coriandre, le gingembre, le zeste, le jus et la sauce de poisson. Ajouter du jus de citron et de la sauce de poisson si nécessaire. Poivrer au goût. On peut conserver la sauce restante bien couverte jusqu'à 3 jours dans le réfrigérateur.

VOLAILLE

Un poulet cuit à la broche. Un poulet dodu, juteux, parfumé, bien doré et à la peau croustillante. Quoi de plus appétissant pour témoigner de la valeur du barbecue d'intérieur ? Et si vous avez envie de faire changement, essayez le Canard à l'anis étoilé et au soja rôti à la broche ou la Dinde en saumure rôtie à la broche. Quand vient le temps de faire cuire les blancs de volaille, rien de tel que le gril contact et la poêle à fond cannelé qui préservent brillamment la tendreté de la chair. Les Blancs de poulet grillés à la feta et à la menthe fraîche vous promettent aussi de grandes joies. Dans ce chapitre, vous trouverez une recette de mon fameux Poulet grillé sur une canette de bière que vous pourrez dorénavant préparer à l'aide de votre fumoir d'intérieur.

TRUC

■ Les herbes de Provence contiennent de l'origan, du basilic, de la marjolaine, du thym et au moins une autre herbe au goût prononcé, particulièrement la lavande qui ajoute au mélange beaucoup d'arômes et de force.

Rôtissoire

POULET AUX HERBES DE PROVENCE RÔTI À LA PERFECTION

La première fois que j'ai utilisé une rôtissoire, c'était pour faire cuire du poulet aux herbes de Provence. Les résultats m'avaient sidéré. Comment un appareil dont on vantait les mérites *ad nauseam* à la télévision et dans les infopubs pouvait-il réussir à faire un poulet juteux à souhait, bien doré et cuit à la perfection ? Sans parler de sa peau tellement croustillante. Et tout cela ne nécessitait que cinq minutes de préparation avant cuisson ! Évidemment, vous pouvez choisir les fines herbes de votre choix ou d'autres assaisonnements. Voici une recette de base pour vos repas du dimanche soir. Difficile de trouver mieux !

RECETTE

2 À 4 PORTIONS

1 poulet de 1,6 à 1,8 kg (3 ½ à 4 lb)
Gros sel de mer ou sel casher et poivre noir frais moulu
2 c. à soupe d'herbes de Provence
2 à 3 c. à café (2 à 3 c. à thé) d'huile d'olive extravierge
Sauce aux oignons caramélisés

1. Enlever et jeter le gras dans les cavités du corps et du cou. Rincer le poulet à l'eau froide, à l'intérieur et à l'extérieur, puis bien éponger avec du papier absorbant (le poulet doit être sec si l'on veut que la peau devienne croustillante).

2. Saler et poivrer les cavités du corps et du cou. Saupoudrer 2 c. à café (2 c. à thé) d'herbes de Provence dans la cavité du corps et 1 c. à café (1 c. à thé) dans la cavité du cou. Brider le poulet en suivant l'une des méthodes suggérées à la p. 205. Badigeonner l'extérieur de la volaille d'huile d'olive. Saler et poivrer généreusement l'extérieur et ajouter les herbes restantes.

3. Quand on est prêt pour la cuisson, placer la lèchefrite dans la rôtissoire. Embrocher le poulet (voir encadré). Attacher la broche rotative au tournebroche et mettre la rôtissoire en marche. Si le four est muni d'un sélecteur de température, le régler à 200 °C (400 °F) (voir directives p. 14). Cuire le poulet de 1 à 1 h 30, jusqu'à ce que la peau soit croustillante et bien dorée et que la chair soit parfaitement cuite. Vérifier la cuisson avec un thermomètre à mesure instantanée en l'insérant dans la partie la plus épaisse d'une cuisse sans toucher à la broche ou à un os. La température interne doit être de 82 °C (180 °F) environ.

4. Déposer le poulet dans un plat ovale ou sur une planche à découper. Retirer la broche. Laisser reposer 5 min, retirer la ficelle et découper le poulet en tranches. Servir avec la Sauce aux oignons caramélisés.

Sauce aux oignons caramélisés

ENVIRON 250 ML (1 TASSE)

Les oignons caramélisés donnent à cette sauce une couleur dorée et un goût agréablement sucré. Si vous rêvez de Provence, utilisez du vermouth sec, comme le Noilly Prat. La crème fraîche peut être remplacée par de la crème épaisse à 35 %.

2 c. à soupe de beurre non salé
1 oignon moyen, haché finement
2 gousses d'ail, émincées
125 ml (½ tasse) de vermouth blanc sec
375 ml (1 ½ tasse) de bouillon de poulet (maison de préférence)
125 ml (½ tasse) de crème fraîche ou de crème épaisse à fouetter (35 %)
Gros sel de mer ou sel casher et poivre noir frais moulu

1. Faire fondre le beurre à feu moyen dans une casserole. Ajouter les oignons et cuire de 4 à 6 min, jusqu'à ce qu'ils soient bien dorés, en ajoutant l'ail après 3 min de cuisson. Remuer souvent à l'aide d'une cuillère de bois.

2. Ajouter le vermouth et monter le feu. Laisser bouillir jusqu'à ce qu'il ne reste plus que 2 c. à soupe de liquide. Ajouter le bouillon et laisser bouillir jusqu'à ce qu'il n'en reste plus que 250 ml (1 tasse). Ajouter la crème et laisser bouillir jusqu'à ce qu'il n'en reste plus que 250 ml (1 tasse). Le temps total de cuisson de l'étape 2 est de 8 à 10 min en tout. Saler et poivrer au goût. Cette sauce doit être bien assaisonnée. Couverte, elle se conserve jusqu'à 4 jours dans le réfrigérateur. Réchauffer doucement dans une casserole à fond épais avant de servir.

COMMENT EMBROCHER LA VOLAILLE

La volaille que l'on s'apprête à faire cuire à la broche doit être fixée très solidement à la broche. Certaines rôtissoires sont munies de deux broches, ce qui permet à la volaille de rester bien en place. Si la vôtre n'en a qu'une, utilisez les fourchons que l'on peut visser. Insérez un fourchon à chaque extrémité et serrez la vis avec une pince ou une fourchette. Si vous ne faites cuire qu'un seul poulet, faites pénétrer la broche par le cou et faites-la sortir par la queue. Si vous faites rôtir deux ou trois poulets, embrochez-les par le côté.

Rôtissoire

POULET AU CITRON ET À LA MOUTARDE FAÇON GORDON HAMERSLEY

De nos jours, il n'est peut-être pas original pour un restaurateur de servir du poulet rôti. Mais en 1987, quand Gordon Hamersley a ouvert son bistrot à Boston, on le traitait de révolutionnaire. Après tout, on célébrait alors les jours de gloire de la nouvelle cuisine américaine et partout dans le pays on profitait d'une croissance économique qui semblait sans fin. Le poulet de Gordon est exceptionnel : de la moutarde, du citron frais et suffisamment d'ail pour chasser une armée de vampires. Quand je retourne faire un tour à Boston avec mon épouse, je fais un pèlerinage obligatoire au bistrot de Hamersley. Voici une version personnelle de son poulet fabuleux.

RECETTE

2 À 4 PORTIONS

3 échalotes, hachées grossièrement
3 gousses d'ail, hachées grossièrement
20 g (½ tasse) de persil plat frais, rincé, essoré, équeuté et haché grossièrement
1 c. à soupe d'herbes de Provence
1 c. à café (1 c. à thé) de romarin séché
1 ½ c. à café (1 ½ c. à thé) de gros sel de mer ou de sel casher
1 c. à café (1 c. à thé) de poivre noir frais moulu
1 c. à café (1 c. à thé) de zeste de citron frais râpé
2 c. à soupe de jus de citron frais pressé
60 ml (¼ tasse) de moutarde de Dijon
80 ml (⅓ tasse) d'huile d'olive extravierge
1 poulet de 1,6 à 1,8 kg (3 ½ à 4 lb)
3 tranches de citron de 6 mm (¼ po) d'épaisseur
3 gousses d'ail, épluchées
Jus de citron à l'ail (p. 206)

1. À l'aide du robot de cuisine, hacher finement les échalotes, l'ail, le persil, les herbes de Provence, le romarin, le sel et le poivre pour obtenir une purée épaisse et grossière. Ajouter le zeste, le jus de citron et la moutarde. Verser ensuite l'huile d'olive en mince filet pendant que l'appareil est en marche. La purée obtenue doit être onctueuse. Réserver.

2. Enlever et jeter le gras dans les cavités du corps et du cou. Rincer le poulet à l'eau froide, à l'intérieur et à l'extérieur, puis bien éponger avec du papier absorbant (le poulet doit être sec si l'on veut que la peau devienne croustillante).

3. Mettre 1 tranche de citron et 1 gousse d'ail dans la cavité du cou. Mettre 2 tranches de citron et 2 gousses d'ail dans la cavité du corps. Arroser avec un peu de marinade. Déposer le poulet et la marinade restante dans un sac de plastique à fermeture hermétique. Presser sur le sac pour bien arroser le poulet sur toutes les faces. Laisser mariner 4 h ou

SÉPARATEUR DE GRAISSE

Le séparateur de graisse ressemble à une tasse à mesurer munie d'un bec verseur qui se prolonge jusqu'au fond. Quand vous y versez le jus de cuisson d'un rôti, la graisse remonte à la surface, ce qui permet d'utiliser uniquement le jus dégraissé qui se trouve en dessous.

COMMENT BRIDER UN POULET

Quand je m'apprête à faire cuire un poulet, je prends d'abord le temps de le brider convenablement afin de lui donner une forme compacte qui préviendra toute déformation en cours de cuisson. On peut ainsi le faire cuire et dorer de manière uniforme, ce qui lui donne belle allure et permet une présentation plus «professionnelle» à table. Si vous utilisez une rôtissoire, le bridage est essentiel puisqu'un pilon qui resterait coincé ou qui toucherait à l'élément chauffant pourrait enrayer le mécanisme de la rôtissoire. Il existe trois méthodes simples de bridage.

1. MÉTHODE HAUTE TECHNOLOGIE
La rôtissoire Showtime est vendue avec des attaches élastiques semblables à des bandes géantes de caoutchouc blanc. Il suffit de passer une bande autour du dos de la volaille, puis d'en placer une autre diagonalement autour des ailes pour les fixer au corps.

2. MÉTHODE CLASSIQUE
Fixer les cuisses et les ailes au corps à l'aide d'une aiguille à brider et de ficelle. Tenir une patte près du corps et traverser la cuisse de part en part. Traverser le corps de la volaille et faire ressortir l'aiguille par le pilon du côté opposé. Enfoncer ensuite l'aiguille à travers l'aile du même côté et la faire ressortir par l'autre aile. Ficeler les deux bouts ensemble.

3. MÉTHODE DE LA BROCHETTE DE BAMBOU
Si l'on n'a pas de ficelle à portée de la main, tenir une cuisse près du corps et enfoncer une brochette de bambou dans la cuisse. Traverser le corps de part en part et faire ressortir l'aiguille par le pilon du côté opposé. Insérer ensuite une deuxième brochette dans l'aile du même côté, traverser le corps et faire ressortir par l'autre aile. Casser l'extrémité protubérante des brochettes.

TRUC

■ Gordon Hamersley fait rôtir son poulet au four, mais la marinade et la sauce conviennent également à la cuisson à la broche. Si vous utilisez une rôtissoire, faites cuire la volaille entière. Pour le gril, faites d'abord mariner les morceaux de poulet avec la peau et les os ou les blancs (sans peau et désossés) dans la marinade à l'ail et à la moutarde. Vous aurez besoin d'environ 720 g (1 ½ lb) de blancs de volaille. Laissez-les mariner 2 h. Lisez les directives de la p. 183 relatives à votre type de gril.

toute la nuit dans le réfrigérateur en retournant le poulet à quelques reprises pendant cette période.

4. Quand on est prêt pour la cuisson, placer la lèchefrite dans la rôtissoire. Retirer le poulet de la marinade et jeter celle-ci. Brider le poulet en suivant l'une des méthodes suggérées à la p. 205. Embrocher le poulet (voir encadré p. 203). Attacher la broche rotative au tournebroche et mettre la rôtissoire en marche. Si le four est muni d'un sélecteur de température, le régler à 200 °C (400 °F) (voir directives p. 14). Cuire le poulet de 1 à 1 h 30, jusqu'à ce que la peau soit croustillante et bien dorée et que la chair soit parfaitement cuite. Vérifier la cuisson avec un thermomètre à mesure instantanée en l'insérant dans la partie la plus épaisse d'une cuisse sans toucher à la broche ou à un os. La température interne doit être de 82 °C (180 °F) environ.

5. Déposer le poulet dans un plat ovale ou sur une planche à découper. Retirer la broche. Réserver le jus accumulé dans la lèchefrite. Laisser reposer 5 min, retirer la ficelle et découper en fines tranches. Servir avec le Jus de citron à l'ail.

Jus de citron à l'ail

ENVIRON 250 ML (1 TASSE)

Le jus de cuisson est la sauce naturelle qui se forme en cours de cuisson. On l'enrichit ici de bouillon de poulet, d'ail et de citron en évitant les féculents et la crème. Utilisez un séparateur de graisse pour dégraisser le jus de cuisson.

Jus de cuisson du Poulet au citron et à la moutarde façon Gordon Hamersley ou d'un autre poulet cuit à la broche
Environ 375 ml (1 ½ tasse) de bouillon de poulet (maison de préférence)
1 c. à soupe de beurre non salé
3 gousses d'ail, coupées en travers en fines tranches
1 c. à soupe de pulpe de citron, sans écorce et sans pépins, en dés
1 c. à café (1 c. à thé) de jus de citron frais pressé
Gros sel de mer ou sel casher et poivre noir frais moulu

1. Verser le jus (de la lèchefrite) réservé dans un séparateur de graisses. Attendre quelques minutes, puis le verser dans une grande tasse à mesurer en arrêtant dès que le gras commence à sortir. Ajouter suffisamment de bouillon de poulet pour obtenir 375 ml (1 ½ tasse).

2. Faire fondre le beurre à feu moyen dans une casserole. Ajouter l'ail et les dés de citron. Cuire de 3 à 4 min, jusqu'à ce que l'ail commence à brunir. Ajouter le jus de citron et porter à ébullition. Ajouter le bouillon de poulet, monter le feu et porter à ébullition. Laisser bouillir jusqu'à ce qu'il ne reste que 250 ml (1 tasse) environ. Saler et poivrer au goût.

Rôtissoire

POULET EN SAUMURE DE CHIPOTLES ET DE CANNELLE DE CEYLAN

Le restaurant *Coach House* d'Edgartown, au Massachusetts, fait partie de nos favoris pendant l'été. Mon épouse et moi y allons régulièrement pour savourer le poulet rôti absolument sublime du chef Ryan Hardy. Il laisse saumurer le poulet toute la nuit dans un mélange de cannelle de Ceylan et de piments chipotles. Cette étape cruciale donne beaucoup de saveur au poulet tout en gardant sa tendreté. Cette saumure est idéale pour la volaille et la viande, qu'il s'agisse de rôti de porc ou de gibier. La quantité de saumure est suffisante pour un rôti de 1,8 à 2,25 kg (4 à 5 lb).

RECETTE

2 À 4 PORTIONS

- *3 c. à soupe de graines de fenouil*
- *1 ½ c. à soupe de graines d'anis*
- *1 ½ c. à soupe de graines de coriandre*
- *1 ½ c. à soupe de morceaux d'anis étoilé*
- *1 ½ c. à soupe de cayenne en flocons*
- *1 c. à soupe de thym frais ou séché*
- *1 c. à soupe de persil plat frais, haché*
- *½ c. à café (½ c. à thé) de clous de girofle entiers*
- *3 bâtons de cannelle de Ceylan (voir encadré p. 208) ou de cannelle ordinaire (casse) de 8 cm (3 po)*
- *2 feuilles de laurier*
- *180 g (¾ tasse) de sucre granulé*
- *70 g (⅓ tasse) de cassonade ou de sucre roux bien tassé*
- *6 c. à soupe de gros sel de mer ou de sel casher*
- *2 litres (8 tasses) d'eau chaude*
- *2 à 4 piments chipotles en conserve en sauce adobo + 1 c. à soupe de leur sauce*
- *8 gousses d'ail, épluchées*
- *1 c. à café (1 c. à thé) d'arôme de fumée liquide*
- *1 poulet de 1,6 à 1,8 kg (3 ½ à 4 lb)*

CANNELLE DE CEYLAN

La cannelle de Ceylan* (Cinnamomum zeylanicum) *se reconnaît à son écorce friable composée de plusieurs couches. Il s'agit de cannelle véritable contrairement à la casse (cannelle bâtarde ou cannelle chinoise), que l'on confond souvent avec la cannelle authentique en Amérique du Nord. La cannelle de Ceylan est plus épicée et aromatique que la casse. On peut s'en procurer dans les épiceries mexicaines et orientales.

1. Chauffer un poêlon à fond épais (pas de poêlon antiadhésif) à feu moyen. Ajouter les graines de fenouil, d'anis et de coriandre. Griller de 2 à 4 min, jusqu'à ce qu'elles commencent à brunir. Verser dans un grand bol résistant à la chaleur. Ajouter l'anis étoilé, le cayenne, le thym, le persil, les clous de girofle, la cannelle, les feuilles de laurier, le sucre granulé, la cassonade, le sel, l'eau, les piments, l'ail et l'arôme de fumée liquide. À l'aide d'un fouet, battre jusqu'à dissolution du sucre et du sel. Laisser reposer à température ambiante.

2. Enlever et jeter le gras dans les cavités du corps et du cou. Rincer le poulet à l'eau froide, à l'intérieur et à l'extérieur, puis bien éponger avec du papier absorbant.

3. Mettre le poulet dans la saumure et déposer un sac de plastique ou un pot rempli d'eau sur le dessus pour le garder bien immergé. On peut aussi saumurer la volaille dans un grand sac de plastique résistant. Couvrir et conserver 24 h dans le réfrigérateur en retournant le poulet à quelques reprises pendant cette période.

4. Quand on est prêt pour la cuisson, placer la lèchefrite dans la rôtissoire. Retirer le poulet de la saumure et jeter celle-ci. Brider le poulet en suivant l'une des méthodes suggérées à la p. 205. Embrocher le poulet (voir encadré p. 203). Attacher la broche rotative au tournebroche et mettre la rôtissoire en marche. Si le four est muni d'un sélecteur de température, le régler à 200 °C (400 °F) (voir directives p. 14). Cuire le poulet de 1 à 1 h 30, jusqu'à ce que la peau soit croustillante et bien dorée et que la chair soit parfaitement cuite. Vérifier la cuisson avec un thermomètre à mesure instantanée en l'insérant dans la partie la plus épaisse d'une cuisse sans toucher à la broche ou à un os. La température interne doit être de 82 °C (180 °F) environ.

5. Déposer le poulet dans un plat ovale ou sur une planche à découper. Retirer la broche. Laisser reposer 5 min, retirer la ficelle et découper en fines tranches.

Variante : On peut aussi préparer les morceaux et les blancs de poulet de la même manière. Achetez 1 kg (2 lb) de morceaux de poulet ou 720 g (1 ½ lb) de blancs. Faire saumurer les morceaux de volaille de 5 à 8 h et les blancs de 3 à 4 h. Suivez les directives de la p. 213 selon le gril que vous utilisez.

ARÔME DE FUMÉE LIQUIDE

Plusieurs recettes de ce livre requièrent l'utilisation d'arôme de fumée liquide pour imprégner les aliments d'un goût qui évoque avec brio la cuisson traditionnelle au barbecue. Hérésie? Trahison? Pas vraiment. L'arôme de fumée liquide est un produit naturel obtenu à partir du vrai bois et de la vraie fumée. Aux États-Unis, il fait partie de la tradition du barbecue depuis environ un siècle.

Le fabricant fait couver un feu de bois dur (hickory, pacanier, prosopis, pommier, etc.) dans un autoclave en prenant soin qu'il reste très faible. La fumée ainsi produite est canalisée dans un condensateur à eau où elle se liquéfie. On la filtre et on la conserve dans de vieux barils de chêne. On lui ajoute ensuite de l'eau, de la mélasse, du vinaigre et du sel pour obtenir un liquide translucide brun et odorant au goût de fumée intense.

Utilisées de manière judicieuse, quelques gouttes d'arôme de fumée liquide donnent aux aliments cuits dans la rôtissoire ou sur un gril d'intérieur un goût fumé de barbecue fort appréciable. Cet ingrédient est très populaire dans les sauces barbecue faites à la maison ou vendues dans le commerce. On dit qu'il renferme des propriétés antioxydantes et antimicrobiennes qui entravent la prolifération bactérienne et la détérioration de la viande.

Dans ce livre, on utilise l'arôme de fumée liquide de trois façons: comme ingrédient dans les saumures et les marinades, dans les sauces à badigeonner utilisées en cours de cuisson et comme aromate pour les sauces. On peut s'en procurer dans la plupart des supermarchés. Il n'est pas nécessaire de réfrigérer la bouteille ouverte; le goût de fumée restera intact pendant au moins deux ans.

TRUC

■ À cause de la hauteur du poulet posé sur une canette de bière, il faudra couvrir le fumoir de papier d'aluminium plutôt que de fermer le couvercle. Avant de préchauffer le four, mettez la grille dans la partie la plus basse du four en vous assurant qu'il y aura assez de place en hauteur pour le poulet dressé sur sa canette.

Fumoir d'intérieur

POULET GRILLÉ SUR UNE CANETTE DE BIÈRE

Peu de temps après la publication de ma recette de poulet grillé sur une canette de bière, en 1996, des propriétaires de condos et d'appartements ont commencé à me demander comment l'adapter pour l'intérieur. Je leur répondais de faire cuire le poulet au four, mais je savais qu'ils seraient déçus de ne pas pouvoir profiter de la bonne odeur de fumée. Voici enfin une recette qui comblera ce manque grâce au fumoir d'intérieur. On prépare ce plat en deux étapes : d'abord dans le fumoir, puis dans le four. Croyez-moi, la peau du poulet sera aussi croustillante que sur le barbecue ordinaire.

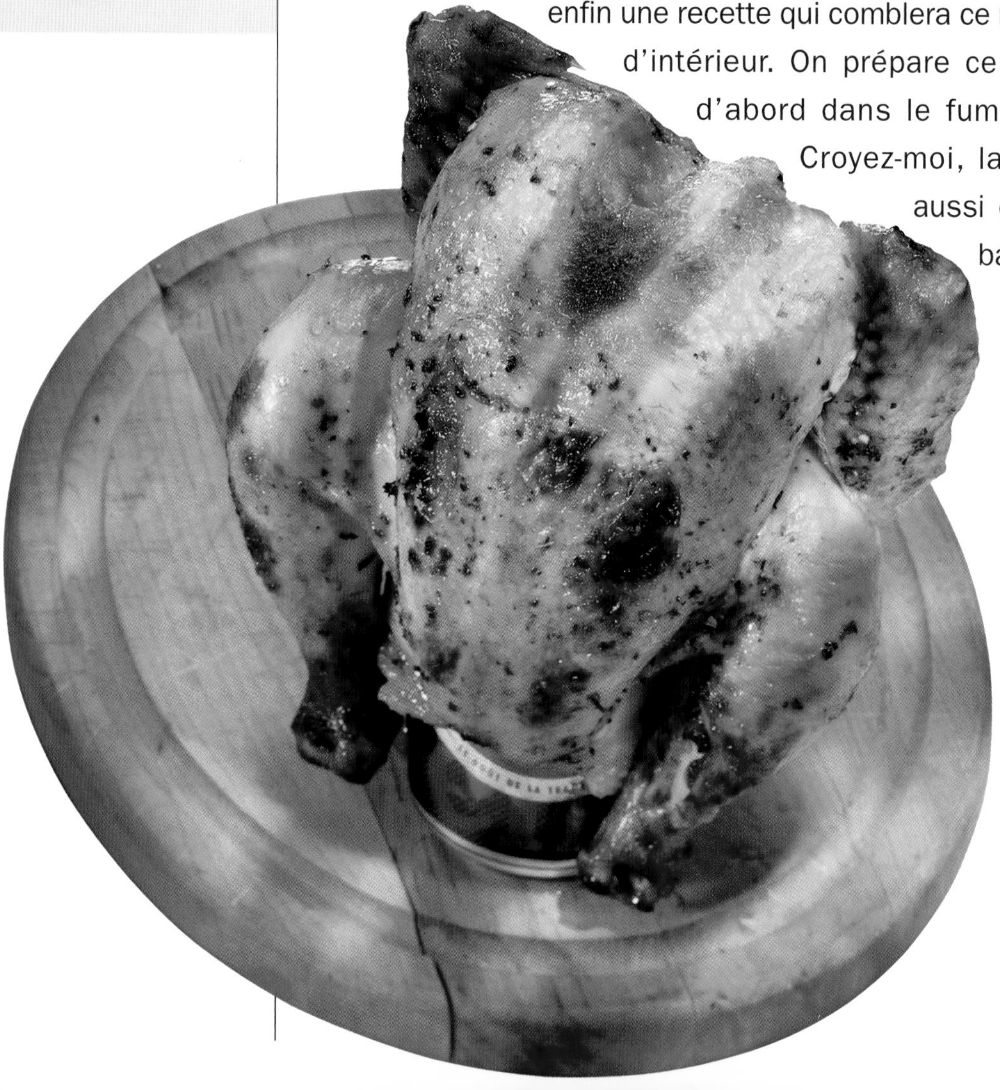

RECETTE

2 À 4 PORTIONS

1 poulet de 1,6 à 1,8 kg (3 ½ à 4 lb)
2 c. à soupe d'Épices barbecue de base ou au choix
2 c. à café (2 c. à thé) d'huile végétale
1 canette de bière de 360 ml (12 oz)
Huile de cuisson en vaporisateur (facultatif)
Sauce barbecue sucrée et fumée de Kansas City (p. 452) ou sauce barbecue du commerce (facultatif)

2 c. à soupe de sciure de hickory ou de noyer; papier d'aluminium résistant

1. Enlever et jeter le gras dans les cavités du corps et du cou. Rincer le poulet à l'eau froide, à l'intérieur et à l'extérieur, puis bien éponger avec du papier absorbant. Utiliser 1 c. à soupe d'épices barbecue pour saupoudrer les cavités du corps et du cou. Badigeonner légèrement l'extérieur d'huile végétale. Assaisonner l'extérieur avec les épices restantes.

2. Retirer la languette de la canette de bière. Boire ou jeter la moitié du contenu (175 ml/¾ tasse). À l'aide d'un ouvre-bouteilles à bout pointu, percer 2 trous supplémentaires sur le dessus de la canette. Verser les épices barbecue restantes dans la canette. (Il est normal qu'une mousse se forme.)

3. Tenir le poulet à la verticale et le faire glisser sur la canette. Étendre les cuisses de manière à former un trépied qui permettra de faire tenir le poulet bien droit. (La canette constitue la patte arrière du trépied.) Replier le bout des ailes derrière le dos de la volaille.

4. Préparer le fumoir (directives p. 16). Mettre la sciure au centre de la partie inférieure du fumoir. Tapisser la lèchefrite de papier d'aluminium et mettre dans le fumoir. Vaporiser légèrement la plaque du fumoir avec de l'huile de cuisson ou la frotter avec du papier absorbant trempé dans l'huile. Mettre la grille dans le fumoir. Déposer doucement le poulet à la verticale au centre de la grille. Envelopper le poulet avec une grande feuille de papier d'aluminium en le plissant sur le bord inférieur du fumoir pour fermer hermétiquement. Le papier ne doit pas toucher la volaille.

5. Mettre le fumoir à température élevée 3 min, puis réduire à chaleur moyenne. Fumer le poulet environ 30 min, jusqu'à ce qu'il ait un bon goût fumé.

6. Pendant ce temps, préchauffer le four à 200 °C (400 °F).

7. Enlever et jeter le papier d'aluminium. Mettre le poulet et la canette, toujours sur la partie inférieure du fumoir, dans le four. Cuire de 40 à 50 min, jusqu'à ce que la peau soit croustillante et bien dorée et que le poulet soit cuit à la perfection. Vérifier la cuisson avec un thermomètre à mesure instantanée en l'insérant dans la partie la plus épaisse d'une cuisse sans toucher à un os. La température interne doit être de 82 °C (180 °F) environ.

8. À l'aide de deux pinces, déposer le poulet et la canette dans un plat ovale résistant à la chaleur. Utiliser une pince pour saisir la canette juste sous le croupion du poulet et prendre l'autre pince pour saisir les ailes. Présenter le poulet aux convives. Laisser reposer 5 min, puis enlever doucement le poulet de la canette. Ne pas renverser de bière chaude au risque de se brûler. (Je jette habituellement la bière, mais certains l'utilisent pour faire la sauce barbecue.) Découper le poulet au goût et servir avec la sauce barbecue à côté.

POULET FUMÉ SANS CANETTE

Vous voulez obtenir un poulet grillé fumé et irrésistible sans utiliser de canette de bière ? Grâce au fumoir d'intérieur et à une méthode de rôtissage en deux étapes, rien de plus simple. Suivez les directives de la recette principale, mais placez le poulet directement sur la plaque du fumoir, poitrine vers le haut. Pour lui donner une allure plus appétissante, troussez-le d'abord; voir p. 205. Fumez-le 30 min, puis passez-le au four à 200 °C (400 °F) de 40 à 50 min.

Vous pouvez aussi faire cette recette avec du poulet en quartiers ou en morceaux. Assaisonnez 1 kg (2 lb) de poulet avec 2 à 3 c. à soupe d'épices barbecue, puis mettez les morceaux de 20 à 30 min sur la plaque du fumoir. Il n'est pas nécessaire de les cuire ensuite au four.

POULET DE LA VICTOIRE

En août 2003, je suis allé à Tokyo pour faire un débat télévisé avec le chef Rokusaburo Michiba. Voici l'un des plats qui m'ont permis d'y faire bonne figure. La fumée de bois est un élément essentiel de la cuisine au gril. Au Japon, je n'avais ni bois ni fumoir, mais j'ai eu la bonne idée de badigeonner la volaille avec du beurre et de l'arôme de fumée liquide. Cette recette donne-t-elle les mêmes résultats qu'une cuisson lente sur un feu de bois ? Pas vraiment, mais vous serez tout de même conquis par ce poulet qui regorge d'épices barbecue et d'arômes de fumée qui ne donnent pas leur place.

RECETTE

4 PORTIONS

2 blancs (poitrines) de poulet entiers de 360 à 480 g (12 à 16 oz) chacun, désossés et sans peau ou 4 demi-blancs de 180 à 240 g (6 à 8 oz) chacun
2 c. à soupe d'Épices barbecue de base (p. 438)
2 c. à soupe de beurre non salé
1 c. à café (1 c. à thé) d'arôme de fumée liquide
175 à 250 ml (¾ à 1 tasse) de sauce barbecue au goût (suggestion p. 452)

1. Enlever et jeter tout surplus de gras ou toute partie tendineuse des blancs de volaille. Rincer à l'eau froide et bien éponger avec du papier absorbant. Retirer les tendres des blancs et réserver pour faire des kebabs, des satés ou les recettes p. 228 à 231. Assaisonner les blancs d'épices barbecue de chaque côté et faire pénétrer avec les doigts. Couvrir et laisser reposer 20 min dans le réfrigérateur.

2. Pendant ce temps, préparer la sauce à badigeonner : Faire fondre le beurre à feu moyen dans une petite casserole. Retirer du feu et ajouter l'arôme de fumée liquide.

3. Mettre les blancs de poulet diagonalement sur la grille. Cuire en suivant les directives de l'encadré. Le poulet doit rester ferme quand on appuie avec un doigt. On peut aussi vérifier la cuisson en insérant un thermomètre à mesure instantanée dans la partie la plus épaisse d'un blanc. La température interne doit être de 71 °C (160 °F) environ. Badigeonner le poulet du côté cuit après 2 min de cuisson, puis badigeonner l'autre côté après 2 autres min.

4. Servir le poulet dans un plat ovale ou des assiettes individuelles. Badigeonner avec le beurre restant et servir avec la sauce barbecue.

Si vous avez...

GRIL CONTACT : Préchauffer le gril. S'il est muni d'un sélecteur de température, préchauffer à température élevée. Mettre la lèchefrite sous la partie avant du gril. Quand on est prêt pour la cuisson, huiler légèrement la surface de cuisson. Déposer le poulet sur le gril chaud et fermer le couvercle. Compter de 4 à 6 min de cuisson. Retourner les blancs de volaille en cours de cuisson pour pouvoir les badigeonner de chaque côté.

POÊLE À FOND CANNELÉ : Préchauffer la poêle à feu moyen-vif sur la cuisinière. Quand on peut y faire rebondir une goutte d'eau, c'est qu'elle est suffisamment chaude. Quand on est prêt pour la cuisson, huiler légèrement les rainures. Déposer le poulet dans la poêle chaude. Compter de 4 à 6 min de cuisson de chaque côté.

GRIL ENCASTRÉ : Préchauffer le gril à température élevée. Si la surface de cuisson n'est pas antiadhésive, brosser et huiler la grille. Déposer le poulet sur la grille chaude. Compter de 4 à 6 min de cuisson de chaque côté.

GRIL DE TABLE : Préchauffer le gril à température élevée ; il n'est pas nécessaire d'huiler la grille. Déposer le poulet sur le gril chaud. Compter de 5 à 7 min de cuisson de chaque côté.

ÂTRE : Entasser la braise ardente sous la grille et préchauffer de 3 à 5 min ; le feu doit être chaud (2 à 3 Mississippi). Quand on est prêt pour la cuisson, brosser et huiler la grille. Déposer le poulet sur la grille chaude. Compter de 4 à 6 min de cuisson de chaque côté.

TRUC

■ **La seule partie difficile de cette recette est de faire des pochettes dans les blancs de poulet afin de pouvoir les farcir de feta et de menthe. Pour vous aider, déposez un blanc de poulet au bord d'une planche à découper, partie la plus épaisse tournée vers vous. Maintenez le blanc solidement avec la paume d'une main et découpez une pochette dans le côté à l'aide d'un petit couteau d'office.**

BLANCS DE POULET GRILLÉS À LA FETA ET À LA MENTHE FRAÎCHE

Quelques ingrédients seulement et beaucoup d'ingéniosité peuvent donner naissance à toute une gamme de saveurs. Dans cette recette, j'utilise de la feta et de la menthe fraîche. Un mélange peu orthodoxe ? Pas vraiment puisqu'à Chypre on parfume le fromage halloumi avec de la menthe. Voilà de quoi vous réconcilier avec les blancs de volaille trop souvent insipides.

RECETTE

4 PORTIONS

2 blancs (poitrines) de poulet entiers de 360 à 480 g (12 à 16 oz) chacun, désossés et sans peau ou 4 demi-blancs de 180 à 240 g (6 à 8 oz) chacun
1 morceau de feta de 45 g (1 ½ oz), en fines tranches
8 feuilles de menthe fraîche, rincées, essorées et coupées en fine julienne
Gros sel de mer ou sel casher
Poivre noir frais moulu
1 c. à soupe de jus de citron frais pressé
1 c. à soupe d'huile d'olive extravierge
Quartiers de citron

Cure-dents de bois

1. Si les blancs sont entiers, les couper en deux. Enlever et jeter tout surplus de gras ou toute partie tendineuse des blancs de volaille. Rincer à l'eau froide et bien éponger avec du papier absorbant. Retirer les tendres des blancs et réserver pour faire des kebabs, des satés ou les recettes p. 228 à 231. Mettre un blanc sur le bord d'une planche à découper. Faire une incision horizontale profonde pour obtenir une pochette (ne pas percer les côtés de la pochette). Répéter avec les autres blancs de poulet.

2. Mettre 2 ou 3 tranches de feta et quelques filaments de menthe dans chaque pochette. Fermer et faire tenir à l'aide de cure-dents légèrement huilés. Déposer dans un plat de cuisson juste assez large pour contenir les blancs sur une seule couche. Saler et poivrer généreusement de chaque côté et couvrir avec la menthe restante. Arroser de jus de citron et d'huile d'olive sur les deux faces et faire pénétrer du bout des doigts. Couvrir et laisser mariner 20 min dans le réfrigérateur en retournant le poulet une ou deux fois pendant cette période.

3. Mettre les blancs de poulet diagonalement sur la grille. Cuire en suivant les directives de l'encadré. Le poulet doit rester ferme quand on appuie avec un doigt. On peut aussi vérifier la cuisson en insérant un thermomètre à mesure instantanée dans la partie la plus épaisse d'un blanc. La température interne doit être de 71 °C (160 °F) environ.

4. Servir le poulet dans un plat ovale ou des assiettes individuelles. Enlever et jeter les cure-dents. Servir immédiatement avec des quartiers de citron.

Si vous avez...

GRIL CONTACT : Préchauffer le gril. S'il est muni d'un sélecteur de température, préchauffer à température élevée. Mettre la lèchefrite sous la partie avant du gril. Quand on est prêt pour la cuisson, huiler légèrement la surface de cuisson. Déposer le poulet sur le gril chaud et fermer le couvercle. Compter de 4 à 6 min de cuisson.

POÊLE À FOND CANNELÉ : Préchauffer la poêle à feu moyen-vif sur la cuisinière. Quand on peut y faire rebondir une goutte d'eau, c'est qu'elle est suffisamment chaude. Quand on est prêt pour la cuisson, huiler légèrement les rainures. Déposer le poulet dans la poêle chaude. Compter de 4 à 6 min de cuisson de chaque côté.

GRIL ENCASTRÉ : Préchauffer le gril à température élevée. Si la surface de cuisson n'est pas antiadhésive, brosser et huiler la grille. Déposer le poulet sur la grille chaude. Compter de 4 à 6 min de cuisson de chaque côté.

GRIL DE TABLE : Préchauffer le gril à température élevée ; il n'est pas nécessaire d'huiler la grille. Déposer le poulet sur le gril chaud. Compter de 5 à 7 min de cuisson de chaque côté.

ÂTRE : Entasser la braise ardente sous la grille et préchauffer de 3 à 5 min ; le feu doit être chaud (2 à 3 Mississippi). Quand on est prêt pour la cuisson, brosser et huiler la grille. Déposer le poulet sur la grille chaude. Compter de 4 à 6 min de cuisson de chaque côté.

TRUC

■ **Cette saumure conviendra aussi pour 1 kg (2 lb) de côtelettes de porc ou toute autre viande ayant tendance à sécher trop rapidement sur le gril.**

BLANCS DE POULET EN SAUMURE DE CAFÉ À LA SAUCE GRUMELEUSE

Les grillardins entretiennent une relation d'amour-haine avec les blancs de volaille. Nous apprécions le fait qu'ils soient désossés et sans peau et nous reconnaissons qu'ils sont une importante source de protéines faible en gras. D'un autre côté, nous sommes déçus par leur insipidité et leur tendance à sécher rapidement sur le gril. La saumure permet de contrecarrer ces deux désagréments, surtout si l'on opte pour la sauce grumeleuse que je propose ici. Le café espresso ajoute une touche inattendue – quoique discrète – et une couleur acajou invitante à ce plat. Ce poulet gagne aussi à être servi avec une sauce barbecue moutardée parfumée à l'espresso.

RECETTE

4 PORTIONS

125 ml (½ tasse) de café espresso chaud
60 g (¼ tasse) de gros sel de mer ou de sel casher
50 g (¼ tasse) de cassonade foncée ou de sucre roux bien tassé
4 tranches de citron de 6 mm (¼ po) d'épaisseur
1 c. à soupe de grains de poivre noir
1 c. à soupe de graines de moutarde
1 c. à soupe de graines de coriandre
2 blancs (poitrines) de poulet entiers de 360 à 480 g (12 à 16 oz) chacun, désossés et sans peau ou 4 demi-blancs de 180 à 240 g (6 à 8 oz) chacun
2 c. à soupe de beurre non salé, fondu
Sauce grumeleuse (p. 218)

1. Mettre l'espresso, le sel et la cassonade dans un grand bol et fouetter jusqu'à dissolution du sel et de la cassonade. Ajouter 750 ml (3 tasses) d'eau froide, les tranches de citron, les grains de poivre, les graines de moutarde et les graines de coriandre. Remuer et laisser refroidir à température ambiante.

2. Si les blancs sont entiers, les couper en deux. Enlever et jeter tout surplus de gras ou toute partie tendineuse des blancs de volaille. Rincer à l'eau froide et bien éponger avec du papier absorbant. Retirer les tendres des blancs et réserver pour faire des kebabs, des satés ou les recettes p. 228 à 231. Mettre le poulet dans la saumure et déposer un sac de plastique ou un pot rempli d'eau sur le dessus pour le garder bien immergé. On peut aussi saumurer la volaille dans un grand sac de plastique résistant. Couvrir et conserver 2 à 3 h dans le réfrigérateur en retournant le poulet à deux fois pendant cette période.

3. Quand on est prêt pour la cuisson, égoutter le poulet et jeter la saumure. Bien éponger avec du papier absorbant. Badigeonner légèrement de beurre de chaque côté.

SOYEZ VIGILANT !
À l'intérieur ou à l'extérieur, il faut être très attentif quand on fait griller du poulet. Par exemple, sur un gril contact, un blanc de poulet peut passer en 1 ou 2 minutes de 57 °C (135 °F), ce qui n'est pas assez cuit, à 82 °C (180 °F), ce qui est trop cuit. Restez donc à votre poste sans broncher...

Si vous avez...

GRIL CONTACT : Préchauffer le gril. S'il est muni d'un sélecteur de température, préchauffer à température élevée. Mettre la lèchefrite sous la partie avant du gril. Quand on est prêt pour la cuisson, huiler légèrement la surface de cuisson. Déposer le poulet sur le gril chaud et fermer le couvercle. Compter de 4 à 6 min de cuisson.

POÊLE À FOND CANNELÉ : Préchauffer la poêle à feu moyen-vif sur la cuisinière. Quand on peut y faire rebondir une goutte d'eau, c'est qu'elle est suffisamment chaude. Quand on est prêt pour la cuisson, huiler légèrement les rainures. Déposer le poulet dans la poêle chaude. Compter de 4 à 6 min de cuisson de chaque côté.

GRIL ENCASTRÉ : Préchauffer le gril à température élevée. Si la surface de cuisson n'est pas antiadhésive, brosser et huiler la grille. Déposer le poulet sur la grille chaude. Compter de 4 à 6 min de cuisson de chaque côté.

GRIL DE TABLE : Préchauffer le gril à température élevée ; il n'est pas nécessaire d'huiler la grille. Déposer le poulet sur le gril chaud. Compter de 5 à 7 min de cuisson de chaque côté.

ÂTRE : Entasser la braise ardente sous la grille et préchauffer de 3 à 5 min ; le feu doit être chaud (2 à 3 Mississippi). Quand on est prêt pour la cuisson, brosser et huiler la grille. Déposer le poulet sur la grille chaude. Compter de 4 à 6 min de cuisson de chaque côté.

4. Mettre les blancs de poulet diagonalement sur la grille. Cuire en suivant les directives de l'encadré (p. 217). Le poulet doit rester ferme quand on appuie avec un doigt. On peut aussi vérifier la cuisson en insérant un thermomètre à mesure instantanée dans la partie la plus épaisse d'un blanc. La température interne doit être de 71 °C (160 °F) environ.

5. Servir le poulet dans un plat ovale ou des assiettes individuelles. Enlever et jeter les cure-dents. Servir immédiatement avec la sauce grumeleuse à côté.

Sauce grumeleuse

ENVIRON 250 ML (1 TASSE)

Cette sauce appartient à la grande tradition américaine des sauces grumeleuses *(red-eye gravy)*. À l'origine, on utilisait du café pour déglacer la poêle à frire ayant servi à la cuisson de tranches de porc ou de jambon.

1 tranche de bacon, en fine julienne
1 échalote, hachée finement
3 c. à soupe d'espresso ou de café fort, bien chaud
3 c. à soupe de vinaigre de cidre
60 ml (¼ tasse) de moutarde de Dijon
50 g (¼ tasse) de cassonade foncée ou de sucre roux bien tassé
2 c. à soupe de crème épaisse à fouetter (35 %)
1 c. à soupe de sauce Worcestershire
Gros sel de mer ou sel casher et poivre noir frais moulu

1. Dans une casserole à fond épais, en remuant à l'aide d'une cuillère de bois, cuire le bacon environ 2 min à feu moyen, jusqu'à ce que le gras commence à fondre. Ajouter les échalotes et cuire de 2 à 3 min, jusqu'à ce que le bacon soit doré.

2. Ajouter l'espresso et le vinaigre de cidre et porter à ébullition à feu moyen-vif. Incorporer la moutarde, la cassonade, la crème et la sauce Worcestershire. Baisser le feu et laisser mijoter doucement de 5 à 8 min, jusqu'à ce que la sauce soit épaisse. Saler et poivrer au goût.

POULET EN CROÛTE DE CUMIN, SAUCE CRÉMEUSE AU CONCOMBRE

Cette recette vient de mon ami yougoslave Milenko Samardzich. Ses racines balkaniques sont indéniables puisque la marinade est faite avec du cumin, de l'ail et du jus de citron. Quant à la sauce crémeuse au concombre, elle est une proche parente des autres sauces semblables connues dans la plupart des pays méditerranéens. Milenko fait rôtir le poulet entier, ce qu'il est aussi possible de faire dans une rôtissoire (voir Variante p. 221). J'ai revisité sa recette en utilisant des blancs de poulet que je fais cuire sur un gril d'intérieur.

4 PORTIONS

RECETTE

2 blancs (poitrine) de poulet entiers de 360 à 480 g (12 à 16 oz) chacun, désossés et sans peau ou 4 demi-blancs de 180 à 240 g (6 à 8 oz) chacun
2 gousses d'ail, hachées grossièrement
1 ½ c. à café (1 ½ c. à thé) de gros sel de mer ou de sel casher
1 c. à café (1 c. à thé) de cumin moulu
1 c. à café (1 c. à thé) de coriandre moulue
½ c. à café (½ c. à thé) de poivre noir frais moulu
3 c. à soupe d'huile d'olive extravierge
1 c. à soupe de jus de citron frais pressé
Sauce crémeuse au concombre (p. 221)
1 c. à soupe de persil plat frais, haché finement

1. Si les blancs sont entiers, les couper en deux. Enlever et jeter tout surplus de gras ou toute partie tendineuse des blancs de volaille. Rincer à l'eau froide et bien éponger avec du papier absorbant. Retirer les tendres des blancs et réserver pour faire des kebabs, des satés ou les recettes p. 228 à 231. Mettre les blancs de volaille dans un plat de cuisson juste assez large pour les contenir.

2. Mettre l'ail, le sel, le cumin, la coriandre et le poivre dans un mortier et réduire en purée à l'aide du pilon. Ajouter l'huile d'olive et le jus de citron. On peut aussi utiliser le mélangeur pour cette étape. Verser la purée sur le poulet, couvrir et laisser mariner de 4 à 6 h dans le réfrigérateur en retournant le poulet quelques fois pendant cette période.

3. Quand on est prêt pour la cuisson, égoutter le poulet et jeter la marinade. Bien éponger avec du papier absorbant. Mettre les blancs de poulet diagonalement sur la grille. Cuire en suivant les directives de l'encadré. Le poulet doit rester ferme quand on appuie avec un doigt. On peut aussi vérifier la cuisson en insérant un thermomètre à mesure instantanée dans la partie la plus épaisse d'un blanc. La température interne doit être de 71 °C (160 °F) environ.

Si vous avez…

GRIL CONTACT : Préchauffer le gril. S'il est muni d'un sélecteur de température, préchauffer à température élevée. Mettre la lèchefrite sous la partie avant du gril. Quand on est prêt pour la cuisson, huiler légèrement la surface de cuisson. Déposer le poulet sur le gril chaud et fermer le couvercle. Compter de 4 à 6 min de cuisson.

POÊLE À FOND CANNELÉ : Préchauffer la poêle à feu moyen-vif sur la cuisinière. Quand on peut y faire rebondir une goutte d'eau, c'est qu'elle est suffisamment chaude. Quand on est prêt pour la cuisson, huiler légèrement les rainures. Déposer le poulet dans la poêle chaude. Compter de 4 à 6 min de cuisson de chaque côté.

GRIL ENCASTRÉ : Préchauffer le gril à température élevée. Si la surface de cuisson n'est pas antiadhésive, brosser et huiler la grille. Déposer le poulet sur la grille chaude. Compter de 4 à 6 min de cuisson de chaque côté.

GRIL DE TABLE : Préchauffer le gril à température élevée ; il n'est pas nécessaire d'huiler la grille. Déposer le poulet sur le gril chaud. Compter de 5 à 7 min de cuisson de chaque côté.

ÂTRE : Entasser la braise ardente sous la grille et préchauffer de 3 à 5 min ; le feu doit être chaud (2 à 3 Mississippi). Quand on est prêt pour la cuisson, brosser et huiler la grille. Déposer le poulet sur la grille chaude. Compter de 4 à 6 min de cuisson de chaque côté.

4. Servir le poulet dans un plat ovale ou des assiettes individuelles. Napper avec quelques cuillerées de Sauce crémeuse au concombre et garnir de persil. Servir immédiatement en faisant passer la sauce restante à table.

Variante : Pour une version plus spectaculaire (peau croustillante et craquelée), faites rôtir un poulet entier de 1,6 à 1,8 kg (3 ½ à 4 lb) au tournebroche. Préparez la marinade en suivant les directives de l'étape 2. Mettez le poulet dans un sac de plastique, ajouter la marinade et laisser mariner 4 h ou toute la nuit en le retournant à quelques reprises pendant cette période. Quand on est prêt pour la cuisson, placer la lèchefrite dans la rôtissoire. Égoutter le poulet et jeter la marinade. Brider le poulet en suivant l'une des méthodes suggérées à la p. 205. Embrocher le poulet. Attacher la broche rotative au tournebroche et mettre la rôtissoire en marche. Si le four est muni d'un sélecteur de température, le régler à 200 °C (400 °F) (voir directives p. 14). Le poulet sera bien doré après 1 à 1 h 30 de cuisson. Vérifier la cuisson avec un thermomètre à mesure instantanée en l'insérant dans la partie la plus épaisse d'une cuisse sans toucher à la broche ou à un os. La température interne doit être de 77 °C (170 °F) environ. Laisser reposer 5 min avant de découper en tranches. Napper avec la Sauce crémeuse au concombre et garnir de persil.

Sauce crémeuse au concombre

ENVIRON 375 ML (1 ½ TASSE)

Cette sauce doit son onctuosité à la crème sure. Si vous préférez le yaourt, faites plutôt la recette de la p. 195.

1 concombre ordinaire ou ½ concombre anglais (de serre)
1 gousse d'ail, émincée
½ c. à café (½ c. à thé) de cumin moulu
½ c. à café (½ c. à thé) de cari, ou plus au goût
½ c. à café (½ c. à thé) de gros sel ou de sel casher, ou plus au goût
¼ c. à café (¼ c. à thé) de poivre noir frais moulu, ou plus au goût
250 ml (1 tasse) de crème sure ou de crème fraîche
2 c. à café (2 c. à thé) de vinaigre de vin rouge ou de jus de citron frais pressé

1. Peler le concombre, le couper en deux sur la longueur et l'épépiner à l'aide d'une cuillère à melon ou d'une petite cuillère. Couper en morceaux de 1,25 cm (½ po). À l'aide du robot de cuisine, réduire en purée onctueuse les concombres, l'ail, le cumin, le cari, le sel et le poivre.

2. Ajouter la crème et le vinaigre de vin, et réduire de nouveau en purée. Rectifier l'assaisonnement en cari et/ou en sel si nécessaire.

« STEAKS » DE POULET DES ÎLES CANARIES

Islas Canarias est un restaurant chaleureux de Miami que l'on aimerait faire connaître à tout le monde, mais que l'on aime garder juste pour soi. La cuisine maison, le personnel sympathique, les prix très abordables et la propreté impeccable des lieux en font un endroit extrêmement couru. Les directeurs sont Jesus et Santiago Garcia, deux cousins qui ont baptisé leur restaurant en l'honneur des îles Canaries, lieu de naissance de leur grand-père. Une de leurs spécialités est un plat du Nicaragua, un « steak » de poulet mariné dans un mélange qui allie le goût aillé du *chimichurri* sud-américain à la saveur piquante de l'*adobo* antillais. Même si le poulet est meilleur si l'on prend la peine de le laisser mariner toute la nuit, cette recette ne requiert en réalité qu'une dizaine de minutes de préparation.

RECETTE

4 PORTIONS

2 blancs (poitrines) de poulet entiers de 360 à 480 g (12 à 16 oz) chacun, désossés et sans peau ou 4 demi-blancs de 180 à 240 g (6 à 8 oz) chacun
Gros sel de mer ou sel casher et poivre noir frais moulu
60 ml (¼ tasse) de vinaigre de vin blanc ou de vinaigre de vin rouge
½ oignon doux, en petits dés
3 gousses d'ail, hachées grossièrement
1 c. à café (1 c. à thé) d'origan séché
½ c. à café (½ c. à thé) de cumin moulu
175 ml (¾ tasse) d'huile d'olive extravierge
15 g (⅓ tasse) de persil plat frais, haché

1. Si les blancs sont entiers, les couper en deux. Enlever et jeter tout surplus de gras ou toute partie tendineuse des blancs de volaille. Rincer à l'eau froide et bien éponger avec du papier absorbant. Retirer les tendres des blancs et réserver pour faire des kebabs, des satés ou les recettes p. 228 à 231. Mettre un demi-blanc entre 2 feuilles de pellicule plastique. À l'aide d'une batte, d'un rouleau à pâtisserie, du plat d'un couperet ou d'une casserole lourde, aplatir doucement à 1,25 cm (½ po) d'épaisseur. Répéter avec les autres blancs de volaille. Déposer dans un grand plat de cuisson. Saler et poivrer de chaque côté.

2. Mettre le vinaigre, les oignons, l'ail, l'origan et le cumin dans un bol. Ajouter ½ c. à café (½ c. à thé) de sel et ¼ c. à café (¼ c. à thé) de poivre. Fouetter jusqu'à dissolution du sel. Incorporer l'huile d'olive. Rectifier l'assaisonnement en sel et en poivre au goût ; la marinade doit être bien assaisonnée. Verser la moitié de cette marinade dans un bol propre. Mélanger le reste de la marinade avec 2 c. à soupe de persil et verser sur le poulet en

Si vous avez...

GRIL CONTACT : Préchauffer le gril. S'il est muni d'un sélecteur de température, préchauffer à température élevée. Mettre la lèchefrite sous la partie avant du gril. Quand on est prêt pour la cuisson, huiler légèrement la surface de cuisson. Déposer le poulet sur le gril chaud et fermer le couvercle. Compter de 4 à 6 min de cuisson.

POÊLE À FOND CANNELÉ : Préchauffer la poêle à feu moyen-vif sur la cuisinière. Quand on peut y faire rebondir une goutte d'eau, c'est qu'elle est suffisamment chaude. Quand on est prêt pour la cuisson, huiler légèrement les rainures. Déposer le poulet dans la poêle chaude. Compter de 4 à 6 min de cuisson de chaque côté.

GRIL ENCASTRÉ : Préchauffer le gril à température élevée. Si la surface de cuisson n'est pas antiadhésive, brosser et huiler la grille. Déposer le poulet sur la grille chaude. Compter de 4 à 6 min de cuisson de chaque côté.

GRIL DE TABLE : Préchauffer le gril à température élevée ; il n'est pas nécessaire d'huiler la grille. Déposer le poulet sur le gril chaud. Compter de 5 à 7 min de cuisson de chaque côté.

ÂTRE : Entasser la braise ardente sous la grille et préchauffer de 3 à 5 min ; le feu doit être chaud (2 à 3 Mississippi). Quand on est prêt pour la cuisson, brosser et huiler la grille. Déposer le poulet sur la grille chaude. Compter de 4 à 6 min de cuisson de chaque côté.

TRUC

■ Le bifteck de hampe est délicieux cuit selon cette recette. Il s'agit en fait d'une autre spécialité des îles Canaries. La quantité de marinade suffira pour 720 g (1 ½ lb) de viande. Pour les temps de cuisson, consultez la p. 85.

l'enrobant bien de chaque côté. Couvrir et laisser mariner de 2 à 12 h dans le réfrigérateur en retournant les blancs à quelques reprises pendant cette période.

3. Quand on est prêt pour la cuisson, égoutter le poulet et jeter la marinade. Mettre les blancs de poulet diagonalement sur la grille. Cuire en suivant les directives de l'encadré. Le poulet doit rester ferme quand on appuie avec un doigt. On peut aussi vérifier la cuisson en insérant un thermomètre à mesure instantanée dans la partie la plus épaisse d'un blanc. La température interne doit être de 71 °C (160 °F) environ. Procéder par étapes si le gril n'est pas assez grand. Couvrir le poulet grillé de papier d'aluminium pour le garder chaud jusqu'au moment de servir.

4. Incorporer le persil restant à la marinade réservée. Napper les blancs de volaille avec la moitié et passer le reste à table.

PAILLARDES DE POULET À LA SAUCE « VIERGE »

Commençons par une combinaison gagnante de la cuisine méditerranéenne – tomate, ail, basilic et huile d'olive – pour créer un crescendo de saveurs. Enchaînons maintenant avec la coupe de volaille la plus banale qui soit, le blanc de poulet sans peau et désossé. Aplatissons ensuite le poulet pour obtenir une paillarde mince comme une feuille. La suite n'est pas très compliquée, mais les parfums seront aussi enivrants qu'un brillant soleil de midi.

4 PORTIONS

RECETTE

2 blancs (poitrines) de poulet entiers de 360 à 480 g (12 à 16 oz) chacun, désossés et sans peau ou 4 demi-blancs de 180 à 240 g (6 à 8 oz) chacun
1 gousse d'ail, émincée
3 feuilles de basilic frais, émincées + 4 brins de basilic pour garnir
Gros sel de mer ou sel casher et poivre noir frais moulu
2 c. à soupe d'huile d'olive extravierge
Sauce «vierge» (p. 227)

1. Si les blancs sont entiers, les couper en deux. Enlever et jeter tout surplus de gras ou toute partie tendineuse des blancs de volaille. Rincer à l'eau froide et bien éponger avec du papier absorbant. Retirer les tendres des blancs et réserver pour faire des kebabs, des satés ou les recettes p. 228 à 231. Rincer à l'eau froide et égoutter (ne pas utiliser de papier absorbant ; les blancs doivent rester humides). Mettre un demi-blanc entre 2 feuilles de pellicule plastique. À l'aide d'une batte, d'un rouleau à pâtisserie, du plat d'un couperet ou d'une casserole lourde, aplatir doucement pour que les blancs aient entre 3 et 6 mm (⅛ et ¼ po) d'épaisseur.

2. Dans un bol, avec le dos d'une cuillère, réduire en purée l'ail, le basilic émincé, ½ c. à café (½ c. à thé) de sel et ½ c. à café (½ c. à thé) de poivre. Incorporer l'huile d'olive. Badigeonner les paillardes de chaque côté avec ce mélange. Saler et poivre légèrement.

3. Cuire le poulet en suivant les directives de l'encadré. Le poulet doit rester ferme quand on appuie avec un doigt. Faire cuire les paillardes en deux ou trois fois si le gril n'est pas assez grand. Couvrir les paillardes grillées de papier d'aluminium jusqu'au moment de servir.

4. Servir les paillardes dans un plat ovale ou des assiettes individuelles. Napper de Sauce «vierge» et garnir avec les brins de basilic.

Si vous avez…

POÊLE À FOND CANNELÉ : Préchauffer la poêle à feu moyen-vif sur la cuisinière. Quand on peut y faire rebondir une goutte d'eau, c'est qu'elle est suffisamment chaude. Quand on est prêt pour la cuisson, huiler légèrement les rainures. Déposer le poulet dans la poêle chaude. Compter de 1 à 2 min de cuisson de chaque côté. Retourner à l'aide d'une large spatule.

GRIL ENCASTRÉ : Préchauffer le gril à température élevée. Si la surface de cuisson n'est pas antiadhésive, brosser et huiler la grille. Déposer le poulet sur la grille chaude. Compter de 1 à 2 min de cuisson de chaque côté. Retourner à l'aide d'une large spatule.

ÂTRE : Entasser la braise ardente sous la grille et préchauffer de 3 à 5 min ; le feu doit être chaud (2 à 3 Mississippi). Quand on est prêt pour la cuisson, brosser et huiler la grille. Déposer le poulet sur la grille chaude. Compter de 1 à 2 min de cuisson de chaque côté. Retourner à l'aide d'une large spatule.

Note : Il n'est pas toujours agréable d'aplatir la volaille pour en faire des paillardes. Vous pouvez utiliser des petits blancs entiers ou des blancs plus grands coupés en deux. Les blancs entiers conviennent mieux à cette recette parce qu'ils sont plus minces.

Sauce « vierge » (sauce aux tomates fraîches)

ENVIRON 250 ML (1 TASSE)

Cette sauce ne requiert aucune cuisson. Son succès dépend exclusivement de la qualité des ingrédients : des feuilles verdoyantes de basilic frais, des tomates tellement mûres et succulentes que ce serait un crime de les laisser tomber par terre, puis de l'huile d'olive fruitée d'une belle couleur verte. Les olives ajoutent une touche fort agréable à cette recette.

1 gousse d'ail, émincée
½ c. à café (½ c. à thé) de sel, ou plus au goût
1 grosse tomate rouge mûre de 180 à 240 g (6 à 8 oz), épépinée et coupée en dés de 6 mm (¼ po)
12 olives niçoises ou 6 olives noires, dénoyautées et coupées en dés de 6 mm (¼ po)
8 feuilles de basilic frais, en fine julienne
60 ml (¼ tasse) d'huile d'olive extravierge
1 c. à soupe de vinaigre de vin rouge, ou plus au goût
Poivre noir frais moulu

Mettre l'ail et le sel dans un bol et réduire en purée à l'aide d'une cuillère. Ajouter les tomates, les olives, le basilic, l'huile d'olive et le vinaigre. Rectifier l'assaisonnement en sel et/ou en vinaigre si nécessaire. Poivrer au goût. Cette sauce doit être bien assaisonnée.

TENDRES DE POULET À L'ESTRAGON

Le poulet et l'estragon font bon ménage depuis toujours. La saveur anisée de l'estragon transforme la volaille de manière brillante et efficace. Cette recette est préparée avec la partie la plus maigre et la plus tendre du poulet, un muscle effilé et cylindrique appelé tendre. Si vous cuisinez avec une poêle à fond cannelé, vous pouvez faire une sauce crémeuse particulièrement bonne en déglaçant l'ustensile avec un peu de beurre et de jus de citron. Si vous utilisez un gril d'intérieur, faites une sauce vite faite à base de crème et de citron sur votre cuisinière.

RECETTE

4 PORTIONS

POULET
720 g (1 ½ lb) de tendres de poulet (12 à 16)
Gros sel de mer ou sel casher et poivre noir frais moulu
3 c. à soupe d'estragon frais, haché + 4 brins entiers pour garnir
1 c. à café (1 c. à thé) de zeste de citron frais râpé
2 c. à soupe de jus de citron frais pressé
2 c. à soupe d'huile d'olive extravierge

SAUCE (facultatif)
2 c. à soupe de jus de citron frais pressé
2 c. à soupe de beurre salé
125 ml (½ tasse) de crème épaisse à fouetter (35 %)

1. Préparer le poulet : Mettre les tendres dans un plat de cuisson pouvant les contenir sur une seule couche. Saler et poivrer généreusement sur toutes les faces. Assaisonner avec l'estragon haché et le zeste en faisant pénétrer du bout des doigts. Verser le jus et l'huile sur le poulet. Couvrir et laisser mariner 10 min dans le réfrigérateur.

2. Quand on est prêt pour la cuisson, bien égoutter les tendres en les tenant par un bout à l'aide d'une pince. Jeter la marinade. Mettre les tendres diagonalement sur la grille. Cuire en suivant les directives de l'encadré. Le poulet doit rester ferme quand on appuie avec un doigt. Procéder par étapes si le gril n'est pas assez grand. Couvrir les tendres grillés de papier d'aluminium pour les garder chauds jusqu'au moment de servir.

3. Servir les tendres dans un plat ovale ou des assiettes individuelles. Si l'on a choisi de servir la sauce, mettre le jus de citron et le beurre dans une petite casserole ou une poêle à fond cannelé placée à feu moyen. Ajouter la crème et porter à ébullition (racler le fond et les rainures de la poêle à l'aide d'une cuillère de bois). Laisser bouillir de 3 à 5 min, jusqu'à épaississement. Verser la sauce sur les tendres et servir immédiatement.

TRUC

■ **L'estragon ne sèche pas facilement. Achetez toujours de l'estragon frais de préférence. Si vous le pouvez, faites-en pousser un plant chez vous. Dans cette recette, on peut le remplacer par de l'aneth ou du persil plat.**

Si vous avez…

GRIL CONTACT : Préchauffer le gril. S'il est muni d'un sélecteur de température, préchauffer à température élevée. Mettre la lèchefrite sous la partie avant du gril. Quand on est prêt pour la cuisson, huiler légèrement la surface de cuisson. Déposer le poulet sur le gril chaud et fermer le couvercle. Compter de 3 à 5 min de cuisson.

POÊLE À FOND CANNELÉ : Préchauffer la poêle à feu moyen-vif sur la cuisinière. Quand on peut y faire rebondir une goutte d'eau, c'est qu'elle est suffisamment chaude. Quand on est prêt pour la cuisson, huiler légèrement les rainures. Déposer le poulet dans la poêle chaude. Compter de 2 à 3 min de cuisson de chaque côté.

GRIL ENCASTRÉ : Préchauffer le gril à température élevée. Si la surface de cuisson n'est pas antiadhésive, brosser et huiler la grille. Déposer le poulet sur la grille chaude. Compter de 2 à 3 min de cuisson de chaque côté.

GRIL DE TABLE : Préchauffer le gril à température élevée ; il n'est pas nécessaire d'huiler la grille. Déposer le poulet sur le gril chaud. Compter de 3 à 4 min de cuisson de chaque côté.

ÂTRE : Entasser la braise ardente sous la grille et préchauffer de 3 à 5 min ; le feu doit être chaud (2 à 3 Mississippi). Quand on est prêt pour la cuisson, brosser et huiler la grille. Déposer le poulet sur la grille chaude. Compter de 2 à 3 min de cuisson de chaque côté.

TENDRES DE POULET AU BASILIC ET AU BACON

Inutile de spécifier que cette recette est facile puisqu'elle ne requiert que trois ingrédients : des tendres de poulet, du basilic frais et du bacon. Ma préparation est une simple suggestion. Parmi les possibilités infinies qui s'offrent à vous, le basilic peut être remplacé par des tomates séchées ou des copeaux de parmesan. Quant au bacon, préférez-lui parfois le prosciutto ou la pancetta. Vous pouvez aussi enfiler les tranches de bacon et les tendres sur des brins de romarin tel que décrit dans la recette de saumon de la p. 260.

RECETTE

4 PORTIONS

720 g (1 ½ lb) de tendres de poulet (12 à 16)
1 botte de basilic frais, rincée, essorée et équeutée
12 à 16 tranches minces de bacon (240 à 360 g/8 à 12 oz)

Cure-dents de bois ou ficelle

1. Mettre 1 grosse ou 2 petites feuilles de basilic sur chaque tendre. Envelopper les tendres et le basilic dans une tranche de bacon. Faire tenir à l'aide d'un cure-dent ou de ficelle (étape inutile si l'on utilise un gril contact).

2. Cuire les tendres, en suivant les directives de l'encadré, jusqu'à ce que le bacon soit doré et que le poulet soit cuit. Le poulet doit rester ferme quand on appuie avec un doigt. Procéder par étapes si le gril n'est pas assez grand. Couvrir les tendres grillés de papier d'aluminium pour les garder chauds jusqu'au moment de servir.

3. Déposer les tendres dans un plat ovale ou des assiettes individuelles. Enlever et jeter les cure-dents ou la ficelle. Servir immédiatement.

TRUC

■ **Si vous utilisez un gril de table ou un gril encastré, ne mettez pas trop de tendres à la fois sur la grille. Si le gras de bacon alimente trop la flamme, déplacez les tendres sur une partie moins chaude du gril.**

Si vous avez...

GRIL CONTACT : Préchauffer le gril. S'il est muni d'un sélecteur de température, préchauffer à température élevée. Mettre la lèchefrite sous la partie avant du gril. Quand on est prêt pour la cuisson, huiler légèrement la surface de cuisson. Déposer le poulet sur le gril chaud et fermer le couvercle. Compter de 3 à 5 min de cuisson.

POÊLE À FOND CANNELÉ : Préchauffer la poêle à feu moyen-vif sur la cuisinière. Quand on peut y faire rebondir une goutte d'eau, c'est qu'elle est suffisamment chaude. Quand on est prêt pour la cuisson, huiler légèrement les rainures. Déposer le poulet dans la poêle chaude. Compter de 2 à 3 min de cuisson de chaque côté.

GRIL ENCASTRÉ : Préchauffer le gril à température élevée. Si la surface de cuisson n'est pas antiadhésive, brosser et huiler la grille. Déposer le poulet sur la grille chaude. Compter de 2 à 3 min de cuisson de chaque côté.

GRIL DE TABLE : Préchauffer le gril à température élevée ; il n'est pas nécessaire d'huiler la grille. Déposer le poulet sur le gril chaud. Compter de 3 à 4 min de cuisson de chaque côté.

POULET GRILLÉ À LA SAUCE CRÉOLE

Le poulet n'est certes pas la vedette numéro un dans les restaurants argentins. Mais après avoir mangé plusieurs fois de leur bœuf extraordinaire, on a parfois envie d'un simple poulet grillé nappé d'une bonne sauce aux tomates, aux oignons et aux poivrons. Cette recette est inspirée d'un petit restaurant réputé de Buenos Aires, *La Cabana Las Lilas*. Par un beau jour de printemps, quoi de mieux que de casser la croûte sur la terrasse qui surplombe le canal ?

RECETTE

4 PORTIONS

8 cuisses de poulet avec la peau et les os (environ 1 kg/2 lb)
1 c. à soupe d'huile d'olive extravierge
Gros sel de mer ou sel casher
Poivre noir frais moulu ou poivre noir concassé
Environ 1 c. à soupe d'origan séché
Salsa criolla (ci-dessous)

1. Rincer les cuisses de poulet à l'eau froide et bien éponger avec du papier absorbant. Déposer une cuisse sur une planche à découper, peau vers le bas. À l'aide d'un couteau d'office bien affûté, couper le long de l'os. Couper la chair à une extrémité, puis la tirer pour la détacher de l'os. Faire la même chose à l'autre bout. Répéter avec les autres cuisses. Jeter les os ou les réserver pour un bouillon ou un autre usage.

2. Badigeonner légèrement les cuisses avec l'huile d'olive. Assaisonner généreusement de sel, de poivre et d'origan.

3. Déposer les cuisses sur le gril, peau vers le bas, et cuire en suivant les directives de l'encadré. Le poulet doit rester ferme quand on appuie avec un doigt.

4. Servir immédiatement dans un plat ovale ou des assiettes individuelles avec la *Salsa criolla* versée dessus ou à côté.

Salsa criolla

ENVIRON 500 ML (2 TASSES)

En Argentine, la sauce créole – *salsa criolla* – est l'un des deux condiments que l'on sert obligatoirement avec les viandes grillées. Il s'agit seulement de tomates, de poivrons et d'oignons coupés en dés. Délicieuse avec le poulet, elle l'est tout autant avec le bifteck et le porc grillés. Et quel est le deuxième condiment considéré comme un incontournable dans ce pays ? Le *chimichurri,* dont je vous offre la recette à la p. 162.

1 belle tomate rouge bien mûre, épépinée mais non pelée, en dés de 6 mm (¼ po)
1 petit poivron rouge, épépiné et coupé en dés de 6 mm (¼ po)
1 petit oignon, en dés de 6 mm (¼ po)
1 c. à soupe de persil plat frais, haché finement
60 ml (¼ tasse) d'huile d'olive extravierge
2 c. à soupe de vinaigre de vin rouge
Gros sel de mer ou sel casher et poivre noir frais moulu

Dans un bol, mélanger les tomates, les poivrons, les oignons, le persil, l'huile d'olive et le vinaigre. Saler et poivrer au goût. Cette sauce peut être préparée quelques heures d'avance.

TRUC

■ Si vous préférez les blancs de poulet aux cuisses, achetez en 4 de 180 à 240 g (6 à 8 oz) chacun et suivez les directives de la p. 213 pour la cuisson.

Si vous avez...

GRIL CONTACT : Préchauffer le gril. S'il est muni d'un sélecteur de température, préchauffer à température élevée. Mettre la lèchefrite sous la partie avant du gril. Quand on est prêt pour la cuisson, huiler légèrement la surface de cuisson. Déposer les cuisses de poulet sur le gril chaud et fermer le couvercle. Compter de 4 à 6 min de cuisson.

POÊLE À FOND CANNELÉ : Préchauffer la poêle à feu moyen-vif sur la cuisinière. Quand on peut y faire rebondir une goutte d'eau, c'est qu'elle est suffisamment chaude. Quand on est prêt pour la cuisson, huiler légèrement les rainures. Déposer les cuisses de poulet dans la poêle chaude. Compter de 3 à 5 min de cuisson de chaque côté.

GRIL ENCASTRÉ : Préchauffer le gril à température moyenne-élevée. Si la surface de cuisson n'est pas antiadhésive, brosser et huiler la grille. Déposer les cuisses de poulet sur la grille chaude. Compter de 3 à 5 min de cuisson de chaque côté.

GRIL DE TABLE : Préchauffer le gril à température moyenne-élevée ; il n'est pas nécessaire d'huiler la grille. Déposer les cuisses de poulet sur le gril chaud. Compter de 4 à 6 min de cuisson de chaque côté.

ÂTRE : Entasser la braise ardente sous la grille et préchauffer de 3 à 5 min ; le feu doit être chaud (2 à 3 Mississippi). Quand on est prêt pour la cuisson, brosser et huiler la grille. Déposer les cuisses de poulet sur la grille chaude. Compter de 3 à 5 min de cuisson de chaque côté.

Rôtissoire

CUISSES DE POULET AUX PIMENTS ET AU MIEL À LA MODE THAÏ

J'aime faire cuire des cuisses de poulet sur le gril. Leur chair foncée est particulièrement succulente parce qu'elle est à proximité des os. Elle est aussi suffisamment marbrée pour conserver sa tendreté et permettre à la peau de devenir croustillante. Les Thaïlandais savent eux aussi faire des mets splendides avec les cuisses de poulet. À Esarn, une région de la Thaïlande où la cuisson au gril est une véritable obsession, l'ail, la racine de coriandre, le sel et le poivre sont souvent à l'honneur. La sauce est épaisse, sucrée, aillée et juste assez piquante. Faites cuire le poulet dans un panier et le tour est joué.

RECETTE

4 PORTIONS

6 gousses d'ail, hachées grossièrement
3 c. à soupe de racines ou de feuilles de coriandre fraîche, hachées grossièrement + 4 brins pour garnir
2 c. à café (2 c. à thé) de gros sel ou de sel casher
1 c. à café (1 c. à thé) de poivre blanc frais moulu
1 c. à soupe d'huile végétale
8 cuisses de poulet avec la peau et les os (environ 1 kg/2 lb)
125 ml (½ tasse) de sauce chili thaï ou de sauce Sriracha (voir Trucs)
60 ml (¼ tasse) de miel
3 c. à soupe de jus de citron vert frais pressé
Quartiers de citron vert

1. Mettre l'ail, la coriandre hachée, le sel et le poivre blanc dans un mortier. Réduire en purée à l'aide du pilon. Incorporer l'huile. On peut aussi hacher finement l'ail, la coriandre, le sel et le poivre à l'aide du robot de cuisine. Pendant que le moteur tourne, verser l'huile d'olive et réduire en purée épaisse.

2. Retirer tout surplus de gras des cuisses de poulet. Rincer les cuisses à l'eau froide, égoutter et bien éponger avec du papier absorbant. Mettre le poulet et la purée d'ail dans un bol et bien remuer. Couvrir et laisser mariner 4 h ou toute la nuit dans le réfrigérateur.

3. Quand on est prêt pour la cuisson, placer la lèchefrite dans la rôtissoire. Déposer les cuisses dans un panier à rôtissoire et bien fermer. Attacher le panier à la broche. Attacher la broche rotative au tournebroche et mettre la rôtissoire en marche. Si le four est muni d'un sélecteur de température, le régler à 200 °C (400 °F) (voir directives p. 14). Cuire les cuisses de 30 à 40 min, jusqu'à ce qu'elles soient parfaitement cuites et dorées à l'extérieur. Le poulet doit rester ferme quand on appuie avec un doigt. On peut aussi vérifier la cuisson en insérant un thermomètre à mesure instantanée dans la partie la plus épaisse d'une cuisse. La température interne doit être de 77 °C (170 °F) environ.

4. Pendant ce temps, préparer la sauce : Verser la sauce chili, le miel et le jus de citron vert dans une casserole. Porter à ébullition à feu moyen-vif et laisser bouillir de 3 à 5 min, jusqu'à consistance épaisse et sirupeuse. Cette sauce peut être servie chaude ou à température ambiante.

5. Empiler les cuisses de poulet dans un plat ovale ou des assiettes individuelles. Napper de sauce et garnir de brins de coriandre. Servir immédiatement avec des quartiers de citron vert.

Note : Les Thaïlandais rehausseraient le goût de la marinade avec des racines de coriandre fraîche. Si vous n'en trouvez pas, utilisez des feuilles.

TRUCS

- **On trouve plusieurs marques de sauce chili thaï dans les supermarchés et les marchés orientaux. La sauce Sriracha est une sauce à la fois piquante et sucrée.**
- **Vous pouvez aussi faire griller les cuisses de poulet sur n'importe quel gril mentionné à la p. 233.**

SANDWICHES AU POULET GRILLÉ À LA MODE VIETNAMIENNE

À l'heure du lunch, il y a foule chez *Lee's Sandwiches* et on peut dire sans exagération que le bourdonnement qui y règne est aussi étourdissant que celui d'une gare centrale. Cette boulangerie-cafétéria au cœur de la Petite Saigon d'Orange County, en Californie, accueille chaque jour des personnes affamées à la recherche de repas savoureux à prix incroyablement abordables. On peut y commander un *banh mi*, un sandwich vietnamien fait avec une baguette fraîchement sortie du four. Celle-ci regorge de poulet aillé légèrement sucré, de salade de carotte croquante, de feuilles de menthe fraîche et de fines tranches de jalapeño tonifiantes. Chez *Lee's Sandwiches*, les fournées de pain se succèdent à un rythme incessant. Voici comment préparer ces sandwiches dans le confort de votre foyer.

RECETTE

4 PORTIONS

POULET ET MARINADE

4 à 6 cuisses de poulet avec la peau et les os (800 g/1 ⅔ lb) (voir Note)

60 ml (¼ tasse) de sauce de poisson orientale ou de sauce soja

3 c. à soupe de jus de citron vert frais pressé

3 c. à soupe de sucre

2 gousses d'ail, émincées

½ c. à café (½ c. à thé) de gros sel de mer ou de sel casher

½ c. à café (½ c. à thé) de poivre noir frais moulu

SANDWICHES

1 pain baguette de 61 cm (24 po) bien frais

8 feuilles de laitue Boston

Salade de chou vietnamienne (p. 238)

1 grosse tomate mûre, en fines tranches

4 rondelles d'oignon blanc doux minces comme du papier

4 piments jalapeños, ou plus au goût, coupés en travers en très fines tranches

16 brins de coriandre fraîche

16 feuilles de menthe fraîche

1. Préparer le poulet : Rincer les cuisses de poulet à l'eau froide et bien éponger avec du papier absorbant. Déposer une cuisse sur une planche à découper, peau vers le bas. À l'aide d'un couteau d'office bien affûté, couper le long de l'os. Couper la chair à une extrémité, puis la tirer pour la détacher de l'os. Faire la même chose à l'autre bout. Répéter avec les autres cuisses. Jeter les os ou les réserver pour un bouillon ou un autre usage.

2. Déposer le poulet dans un plat de cuisson. Mettre la sauce de poisson, le jus de citron vert, le sucre, l'ail, le sel et le poivre dans un bol. Fouetter jusqu'à dissolution du sucre. Verser sur le poulet, couvrir et laisser mariner dans le réfrigérateur de 2 à 4 h en retournant les cuisses à quelques reprises pendant cette période.

TRUC

■ **Les Vietnamiens et la plupart des spécialistes du barbecue qui ne vivent pas aux États-Unis préfèrent griller les cuisses de poulet plutôt que les blancs. Ces derniers sont toutefois plus faciles à manipuler quoique moins succulents. Achetez environ 600 g (1 ¼ lb) de demi-blancs de poulet et fiez-vous aux temps de cuisson de la p. 213.**

Si vous avez...

GRIL CONTACT : Préchauffer le gril. S'il est muni d'un sélecteur de température, préchauffer à température élevée. Mettre la lèchefrite sous la partie avant du gril. Quand on est prêt pour la cuisson, huiler légèrement la surface de cuisson. Déposer les cuisses de poulet sur le gril chaud et fermer le couvercle. Compter de 4 à 6 min de cuisson.

POÊLE À FOND CANNELÉ : Préchauffer la poêle à feu moyen-vif sur la cuisinière. Quand on peut y faire rebondir une goutte d'eau, c'est qu'elle est suffisamment chaude. Quand on est prêt pour la cuisson, huiler légèrement les rainures. Déposer les cuisses de poulet dans la poêle chaude. Compter de 3 à 5 min de cuisson de chaque côté.

GRIL ENCASTRÉ : Préchauffer le gril à température moyenne-élevée. Si la surface de cuisson n'est pas antiadhésive, brosser et huiler la grille. Déposer les cuisses de poulet sur la grille chaude. Compter de 3 à 5 min de cuisson de chaque côté.

GRIL DE TABLE : Préchauffer le gril à température moyenne-élevée ; il n'est pas nécessaire d'huiler la grille. Déposer les cuisses de poulet sur le gril chaud. Compter de 4 à 6 min de cuisson de chaque côté.

ÂTRE : Entasser la braise ardente sous la grille et préchauffer de 3 à 5 min ; le feu doit être chaud (2 à 3 Mississippi). Quand on est prêt pour la cuisson, brosser et huiler la grille. Déposer les cuisses de poulet sur la grille chaude. Compter de 3 à 5 min de cuisson de chaque côté.

TRUCS

- **Les sandwiches seront encore meilleurs si vous réchauffez le pain environ 5 min dans le four à 200 °C (400 °F).**
- **Ce poulet mariné est délicieux tel quel à l'heure du lunch, sans pain ni salade de chou.**

3. Cuire les cuisses en suivant les directives de l'encadré. Le poulet doit rester ferme quand on appuie avec un doigt.

4. Assembler les sandwiches : Juste avant de servir, couper le pain en travers en 4 morceaux de même grosseur. Couper chaque morceau presque complètement en deux à travers le côté.

5. Mettre 2 feuilles de laitue sur un morceau de pain. Déposer une cuisse par-dessus, ajouter un peu de salade de chou, quelques tranches de tomate, une rondelle d'oignon, quelques tranches de piment, 4 brins de coriandre et des feuilles de menthe. Répéter avec les ingrédients restants.

Note : Si vous avez la chance de trouver des cuisses déjà désossées, achetez-en 600 g (1 ¼ lb) et retirez la peau. Enlevez tout surplus de gras et assurez-vous qu'elles ne renferment plus le moindre petit morceau d'os.

Salade de chou vietnamienne

ENVIRON 300 G (3 TASSES)

Cette salade à base de carotte et de daikon donnera du croquant à n'importe quel sandwich ainsi qu'aux viandes, volaille et fruits de mer grillés. Le daikon est un radis blanc long et charnu à saveur douce. Vous pouvez servir la salade immédiatement, mais elle sera encore plus appétissante si vous la gardez quelques heures dans le réfrigérateur. Vous n'aurez pas besoin de toute cette quantité avec vos sandwiches. Servez le reste comme accompagnement ou réservez-le pour un autre repas.

1 daikon de 360 g (12 oz), pelé
2 carottes moyennes, pelées
4 c. à soupe de vinaigre de riz
3 c. à soupe de sucre, ou plus au goût
1 c. à café (1 c. à thé) de gros sel ou de sel casher, ou plus au goût
½ c. à café (½ c. à thé) de poivre blanc frais moulu

À l'aide du disque à râper du robot de cuisine, d'une mandoline ou d'un bon couteau, couper le daikon et les carottes en fine julienne (comme des allumettes) et déposer dans un bol. Ajouter le vinaigre de riz, le sucre, le sel et le poivre. Remuer. Laisser reposer au moins 30 min dans le réfrigérateur, idéalement de 1 à 2 h. Juste avant de servir, bien remuer et rectifier l'assaisonnement en sucre et/ou en sel si nécessaire. Couverte, cette salade se conserve quelques jours dans le réfrigérateur.

Rôtissoire

DINDE EN SAUMURE RÔTIE À LA BROCHE

Chaque automne, je me donne pour défi de préparer la meilleure dinde qui soit pour Thanksgiving. Au fil de mes expérimentations, j'ai utilisé le four, le gril, le fumoir et même la canette de bière. La dinde rôtie à la broche requiert l'utilisation de la rôtissoire. La saumure préserve l'humidité et le goût particulier de la chair tandis que la chaleur douce et la rotation lente du tournebroche permettent d'obtenir une peau bien colorée. Et, puisqu'un bonheur ne vient jamais seul, pendant que la volaille est en train de cuire on n'a pas à se préoccuper de quoi que ce soit d'autre.

RECETTE

1 litre (4 tasses) d'eau chaude
240 g (1 tasse) de gros sel de mer ou de sel casher
200 g (1 tasse) de cassonade foncée ou de sucre roux bien tassé
3 litres (12 tasses) d'eau froide
2 feuilles de laurier
1 petit oignon, coupé en deux
2 clous de girofle entiers
1 c. à soupe de grains de poivre noir
1 c. à soupe de graines de coriandre
4 rubans de zeste de citron de 1,25 x 4 cm (½ x 1 ½ po)
1 dinde de 3,5 à 4,5 kg (8 à 10 lb)

1. Mettre l'eau chaude, le sel et la cassonade dans une grande marmite et dissoudre à l'aide d'un fouet. Ajouter l'eau froide. À l'aide d'un clou de girofle, piquer une feuille de laurier sur chaque moitié d'oignon. Déposer dans la saumure. Ajouter les grains de poivre, les graines de coriandre et le zeste. Laisser refroidir à température ambiante.

2. Enlever et jeter le gras dans les cavités du corps et du cou. Rincer la dinde à l'eau froide, à l'intérieur et à l'extérieur, puis bien éponger avec du papier absorbant. Mettre la dinde dans la saumure et déposer un sac de plastique ou un pot rempli d'eau sur le dessus pour la garder bien immergée. Couvrir la marmite et faire saumurer 24 h dans le réfrigérateur.

3. Quand on est prêt pour la cuisson, placer la lèchefrite dans la rôtissoire. Égoutter la dinde et jeter la saumure. Brider la dinde en suivant l'une des méthodes suggérées à la p. 205 et l'embrocher sur la broche rotative de

8 À 10 PORTIONS

TRUC

■ Vous pouvez vous inspirer de cette recette pour faire rôtir une poitrine de dinde non désossée de 2,25 kg (5 lb) pendant 1 h 30 à 2 h. Essayez-la aussi avec un rôti de dinde (poitrine roulée et ficelée) que vous ferez cuire de 1 h à 1 h 30.

la rôtissoire. Attacher la broche au tournebroche et mettre la rôtissoire en marche. Si le four est muni d'un sélecteur de température, le régler à 200 °C (400 °F) (voir directives p. 14). Cuire de 1 h 45 à 2 h 30, jusqu'à ce que la peau soit croustillante et dorée et que la chair soit cuite à la perfection. Vérifier la cuisson en insérant un thermomètre à mesure instantanée dans la partie la plus épaisse d'une cuisse ; celui-ci ne doit toucher ni à la broche ni aux os. La température interne doit être de 82 °C (180 °F) environ.

4. Déposer la dinde dans un plat ovale ou sur une planche à découper. Retirer la broche. Laisser reposer de 5 à 10 min, retirer la ficelle et découper en fines tranches.

Fumoir d'intérieur
DINDE FUMÉE

On dit que la nécessité est la mère de l'invention. J'ai fait cette dinde pour la première fois il y a une quinzaine d'années et elle est le résultat d'une distraction de ma part puisque j'avais complètement oublié de mettre la volaille au four le jour de Thanksgiving. Comme il ne restait plus que quelques heures avant le repas, je l'ai mise dans le fumoir d'intérieur, je l'ai recouverte de papier d'aluminium et je l'ai fait cuire sur la cuisinière. J'avais estimé que la chaleur élevée, de concert avec la fumée et la vapeur emprisonnées dans l'aluminium, pouvaient cuire une dinde de 4 ou 5 kg (10 lb) en deux heures environ. J'ai rarement servi une dinde aussi succulente à ma famille. Ma seule déception était la peau qui n'avait rien de croustillant. La solution était pourtant à portée de la main : passer la volaille au four chaud tout simplement (voir encadré p. 160).

RECETTE

DINDE

1 c. à soupe de gros sel de mer ou de sel casher
1 c. à soupe d'assaisonnement pour volaille
2 c. à café (2 c. à thé) de poudre d'ail
2 c. à café (2 c. à thé) de poivre noir frais moulu
1 dinde de 4,5 kg (10 lb) environ
Huile de cuisson en vaporisateur (facultatif)
2 c. à soupe de beurre salé (facultatif), fondu

SAUCE MADÈRE

2 c. à soupe de beurre salé
2 échalotes, émincées
2 c. à soupe de farine
250 à 375 ml (1 à 1 ½ tasse) de bouillon de poulet et de dinde (maison de préférence)
3 c. à soupe de madère
60 ml (¼ tasse) de crème épaisse à fouetter (35 %)
Gros sel de mer ou sel casher et poivre noir frais moulu

3 c. à soupe de sciure de hickory ou de noyer ; papier d'aluminium résistant

10 À 12 PORTIONS

1. Préparer la dinde : Mélanger le sel, l'assaisonnement pour volaille, la poudre d'ail et le poivre dans un petit bol.

2. Enlever et jeter le gras dans les cavités du corps et du cou. Rincer la dinde à l'eau froide, à l'intérieur et à l'extérieur, puis bien éponger avec du papier absorbant. Saupoudrer le tiers des assaisonnements dans les cavités du corps et du cou et le reste sur toute la partie extérieure de la volaille. Faire pénétrer avec le bout des doigts.

3. Préparer le fumoir (directives p. 16). Mettre la sciure au centre de la partie inférieure du fumoir. Tapisser la lèchefrite de papier d'aluminium et mettre dans le fumoir. Vaporiser légèrement la grille du fumoir avec de l'huile de cuisson ou la frotter avec du papier absorbant trempé dans l'huile. Mettre la grille dans le fumoir. Brider la volaille en suivant l'une des méthodes suggérées à la p. 205. Déposer la dinde sur la grille, poitrine vers le haut. Couvrir la volaille avec une grande feuille de papier d'aluminium résistant en le plissant sur le bord inférieur du fumoir pour fermer hermétiquement. Le papier ne doit pas toucher la dinde.

4. Mettre le fumoir 3 min à température élevée. Réduire la chaleur à température moyenne et fumer la dinde environ 40 min pour qu'elle absorbe le maximum de fumée.

5. Pendant ce temps, préchauffer le four à 180 °C (350 °F).

6. Enlever et jeter le papier d'aluminium. Badigeonner l'extérieur de la dinde avec le beurre fondu. Mettre la dinde, toujours sur **la partie inférieure** du fumoir, dans le four. Cuire de 1 h 30 à 1 h 45, jusqu'à ce que la peau soit croustillante et bien dorée et que la chair soit cuite à la perfection. Vérifier la cuisson avec un thermomètre à mesure instantanée en l'insérant dans la partie la plus épaisse d'une cuisse sans toucher à un os. La température interne doit être de 82 °C (180 °F) environ.

7. Déposer la dinde dans un plat ovale et la couvrir avec du papier d'aluminium. Laisser reposer environ 10 min. Verser le jus accumulé dans la lèchefrite dans un séparateur de graisses (voir encadré p. 205) et réserver. Garder la lèchefrite à portée de la main ; elle servira à préparer la sauce madère.

8. Préparer la sauce madère : Faire fondre le beurre à feu moyen dans une casserole. Ajouter les échalotes et cuire environ 3 min en remuant à l'aide d'une cuillère de bois. Ajouter la farine et cuire environ 2 min, jusqu'à ce qu'elle soit d'un beau brun doré. Verser le jus accumulé dans la partie inférieure du séparateur de graisses dans une grande tasse à mesurer en arrêtant dès que le gras commence à sortir. Ajouter suffisamment de bouillon pour obtenir 500 ml (2 tasses). Mettre la lèchefrite à feu vif, ajouter le madère et porter à ébullition en raclant le fond et les côtés à l'aide d'une cuillère de bois.

9. Retirer la casserole du feu et incorporer les 500 ml (2 tasses) de bouillon, le jus réservé, le madère bouilli et la crème. Mettre la casserole à feu moyen-vif et amener lentement à ébullition en remuant sans cesse à l'aide d'un fouet ; la sauce épaissira. Laisser mijoter rapidement environ 5 min, jusqu'à réduction à 500 ml (2 tasses). Saler et poivrer si nécessaire. Si vous recevez le duc et la duchesse de Windsor, filtrer la sauce dans une passoire à maille fine pour la servir dans une saucière. Les gens ordinaires, comme moi, préféreront probablement une sauce contenant encore quelques parcelles. Découper la dinde et servir la sauce à côté.

Rôtissoire

POITRINE DE DINDE SAUMURÉE AU RHUM ET AUX ÉPICES

Au risque de passer pour un être nostalgique, je me rappelle de l'excellente dinde de mon enfance. De la vraie dinde et non pas ce mélange insupportable de dinde hachée, d'eau et d'arômes artificiels que l'on nous refile aujourd'hui sous le nom de «roulé de dinde». Il n'y a pourtant rien de plus simple que de faire rôtir une véritable poitrine de dinde. Je ne comprends pas pourquoi cette tradition a tendance à se perdre. La rôtissoire permet de préparer un bon repas en peu de temps et empêche la dinde de se dessécher en cours de cuisson, même quand elle est très maigre. La saumure donne beaucoup de goût à la chair tout en préservant son humidité. Cette recette antillaise parle de gingembre, de piment de la Jamaïque, de piments Scotch Bonnet et de rhum...

8 PORTIONS

RECETTE

500 ml (2 tasses) d'eau chaude
250 g (1 ¼ tasse) de cassonade ou de sucre roux bien tassé
180 g (¾ tasse) de gros sel de mer ou de sel casher
2,5 litres (10 tasses) d'eau froide
250 ml (1 tasse) de rhum brun
3 c. à soupe d'arôme de fumée liquide (voir encadré p. 209)
3 oignons verts (le blanc et le vert), en morceaux de 5 cm (2 po)
2 gousses d'ail, épluchées et aplaties doucement avec le plat d'un couperet
1 morceau de gingembre frais de 5 cm (2 po), pelé et coupé en fines tranches
1 c. à soupe de thym séché
½ à 1 piment Scotch Bonnet (facultatif), coupé en deux et épépiné
1 c. à soupe de grains de piment de la Jamaïque
1 c. à soupe de grains de poivre noir
2 noix de muscade entières
2 c. à café (2 c. à thé) de clous de girofle entiers
1 poitrine de dinde de 2,25 kg (5 lb) non désossée

Ficelle

1. Mettre l'eau chaude, la cassonade et le sel dans une marmite assez grande pour contenir la poitrine de dinde et 3,75 litres (15 tasses) de saumure. Remuer pour dissoudre le sel et la cassonade. Ajouter l'eau froide, le rhum, l'arôme de fumée liquide, les oignons verts, l'ail, le gingembre, le thym, le piment Scotch Bonnet, le piment de la Jamaïque, les grains de poivre, la muscade et les clous de girofle. Bien remuer.

2. Rincer la poitrine de dinde à l'eau froide, puis la déposer dans la saumure en l'immergeant complètement. Couvrir et faire saumurer 24 h dans le réfrigérateur. On peut aussi saumurer la dinde dans un sac de plastique à fermeture à glissière.

3. Quand on est prêt pour la cuisson, placer la lèchefrite dans la rôtissoire. Égoutter la dinde et jeter la saumure. Embrocher la poitrine sur la broche rotative de la rôtissoire. Attacher la volaille avec un ou deux bouts de ficelle pour lui donner une forme cylindrique compacte. Attacher la broche rotative au tournebroche et mettre la rôtissoire en marche. Si le four est muni d'un sélecteur de température, le régler à 200 °C (400 °F) (voir directives p. 14). Cuire la dinde de 1 h 30 à 2 h, jusqu'à ce qu'elle soit dorée et cuite à la perfection. Vérifier la cuisson en insérant un thermomètre à mesure instantanée dans la partie la plus épaisse de la dinde. La température interne doit être de 77 °C (170 °F) environ.

4. Déposer la dinde dans un plat ovale ou une planche à découper et retirer la broche. Laisser reposer de 5 à 10 min. Couper et jeter la ficelle. Découper la poitrine en fines tranches en travers du grain.

TRUCS

■ **La poitrine de dinde doit être entièrement immergée dans la saumure. Utilisez un contenant haut et étroit. Vous pouvez mettre un sac de plastique à fermeture hermétique rempli d'eau directement sur la dinde pour l'empêcher de remonter à la surface.**

■ **Le Scotch Bonnet est l'un des piments les plus forts au monde. Vous pouvez le remplacer par du piment habanero. Si vous aimez les mets non piquants, ne mettez pas de piment du tout.**

« STEAKS » DE DINDE AU RELISH DE CANNEBERGES ET DE KUMQUATS

Un repas de fête dans une poêle à fond cannelé. Voilà comment je peux décrire ces « steaks » aux agrumes et à la coriandre dont la cuisson est aussi rapide que l'éclair. Le relish de canneberges et de kumquats a de quoi nous laisser pantois. Mais pourquoi attendre une occasion spéciale pour vous régaler ? Après tout, cette recette n'exige qu'une trentaine de minutes de préparation.

4 PORTIONS

RECETTE

ÉPICES AU CITRON ET À LA CORIANDRE
2 rubans de zeste de citron de 1,25 x 4 cm (½ x 1 ½ po) prélevés à l'aide d'un éplucheur et hachés grossièrement
2 c. à café (2 c. à thé) de graines de coriandre
2 c. à café (2 c. à thé) de grains de poivre blanc
2 c. à café (2 c. à thé) de gros sel de mer ou de sel casher

« STEAKS » DE DINDE
720 g (1 ½ lb) de « steaks » de dinde (voir encadré p. 247)
1 à 2 c. à soupe d'huile d'olive extravierge
Relish de canneberges et de kumquats (ci-dessous)

1. Préparer les épices : Réduire le zeste, la coriandre, le poivre et le sel en fine poudre à l'aide d'un moulin à épices ou à café propre.

2. Préparer les « steaks » : Rincer les « steaks » à l'eau froide et bien éponger avec du papier absorbant. Badigeonner légèrement d'huile d'olive de chaque côté. Saupoudrer les épices sur les deux faces et faire pénétrer doucement du bout des doigts.

3. Cuire les « steaks » en suivant les directives de l'encadré. La dinde doit rester ferme au toucher quand on appuie avec un doigt. On peut les quadriller en les faisant pivoter d'un quart de tour après 1 ½ min de cuisson.

4. Déposer les « steaks » dans un plat ovale ou des assiettes individuelles. Mettre une cuillerée de relish au centre de chaque « steak » et faire passer le reste à table.

Si vous avez...

GRIL CONTACT : Préchauffer le gril. S'il est muni d'un sélecteur de température, préchauffer à température élevée. Mettre la lèchefrite sous la partie avant du gril. Quand on est prêt pour la cuisson, huiler légèrement la surface de cuisson. Déposer la dinde sur le gril chaud et fermer le couvercle. Compter de 3 à 4 min de cuisson.

POÊLE À FOND CANNELÉ : Préchauffer la poêle à feu moyen-vif sur la cuisinière. Quand on peut y faire rebondir une goutte d'eau, c'est qu'elle est suffisamment chaude. Quand on est prêt pour la cuisson, huiler légèrement les rainures. Déposer la dinde dans la poêle chaude. Compter de 3 à 4 min de cuisson de chaque côté.

GRIL ENCASTRÉ : Préchauffer le gril à température élevée. Si la surface de cuisson n'est pas antiadhésive, brosser et huiler la grille. Déposer la dinde sur la grille chaude. Compter de 3 à 4 min de cuisson de chaque côté.

GRIL DE TABLE : Préchauffer le gril à température élevée ; il n'est pas nécessaire d'huiler la grille. Déposer la dinde sur le gril chaud. Compter de 4 à 5 min de cuisson de chaque côté.

ÂTRE : Entasser la braise ardente sous la grille et préchauffer de 3 à 5 min ; le feu doit être chaud (2 à 3 Mississippi). Quand on est prêt pour la cuisson, brosser et huiler la grille. Déposer la dinde sur la grille chaude. Compter de 3 à 4 min de cuisson de chaque côté.

Relish de canneberges et de kumquats de Frances Raichlen

ENVIRON 500 ML (2 TASSES)

Voici l'une des rares recettes que j'ai apprises de ma mère qui ne raffolait pas du tout de cuisine. Aucune cuisson n'est requise pour ce relish ; les canneberges et les kumquats sont servis crus dans toute leur splendeur astringente. Mais ne craignez rien, ces fruits sont adoucis par l'addition de cassonade, de miel et de porto. Un délice avec la dinde, mais aussi avec le porc et le gibier grillés.

360 g (12 oz) de canneberges fraîches
6 kumquats ou 1 petite orange (voir Note)
60 g (½ tasse) de pacanes ou de noix
70 g (⅓ tasse) de cassonade pâle ou de sucre roux bien tassé
½ c. à café (½ c. à thé) de cannelle moulue, ou plus au goût
3 c. à soupe de porto ou de vin rouge sec
2 c. à soupe de miel, ou plus au goût

Rincer, égoutter et trier les canneberges. Jeter celles qui ne sont pas impeccables. Couper les kumquats en quartiers et épépiner. Hacher grossièrement les kumquats et les pacanes à l'aide du robot de cuisine. Ajouter les canneberges, la cassonade et la cannelle. Hacher grossièrement. Ajouter le porto et le miel et mélanger un peu. Le relish doit contenir quelques morceaux. Ajouter du miel et/ou de la cannelle si nécessaire.

Note : Si vous utilisez des oranges au lieu des kumquats, coupez-les en 8 morceaux et épépinez-les avant de les mettre dans le robot de cuisine.

Variante : Pour ajouter une touche originale électrisante, ajoutez 1 ou 2 piments jalapeños épépinés en même temps que les canneberges et les kumquats.

« STEAKS » DE DINDE

Certains bouchers et supermarchés vendent des « steaks » et des escalopes de dinde. Les « steaks » sont coupés en médaillons en travers du grain ; les escalopes sont coupées en diagonale plus fine et sont un peu plus minces. Si vous n'en trouvez pas dans votre région, préparez-les vous-même : Poser une poitrine de dinde non désossée sur une planche à découper, os vers le bas. Retirer la peau. Enlever ensuite le bréchet en faisant glisser un couteau d'office ou à désosser de chaque côté de celui-ci. Tenir le bréchet par le dessus et tirer jusqu'à ce qu'il se détache. Faire une incision verticale sur un côté de la poitrine ; puis, en coupant le plus près possible de la cage thoracique, faire glisser le couteau le long des os pour détacher un morceau de viande. Répéter de l'autre côté. On doit obtenir deux morceaux de viande plats et cylindriques. Couper chaque demi-poitrine diagonalement en deux pour obtenir des « steaks » ou des médaillons de 6 à 12 mm (¼ à ½ po) d'épaisseur. Si l'on a la possibilité d'acheter une poitrine de dinde désossée, il suffit simplement de la découper en « steaks ».

Si l'on utilise plutôt des escalopes de dinde, compter de 1 à 2 min de cuisson de chaque côté (1 à 2 min en tout sur un gril contact).

Rôtissoire

CANARD À L'ANIS ÉTOILÉ ET AU SOJA RÔTI À LA BROCHE

Le canard est apprécié dans le monde entier, mais quand vient le temps de transformer cette volaille plutôt grasse en un plat remarquable, les chefs orientaux sont imbattables. Cette recette est inspirée d'un livre charmant intitulé *Simple Laotian Cooking* de Penn Hongthong. Tout le monde sait que la chair foncée du canard appelle un assaisonnement sucré (pensez au canard à l'orange). L'originalité de ce plat vient de l'ajout d'anis étoilé qui communique un goût unique à la volaille. La cuisson à la broche permet d'obtenir une peau croustillante, une chair tendre ainsi qu'un bon écoulement du gras en cours de cuisson.

RECETTE

2 À 4 PORTIONS

1 canard de 2,25 à 2,75 kg (5 à 6 lb), décongelé
80 ml (⅓ tasse) de sauce soja
3 c. à soupe de sucre
1 c. à café (1 c. à thé) de gros sel de mer ou de sel casher
1 c. à café (1 c. à thé) de poivre blanc frais moulu
8 anis étoilés entiers
3 gousses d'ail, épluchées et aplaties doucement avec le plat d'un couperet

1. Nettoyer le canard et réserver le foie pour la recette de yakitori de la p. 41 ; le foie peut être congelé. Enlever et jeter le gras dans les cavités du corps et du cou. Couper et jeter tout surplus de peau du cou. Rincer le canard à l'eau froide, à l'intérieur et à l'extérieur, puis bien éponger avec du papier absorbant. Piquer la peau sur toute la surface à l'aide d'une fourchette pointue en prenant soin de ne piquer que la peau et non pas la chair. Mettre le canard dans un sac de plastique à fermeture à glissière.

2. Dans un petit bol, mélanger la sauce soja, le sucre, le sel et le poivre jusqu'à dissolution du sucre et du sel. Incorporer l'anis étoilé et l'ail. Verser dans le sac, faire sortir l'air et bien sceller. Déposer le sac dans un grand bol et laisser mariner 24 h dans le réfrigérateur en retournant la volaille à quelques reprises pendant cette période.

3. Quand on est prêt pour la cuisson, placer la lèchefrite dans la rôtissoire. Égoutter le canard et jeter la marinade. Piquer la peau de nouveau à l'aide d'une fourchette. Brider le canard en suivant l'une des méthodes de la p. 205. Embrocher le canard sur la broche rotative du four. Attacher la broche au tournebroche et mettre la rôtissoire en marche. Si le four est muni d'un sélecteur de température, le régler à 200 °C (400 °F) (voir directives p. 14).

4. Cuire le canard environ 1 h 15, jusqu'à ce que la peau soit foncée et croustillante et que la chair soit tendre. Vérifier la cuisson en insérant un thermomètre à mesure instantanée dans la partie la plus épaisse d'une cuisse sans toucher à la broche ni à un os. La température interne doit varier entre 71 °C (160 °F) pour une cuisson à point et 77 °C (170 °F) pour une cuisson à point-bien cuit. Après environ 35 min de cuisson, arrêter le moteur et piquer la peau du canard pour qu'une partie du gras s'écoule plus facilement. Pour que la peau soit croustillante, appuyer sur la touche de pause de la rôtissoire pour que la broche rotative cesse de tourner. Exposer la poitrine à l'élément chauffant environ 5 min.

5. Déposer le canard dans un plat ovale ou sur une planche à découper. Retirer la broche et laisser reposer 5 min. Retirer la ficelle. Couper le canard en deux ou en quatre, jeter la colonne vertébrale et servir immédiatement.

Variante : Les quartiers de canard deviennent croustillants à l'extérieur et tendres à l'intérieur lorsqu'on les cuit sur un gril contact. Le secret consiste à entailler la peau pour que le gras s'écoule plus facilement. Pour préparer un canard de 2,25 à 2,75 kg (5 à 6 lb) pour le gril contact, le découper en quartiers : Couper d'abord sous une cuisse jusqu'à l'articulation qui attache celle-ci au corps. Soulever la cuisse et dégager l'os de l'articulation. Couper jusqu'au dos du canard pour pouvoir retirer la cuisse. Répéter la même chose de l'autre côté. Poser le canard sur une planche à découper, poitrine vers le haut. À l'aide d'une cisaille à volaille, couper la poitrine en deux à travers l'os. Couper à travers les côtes autour de chaque moitié de poitrine. Jeter la partie arrière de la carcasse. Couper et jeter l'extrémité des ailes.

TRUCS

■ **Ce plat est d'une extrême simplicité, mais n'oubliez pas que le canard doit mariner pendant 24 h.**

■ **L'anis étoilé est le fruit de la badiane. Il a la forme d'une étoile à huit branches brun rougeâtre. Originaire du sud-ouest de la Chine et du nord du Vietnam, on le trouve dans les marchés orientaux et les magasins d'aliments naturels. Il est l'un des principaux ingrédients du cinq-épices chinois. Si vous n'avez pas d'anis étoilé sous la main, remplacez-le par 2 c. à café (2 c. à thé) d'anis moulu.**

À l'aide d'un couteau très bien affûté, faire des incisions à tous les 6 mm (¼ po) pour le quadriller. Il est important de couper la peau, mais non pas la chair. Préparer la marinade en suivant les directives de l'étape 2 de la p. 249. Laisser mariner 4 h ou toute la nuit dans le réfrigérateur en retournant les morceaux à quelques reprises pendant cette période.

Quand on est prêt pour la cuisson, bien égoutter le canard, jeter la marinade et éponger minutieusement avec du papier absorbant. Avec 1 c. à soupe d'huile de sésame orientale, badigeonner légèrement sur toutes les faces. Préchauffer le gril. S'il est muni d'un sélecteur de température, le préchauffer à moyen-vif. Mettre la lèchefrite sous la partie avant du gril.

Mettre les morceaux de volaille sur le gril, peau vers le haut. Fermer le couvercle. La peau sera croustillante et dorée et la chair cuite à la perfection après 6 à 8 min de cuisson. Si la peau comment à noircir avant la fin de la cuisson, mettre du papier d'aluminium entre la peau du canard et la plaque supérieure du gril.

Rôtissoire

CANARD AIGRE-DOUX FAÇON CESARE GIACCONE

Cesare Giaccone est l'un des chefs les plus réputés d'Italie. Avec sa splendide moustache poivre et sel et sa cigarette au coin de la bouche, il n'en laisse pourtant rien paraître. Quand il n'est pas dans sa cuisine, ce sexagénaire porte fièrement le pantalon et le veston bleus des ouvriers. Manger à son petit restaurant rustique d'Albaretto della Torre (près d'Alba, capitale de la truffe blanche), dans le Piémont, est l'une des expériences gastronomiques les plus extraordinaires que l'on puisse vivre en Italie. Son canard est un poème en soi : romarin, ail, échalotes, miel et vinaigre blanc. Ma contribution à cette recette ? La cuisson à la broche, qui favorise un bon écoulement du gras en cours de cuisson et garantit une belle peau croustillante.

2 PORTIONS

RECETTE

CANARD

1 canard de 2,25 à 2,75 kg (5 à 6 lb), décongelé
Gros sel de mer ou sel casher et poivre noir frais moulu
3 gousses d'ail, hachées finement
6 grosses échalotes, épluchées (2 en fines tranches et 4 entières)
2 c. à soupe de romarin frais, haché + 4 brins de romarin entiers
1 c. à soupe d'huile végétale

SAUCE

1 gousse d'ail, épluchée et aplatie doucement avec le plat d'un couperet
1 brin de romarin frais
80 ml (⅓ tasse) de miel
80 ml (⅓ tasse) de vinaigre de vin rouge
125 ml (½ tasse) de bouillon de poulet ou de veau
3 c. à soupe de beurre non salé, en morceaux de 1,25 cm (½ po)
Gros sel de mer ou sel casher et poivre noir frais moulu

TRUC

■ **Giaccone fait rôtir son canard dans une rôtissoire métallique noircie par le temps. Il coupe d'abord le canard en deux à l'aide d'un couperet bien affûté. J'ai adapté sa recette pour la rôtissoire afin de faire rôtir le canard entier. On peut aussi couper la volaille en quartiers et les faire cuire dans le panier à rôtissoire.**

1. Nettoyer le canard et réserver le foie pour la recette de yakitori de la p. 41 ; le foie peut être congelé. Enlever et jeter le gras dans les cavités du corps et du cou. Couper et jeter tout surplus de peau du cou. Rincer le canard à l'eau froide, à l'intérieur et à l'extérieur, puis bien éponger avec du papier absorbant.

2. Couper le canard en quartiers : Couper d'abord sous une cuisse jusqu'à l'articulation qui attache celle-ci au corps. Soulever la cuisse et dégager l'os de l'articulation. Couper jusqu'au dos du canard pour pouvoir retirer la cuisse. Répéter la même chose de l'autre côté. Poser le canard sur une planche à découper, poitrine vers le haut. À l'aide d'une cisaille à volaille, couper la poitrine en deux à travers l'os. Couper à travers les côtes autour de chaque moitié de poitrine. Jeter la partie arrière de la carcasse. Couper et jeter l'extrémité des ailes.

3. Entailler légèrement la peau du canard, particulièrement sur la poitrine. À l'aide d'un couteau très bien affûté, faire des incisions à tous les 6 mm (¼ po) pour le quadriller. Il est important de couper la peau, mais non pas la chair. Le gras se libérera ainsi plus facilement en cours de cuisson.

4. Mettre le canard dans un plat de cuisson. Saler et poivrer généreusement sur toutes les faces. Parsemer l'ail, les échalotes et le romarin haché sur les quartiers de volaille. Arroser uniformément d'huile et faire pénétrer les assaisonnements du bout des doigts. Couvrir et laisser mariner de 1 à 4 h dans le réfrigérateur.

5. Quand on est prêt pour la cuisson, placer la lèchefrite dans la rôtissoire. Déposer les morceaux de canard dans un panier à rôtissoire. Placer 2 morceaux, peau vers le bas. (La partie la plus épaisse de chaque quartier doit faire face à l'extérieur du panier.) Mettre 2 échalotes entières entre les quartiers, puis placer 2 brins de romarin sur chacun d'eux. Déposer les 2 autres quartiers de canard sur le dessus, peau vers le haut et partie la plus épaisse tournée vers l'extérieur du panier. Placer 2 échalotes entières entre les quartiers du dessus. Bien fermer le panier.

6. Attacher le panier à la broche. Attacher la broche rotative au tournebroche et mettre la rôtissoire en marche. Si le four est muni d'un sélecteur de température, le régler à 200 °C (400 °F) (voir directives p. 14). Cuire le canard jusqu'à ce que la peau soit bien dorée et croustillante et que la chair soit cuite à la perfection : de 1 h à 1 h 15 pour une chair bien cuite et 45 min pour cuisson à point. Vérifier la cuisson en insérant un thermomètre à mesure instantanée dans la partie la plus épaisse d'une cuisse sans toucher à la broche ou à un os. La température interne doit varier entre 71 °C (160 °F) pour une cuisson à point et 82 °C (180 °F) pour une chair bien cuite.

7. Après 30 min de cuisson du canard, préparer la sauce : Mélanger l'ail, le romarin, le miel, le vinaigre et le bouillon dans une grande casserole. Porter à ébullition à feu vif. Laisser bouillir de 6 à 10 min pour réduire de moitié. Pendant que la sauce bout, incorporer le beurre et laisser bouillir environ 2 min de plus, jusqu'à ce que la sauce soit épaisse et sirupeuse. Retirer et jeter la gousse d'ail et le brin de romarin. Saler et poivrer au goût. Réserver au chaud sans placer la casserole directement sur le feu. Si la sauce se sépare, la porter à ébullition juste avant de servir pour lui redonner belle allure.

8. Dresser le canard dans un plat ovale ou des assiettes individuelles. Napper de sauce et servir immédiatement.

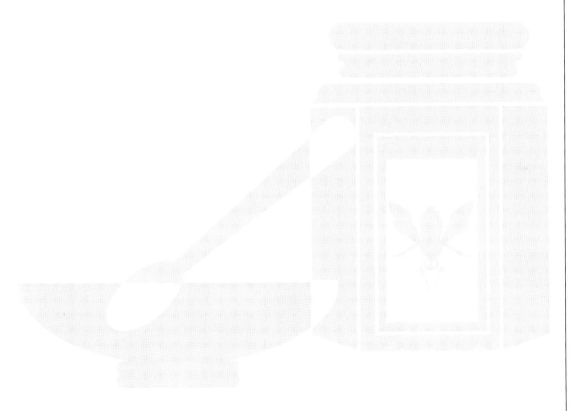

TRUC

■ Les poulets ou les coquelets sont ouverts en crapaudine (partiellement désossés et ouverts comme un livre). Cette étape n'est pas compliquée, mais vous pouvez les remplacer par des blancs de poulet. Comptez un blanc de 180 à 240 g (6 à 8 oz) pour remplacer chaque poulet des Cornouailles ou chaque coquelet. Consultez la p. 213 pour connaître le temps de cuisson requis pour les blancs de poulet.

POULET DES CORNOUAILLES (COQUELETS) AU PIRI-PIRI

Cette recette vient du Zimbabwe, en Afrique centrale, mais le piri-piri a acquis ses lettres de noblesse partout en Afrique du Sud, en Angola et au Mozambique. Le piri-piri est un petit piment fort que les explorateurs portugais ont rapporté du Brésil au XVIe siècle. Au cours de leurs nombreux voyages, ils ont eu la bonne idée de le faire connaître aux habitants du continent africain. La recette originale est piquante à souhait, mais je l'ai adoucie grâce aux piments jalapeños. Mais si vous êtes un véritable amateur de feu, n'hésitez pas à prendre des piments chilis thaï ou même des Scotch Bonnet.

RECETTE

2 PORTIONS

2 à 4 piments jalapeños, ou plus au goût, épépinés et hachés grossièrement
2 gousses d'ail, hachées grossièrement
1 morceau de gingembre frais de 2,5 cm (1 po), pelé et haché grossièrement
1 c. à soupe de paprika doux
1 ½ c. à café (1 ½ c. à thé) de gros sel de mer ou de sel casher
½ c. à café (½ c. à thé) de cayenne, ou plus au goût
125 ml (½ tasse) de jus de citron frais pressé
60 ml (¼ tasse) d'huile végétale
2 poulets des Cornouailles ou coquelets de 480 g (1 lb) chacun environ
Quartiers de citron

1. À l'aide du mélangeur, réduire en purée onctueuse les piments, l'ail, le gingembre, le paprika, le sel, le cayenne, le jus de citron et l'huile végétale. Si l'on utilise un robot de cuisine, réduire en purée les piments, l'ail, le gingembre, le paprika, le sel, le cayenne avant d'ajouter le jus et l'huile.

2. Enlever et jeter le gras dans les cavités du corps et du cou. Rincer les poulets à l'eau froide, à l'intérieur et à l'extérieur, puis bien éponger avec du papier absorbant.

3. Préparer les poulets en crapaudine : Poser un poulet sur une planche à découper, poitrine vers le bas. Avec une cisaille à

Si vous avez...

GRIL CONTACT : Préchauffer le gril. S'il est muni d'un sélecteur de température, préchauffer à température élevée. Mettre la lèchefrite sous la partie avant du gril. Quand on est prêt pour la cuisson, huiler légèrement la surface de cuisson. Déposer la volaille sur le gril chaud, peau vers le haut, et fermer le couvercle. Compter de 8 à 12 min de cuisson. Si la peau commence à brunir trop rapidement avant que la chair soit cuite, glisser une feuille de papier d'aluminium entre la volaille et la surface de cuisson.

POÊLE À FOND CANNELÉ : Préchauffer la poêle à feu moyen sur la cuisinière. Quand on peut y faire rebondir une goutte d'eau, c'est qu'elle est suffisamment chaude. Quand on est prêt pour la cuisson, huiler légèrement les rainures. Mettre la volaille dans la poêle chaude, puis déposer un presse-sandwich (voir encadré), quelques briques enveloppées de papier d'aluminium ou une poêle en fonte sur le dessus. Compter de 5 à 8 min de cuisson de chaque côté.

GRIL ENCASTRÉ : Préchauffer le gril à température élevée. Si la surface de cuisson n'est pas antiadhésive, brosser et huiler la grille. Mettre la volaille sur la grille chaude, puis déposer un presse-sandwich (voir encadré), quelques briques enveloppées de papier d'aluminium ou une poêle en fonte sur le dessus. Compter de 5 à 8 min de cuisson de chaque côté.

GRIL DE TABLE : Préchauffer le gril à température élevée ; il n'est pas nécessaire d'huiler la grille. Mettre la volaille sur le gril chaud, puis déposer un presse-sandwich (voir encadré), quelques briques enveloppées de papier d'aluminium ou une poêle en fonte sur le dessus. Compter de 6 à 9 min de cuisson de chaque côté.

ÂTRE : Entasser la braise ardente sous la grille et préchauffer de 3 à 5 min ; le feu doit être moyen (5 à 6 Mississippi). Quand on est prêt pour la cuisson, brosser et huiler la grille. Mettre la volaille sur la grille chaude, puis déposer un presse-sandwich (voir encadré), quelques briques enveloppées de papier d'aluminium ou une poêle en fonte sur le dessus. Compter de 5 à 8 min de cuisson de chaque côté.

LE PRESSE-SANDWICH

Les grils contact et les machines à panini sont très utiles pour faire des paninis. Mais vous pouvez aussi faire griller les sandwiches dans une poêle à fond cannelé, un gril encastré, un gril de table ou même dans l'âtre. Le secret consiste à cuisiner à feu moyen et d'acheter un presse-sandwich. Il ressemble à un ancien fer à repasser – une pièce métallique large et lourde munie d'une poignée à l'épreuve de la chaleur. Certains modèles ont des rainures surélevées semblables à celles d'une poêle à fond cannelé. D'autres sont plats et ne permettent pas de quadriller les sandwiches. Pour griller les sandwiches, préchauffer le gril à feu moyen, puis brosser et huiler les rainures. Déposez les sandwiches sur le gril et placez le poids par-dessus pour les aplatir. Faites cuire jusqu'à ce que le dessous soit doré, retournez-les et faites-les dorer de l'autre côté.

TRUC

■ La plupart des piments jalapeños sont verts, mais on en trouve aussi des rouges. Ces derniers donneront à la marinade une allure encore plus authentique.

volaille, en commençant par le cou, faire une incision sur toute la longueur d'un seul côté de la colonne vertébrale. Retirer et jeter la colonne vertébrale ou la réserver pour un bouillon ou un autre usage. Ouvrir le poulet comme un livre, côté peau vers le bas. À l'aide d'un couteau d'office, couper le long de chaque côté du bréchet. Passer les pouces le long de chaque côté du bréchet et du cartilage blanc et les retirer. Couper l'extrémité des ailes et enlever tout rabat de peau. Si l'on est patient, retourner le poulet (peau vers le haut) et l'étendre à plat. Faire une incision de 2,5 cm (1 po) dans la partie arrière d'un côté du poulet. Faire la même chose de l'autre côté. Tirer le bout des pilons à travers la fente. Répéter avec l'autre poulet.

4. Mettre les poulets dans un plat de cuisson pouvant les contenir côte à côte. Verser la marinade sur la volaille et retourner celle-ci à quelques reprises pour bien l'enrober. Couvrir et laisser mariner 4 h ou toute la nuit dans le réfrigérateur en retournant les poulets à quelques reprises pendant cette période.

5. Quand on est prêt pour la cuisson, soulever les poulets à l'aide d'une pince et laisser la marinade s'écouler. Jeter la marinade. Cuire les poulets, en suivant les directives de l'encadré (p. 255), jusqu'à ce qu'ils soient dorés et bien cuits. Procéder par étapes si le gril n'est pas assez grand. Vérifier la cuisson en insérant un thermomètre à mesure instantanée dans la partie la plus épaisse d'une cuisse sans toucher à la broche ou à un os. La température interne doit être de 82 °C (180 °F) environ.

6. Déposer les poulets dans un plat ovale ou des assiettes individuelles. Laisser reposer 2 min et servir avec des quartiers de citron.

POISSON ET FRUITS DE MER

Pour ceux qui craignent de faire cuire du poisson sur le barbecue ordinaire, le gril contact et la poêle à fond cannelé sont d'un grand secours. Même si vous maîtrisez l'art de la cuisson du poisson au gril, ce chapitre vous aidera à augmenter votre répertoire. Le Saumon au romarin, les Œufs d'alose façon George Foreman et le Thon grillé à la sauce au poivre vert vous feront découvrir de nouveaux horizons. Et si vous avez le bonheur d'avoir un fumoir d'intérieur, mon Saumon fumé du dimanche et mes Crevettes barbecue vous permettront de faire de belles expériences culinaires.

SAUMON GRILLÉ EN CROÛTE DE MOUTARDE ET DE CASSONADE

Cette recette est tellement simple qu'il est presque gênant de la mettre dans un livre de recettes. Seulement cinq ingrédients sont requis : du saumon, du sel, du poivre, de la cassonade et de la moutarde. L'acidité de la moutarde apporte un certain équilibre à la teneur élevée en gras du poisson tandis que la cassonade renforce sa saveur. Vous pouvez aussi servir ce plat avec une bonne sauce à la moutarde et à l'aneth.

RECETTE

4 PORTIONS

4 morceaux de filet de saumon de 180 g (6 oz) chacun (voir encadré p. 266 et Notes)
Gros sel de mer ou sel casher et poivre noir frais moulu
200 g (1 tasse) de cassonade foncée ou de sucre roux bien tassé
3 c. à soupe de moutarde de Dijon (voir Notes)
Sauce à la moutarde douce et à l'aneth (facultatif)

1. Palper les filets de saumon avec les doigts pour bien déceler toutes les arêtes. Enlever celles-ci à l'aide d'une pince à bec effilé ou des brucelles. Rincer le poisson à l'eau froide et bien éponger avec du papier absorbant. Saler et poivrer très généreusement sur les deux faces.

2. Étendre la cassonade dans un grand bol peu profond et l'émietter avec les doigts ou une fourchette. Badigeonner les filets de moutarde de chaque côté avant de les passer dans la cassonade. Presser la cassonade du bout des doigts pour qu'elle adhère bien à la chair. Secouer le surplus de cassonade; le poisson doit être recouvert d'une croûte plutôt épaisse.

3. Cuire le saumon, en suivant les directives de l'encadré, jusqu'à ce que l'extérieur soit brun foncé et que la chair soit complètement cuite. Pour vérifier la cuisson, appuyer sur le poisson avec un doigt; il doit s'effeuiller facilement.

4. Servir immédiatement le saumon dans un plat ovale ou des assiettes individuelles.

Notes:

■ J'aime la peau de saumon croustillante. J'achète donc les filets avec la peau, mais vous pouvez aussi les acheter sans la peau. Les poissons riches en huile tels que l'omble chevalier et le tassergal sont également délicieux quand on les cuit de cette façon.

■ J'ai un faible pour la moutarde de Dijon et la moutarde de Meaux (graines apparentes), mais vous pouvez aussi opter pour la moutarde au miel ou la moutarde forte de Düsseldorf.

Sauce à la moutarde douce et à l'aneth

ENVIRON 250 ML (1 TASSE)

Cette sauce à la fois sucrée et épicée est une création scandinave. Là-bas, la moutarde et l'aneth sont souvent utilisés avec le saumon. Je vous la recommande également comme sauce à tremper pour les légumes grillés.

80 ml (⅓ tasse) de mayonnaise (Hellmann's de préférence)
80 ml (⅓ tasse) de crème sure
80 ml (⅓ tasse) de moutarde de Dijon ou de Meaux
2 c. à soupe d'aneth frais, haché
1 c. à soupe de cassonade pâle ou foncée ou de sucre roux, ou plus au goût
Poivre noir frais moulu

À l'aide d'un fouet, mélanger tous les ingrédients dans un petit bol. Ajouter de la cassonade et du poivre au goût. Cette sauce, couverte, peut être conservée quelques jours dans le réfrigérateur.

TRUC

■ **La chose la plus compliquée avec cette recette est le nettoyage du gril contact après la cuisson. Faites-le pendant qu'il est encore chaud en utilisant du papier absorbant. Si vous préférez attendre après le repas, réchauffez le gril avant de le nettoyer.**

Si vous avez...

GRIL CONTACT: Préchauffer le gril. S'il est muni d'un sélecteur de température, préchauffer à température élevée. Mettre la lèchefrite sous la partie avant du gril. Quand on est prêt pour la cuisson, huiler légèrement la surface de cuisson. Déposer le saumon en diagonale sur le gril chaud et fermer le couvercle. Compter de 3 à 5 min de cuisson.

ÂTRE: Entasser la braise ardente sous la grille et préchauffer de 3 à 5 min; le feu doit être chaud (2 à 3 Mississippi). Quand on est prêt pour la cuisson, brosser et huiler la grille. Déposer le saumon sur la grille chaude. Compter de 3 à 5 min de cuisson de chaque côté.

SAUMON AU ROMARIN

Voici une façon nouvelle de préparer le saumon en moins de dix minutes. L'insertion d'un brin de romarin entier dans le filet crée une explosion de saveurs remarquable et donne lieu à une présentation fort originale. Vous pouvez emprunter cette méthode pour faire griller plusieurs autres aliments : crevettes, agneau, poulet, etc.

RECETTE

4 PORTIONS

4 brins de romarin frais (voir Note)
4 morceaux de filet de saumon de 5 cm (2 po) de large, 8 cm (3 po) de long ; 2 cm (¾ po) d'épaisseur et 180 g (6 oz) chacun (voir encadré p. 266)
2 c. à soupe d'huile d'olive extravierge
Gros sel de mer ou sel casher et poivre noir frais moulu
2 gousses d'ail, émincées
1 c. à café (1 c. à thé) de zeste de citron, râpé finement
Quartiers de citron

1. Pour faire des brochettes avec le romarin, enlever 10 cm (4 po) de feuilles au bas des brins avec le pouce et l'index. Hacher les feuilles très finement et réserver.

2. Palper les filets de saumon avec les doigts pour bien déceler toutes les arêtes. Enlever celles-ci à l'aide d'une pince à bec effilé ou des brucelles. Rincer le poisson à l'eau froide et bien éponger avec du papier absorbant. Enfiler chaque filet sur la partie dénudée d'un brin de romarin en perçant le poisson au centre de la partie la plus étroite (il s'agit de faire un genre de kebab). Mettre le poisson dans un plat ovale et le badigeonner d'huile d'olive sur les deux faces. Saler et poivrer très généreusement de chaque côté.

3. Dans un petit bol, mélanger le romarin haché réservé, l'ail et le zeste. Prendre ce mélange pour couvrir le poisson sur toutes les faces en le faisant bien adhérer avec le bout des doigts. Laisser reposer à température ambiante pendant que l'on préchauffe le gril.

4. Cuire le saumon en suivant les directives de l'encadré. Pour vérifier la cuisson, appuyer sur le poisson avec un doigt ; il doit s'effeuiller facilement.

5. Servir immédiatement dans un plat ovale ou des assiettes individuelles avec des quartiers de citron de chaque côté. (Note : Ne pas manger le romarin.)

Note : Choisissez une botte de romarin dont les brins sont assez résistants. Coupez chaque brin en travers pour obtenir un bout pointu qui pourra pénétrer facilement la chair du poisson. Si les brins sont trop mous, percez d'abord la chair avec une brochette de bambou.

Si vous avez...

GRIL CONTACT : Préchauffer le gril. S'il est muni d'un sélecteur de température, préchauffer à température élevée. Mettre la lèchefrite sous la partie avant du gril. Quand on est prêt pour la cuisson, huiler légèrement la surface de cuisson. Déposer le saumon en diagonale sur le gril chaud et fermer le couvercle. Compter de 3 à 5 min de cuisson.

POÊLE À FOND CANNELÉ : Préchauffer la poêle à feu moyen-vif sur la cuisinière. Quand on peut y faire rebondir une goutte d'eau, c'est qu'elle est suffisamment chaude. Quand on est prêt pour la cuisson, huiler légèrement les rainures. Déposer le saumon dans la poêle chaude en diagonale sur les rainures. Compter de 3 à 5 min de cuisson de chaque côté.

GRIL ENCASTRÉ : Préchauffer le gril à température élevée. Si la surface de cuisson n'est pas antiadhésive, brosser et huiler la grille. Déposer le saumon sur la grille chaude en veillant à ce que la partie dénudée des brins de romarin soit à l'extérieur du gril. Compter de 3 à 5 min de cuisson de chaque côté.

GRIL DE TABLE : Préchauffer le gril à température élevée ; il n'est pas nécessaire d'huiler la grille. Déposer le saumon sur le gril chaud. Compter de 4 à 6 min de cuisson de chaque côté.

ÂTRE : Entasser la braise ardente sous la grille et préchauffer de 3 à 5 min ; le feu doit être chaud (2 à 3 Mississippi). Quand on est prêt pour la cuisson, brosser et huiler la grille. Déposer le saumon en diagonale sur la grille chaude. Compter de 3 à 5 min de cuisson de chaque côté.

SAUMON À LA MODE MAROCAINE

Chez moi, on préfère la cuisson au gril à toute autre forme de cuisson. Pensez au poisson frit à la marocaine servi traditionnellement avec la *charmoula*, une sauce épaisse aigre-douce à base de coriandre et de cumin. Au Maroc, on fait frire les petits poissons entiers – comme les sardines – à la poêle ou à grande friture. Un gril contact permet de faire cette recette avec beaucoup moins de gras et d'efforts. On obtient aussi de bons résultats avec une poêle à fond cannelé, un gril encastré ou même dans l'âtre. Je remplace les petits poissons entiers par des filets de saumon (à la p. 264, vous trouverez une variante où j'explique comment faire cuire les sardines entières). La *charmoula* sert à la fois de sauce et de marinade.

RECETTE

4 PORTIONS

20 g (½ tasse) de feuilles de coriandre fraîche
20 g (½ tasse) de feuilles de persil plat frais
2 gousses d'ail, hachées grossièrement
1 c. à café (1 c. à thé) de paprika doux
½ c. à café (½ c. à thé) de gros sel ou de sel casher, ou plus au goût
½ c. à café (½ c. à thé) de poivre noir frais moulu
½ c. à café (½ c. à thé) de coriandre moulue
½ c. à café (½ c. à thé) de cumin moulu
½ c. à café (½ c. à thé) de cayenne en flocons, ou plus au goût
3 c. à soupe de jus de citron frais, ou plus au goût
125 ml (½ tasse) d'huile d'olive extravierge
4 morceaux de filet de saumon de 180 à 240 g (6 à 8 oz) chacun (voir encadré p. 266 et Note)

1. À l'aide du robot de cuisine, hacher finement la coriandre fraîche, le persil, l'ail, le paprika, le sel, le poivre, la coriandre moulue, le cumin et le cayenne. Ajouter le jus de citron et réduire en purée grossière. Pendant que le moteur tourne, verser l'huile d'olive en un mince filet. Rectifier l'assaisonnement en sel, en cayenne et/ou en jus de citron si nécessaire. La charmoula doit être bien assaisonnée.

2. Si l'on utilise des filets de saumon, les palper avec les doigts pour bien déceler toutes les arêtes. Enlever celles-ci à l'aide d'une pince à bec effilé ou des brucelles. (Il n'est pas nécessaire de le faire pour les darnes.) Rincer le poisson à l'eau froide et bien éponger avec du papier absorbant. Verser le tiers de la charmoula au fond d'un plat de cuisson pouvant contenir le poisson sur une seule couche. Étendre le saumon par-dessus. Napper avec la moitié de la charmoula restante. Couvrir et laisser mariner de 2 à 4 h dans le réfrigérateur (le poisson aura meilleur goût si on le fait mariner le plus longtemps possible).

3. Quand on est prêt pour la cuisson, égoutter le saumon et jeter la marinade. Cuire le saumon, en suivant les directives de l'encadré, jusqu'à ce que la chair soit colorée et

Si vous avez…

GRIL CONTACT : Préchauffer le gril. S'il est muni d'un sélecteur de température, préchauffer à température élevée. Mettre la lèchefrite sous la partie avant du gril. Quand on est prêt pour la cuisson, huiler légèrement la surface de cuisson. Déposer le saumon sur le gril chaud et fermer le couvercle. Compter de 3 à 5 min de cuisson.

POÊLE À FOND CANNELÉ : Préchauffer la poêle à feu moyen-vif sur la cuisinière. Quand on peut y faire rebondir une goutte d'eau, c'est qu'elle est suffisamment chaude. Quand on est prêt pour la cuisson, huiler légèrement les rainures. Déposer le saumon dans la poêle chaude. Compter de 3 à 5 min de cuisson de chaque côté.

GRIL ENCASTRÉ : Préchauffer le gril à température élevée. Si la surface de cuisson n'est pas antiadhésive, brosser et huiler la grille. Déposer le saumon sur la grille chaude. Compter de 3 à 5 min de cuisson de chaque côté.

ÂTRE : Entasser la braise ardente sous la grille et préchauffer de 3 à 5 min ; le feu doit être chaud (2 à 3 Mississippi). Quand on est prêt pour la cuisson, brosser et huiler la grille. Déposer le saumon sur la grille chaude. Compter de 3 à 5 min de cuisson de chaque côté.

cuite. Pour vérifier la cuisson, appuyer sur le poisson avec un doigt ; il doit s'effeuiller facilement.

4. Servir immédiatement dans un plat ovale ou des assiettes individuelles. Remuer la charmoula restante et la verser sur le poisson.

Note : J'aime laisser la peau sur les filets de saumon parce qu'elle devient croustillante en grillant. Si cela ne vous plaît pas, enlevez-la tout simplement.

Variante : Vous pouvez griller les sardines éviscérées de cette façon. Les sardines entières demandent de 3 à 5 min de cuisson sur un gril contact ou de 2 à 3 min de chaque côté dans une poêle à fond cannelé, un gril encastré ou dans l'âtre.

Rôtissoire

« RÔTI » DE SAUMON AU BASILIC ET AU CITRON

La volaille et le rôti de viande se prêtent admirablement à la cuisson à la broche à cause de leur forme compacte et cylindrique qui assure une cuisson uniforme. La chair reste tendre et la peau devient croustillante. Le poisson n'offre pas tous ces avantages, mais j'ai trouvé une solution intéressante à ce dilemme en donnant au poisson la forme d'un « rôti ». Je m'amuse à le farcir, à le ficeler et à le faire rôtir à la broche. Ce « rôti » fait toujours belle impression à table. Le poisson s'effeuille facilement et la peau est croustillante. Les ingrédients restent simples : tranches de citron, feuilles de basilic frais, sel et poivre. C'est le saumon qui est mis à l'honneur dans toute sa splendeur. La recette peut sembler plus compliquée qu'elle ne l'est en réalité ; elle ne demande pourtant qu'une dizaine de minutes de préparation.

6 À 8 PORTIONS

RECETTE

1 gros morceau de filet de saumon de 20 cm (8 po) de long, 20 cm (8 po) de large et 1,4 kg (3 lb), sans arêtes mais avec la peau (voir encadré ci-dessous)
2 citrons moyens
Gros sel de mer ou sel casher et poivre noir frais moulu
12 feuilles de basilic entières, rincées et essorées
Sauce moutarde au basilic et au citron (p. 267)

Ficelle

1. Palper les filets de saumon avec les doigts pour bien déceler toutes les arêtes. Enlever celles-ci à l'aide d'une pince à bec effilé ou des brucelles. Rincer le poisson à l'eau froide et bien éponger avec du papier absorbant.

2. Enlever complètement l'écorce d'un citron et couper le fruit en fines rondelles. Retirer les pépins à l'aide d'une fourchette. Couper l'autre citron en 6 quartiers et réserver.

3. Couper le filet de saumon en deux sur la longueur pour obtenir 2 morceaux de 20 cm (8 po) de long et de 10 cm (4 po) de large. Couper 4 bouts de ficelle de 45 cm (18 po) et les placer parallèlement sur une planche à découper en gardant 5 cm (2 po) entre eux. Placer un mor-

SAUMON SAUVAGE OU D'ÉLEVAGE

En Nouvelle-Angleterre, à l'époque de la colonisation, le saumon était tellement abondant que les employeurs étaient tenus de spécifier combien de fois par semaine ils avaient le droit de servir ce poisson bon marché à leurs domestiques. Au cours des siècles suivants, les stocks ont baissé de façon dramatique et les prix ont grimpé en flèche. Dans les années 1990, quand les premières fermes marines ont fait leur apparition dans le Maine, le Pacifique du Nord-Ouest, le Chili, la Scandinavie et les îles Britanniques, l'aquaculture semblait être une innovation exceptionnelle.

De nos jours, les amateurs de poisson s'interrogent sur la qualité du saumon d'élevage et doutent que son bas prix en vaille vraiment la peine. Trois préoccupations retiennent leur attention : la propreté, la texture de la chair et le goût. Les consommateurs sont en droit de se demander si le fait de manger du saumon qui provient de fermes aquacoles immenses est un bon choix pour la santé. Les poissons sont nourris chimiquement et parqués dans des cuves d'alevinage, puis dans des cages de grillage mal drainées. Les saumons sont si entassés (on dit parfois qu'il s'agit d'une « boîte de sardines vivante ») qu'on doit leur donner des antibiotiques pour les garder en bonne santé. Les amateurs de saumon sauvage les plus enthousiastes surnomment parfois le saumon d'élevage le « poulet de la mer ». La couleur du poisson est contrôlée par des pigments ajoutés à la nourriture et d'autres ingrédients intégrés à leur diète. Gardés captifs dans leur bassin de petite taille, ils manquent d'exercice et ont juste assez d'espace pour nageoter, ce qui donne une chair flasque et sans goût.

D'un autre côté, le saumon d'élevage est abondant et bon marché. Le saumon sauvage a meilleur goût, mais il coûte jusqu'à deux fois plus cher et même davantage puisque la saison de pêche est limitée.

Il s'agit là d'un dilemme moral qui mérite réflexion. La demande croissante pour le saumon sauvage conduira inévitablement à une surpêche et à une diminution des stocks. J'achète personnellement du saumon sauvage quand j'en trouve, sinon j'opte pour du saumon d'élevage biologique.

ceau de saumon perpendiculairement sur les bouts de ficelle, peau vers le bas, en veillant qu'il soit bien centré. Saler et poivrer généreusement du côté chair. Couvrir avec les rondelles de citron et couvrir avec les feuilles de basilic.

4. Saler et poivrer généreusement l'autre morceau de saumon du côté chair. Le placer sur l'autre morceau de saumon, peau vers le haut. (La partie la plus épaisse du filet du dessus doit être mise sur la partie la moins épaisse du filet du dessous afin que l'épaisseur du poisson soit la même d'un bout à l'autre.) Attacher solidement les 4 bouts de ficelle.

5. Couper 2 bouts de ficelle de 71 cm (28 po) de long et ficeler solidement les deux filets ensemble sur la longueur. Saler et poivrer généreusement l'extérieur des filets.

6. Placer la lèchefrite dans la rôtissoire. Embrocher le « rôti » de saumon sur la longueur. Si le four est muni d'une broche rotative à deux fourchons, il faut d'abord insérer une broche dans la partie supérieure et l'autre dans la partie inférieure du « rôti ». Attacher la broche au tournebroche et mettre la rôtissoire en marche. Si le four est muni d'un sélecteur de température, le régler à 200 °C (400 °F) (voir directives p. 14). Cuire le saumon de 45 à 55 min, jusqu'à ce qu'il grésille. Il doit être bien doré et croustillant à l'extérieur et parfaitement cuit à l'intérieur. Vérifier la cuisson avec un thermomètre à mesure instantanée ; celui-ci ne doit pas toucher à la broche. La température interne doit être de 54 °C (130 °F) environ.

7. Déposer le saumon dans un plat ovale ou des assiettes individuelles. Couper et jeter la ficelle. Découper le poisson en travers en 6 portions de même grosseur et servir avec la Sauce moutarde au basilic et au citron et des quartiers de citrons.

Sauce moutarde au basilic et au citron

ENVIRON 375 ML (1 ½ TASSE)

Le zeste et le jus de citron donnent un fini brillant à cette sauce moutardée que je vous recommande également avec le poulet, le poisson, les fruits de mer et les légumes grillés.

6 grandes feuilles de basilic frais, rincées et essorées
250 ml (1 tasse) de mayonnaise (Hellmann's de préférence)
60 ml (¼ tasse) de crème sure
1 ½ c. à café (1 ½ c. à thé) de zeste de citron, râpé finement
1 c. à soupe de jus de citron frais
2 c. à soupe de moutarde de Dijon
1 c. à soupe de moutarde sèche

1. Rouler les feuilles de basilic en travers pour former un rouleau compact, puis les couper en travers en tranches extrêmement fines. Séparer les tranches avec les doigts.

2. Mettre la moitié du basilic dans un bol. Ajouter la mayonnaise, la crème sure, le zeste, le jus de citron, la moutarde de Dijon et la moutarde sèche. Mélanger à l'aide d'un fouet. Transvider dans un bol propre et couvrir avec le basilic restant.

Variante : On pense rarement à marier le poisson avec le jambon ou le fromage. Mais il vaut la peine de farcir le « rôti » de saumon avec de fines tranches de jambon serrano et de fromage manchego. Le serrano est un genre de prosciutto espagnol (un peu plus doux) et le manchego est un fromage de lait de brebis originaire de La Mancha. Achetez environ 60 g (2 oz) de chacun ; environ 8 tranches de jambon serrano et 4 de manchego.

TRUCS

■ Vous pouvez aussi faire cuire de la même façon un gros morceau de saumon prélevé d'un poisson entier. Imaginez une darne de saumon *très* épaisse. Le morceau contiendra probablement des arêtes, mais il vous demandera un temps de préparation moins long que le « rôti » de saumon.

■ Prenez un morceau de saumon de 1,4 kg (3 lb) ayant 20 cm (8 po) de long prélevé dans la partie centrale du poisson. Salez, poivrez et mettez les tranches de citron et les feuilles de basilic dans le creux formé au centre. Ramenez le bout le plus long du morceau de poisson à l'intérieur de l'autre bout pour former un rouleau bien serré. Attachez à l'aide d'une ficelle. Embrochez le poisson sur la longueur. Le temps de cuisson sera le même que pour le « rôti » de saumon. Vérifiez la cuisson avec un thermomètre à mesure instantanée ; celui-ci ne doit pas toucher à la broche ni aux arêtes.

■ Découpez le saumon en travers et demandez aux convives d'être prudents à cause des arêtes.

Fumoir d'intérieur

SAUMON FUMÉ DU DIMANCHE MATIN

Cette recette est chère à mon cœur parce que je la fais une fois par semaine. Tous les samedis, je sale un morceau de saumon que je fais ensuite fumer dans le fumoir de ma cuisinière. Rien de meilleur pour le petit-déjeuner du dimanche ! Je fais saler le poisson pendant environ quatre heures, mais le temps de préparation réel de cette recette est d'une quinzaine de minutes seulement. Ce saumon fumé est incroyablement tendre et savoureux. Une fois que vous y aurez goûté, vos critères d'évaluation seront dorénavant plus sévères en matière de saumon fumé.

RECETTE

4 À 6 PORTIONS

720 g (1 ½ lb) de filet de saumon sans peau (un morceau prélevé dans la partie centrale de préférence; voir encadré p. 266)
250 ml (1 tasse) de vodka ou de rhum (facultatif; voir Trucs p. 270)
200 g (1 tasse) de cassonade foncée ou de sucre roux bien tassé
120 g (½ tasse) de gros sel de mer ou de sel casher
2 c. à soupe de poivre noir frais moulu
1 c. à soupe de coriandre moulue
Huile de cuisson en vaporisateur (facultatif)
Bagels et fromage à la crème ou pointes de toasts avec câpres et crème sure

1 c. à soupe de sciure de bois dur

1. Palper le filet de saumon avec les doigts pour bien déceler toutes les arêtes. Enlever celles-ci à l'aide d'une pince à bec effilé ou des brucelles. Rincer le poisson à l'eau froide et bien éponger avec du papier absorbant. Mettre le poisson dans un plat juste assez grand pour le contenir. Arroser avec la vodka. Retourner le filet. Laisser mariner 20 min dans le réfrigérateur en le retournant deux fois pendant ce temps.

2. Dans un bol, bien mélanger la cassonade, le sel, le poivre et la coriandre. Défaire les grumeaux de cassonade avec les doigts.

COMMENT FUMER DES ALIMENTS DANS UN WOK

Bien avant l'apparition du fumoir d'intérieur en acier inoxydable en Occident, les Chinois se servaient du wok pour pratiquer l'art vénérable du fumage. Cet ustensile est idéal pour préparer des mets chinois traditionnels tels que le canard fumé au thé ou pour fumer de nombreux autres ingrédients (saumon, poulet, légumes, etc.). Il suffit d'avoir un wok en acier résistant muni d'un couvercle de métal ou de bambou (le métal donne de meilleurs résultats). On a aussi besoin d'une grille métallique ronde qui tiendra facilement au fond du wok et servira de socle pour surélever les aliments de 6 à 8 cm (2 ½ à 3 po). Il ne faut surtout pas oublier de faire provision de sciure de bois dur.

J'ai un wok que j'utilise uniquement pour le fumage, ce qui m'évite de le tapisser de papier d'aluminium. Si l'on souhaite fumer des aliments dans un wok ordinaire, découper un cercle dans une feuille de papier d'aluminium résistant. Le cercle doit avoir quelques centimètres de plus que le wok. Tapisser le fond du wok, côté luisant du papier tourné vers le haut. Déposer la sciure de bois au fond du wok, puis placer la grille ronde audessus. Poser les aliments sur la grille. Déposer le wok sur son anneau métallique ou directement sur le brûleur ou l'élément chauffant de la cuisinière et chauffer à feu vif.

En quelques minutes, on pourra voir et sentir la fumée. Baisser alors le feu à température moyenne et bien fermer le couvercle. S'il ne ferme pas parfaitement, faire un rouleau avec deux ou trois feuilles de papier absorbant, l'humecter un peu et le placer là où la fumée s'échappe. Fumer les aliments comme dans un fumoir d'intérieur en suivant les directives de la recette choisie. Quand l'opération est terminée, jeter la sciure de bois en s'assurant d'abord qu'elle est complètement réduite en cendre; l'arroser avec de l'eau au moindre doute. Il ne faut jamais mettre de braise ni de cendre dans une boîte à ordures si elle n'est pas parfaitement éteinte.

TRUCS

■ Le saumon a parfois une odeur de poisson très prononcée à cause de son contenu élevé en huile. Faites-le alors tremper dans de la vodka ou un autre spiritueux comme le rhum. Cette étape est facultative.

■ Pour le fumage, j'aime prendre de la sciure de cerisier, mais n'importe quel bois dur fait l'affaire, de l'aulne au hickory.

3. Égoutter le filet et bien éponger avec du papier absorbant. Essuyer le plat de cuisson. Mettre le tiers de la cassonade au fond du plat de cuisson en lui donnant la forme du filet de saumon. Placer le filet par-dessus et couvrir avec la cassonade restante. Couvrir le plat de pellicule plastique et faire saumurer 4 h dans le réfrigérateur. Du liquide doit se former au fond du plat ; c'est le sel qui extrait le liquide contenu dans le poisson.

4. Rincer le poisson à l'eau froide en le débarrassant de toute trace de cassonade. Bien éponger avec du papier absorbant.

5. Préparer le fumoir (directives p. 16). Mettre la sciure au centre de la partie inférieure du fumoir. Tapisser la lèchefrite de papier d'aluminium et mettre dans le fumoir. Vaporiser légèrement la grille du fumoir avec de l'huile de cuisson ou la frotter avec du papier absorbant trempé dans l'huile. Mettre la grille dans le fumoir. Déposer le filet de poisson sur la grille en tournant vers le bas la partie où se trouvait la peau.

6. Couvrir le fumoir et le mettre 3 min à température élevée. Réduire la chaleur à température moyenne et fumer le saumon environ 18 min. Pour vérifier la cuisson, appuyer sur le poisson avec un doigt ; il doit s'effeuiller facilement.

7. Déposer le poisson sur une grille placée dans un plat ovale. Laisser refroidir à température ambiante. Couvrir et conserver dans le réfrigérateur jusqu'au moment de servir (le saumon préparé ainsi est meilleur froid). Servir avec des bagels et du fromage à la crème ou des pointes de toasts, des câpres et de la crème sure. Le saumon fumé peut se conserver, couvert, jusqu'à 4 jours dans le réfrigérateur.

OMBLE CHEVALIER « BARBECUE »

Cette recette allie intelligemment la tradition et la technologie. On commence par préparer un sel à frotter salé, sucré et épicé typique du barbecue américain. Le goût fumé vient d'un autre ingrédient essentiel, l'arôme de fumée liquide (voir p. 209). Ajoutez à cela le côté pratique d'un gril d'intérieur. Le plus étonnant, c'est que ce poisson « barbecue » aura un goût de fumée et d'épices identique à celui des aliments cuits sur un gril en plein air.

4 PORTIONS

RECETTE

OMBLE CHEVALIER
L'omble chevalier est un poisson des eaux froides nordiques. Sa couleur orange vif rappelle celle du saumon et son goût est semblable à celui de la truite. Si vous n'en trouvez pas dans votre région, remplacez-le par du saumon.

4 morceaux de filet d'omble chevalier ou de saumon sans peau de 180 g (6 oz) chacun
2 c. à soupe d'Épices barbecue de base (p. 438)
2 c. à soupe d'huile d'olive
1 c. à café (1 c. à thé) d'arôme de fumée liquide
Vinaigrette barbecue (facultatif; ci-dessous)

1. Palper le filet de poisson avec les doigts pour bien déceler toutes les arêtes. Enlever celles-ci à l'aide d'une pince à bec effilé ou des brucelles. Rincer à l'eau froide et bien éponger avec du papier absorbant. Saupoudrer les épices barbecue sur toutes les faces de l'omble chevalier en les faisant adhérer à la chair avec le bout des doigts. Faire saumurer 10 min à température ambiante.

2. Mettre l'huile d'olive et l'arôme de fumée liquide dans un petit bol et remuer à l'aide d'une fourchette. Réserver.

3. Cuire le poisson en suivant les directives de l'encadré. Pour vérifier la cuisson, appuyer sur le poisson avec un doigt; il doit s'effeuiller facilement. Commencer à badigeonner le poisson avec l'huile d'olive après 1 min de cuisson et badigeonner chaque côté au moins deux fois.

4. Servir immédiatement dans un plat ovale ou des assiettes individuelles et napper de Vinaigrette barbecue au goût.

Si vous avez...

GRIL CONTACT : Préchauffer le gril. S'il est muni d'un sélecteur de température, préchauffer à température élevée. Mettre la lèchefrite sous la partie avant du gril. Quand on est prêt pour la cuisson, huiler légèrement la surface de cuisson. Déposer le poisson sur le gril chaud et fermer le couvercle. Compter de 3 à 5 min de cuisson (si l'on préfère que le centre soit rosé, cuire 1 min ou moins). Retourner le poisson en cours de cuisson pour pouvoir le badigeonner de chaque côté.

POÊLE À FOND CANNELÉ : Préchauffer la poêle à feu moyen-vif sur la cuisinière. Quand on peut y faire rebondir une goutte d'eau, c'est qu'elle est suffisamment chaude. Quand on est prêt pour la cuisson, huiler légèrement les rainures. Déposer le poisson dans la poêle chaude. Compter de 3 à 5 min de cuisson de chaque côté (si l'on préfère que le centre soit rosé, cuire 1 min ou moins).

GRIL ENCASTRÉ : Préchauffer le gril à température élevée. Si la surface de cuisson n'est pas antiadhésive, brosser et huiler la grille. Déposer le poisson sur la grille chaude. Compter de 3 à 5 min de cuisson de chaque côté (si l'on préfère que le centre soit rosé, cuire 1 min ou moins).

ÂTRE : Entasser la braise ardente sous la grille et préchauffer de 3 à 5 min; le feu doit être chaud (2 à 3 Mississippi). Quand on est prêt pour la cuisson, brosser et huiler la grille. Déposer le poisson sur la grille chaude. Compter de 3 à 5 min de cuisson de chaque côté (si l'on préfère que le centre soit rosé, cuire 1 min ou moins).

Vinaigrette barbecue

ENVIRON 125 ML (½ TASSE)

La sauce barbecue ordinaire est trop épaisse et trop riche pour convenir au poisson. Cette vinaigrette, plus raffinée, a pourtant un goût bien traditionnel.

1 c. à soupe de sauce barbecue rouge (voir Note)
1 c. à soupe de jus de citron frais pressé
3 c. à soupe d'huile d'olive
1 c. à soupe d'oignons doux, en très petits dés
1 c. à soupe de tomates, épépinées et coupées en très petits dés
1 c. à soupe de poivron vert, épépiné et coupé en très petits dés
Gros sel de mer ou sel casher et poivre noir frais moulu

Verser la sauce barbecue rouge dans un petit bol. À l'aide d'un fouet, incorporer graduellement 2 c. à soupe d'eau, le jus de citron, l'huile d'olive, les oignons, les tomates et les poivrons. Saler et poivrer au goût. La sauce est meilleure si on ne la prépare pas plus d'une heure avant de servir.

Note : Si vous être audacieux, utilisez la Sauce barbecue sucrée et fumée de Kansas City (p. 452) en guise de sauce barbecue rouge. Mais une sauce du commerce donnera aussi de bons résultats.

ESPADON GRILLÉ LE PLUS SIMPLE AU MONDE

Ce plat est un genre de *piccata* d'espadon que je fais saisir au gril. Il n'y a rien de plus simple. Si son goût n'était pas extraordinaire, j'hésiterais à partager avec vous une recette aussi banale. La qualité des ingrédients est évidemment de toute première importance. L'espadon doit être bien frais et le parmesan – l'authentique parmigiano reggiano – doit être râpé à la dernière minute.

4 PORTIONS

TRUC

■ **Vous pouvez préparer plusieurs poissons de la même manière, qu'il s'agisse de darnes de saumon ou de thon ou encore de filets de morue ou de coryphène.**

RECETTE

4 darnes d'espadon de 2 cm (¾ po) d'épaisseur et de 180 g (6 oz) chacune
1 ½ c. à soupe d'huile d'olive extravierge
Gros sel de mer ou sel casher et poivre noir frais moulu
1 c. à soupe de beurre non salé
30 g (¼ tasse) de parmesan frais râpé
2 c. à soupe de câpres, égouttées
Quartiers de citron

1. Rincer le poisson à l'eau froide et bien éponger avec du papier absorbant. Badigeonner légèrement d'huile d'olive et assaisonner généreusement de sel et de poivre de chaque côté.

2. Cuire les darnes, en suivant les directives de l'encadré, jusqu'à ce qu'elles soient cuites et bien colorées. On peut les quadriller en les faisant pivoter d'un quart de tour après 1 ½ min de cuisson. Pour vérifier la cuisson, appuyer sur le poisson avec un doigt ; il doit s'effeuiller facilement.

3. Servir l'espadon dans un plat ovale ou des assiettes individuelles. Piquer le beurre sur une fourchette et frotter chacune des darnes. Garnir de parmesan et de câpres et accompagner de quartiers de citron.

Si vous avez...

GRIL CONTACT : Préchauffer le gril. S'il est muni d'un sélecteur de température, préchauffer à température élevée. Mettre la lèchefrite sous la partie avant du gril. Quand on est prêt pour la cuisson, huiler légèrement la surface de cuisson. Déposer les darnes sur le gril chaud et fermer le couvercle. Compter de 4 à 6 min de cuisson.

POÊLE À FOND CANNELÉ : Préchauffer la poêle à feu moyen-vif sur la cuisinière. Quand on peut y faire rebondir une goutte d'eau, c'est qu'elle est suffisamment chaude. Quand on est prêt pour la cuisson, huiler légèrement les rainures. Déposer les darnes dans la poêle chaude. Compter de 3 à 5 min de cuisson de chaque côté.

GRIL ENCASTRÉ : Préchauffer le gril à température élevée. Si la surface de cuisson n'est pas antiadhésive, brosser et huiler la grille. Déposer les darnes sur la grille chaude. Compter de 3 à 5 min de cuisson de chaque côté.

GRIL DE TABLE : Préchauffer le gril à température élevée ; il n'est pas nécessaire d'huiler la grille. Déposer les darnes sur le gril chaud. Compter de 4 à 6 min de cuisson de chaque côté.

ÂTRE : Entasser la braise ardente sous la grille et préchauffer de 3 à 5 min ; le feu doit être chaud (2 à 3 Mississippi). Quand on est prêt pour la cuisson, brosser et huiler la grille. Déposer les darnes sur la grille chaude. Compter de 3 à 5 min de cuisson de chaque côté.

ESPADON GRILLÉ AU BEURRE DE CITRON ET DE BASILIC

La poêle à fond cannelé peut faire des miracles pour cette recette. Le poisson est grillé et servi avec un beurre de basilic au citron. Les rainures de la poêle permettent de quadriller joliment les darnes et donnent l'illusion qu'elles ont été cuites sur un gril d'extérieur. Le gril contact, le gril encastré et la cuisson dans l'âtre sont aussi recommandés pour cette recette. Le poisson ne sera pas sec grâce au beurre parfumé au basilic qu'on fera fondre sur le dessus.

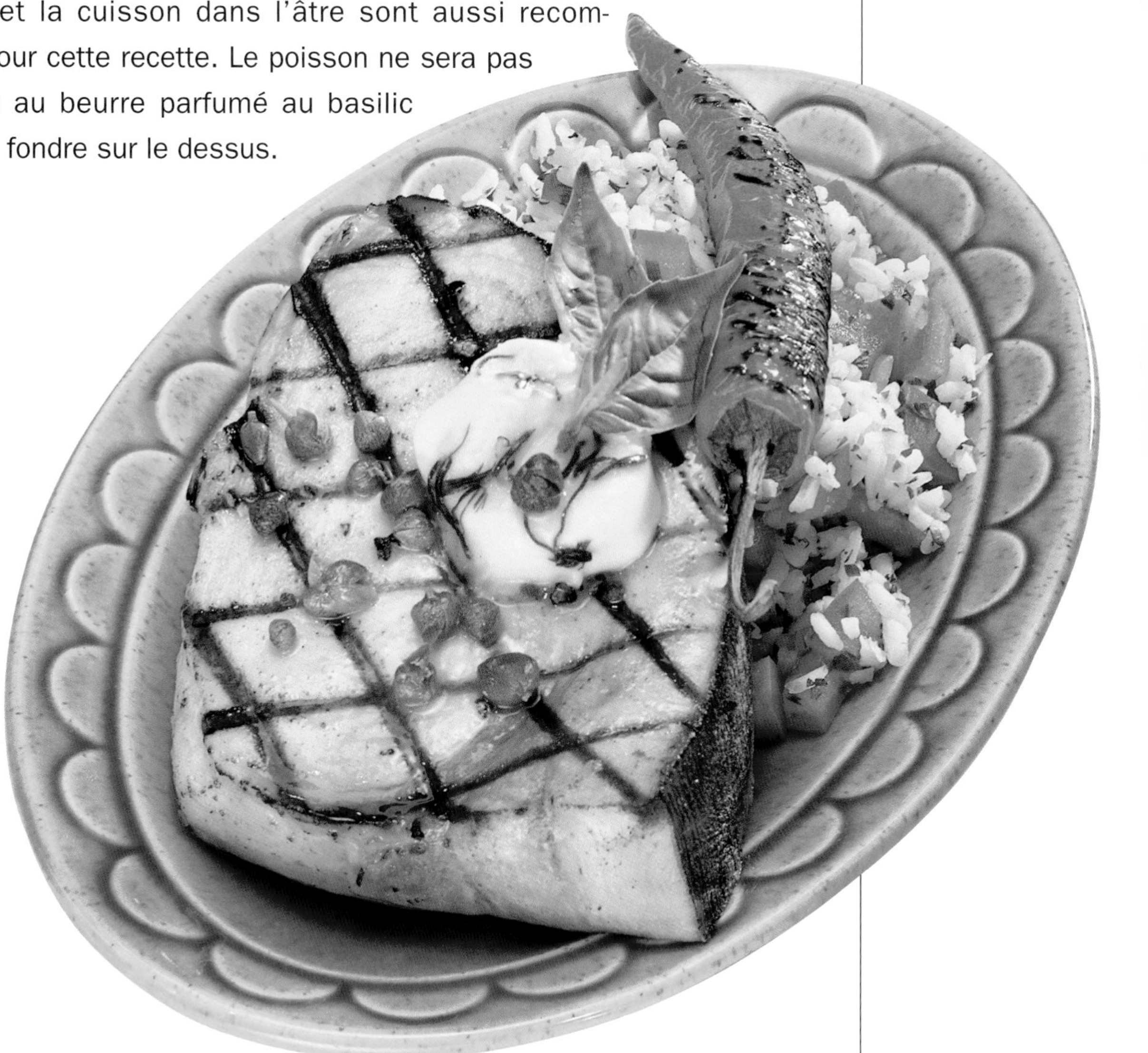

4 PORTIONS

PLUS QUE DU POISSON !
Cette recette est vraiment délicieuse. Vous pouvez vous en inspirer pour faire cuire n'importe quel poisson à chair ferme (thon, saumon, morue, mérou, omble chevalier, etc.) que vous servirez avec un beurre assaisonné. Les blancs de poulet, la dinde, les biftecks et les médaillons de veau et de porc sont aussi délicieux quand on les prépare de cette façon.

RECETTE

4 darnes d'espadon de 2 cm (¾ po) d'épaisseur et de 180 g (6 oz) chacune
1 c. à soupe d'huile d'olive extravierge
1 c. à café (1 c. à thé) de zeste de citron, râpé finement
1 c. à café (1 c. à thé) de gros sel de mer ou de sel casher
1 c. à café (1 c. à thé) de poivre blanc ou noir frais moulu
Beurre de basilic au citron (ci-dessous)

1. Rincer le poisson à l'eau froide et bien éponger avec du papier absorbant. Badigeonner légèrement d'huile d'olive de chaque côté. Dans un petit bol, mélanger le zeste, le sel et le poivre. Assaisonner l'espadon sur les deux faces et faisant pénétrer le sel du bout des doigts. Faire saumurer 15 min.

2. Cuire les darnes, en suivant les directives de l'encadré, jusqu'à ce qu'elles soient cuites et colorées. On peut les quadriller en les faisant pivoter d'un quart de tour après 1 ½ min de cuisson. Pour vérifier la cuisson, appuyer sur le poisson avec un doigt ; il doit s'effeuiller facilement.

3. Servir l'espadon dans un plat ovale ou des assiettes individuelles. Mettre 1 c. à soupe ou une tranche de 1,25 cm (½ po) de Beurre de basilic au citron sur chaque darne. Servir immédiatement.

Beurre de basilic au citron

ENVIRON 125 ML (½ TASSE)

Les beurres composés figurent parmi les condiments les plus intéressants destinés aux aliments grillés. Ils sont faciles à faire et se conservent longtemps dans le congélateur, ce qui permet de toujours en avoir à portée de la main. Ce beurre de basilic au citron vous plaira avec tous les aliments grillés. Comme vous en obtiendrez plus

Si vous avez...

GRIL CONTACT : Préchauffer le gril. S'il est muni d'un sélecteur de température, préchauffer à température élevée. Mettre la lèchefrite sous la partie avant du gril. Quand on est prêt pour la cuisson, huiler légèrement la surface de cuisson. Déposer les darnes sur le gril chaud et fermer le couvercle. Compter de 3 à 5 min de cuisson.

POÊLE À FOND CANNELÉ : Préchauffer la poêle à feu moyen-vif sur la cuisinière. Quand on peut y faire rebondir une goutte d'eau, c'est qu'elle est suffisamment chaude. Quand on est prêt pour la cuisson, huiler légèrement les rainures. Déposer les darnes dans la poêle chaude. Compter de 3 à 5 min de cuisson de chaque côté.

GRIL ENCASTRÉ : Préchauffer le gril à température élevée. Si la surface de cuisson n'est pas antiadhésive, brosser et huiler la grille. Déposer les darnes sur la grille chaude. Compter de 3 à 5 min de cuisson de chaque côté.

GRIL DE TABLE : Préchauffer le gril à température élevée ; il n'est pas nécessaire d'huiler la grille. Déposer les darnes sur le gril chaud. Compter de 4 à 6 min de cuisson de chaque côté.

ÂTRE : Entasser la braise ardente sous la grille et préchauffer de 3 à 5 min ; le feu doit être chaud (2 à 3 Mississippi). Quand on est prêt pour la cuisson, brosser et huiler la grille. Déposer les darnes sur la grille chaude. Compter de 3 à 5 min de cuisson de chaque côté.

qu'il n'en faut pour la recette d'espadon, formez deux rouleaux avec le reste et congelez-les. (Voir recettes de beurres composés, p. 443 à 445.)

8 c. à soupe de beurre non salé à température ambiante
8 feuilles de basilic frais, rincées et équeutées
1 gousse d'ail, hachée grossièrement
1 c. à café (1 c. à thé) de zeste de citron, râpé finement
1 c. à soupe de jus de citron frais pressé
1 c. à soupe de câpres, égouttées
Gros sel de mer ou sel casher et poivre noir frais moulu

À l'aide du robot de cuisine, réduire tous les ingrédients en purée onctueuse, sauf le sel et le poivre. Saler et poivrer au goût. Si l'on utilise le beurre immédiatement, en mettre une petite quantité sur chacune des darnes. Si vous le préparez d'avance, mettez-le sur 2 feuilles de pellicule plastique et rouler chacune en rouleau bien serré. Sceller en tordant les extrémités. Réfrigérer et congeler jusqu'à ce que le beurre soit ferme. On peut le conserver jusqu'à 5 jours dans le réfrigérateur et 3 mois dans le congélateur. Pour l'utiliser, développer le beurre et le couper en travers en tranches de 1,25 cm (½ po).

TRUC

■ Il peut sembler étrange d'utiliser du beurre non salé et d'y ajouter du sel par la suite. Les câpres étant très salées, cela nous permet de mieux contrôler la quantité de sel.

Gril contact

THON SAISI À L'HUILE DE SÉSAME

TRUC

■ Les graines de sésame noires sont faciles à trouver dans les épiceries japonaises, les magasins d'aliments naturels et certains supermarchés. Si vous n'en avez pas, remplacez-les par des graines de sésame blanches. Le thon n'aura pas une allure aussi spectaculaire, mais il sera tout aussi délicieux.

Le sésame est un partenaire idéal pour le thon, dont le goût et la texture rappellent ceux de la viande. C'est le chef Wolfgang Puck qui, le premier, a mis cette brillante idée en pratique à son restaurant de Santa Monica. Les chefs du monde entiers n'ont pas tardé à l'imiter pour le plus grand bonheur des gourmets. La croûte, composée de graines de sésame blanches et noires, est très simple et permet de préparer ce plat en un clin d'œil. Je vous suggère de servir le thon à la *tataki*, c'est-à-dire saisi à l'extérieur et saignant à l'intérieur, accompagné d'une sauce à tremper au wasabi.

RECETTE

4 PORTIONS

4 darnes de thon de 4 cm (1 ½ po) d'épaisseur et de 180 g (6 oz) chacune
3 c. à soupe d'huile de sésame orientale (foncée)
Gros sel de mer ou sel casher et poivre noir frais moulu
30 g (¼ tasse) de graines de sésame blanches
30 g (¼ tasse) de graines de sésame noires, ou plus de blanches
Huile de cuisson en vaporisateur
Sauce crémeuse au wasabi

1. Enlever toute tache foncée ou toute tache de sang du poisson. Rincer les darnes à l'eau froide et bien éponger avec du papier absorbant. Badigeonner avec 2 c. à soupe d'huile de sésame et saler et poivrer généreusement de chaque côté. Remuer les graines de sésame blanches et noires dans un bol peu profond. Passer les darnes dans les graines de sésame sur toutes les faces et faire pénétrer doucement du bout des doigts. Arroser les darnes de chaque côté avec l'huile de sésame restante.

2. Préchauffer le gril contact (p. 2). S'il est muni d'un sélecteur de température, le préchauffer à température élevée. Mettre la lèchefrite sous la partie avant du gril.

3. Quand on est prêt pour la cuisson, vaporiser légèrement le gril avec de l'huile de cuisson. Mettre les darnes sur la grille chaude et fermer doucement le couvercle. Griller de 2 à 4 min pour cuisson mi-saignante. Appuyer sur une darne ; s'il est mi-saignant, il sera tendre mais résistera légèrement.

4. Servir immédiatement dans un plat ovale ou des assiettes individuelles. Accompagner avec la Sauce crémeuse au wasabi nappée sur les darnes ou servie à côté.

Variante : Si vous avez une poêle à fond cannelé dont les rainures sont peu profondes, utilisez-la pour saisir le poisson. Pour une cuisson mi-saignante, les darnes demandent de 2 à 4 min de cuisson de chaque côté.

LA FRAÎCHEUR AVANT TOUT !
Il est important d'acheter du thon à sushi pour cette recette. Le poisson doit être tellement frais qu'on n'hésitera pas à le manger même si le centre est cru ou mi-saignant. Si vous aimez le thon mi-saignant, achetez des darnes de 3 cm (1 ¼ po) d'épaisseur.

Sauce crémeuse au wasabi

ENVIRON 125 ML (½ TASSE)

On décrit à tort le wasabi comme étant du raifort japonais. On obtient ce condiment vert jade en râpant finement le rhizome d'une plante crucifère appelée wasabia. Le wasabi frais est difficile à trouver, mais la poudre est vendue dans la plupart des supermarchés. Cette sauce crémeuse fait aussi des merveilles avec le saumon, l'espadon, les pétoncles, les coquilles Saint-Jacques, les blancs de volaille, l'agneau et les biftecks.

1 c. à soupe de wasabi en poudre
1 c. à soupe d'eau froide
6 c. à soupe de mayonnaise (Hellmann's de préférence)
2 c. à café (2 c. à thé) de sauce soja
2 c. à café (2 c. à thé) de jus de citron frais pressé

1. Mettre le wasabi dans un petit bol. Ajouter l'eau et remuer pour obtenir une purée épaisse. Laisser reposer 5 min.

2. Ajouter la mayonnaise, la sauce soja et le jus de citron au wasabi et mélanger à l'aide d'un fouet. Couverte, cette sauce se conserve quelques jours dans le réfrigérateur.

TRUC

■ Pour une présentation qui sort de l'ordinaire, mettez la Sauce crémeuse au wasabi dans un vaporisateur et dessinez des zigzags décoratifs sur le poisson grillé.

THON NOIRCI À LA SAUCE TARTARE CAJUN

Permettez-moi de vous raconter un souvenir. En 1984, j'étais critique gastronomique pour le magazine *Boston*. Un jour, au Inman Square de Cambridge, au Massachusetts, j'ai goûté au fameux poisson noirci à la mode cajun pour la toute première fois de ma vie. Celui qui m'a initié est John Silberman, ami et complice du légendaire Paul Prudhomme, le fondateur du *Cajun Yankee* de La Nouvelle-Orléans. Mon bonheur d'avoir pu déguster ce plat et en vanter les mérites à mes lecteurs est inexprimable. Je savais qu'en publiant un article aussi dithyrambique sur ce restaurant, il serait dorénavant aussi difficile d'y réserver une table que d'avoir une audience privée avec le pape. De nos jours, la cuisine cajun est beaucoup mieux connue, mais je n'oublierai jamais cette fameuse journée d'initiation. Silberman dirige aujourd'hui le restaurant *Magnolias* de Cambridge. Sa recette de thon noirci est très facile à réussir sur un gril d'intérieur.

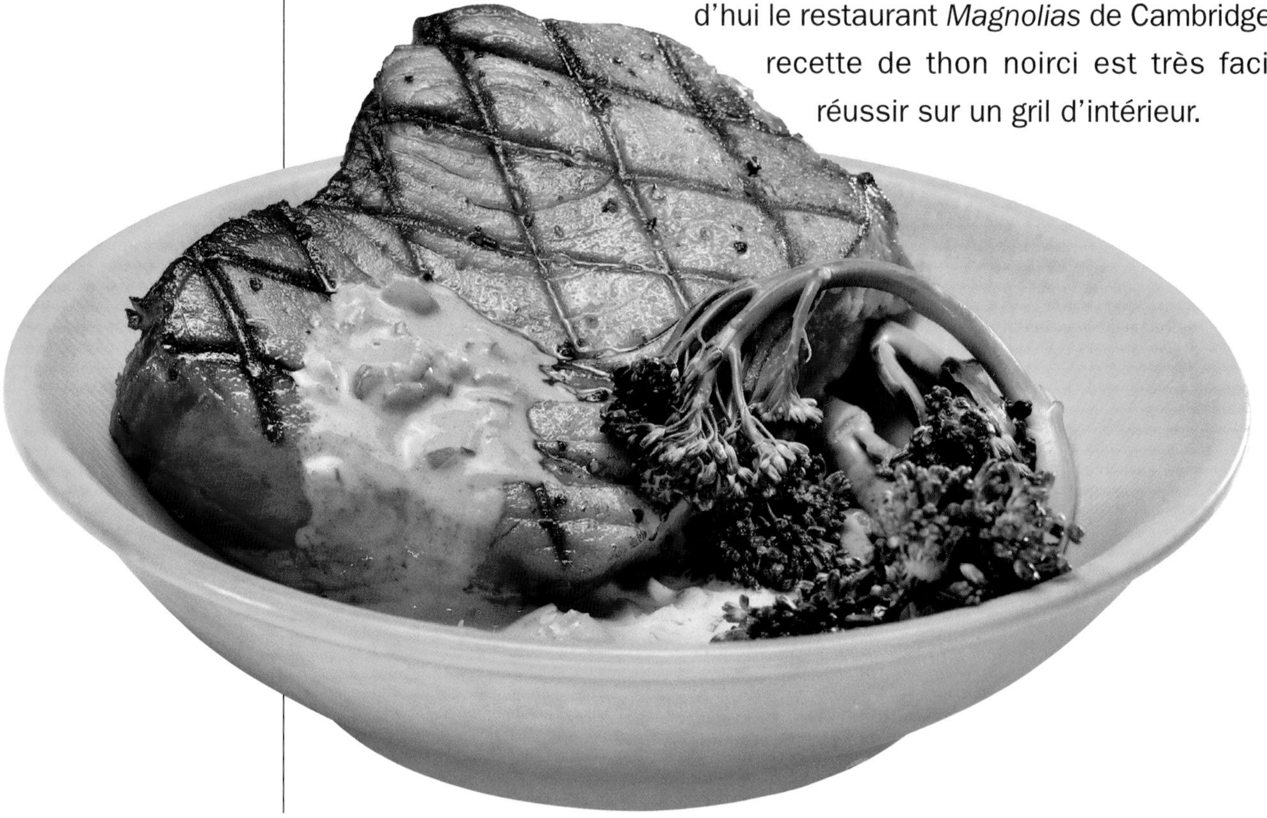

RECETTE

4 PORTIONS

1 c. à soupe de gros sel de mer ou de sel casher
1 c. à soupe de poudre d'ail
1 c. à soupe de poudre d'oignon
1 c. à soupe de paprika doux
1 c. à soupe d'origan séché
2 c. à café (2 c. à thé) de thym séché
2 c. à café (2 c. à thé) de poivre noir frais moulu
1 c. à café (1 c. à thé) de poivre blanc frais moulu
1 c. à café (1 c. à thé) de cayenne
4 darnes de thon de 3 cm (1 ¼ po) d'épaisseur et de 180 g (6 oz) chacune (voir Note)
2 c. à soupe de beurre non salé, fondu
Quartiers de citron
Sauce tartare cajun (p. 282)

1. Dans un petit bol, mélanger le sel, la poudre d'ail, la poudre d'oignon, le paprika, l'origan, le thym, les poivres et le cayenne. Réserver.

2. Enlever toute tache foncée ou toute tache de sang du poisson. Rincer les darnes à l'eau froide et bien éponger avec du papier absorbant. Badigeonner avec le beurre fondu de chaque côté. Réserver 1 c. à soupe de l'assaisonnement cajun pour faire la Sauce tartare cajun. Saupoudrer environ ½ c. à café (½ c. à thé) de l'assaisonnement cajun de chaque côté des darnes. Faire pénétrer doucement dans la chair du bout des doigts. Conserver l'assaisonnement cajun restant dans un bocal hermétique que l'on placera à l'abri de la chaleur ou de la lumière ; on pourra le garder quelques mois.

3. Cuire le thon, en suivant les directives de l'encadré, jusqu'à cuisson au goût. On peut le quadriller de chaque côté en le faisant pivoter d'un quart de tour après 1 min de cuisson. Pour vérifier la cuisson, appuyer sur le poisson avec un doigt ; s'il est mi-saignant-à point, il cédera légèrement sous la pression.

4. Servir immédiatement dans un plat ovale ou des assiettes individuelles avec des quartiers de citron et de la Sauce tartare cajun.

ASSAISONNEMENT CAJUN

On peut trouver différentes marques d'assaisonnement cajun sur le marché, mais certaines contiennent du glutamate monosodique. Pourquoi ne prenez-vous pas le temps de faire le vôtre en suivant la recette de la p. 441. Il rehausse merveilleusement la sauce tartare et le poisson.

Si vous avez...

GRIL CONTACT : Préchauffer le gril. S'il est muni d'un sélecteur de température, préchauffer à température élevée. Mettre la lèchefrite sous la partie avant du gril. Quand on est prêt pour la cuisson, huiler légèrement la surface de cuisson. Déposer les darnes sur le gril chaud et fermer le couvercle. Compter de 3 à 5 min de cuisson pour obtenir un thon mi-saignant.

POÊLE À FOND CANNELÉ : Préchauffer la poêle à feu moyen-vif sur la cuisinière. Quand on peut y faire rebondir une goutte d'eau, c'est qu'elle est suffisamment chaude. Quand on est prêt pour la cuisson, huiler légèrement les rainures. Déposer les darnes dans la poêle chaude. Compter de 3 à 5 min de cuisson de chaque côté pour obtenir un thon mi-saignant.

GRIL ENCASTRÉ : Préchauffer le gril à température élevée. Si la surface de cuisson n'est pas antiadhésive, brosser et huiler la grille. Déposer les darnes sur la grille chaude. Compter de 3 à 5 min de cuisson de chaque côté pour obtenir un thon mi-saignant.

ÂTRE : Entasser la braise ardente sous la grille et préchauffer de 3 à 5 min ; le feu doit être chaud (2 à 3 Mississippi). Quand on est prêt pour la cuisson, brosser et huiler la grille. Déposer les darnes sur la grille chaude. Compter de 3 à 5 min de cuisson de chaque côté pour obtenir un thon mi-saignant.

Sauce tartare cajun

ENVIRON 250 ML (1 TASSE)

Pourquoi faire sa sauce tartare soi-même? D'abord pour éviter tous les ingrédients sucrés contenus dans les sauces du commerce. Ensuite pour l'assaisonner parfaitement à son goût. Conservez le reste de sauce pas plus d'une semaine dans le réfrigérateur.

175 ml (¾ tasse) de mayonnaise (Hellmann's de préférence)
3 c. à soupe de moutarde cajun ou de Dijon
1 c. à soupe d'échalotes, émincées
1 c. à soupe de piments jalapeños frais ou marinés, émincés
1 c. à soupe d'olives farcies au piment, émincées
1 c. à soupe de jus de citron frais, ou plus au goût
1 c. à soupe d'assaisonnement cajun (réservé du Thon noirci de la page précédente)
1 c. à café (1 c. à thé) de sauce piquante Crystal ou autre, ou plus au goût

À l'aide d'un fouet, mélanger tous les ingrédients dans un petit bol. Rectifier l'assaisonnement en jus de citron et/ou en sauce piquante si nécessaire.

THON GRILLÉ À LA SAUCE AU POIVRE VERT

On considère souvent le thon comme le « bœuf » des années 1990. On le servait alors saignant à l'intérieur et bien quadrillé à l'extérieur, comme un steak au poivre nouveau genre. Et personne ne le cuisinait mieux que Christian Ville, chef et copropriétaire du populaire *Bouchon du Grove* de Coconut Gove, en Floride. Fondé par son cousin Georges-Éric Farge, cet endroit offrait la quintessence du bistrot français : parfait jusque dans les moindres détails avec son zinc invitant, ses rideaux blancs et la musique de *La Marseillaise* qui résonnait chaque fois que quelqu'un y célébrait son anniversaire. Si vous aimez le poisson bien poivré, cuit à l'extérieur mais aussi cru qu'un sushi à l'intérieur, voici de quoi vous régaler.

TRUC

■ Les grains de poivre vert sont les fruits du poivrier cueillis avant maturité. On les trouve souvent en saumure. Si vous achetez du poivre vert séché, ajoutez-le en même temps que le vin à l'étape 1, ce qui le fera ramollir.

4 PORTIONS

RECETTE

2 c. à soupe de beurre non salé
2 échalotes, émincées
80 ml (⅓ tasse) de vin blanc sec
250 ml (1 tasse) de jus de palourde en bouteille ou de fumet de poisson
250 ml (1 tasse) de crème épaisse à fouetter (35 %)
1 c. à soupe de cognac
1 ½ c. à café (1 ½ c. à thé) de fécule de maïs
2 c. à soupe de grains de poivre vert, égouttés (voir Truc p. 283)
1 c. à café (1 c. à thé) de jus de citron frais pressé
Gros sel de mer ou sel casher
4 darnes de thon de 3 cm (1 ¼ po) d'épaisseur et de 180 g (6 oz) chacune
2 à 3 c. à café (2 à 3 c. à thé) d'huile d'olive extravierge
Poivre noir frais moulu

1. Faire fondre le beurre à feu moyen dans une casserole. Ajouter les échalotes et cuire de 1 à 2 min, jusqu'à ce qu'elles soient tendres et transparentes. Ajouter le vin, monter le feu au maximum et porter à ébullition. Laisser bouillir environ 2 min, jusqu'à ce que le vin soit réduit de moitié. Ajouter le jus de palourdes et porter à ébullition. Laisser bouillir environ 5 min, jusqu'à ce qu'il ne reste plus que 250 ml (1 tasse) de liquide. Ajouter la crème, porter à ébullition et laisser réduire légèrement environ 3 min.

2. Mettre le cognac et la fécule de maïs dans un petit bol et fouetter jusqu'à dissolution. Verser dans la crème. Porter à ébullition et laisser bouillir 1 min. Retirer du feu et incorporer les grains de poivre vert et le jus de citron. Saler un peu. Cette sauce peut être préparée 1 h d'avance et réservée au chaud.

3. Enlever toute tache foncée ou toute tache de sang du poisson. Rincer les darnes à l'eau froide et bien éponger avec du papier absorbant.

4. Quand on est prêt pour la cuisson, badigeonner les darnes d'huile d'olive de chaque côté. Saler et poivrer généreusement. Cuire le thon, en suivant les directives de l'encadré, jusqu'à cuisson au goût. On peut le quadriller de chaque côté en le faisant pivoter d'un quart de tour après 1 min de cuisson. Pour vérifier la cuisson, appuyer sur le poisson avec un doigt ; s'il est mi-saignant, il sera assez tendre mais résistera un peu sous la pression.

5. Verser la sauce au poivre vert dans un plat ovale ou des assiettes individuelles. Déposer les darnes de thon et servir immédiatement.

Si vous avez...

GRIL CONTACT : Préchauffer le gril. S'il est muni d'un sélecteur de température, préchauffer à température élevée. Mettre la lèchefrite sous la partie avant du gril. Quand on est prêt pour la cuisson, huiler légèrement la surface de cuisson. Déposer les darnes sur le gril chaud et fermer le couvercle. Compter de 2 à 4 min de cuisson pour obtenir un thon saignant.

POÊLE À FOND CANNELÉ : Préchauffer la poêle à feu moyen-vif sur la cuisinière. Quand on peut y faire rebondir une goutte d'eau, c'est qu'elle est suffisamment chaude. Quand on est prêt pour la cuisson, huiler légèrement les rainures. Déposer les darnes dans la poêle chaude. Compter de 2 à 4 min de cuisson de chaque côté pour obtenir un thon saignant.

GRIL ENCASTRÉ : Préchauffer le gril à température élevée. Si la surface de cuisson n'est pas antiadhésive, brosser et huiler la grille. Déposer les darnes sur la grille chaude. Compter de 2 à 4 min de cuisson de chaque côté pour obtenir un thon saignant.

GRIL DE TABLE : Préchauffer le gril à température élevée ; il n'est pas nécessaire d'huiler la grille. Déposer les darnes sur le gril chaud. Compter de 3 à 5 min de cuisson de chaque côté pour obtenir un thon saignant.

ÂTRE : Entasser la braise ardente sous la grille et préchauffer de 3 à 5 min ; le feu doit être chaud (2 à 3 Mississippi). Quand on est prêt pour la cuisson, brosser et huiler la grille. Déposer les darnes sur la grille chaude. Compter de 2 à 4 min de cuisson de chaque côté pour obtenir un thon saignant.

MORUE À LA SKORDALIA À LA MODE GRECQUE

La morue était autrefois le poisson le plus populaire en Amérique du Nord. Les pêcheurs l'exportaient alors dans le monde entier. Depuis quelques années, les amateurs de poisson semblent préférer les poissons au goût plus prononcé tels que le thon et le saumon. Cette recette remet la chair blanche et délicate de la morue au goût du jour. Cuites dans une poêle à fond cannelé, les darnes sont servies avec la *skordalia*, une sauce aillée d'origine grecque qui était déjà populaire à l'époque de Socrate.

TRUCS

■ **Quand on utilise une poêle à fond cannelé, il est préférable d'opter pour des assaisonnements simples. Les marinades ayant tendance à s'accumuler entre les rainures, cela peut parfois dégager une fumée désagréable.**

■ **On peut remplacer les amandes par des noix pour faire la *skordalia*.**

4 PORTIONS

RECETTE

SKORDALIA

3 tranches de pain blanc à sandwich, écroûtées
3 gousses d'ail, hachées grossièrement
3 c. à soupe d'amandes blanchies, hachées grossièrement
1 c. à soupe de vinaigre de vin rouge
1 c. à soupe de jus de citron frais pressé
80 ml (1/3 tasse) d'huile d'olive extravierge
Gros sel de mer ou sel casher et poivre blanc frais moulu
Une petite pincée de cayenne

POISSON

4 darnes de morue de 2 cm (3/4 po) d'épaisseur et de 240 g (8 oz) chacun
1 1/2 c. à soupe d'huile d'olive extravierge (grecque de préférence)
Gros sel de mer ou sel casher et poivre blanc frais moulu
1 c. à café (1 c. à thé) d'origan séché
2 c. à soupe de jus de citron frais pressé
1 c. à soupe de persil plat frais, haché finement
Quartiers de citron

1. Préparer la *skordalia* : Mettre le pain dans un bol et ajouter juste assez d'eau pour couvrir. Laisser tremper 5 min. Bien égoutter dans un chinois. Presser le pain avec les mains pour faire sortir l'eau.

2. Mettre le pain, l'ail, les amandes, le vinaigre, le jus de citron et l'huile d'olive dans le mélangeur. (Pour faire une sauce onctueuse, il faut éviter d'utiliser le robot de cuisine.) Réduire en purée crémeuse en raclant les parois à l'aide d'une spatule de caoutchouc à quelques reprises. Assaisonner avec le sel, le poivre et le cayenne. La *skordalia* doit être bien assaisonnée.

3. Préparer le poisson : Rincer la morue à l'eau froide et bien éponger avec du papier absorbant. Badigeonner légèrement d'huile d'olive de chaque côté. Saler et poivrer. Émietter l'origan avec les doigts et en saupoudrer le poisson. Arroser les darnes de jus de citron de chaque côté en le faisant pénétrer dans la chair du bout des doigts.

4. Cuire les darnes, en suivant les directives de l'encadré, jusqu'à ce qu'elles soient colorées et complètement cuites. Pour vérifier la cuisson, appuyer sur le poisson avec un doigt ; il doit s'effeuiller facilement.

5. Mettre le poisson dans un ou des plats. Verser un peu de *skordalia* sur chaque morceau et saupoudrer de persil. Accompagner de quartiers de citron et de la *skordalia* restante.

Si vous avez...

GRIL CONTACT : Préchauffer le gril. S'il est muni d'un sélecteur de température, préchauffer à température élevée. Mettre la lèchefrite sous la partie avant du gril. Quand on est prêt pour la cuisson, huiler légèrement la surface de cuisson. Déposer le poisson sur le gril chaud et fermer le couvercle. Compter de 3 à 5 min de cuisson.

POÊLE À FOND CANNELÉ : Préchauffer la poêle à feu moyen-vif sur la cuisinière. Quand on peut y faire rebondir une goutte d'eau, c'est qu'elle est suffisamment chaude. Quand on est prêt pour la cuisson, huiler légèrement les rainures. Déposer le poisson dans la poêle chaude. Compter de 3 à 5 min de cuisson de chaque côté.

GRIL ENCASTRÉ : Préchauffer le gril à température élevée. Si la surface de cuisson n'est pas antiadhésive, brosser et huiler la grille. Déposer le poisson sur la grille chaude. Compter de 3 à 5 min de cuisson de chaque côté.

GRIL DE TABLE : Préchauffer le gril à température élevée ; il n'est pas nécessaire d'huiler la grille. Déposer le poisson sur le gril chaud. Compter de 4 à 6 min de cuisson de chaque côté.

ÂTRE : Entasser la braise ardente sous la grille et préchauffer de 3 à 5 min ; le feu doit être chaud (2 à 3 Mississippi). Quand on est prêt pour la cuisson, brosser et huiler la grille. Déposer le poisson sur la grille chaude. Compter de 3 à 5 min de cuisson de chaque côté.

BAUDROIE FAÇON DA IVO

D*a Ivo* est le genre de restaurant que tout visiteur rêve de découvrir à Venise, une salle à manger discrète construite stratégiquement au-dessus d'un canal. Les gondoliers passent suffisamment près pour saisir sans difficulté le verre de vin qu'une âme généreuse leur tend par la fenêtre. Le chef de ce fief est le Toscan Natale Ivo, qui vit dans cette ville depuis plus de quarante ans. Grincheux et dégoûté du monde comme plusieurs Vénitiens, il demeure toutefois suffisamment passionné par son travail pour sortir de ses réserves une huile d'olive non filtrée de Toscane ou des poires d'une fraîcheur presque divine.

Ivo prétend qu'il est le seul à posséder un gril au charbon à Venise et il en est très fier. Je ne connaissais pas sa technique qui consiste à enrober les fruits de mer de miettes de pain (pas d'œufs ni de pâte) avant de les passer au gril. Le feu doit être doux et le chef doit être vigilant puisque les miettes de pain peuvent brûler rapidement. Le poisson est ensuite servi avec une huile d'olive de première qualité parfumée d'ail et de persil.

4 PORTIONS

TRUC

■ Pour sa chapelure, Ivo utilise des miettes de pain blanc sans croûte vieux d'une journée et non grillé. Vous pouvez faire la vôtre en pulvérisant des morceaux de pain rassis à l'aide du robot de cuisine.

AIL GERMÉ

Quand l'ail n'est plus très frais, il se développe un germe vert au centre de la gousse. Celui-ci est parfois amer. Il suffit alors de couper la gousse en deux sur la longueur, puis de couper et de jeter le germe.

RECETTE

4 darnes de baudroie de 2 cm (¾ po) d'épaisseur et de 180 à 240 g (6 à 8 oz) chacune
1 à 2 c. à soupe d'huile d'olive extravierge
Gros sel de mer ou sel casher et poivre noir frais moulu
90 g (1 ½ tasse) de chapelure
Sauce à l'ail et au persil (ci-dessous)
Quartiers de citron

1. Rincer les darnes à l'eau froide et bien éponger avec du papier absorbant. Badigeonner légèrement d'huile d'olive de chaque côté. Saler et poivrer généreusement. Mettre la chapelure dans un bol large peu profond. Passer les darnes dans la chapelure sur toutes les faces en secouant le surplus.

2. Cuire les darnes, en suivant les directives de l'encadré, jusqu'à ce que la chapelure soit croustillante et dorée et que la chair soit complètement cuite. Pour vérifier la cuisson, appuyer sur le poisson avec un doigt ; il doit s'effeuiller facilement.

3. Servir le poisson dans un plat ovale ou des assiettes individuelles et verser un peu de Sauce à l'ail et au persil sur le dessus. Garnir de quartiers de citron et passer le reste de la sauce à table.

Sauce à l'ail et au persil

ENVIRON 6 C. À SOUPE

La sauce simple que l'on prépare au restaurant *Da Ivo* contient seulement 4 ingrédients. Mais elle demande un savoir-faire qui va au-delà des simples gestes de hacher et de remuer. Malheureusement, ni vous ni moi ne pouvons imiter ce chef-d'œuvre. À moins de pouvoir acheter notre ail et notre persil au légendaire marché Rialto de Venise et de nous procurer notre huile d'olive, extravierge et non filtrée, dans une petite ferme de Toscane. L'ail et le persil ont un goût différent en Italie. Il en va de même pour l'huile d'olive. Je vous suggère donc d'acheter l'huile d'olive, le persil plat et l'ail de la meilleure qualité possible et

Si vous avez…

GRIL CONTACT : Préchauffer le gril. S'il est muni d'un sélecteur de température, préchauffer à température élevée. Mettre la lèchefrite sous la partie avant du gril. Quand on est prêt pour la cuisson, huiler légèrement la surface de cuisson. Déposer le poisson sur le gril chaud et fermer le couvercle. Compter de 4 à 6 min de cuisson.

GRIL ENCASTRÉ : Préchauffer le gril à température moyenne-élevée. Si la surface de cuisson n'est pas antiadhésive, brosser et huiler la grille. Déposer le poisson sur la grille chaude. Compter de 4 à 6 min de cuisson de chaque côté.

ÂTRE : Entasser la braise ardente sous la grille et préchauffer de 3 à 5 min ; le feu doit être moyen-chaud (4 Mississippi). Quand on est prêt pour la cuisson, brosser et huiler la grille. Déposer le poisson sur la grille chaude. Compter de 4 à 6 min de cuisson de chaque côté.

votre sauce ressemblera peut-être à celle de *Da Ivo*. Elle sera assurément délicieuse avec le poulet, le veau, les fruits de mer et les poissons grillés.

1 gousse d'ail, hachée finement
½ c. à café (½ c. à thé) de gros sel de mer ou de sel casher
6 c. à soupe d'huile d'olive extravierge (non filtrée de préférence)
2 à 3 c. à soupe de persil plat frais, équeuté, rincé et haché finement

1. Dans un petit bol, réduire l'ail et le sel en purée avec le dos d'une cuillère.

2. Ajouter l'huile d'olive et le persil et remuer à l'aide d'un fouet. Servir cette sauce d'ici 30 min tout au plus.

TRUC

■ La baudroie est un poisson à chair blanche au goût délicat. Il convient parfaitement à la cuisson sur le gril parce qu'il ne se défait pas facilement. Si vous n'en trouvez pas chez votre poissonnier, achetez du flétan, de la morue ou un autre poisson à chair blanche délicate, surtout si vous travaillez avec un gril contact.

FLÉTAN AU CITRON VERT ET AU GINGEMBRE

Le gril contact convient parfaitement à la cuisson du flétan, dont la chair blanche et délicate risque de coller sur les autres grils. Il suffit de fermer le couvercle et le tour est joué. Pour les autres grils, huilez bien la grille (sauf les grils de table) et prenez une large spatule pour retourner le poisson. Je le présente avec une marinade qui unit l'Orient et l'Occident : gingembre, jus de citron vert, sauce soja et huile d'olive que l'on fait réduire pour obtenir un autre délice des dieux.

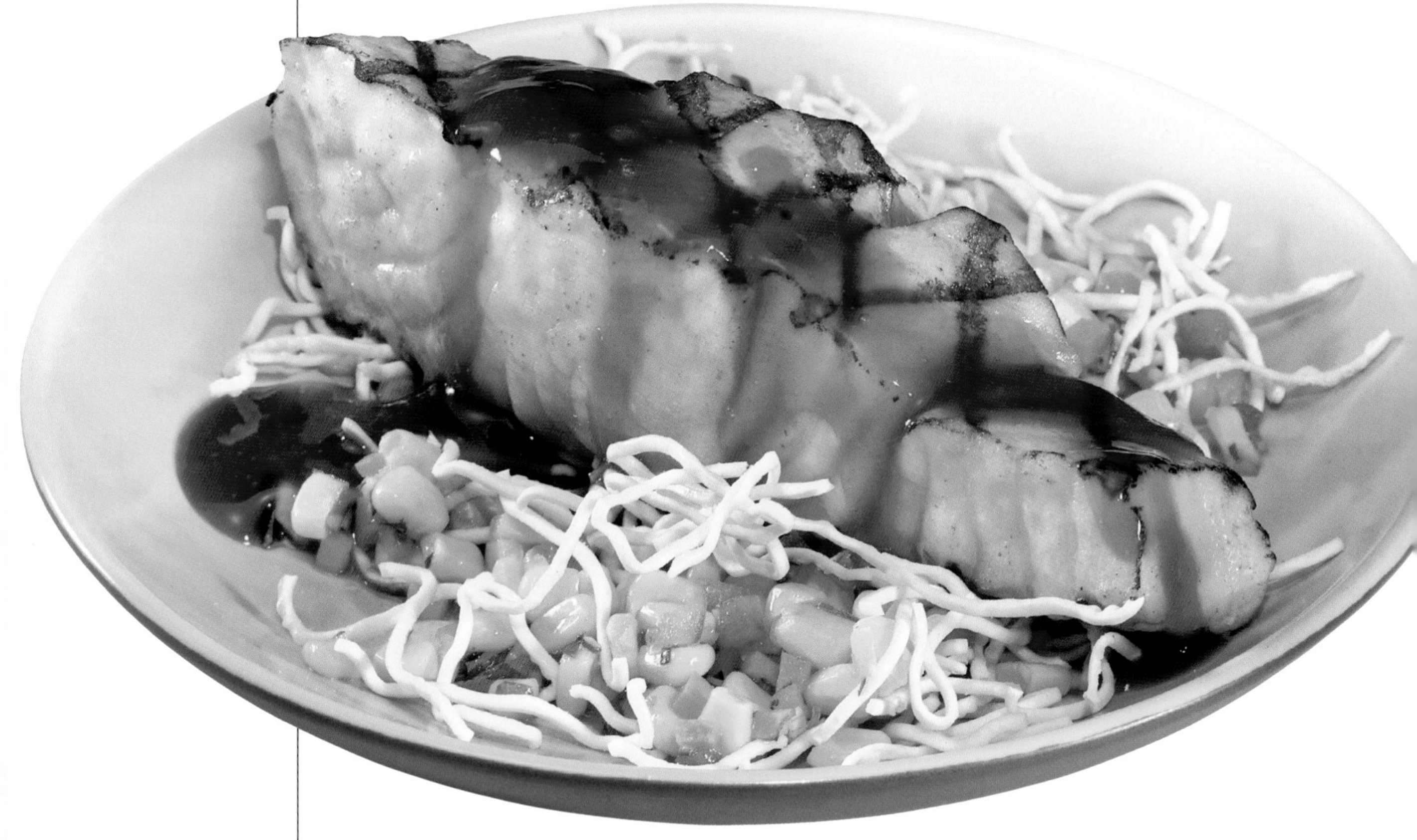

RECETTE

4 PORTIONS

TRUC

■ **Pour cette recette, on peut aussi opter pour du bar ou du tassergal.**

1 morceau de 5 cm (2 po) de gingembre frais, pelé
1 gousse d'ail, épluchée
1 à 2 citrons verts
60 ml (¼ tasse) de sauce soja
60 ml (¼ tasse) d'huile d'olive extravierge
¼ c. à café (¼ c. à thé) de poivre noir frais moulu
4 filets de flétan sans peau de 180 à 240 g (6 à 8 oz) chacun
1 c. à soupe de beurre

1. À l'aide d'une râpe fine, râper le gingembre et l'ail dans un bol. Râper le citron vert pour obtenir ½ c. à café (½ c. à thé) de zeste et l'ajouter dans le bol. Presser les citrons verts : mesurer 60 ml (¼ tasse) de jus et le verser dans le bol avec la sauce soja, l'huile d'olive et le poivre.

2. Rincer le flétan à l'eau froide et bien éponger avec du papier absorbant. Mettre les filets dans un plat de cuisson pouvant les contenir sur une seule couche. Verser la marinade sur le poisson et bien l'enduire sur toutes les faces. Couvrir le plat de pellicule plastique et laisser mariner de 30 min à 4 h dans le réfrigérateur en retournant les filets de temps à autre (le flétan sera meilleur si on le laisse mariner plus longtemps, mais en 30 min il gagnera quand même en saveur).

3. Quand on est prêt pour la cuisson, égoutter le poisson et verser la marinade dans une casserole. Porter à ébullition à feu élevé et laisser bouillir environ 5 min jusqu'à consistance épaisse et sirupeuse. Incorporer le beurre. Si l'on utilise un gril encastré, un gril de table ou la cuisson dans l'âtre, réserver 60 ml (¼ tasse) de la marinade pour badigeonner le flétan (on ne badigeonne pas le poisson cuit dans une poêle à fond cannelé ou sur un gril contact).

4. Cuire les filets, en suivant les directives de l'encadré, jusqu'à ce qu'ils soient dorés et que la chair soit complètement cuite. Pour vérifier la cuisson, appuyer sur le poisson avec un doigt ; il doit s'effeuiller facilement.

5. Servir dans un plat ovale ou des assiettes individuelles et napper avec la marinade bouillie restante.

Si vous avez...

GRIL CONTACT : Préchauffer le gril. S'il est muni d'un sélecteur de température, préchauffer à température élevée. Mettre la lèchefrite sous la partie avant du gril. Quand on est prêt pour la cuisson, huiler légèrement la surface de cuisson. Déposer le poisson sur le gril chaud et fermer le couvercle. Compter de 3 à 5 min de cuisson.

POÊLE À FOND CANNELÉ : Préchauffer la poêle à feu moyen-vif sur la cuisinière. Quand on peut y faire rebondir une goutte d'eau, c'est qu'elle est suffisamment chaude. Quand on est prêt pour la cuisson, huiler légèrement les rainures. Bien égoutter le poisson et le déposer dans la poêle chaude. Compter de 3 à 5 min de cuisson de chaque côté.

GRIL ENCASTRÉ : Préchauffer le gril à température élevée. Si la surface de cuisson n'est pas antiadhésive, brosser et huiler la grille. Déposer le poisson sur la grille chaude. Compter de 3 à 5 min de cuisson de chaque côté. Badigeonner le flétan une ou deux fois avec un peu de marinade bouillie.

GRIL DE TABLE : Préchauffer le gril à température élevée ; il n'est pas nécessaire d'huiler la grille. Déposer le poisson sur le gril chaud. Compter de 4 à 6 min de cuisson de chaque côté. Badigeonner le flétan une ou deux fois avec un peu de marinade bouillie.

ÂTRE : Entasser la braise ardente sous la grille et préchauffer de 3 à 5 min ; le feu doit être chaud (2 à 3 Mississippi). Quand on est prêt pour la cuisson, brosser et huiler la grille. Déposer le poisson sur la grille chaude. Compter de 3 à 5 min de cuisson de chaque côté. Badigeonner le flétan une ou deux fois avec un peu de marinade bouillie.

FLÉTAN GRILLÉ À LA PANCETTA, VINAIGRETTE À LA SAUGE ET À LA PANCETTA

Le flétan est l'un des poissons les plus appétissants au monde et il permet de faire une présentation spectaculaire à table. Sa chair est blanche, délicate et douce. Dans cette recette d'inspiration italienne, on le cuit en sandwich entre des tranches fines de pancetta et des feuilles de sauge. Cette façon de faire a le mérite de rehausser sa saveur, de l'empêcher de coller sur la grille et de préserver son humidité. Peu d'ingrédients, mais une explosion de saveurs.

RECETTE

4 PORTIONS

10 fines tranches de pancetta (240 à 300 g/8 à 10 oz en tout; voir Note)
4 filets de flétan sans peau de 180 à 240 g (6 à 8 oz) chacun
1 botte de sauge fraîche (ou de basilic pour ceux qui n'aiment pas la sauge), rincée et équeutée
Gros sel de mer ou sel casher et poivre noir frais moulu
2 c. à café (2 c. à thé) de câpres, égouttées
1 c. à soupe de vinaigre de xérès ou de vinaigre de vin rouge
1 c. à soupe de jus de citron frais pressé
5 c. à soupe d'huile de noisette ou d'huile d'olive extravierge

Ficelle

1. Frire 2 tranches de pancetta dans un petit poêlon à feu moyen-vif environ 3 min, jusqu'à ce qu'il soit coloré et croustillant. Égoutter sur du papier absorbant et couper en julienne. Déposer dans un petit bol et réserver pour la vinaigrette.

2. Rincer le poisson à l'eau froide et bien éponger avec du papier essuie-tout. Mettre 4 tranches de pancetta dans une assiette ou sur une planche à découper. Mettre 3 feuilles de sauge sur chaque tranche de pancetta. Saler et poivrer généreusement le poisson de chaque côté et mettre un filet sur chaque tranche de pancetta. Placer 3 feuilles de sauge sur chaque filet, puis couvrir avec une tranche de pancetta. Attacher la pancetta au flétan à l'aide de la ficelle de la même manière que l'on met un ruban autour d'un cadeau. (Si l'on utilise un gril contact, cette étape est inutile.)

3. À l'aide d'une spatule, déposer les baluchons de poisson sur le gril chaud. Cuire les filets, en suivant les directives de l'encadré, jusqu'à ce que la pancetta soit légèrement dorée et que la chair du flétan soit cuite. Pour vérifier la cuisson, appuyer sur le poisson avec un doigt ; il doit s'effeuiller facilement.

Si vous avez...

GRIL CONTACT : Préchauffer le gril. S'il est muni d'un sélecteur de température, préchauffer à température élevée. Mettre la lèchefrite sous la partie avant du gril. Quand on est prêt pour la cuisson, huiler légèrement la surface de cuisson. Déposer le poisson sur le gril chaud et fermer le couvercle. Compter de 3 à 5 min de cuisson.

POÊLE À FOND CANNELÉ : Préchauffer la poêle à feu moyen-vif sur la cuisinière. Quand on peut y faire rebondir une goutte d'eau, c'est qu'elle est suffisamment chaude. Quand on est prêt pour la cuisson, huiler légèrement les rainures. Déposer le poisson dans la poêle chaude. Compter de 3 à 5 min de cuisson de chaque côté.

GRIL ENCASTRÉ : Préchauffer le gril à température élevée. Si la surface de cuisson n'est pas antiadhésive, brosser et huiler la grille. Déposer le poisson sur la grille chaude. Compter de 3 à 5 min de cuisson de chaque côté.

ÂTRE : Entasser la braise ardente sous la grille et préchauffer de 3 à 5 min ; le feu doit être chaud (2 à 3 Mississippi). Quand on est prêt pour la cuisson, brosser et huiler la grille. Déposer le poisson sur la grille chaude. Compter de 3 à 5 min de cuisson de chaque côté.

4. Pendant ce temps, préparer la vinaigrette : Hacher finement suffisamment de sauge pour en avoir 1 c. à soupe. Mélanger aux câpres et à la pancetta en julienne. Ajouter le vinaigre et le jus de citron et remuer à l'aide d'un fouet. Incorporer l'huile de noisette en un mince filet, puis saler et poivrer au goût.

5. Servir dans un plat ovale ou des assiettes individuelles. Couper et jeter la ficelle. Napper de vinaigrette.

Note : La pancetta est une spécialité italienne semblable au prosciutto. Il s'agit de la poitrine maigre de porc que l'on fait saler en cuve. On la vend en rondelles qui sont juste de la bonne grosseur pour mettre les filets de poisson en sandwich. Elle n'a pas l'arôme de fumée qu'ont certains bacons, ce qui convient à la délicatesse de la chair de flétan. Mais si vous préférez le bacon, il n'en tient qu'à vous.

TRUCS

- **Si vous avez un gril contact, vous pouvez y faire cuire la pancetta destinée à la vinaigrette avant d'y mettre le poisson, ce qui vous évitera de laver un poêlon et de graisser le gril.**
- **Vous pouvez remplacer le flétan par de la morue, de l'églefin, du turbot, du bar et même du saumon.**

TRUITE À L'ANETH À LA SAUCE AUX NOIX À LA MODE GÉORGIENNE

Selon la mythologie grecque, Prométhée déroba le feu aux dieux au sommet du Caucase pour le donner ensuite aux humains. C'est là que se trouve aujourd'hui la République de Géorgie. Les habitants de cette région sont de véritables spécialistes de la cuisson au gril. Ils savent enrichir leurs mets de saveurs variées et étonnantes : noix, prunes, fruits acidulés, coriandre, aneth et piments forts. Ils font même une mélasse avec ce merveilleux fruit qu'est la grenade. Cette recette de truite farcie au citron et à l'aneth est servie avec une sauce crémeuse aux noix parfumée à la coriandre et à l'ail, un genre de pesto géorgien. Exotique, merveilleux et pas compliqué !

4 PORTIONS

RECETTE

4 truites de 360 à 480 g (12 à 16 oz), nettoyées
Gros sel de mer ou sel casher et poivre noir frais moulu
2 c. à soupe d'huile d'olive extravierge
16 brins d'aneth frais
1 citron, coupé en travers en rondelles minces comme du papier (enlever les pépins et l'écorce)
Sauce aux noix à la mode géorgienne (p. 297)

Cure-dents de bois ou ficelle

1. Rincer les truites à l'eau froide, à l'intérieur et à l'extérieur, et bien éponger avec du papier absorbant. À l'aide d'un couteau bien affûté, faire 2 ou 3 incisions dans la partie la plus épaisse de chaque côté du poisson ; le couteau doit pénétrer jusqu'à l'arête principale.

2. Saler et poivrer l'intérieur des truites. Verser environ ½ c. à café (½ c. à thé) d'huile d'olive dans chaque cavité. Ajouter 2 brins d'aneth et quelques tranches de citron (garder 4 tranches de citron pour garnir). Badigeonner l'extérieur des poissons avec l'huile restante. Saler et poivrer généreusement. Mettre un brin d'aneth sur chaque poisson. Refermer la cavité avec des cure-dents ou de la ficelle (étape inutile si l'on utilise un gril contact). Couvrir et laisser mariner environ 15 min dans le réfrigérateur.

3. Cuire les truites en suivant les directives de l'encadré. Pour vérifier la cuisson, appuyer sur le poisson avec un doigt ; il doit s'effeuiller facilement. Si le gril n'est pas assez grand, procéder en deux ou trois fois.

4. Déposer les poissons dans un plat ovale ou des assiettes individuelles. Verser un peu de Sauce aux noix à la mode géorgienne sur le dessus ou sur les côtés. Garnir chaque truite avec un brin d'aneth et une tranche de citron et servir immédiatement. Passer le reste de la sauce à table.

Variante : Vous pouvez réussir parfaitement cette recette avec des filets de truite, de saumon ou d'omble chevalier. Achetez 4 filets de 180 g (6 oz) chacun. Faites une incision sur le côté de chaque filet et insérez-y l'aneth et le citron. Attachez les filets solidement avec de la ficelle. Comptez de 3 à 5 min de cuisson de chaque côté ou de 3 à 5 min de cuisson en tout sur un gril contact.

Si vous avez...

GRIL CONTACT : Préchauffer le gril. S'il est muni d'un sélecteur de température, préchauffer à température élevée. Mettre la lèchefrite sous la partie avant du gril. Quand on est prêt pour la cuisson, huiler légèrement la surface de cuisson. Déposer les truites sur le gril chaud et fermer le couvercle. Compter de 5 à 8 min de cuisson.

POÊLE À FOND CANNELÉ : Préchauffer la poêle à feu moyen sur la cuisinière. Quand on peut y faire rebondir une goutte d'eau, c'est qu'elle est suffisamment chaude. Quand on est prêt pour la cuisson, huiler légèrement les rainures. Déposer les truites dans la poêle chaude. Compter de 5 à 8 min de cuisson de chaque côté. (Utiliser une spatule pour les retourner.)

GRIL ENCASTRÉ : Préchauffer le gril à température élevée. Si la surface de cuisson n'est pas antiadhésive, brosser et huiler la grille. Déposer les truites sur la grille chaude. Compter de 5 à 8 min de cuisson de chaque côté. (Utiliser une spatule pour les retourner.)

ÂTRE : Entasser la braise ardente sous la grille et préchauffer de 3 à 5 min ; le feu doit être chaud (2 à 3 Mississippi). Quand on est prêt pour la cuisson, brosser et huiler la grille. Déposer les truites sur la grille chaude. Compter de 5 à 8 min de cuisson de chaque côté. (Utiliser une spatule pour les retourner.)

Sauce aux noix à la mode géorgienne

ENVIRON 250 ML (1 TASSE)

Les noix sont un élément essentiel de la cuisine géorgienne. Elles sont appréciées pour leur goût robuste et leurs huiles bonnes pour la santé. Elles permettent aussi de concocter des sauces crémeuses sans qu'on ait besoin de les épaissir. Cette sauce ressemble à un pesto aux noix.

135 g (1 ¼ tasse) de noix
2 gousses d'ail, hachées grossièrement
1 ½ c. à café (1 ½ c. à thé) de coriandre moulue
1 c. à café (1 c. à thé) de paprika doux ou fort
½ c. à café (½ c. à thé) de gros sel de mer ou sel casher, ou plus au goût
½ c. à café (½ c. à thé) de poivre noir frais moulu, ou plus au goût
2 c. à soupe de jus de citron frais pressé, ou plus au goût
3 c. à soupe d'aneth frais, haché finement

1. À l'aide du robot de cuisine, réduire en purée onctueuse les noix, l'ail, la coriandre, le paprika, le sel et le poivre en raclant les parois quelques fois avec une spatule. Ajouter le jus de citron et mélanger.

2. Pendant que le robot de cuisine est toujours en marche, ajouter suffisamment d'eau en un mince filet pour obtenir une sauce crémeuse (on aura besoin de 125 à 175 ml/½ à ¾ tasse d'eau). Ajouter l'aneth et mélanger brièvement. Rectifier l'assaisonnement en sel, en poivre et/ou en jus de citron si nécessaire. La sauce doit être riche et parfumée. On peut la conserver, couverte, jusqu'à 3 jours dans le réfrigérateur.

Rôtissoire

TRUITE GRILLÉE AU BACON À L'ANETH ET AU CITRON

J'ai fait cette recette pour la première fois à la télévision. Je voulais démontrer qu'il est facile de faire griller un poison entier directement sur un lit de charbons, sans utiliser la grille. Le secret consiste à utiliser un panier à poisson, ce qui permet de retourner le poisson sans difficulté en cours de cuisson. Je vous propose maintenant une recette pour la rôtissoire. Il suffit d'avoir un panier métallique plat. Le goût fumé du bacon imprègne bien la chair du poisson et nous rappelle l'odeur d'un bon feu de camp.

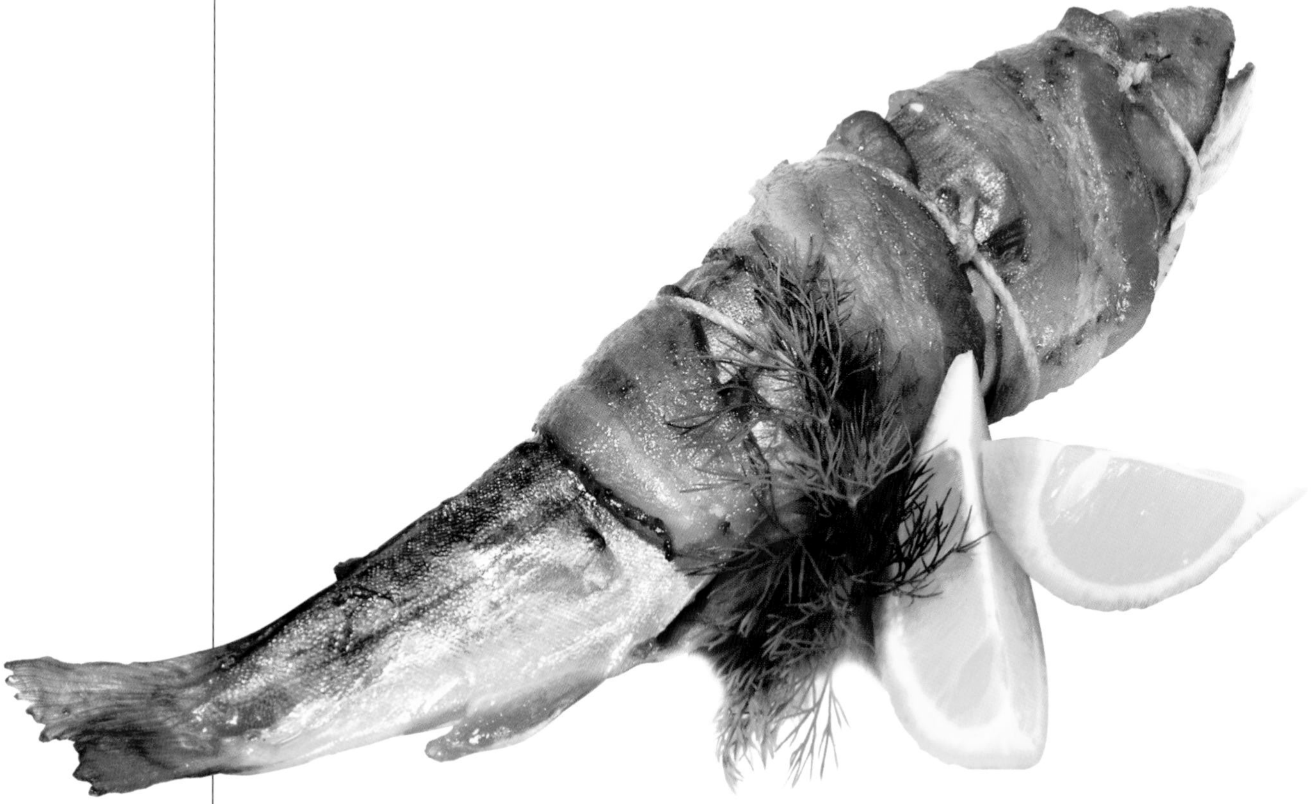

RECETTE

2 PORTIONS

2 truites entières de 360 à 480 g chacune
Gros sel de mer ou sel casher et poivre noir frais moulu
1 citron
6 brins d'aneth frais, rincés ou 8 feuilles de basilic frais
4 tranches de bacon
4 bouts de ficelle de 15 cm (6 po) chacune (facultatif)

1. Rincer les truites à l'eau froide, à l'intérieur et à l'extérieur, et bien éponger avec du papier absorbant. Saler et poivrer la cavité.

2. Couper le citron en deux sur la longueur. Couper une moitié en travers en tranches minces comme du papier. Jeter les bouts. Retirer les pépins à l'aide d'une fourchette. Couper l'autre moitié en quartiers sur la longueur et réserver.

3. Mettre les tranches de citron et les brins d'aneth dans les cavités à parts égales. Mettre 2 tranches de bacon sur une planche à découper et déposer 1 truite sur chacune. Couvrir chaque poisson avec une autre tranche de bacon. On peut faire tenir le bacon à l'aide de 2 bouts de ficelle. Mettre les truites délicatement dans le panier à rôtissoire de façon qu'elles soient perpendiculaires à la broche. Bien fermer le panier.

4. Quand on est prêt pour la cuisson, placer la lèchefrite dans la rôtissoire. Attacher le panier à la broche. Attacher la broche rotative au tournebroche et mettre la rôtissoire en marche. Si le four est muni d'un sélecteur de température, le régler à 200 °C (400 °F) (voir directives p. 14). Cuire de 20 à 30 min, jusqu'à ce que le bacon soit doré et que la chair des poissons soit cuite. Pour vérifier la cuisson, insérer une longue brochette pendant 20 sec au centre d'une truite. Elle doit ressortir chaude. Ou appuyer sur le poisson avec un doigt ; il doit s'effeuiller facilement.

5. Retirer la broche du four et déposer les truites dans un plat ovale ou des assiettes individuelles. Couper et jeter la ficelle. Servir avec des quartiers de citron.

Variante : Vous pouvez faire cuire des filets de saumon ou d'omble chevalier de la même manière. Prendre 2 morceaux de 10 cm (4 po) de long, 8 cm (3 po) de large et 2,5 cm (1 po) d'épaisseur de 180 à 240 g (6 à 8 oz) chacun. Faire une incision sur un côté de chaque filet et farcir avec le citron et l'aneth. Mettre chaque filet farci sur une tranche de bacon et couvrir avec une autre tranche. Ficeler comme un cadeau. Compter de 15 à 20 min de cuisson dans la rôtissoire ; sur un gril contact : de 3 à 5 min de cuisson ; dans une poêle à fond cannelé : de 3 à 5 min de chaque côté.

TRUC

■ J'aime les poissons grillés entiers. C'est pourquoi je garde la tête et la queue. Vous pouvez aussi opter pour des filets de truite sans arêtes et les ficeler deux par deux. Si vous voulez griller le poisson entier sur un gril contact ou dans une poêle à fond cannelé, vous trouverez les temps de cuisson requis à la p. 296.

Gril contact

ŒUFS D'ALOSE FAÇON GEORGE FOREMAN

Les œufs d'alose sont un délice du printemps. Ils allient le goût du caviar au caractère onctueux et riche du foie gras. Ils ont tendance à éclabousser et même à exploser dans une poêle à frire. Le gril contact est idéal pour cette recette. Si vous n'avez jamais goûté les œufs d'alose avant aujourd'hui, ce sera une véritable révélation. Si vous êtes déjà un adepte, vous serez conquis par ce mode de cuisson propre et efficace.

2 PORTIONS EN HORS-D'ŒUVRE ; 1 PORTION EN PLAT PRINCIPAL ; CETTE RECETTE PEUT ÊTRE MULTIPLIÉE AU GOÛT

RECETTE

1 poche d'œufs d'alose de 180 à 240 g (6 à 8 oz)
Gros sel de mer ou sel casher et poivre noir frais moulu
Environ 45 g (¼ tasse) de farine
4 tranches de bacon (épais, fumé et de fabrication artisanale de préférence)
1 grosse c. à soupe de câpres, égouttées
Huile de cuisson en vaporisateur
Quartiers de citron

1. Avec les doigts, séparer délicatement la poche en deux lobes. Jeter les veines et les membranes visibles. Rincer les œufs à l'eau froide pour enlever toute tache de sang et bien éponger avec du papier absorbant. Saler et poivrer chaque lobe sur toutes les faces.

2. Tapisser un grand bol peu profond de papier absorbant. Verser la farine au fond. Étendre 2 tranches de bacon dans une grande assiette. Passer chaque lobe dans la farine en l'enduisant de chaque côté et secouer le surplus. Déposer un lobe sur la longueur sur chaque tranche de bacon. Mettre 1 c. à café (1 c. à thé) de câpres sur le dessus et couvrir avec une autre tranche de bacon. Les câpres restantes serviront pour garnir.

3. Préchauffer le gril (si l'on utilise un gril contact, voir p. 2) ; si le gril contact est muni d'un sélecteur de température, la préchauffer à température élevée. Mettre la lèchefrite sous la partie avant du gril.

4. Quand on est prêt pour la cuisson, vaporiser légèrement la surface du gril avec de l'huile de cuisson. Soulever chaque lobe en tenant les tranches de bacon par les bouts. Déposer sur le gril chaud et fermer doucement le couvercle. Griller de 5 à 8 min, jusqu'à ce que le bacon soit coloré et croustillant et que les œufs d'alose soient cuits (ils resteront fermes au toucher).

5. Dresser dans des assiettes individuelles. Garnir de câpres et servir avec des quartiers de citron.

Variante : Pour cuire les œufs d'alose dans une poêle à fond cannelé, faites les étapes 1 et 2 de la recette puis, avec 3 bouts de ficelle, attacher une tranche de bacon sur et sous chaque lobe. Préchauffer la poêle à feu moyen (on obtient de meilleurs résultats si les rainures de la poêle sont peu profondes). Quand la poêle est bien chaude (vérifier en y jetant une goutte d'eau), déposer les œufs en travers des rainures. Déposer un presse-sandwich (voir p. 255) sur les œufs. Compter de 5 à 8 min de cuisson de chaque côté. Servir avec 1 c. à café (1 c. à thé) de câpres et des quartiers de citron.

TRUC

■ **Si vous préférez cuire les œufs d'alose dans une poêle à fond cannelé, suivez les directives de la variante.**

CREVETTES SEL ET POIVRE

Voici un grand classique de la cuisine vietnamienne : des crevettes salées, poivrées et arrosées de jus de citron vert. Au Vietnam, on a recours à la grande friture, mais le gril donne aussi d'excellents résultats. Un effet électrisant, complexe et étonnant !

RECETTE

4 PORTIONS

CREVETTES

720 g (1 ½ lb) de crevettes extra-larges dans leur carapace (voir Note)

1 ½ c. à café (1 ½ c. à thé) de gros sel de mer ou de sel casher

1 ½ c. à café (1 ½ c. à thé) de poivre noir frais moulu

1 c. à soupe d'huile végétale

SAUCE

125 ml (½ tasse) de jus de citron vert frais pressé

1 c. à soupe de gros sel de mer ou de sel casher

1 c. à soupe de poivre noir frais moulu

1. Préparer les crevettes : Rincer les crevettes à l'eau froide et bien éponger avec du papier absorbant. À l'aide de ciseaux de cuisine, couper les carapaces sur la longueur du dos. À l'aide d'une brochette métallique ou d'un couteau d'office, tirer sur la veine pour la retirer. Mettre les crevettes dans un grand bol. Saler, poivrer et remuer. Ajouter l'huile et remuer pour les enduire uniformément. Couvrir et laisser mariner de 30 à 60 min dans le réfrigérateur.

2. Préparer la sauce : À l'aide d'un fouet, dans un petit bol, remuer le jus de citron vert, le sel et le poivre jusqu'à dissolution du sel. Verser la sauce dans 4 jolis bols.

3. Cuire les crevettes, en suivant les directives de l'encadré, jusqu'à ce qu'elles soient complètement cuites. Quand elles sont prêtes, elles deviennent rosées et fermes.

4. Servir les crevettes dans un plat ovale ou des bols individuels. Accompagner chaque portion d'un bol de jus de citron vert assaisonné qui servira à les tremper.

Note : Au Vietnam, on fait griller les crevettes entières avec la tête. Le plaisir consiste à les décortiquer et à sucer leur jus délicieux. Comme on ne trouve pas des crevettes entières dans toutes les régions, conservez au moins la joie de les faire griller dans leur carapace, ce qui a l'avantage de les garder humides. Si vous avez des invités capricieux, vous voudrez peut-être déveiner et décortiquer les crevettes avant de les servir.

Si vous avez...

GRIL CONTACT : Préchauffer le gril. S'il est muni d'un sélecteur de température, préchauffer à température élevée. Mettre la lèchefrite sous la partie avant du gril. Quand on est prêt pour la cuisson, huiler légèrement la surface de cuisson. Déposer les crevettes sur le gril chaud et fermer le couvercle. Compter de 2 à 3 min de cuisson.

POÊLE À FOND CANNELÉ : Préchauffer la poêle à feu moyen-vif sur la cuisinière. Quand on peut y faire rebondir une goutte d'eau, c'est qu'elle est suffisamment chaude. Quand on est prêt pour la cuisson, huiler légèrement les rainures. Déposer les crevettes dans la poêle chaude. Compter de 1 à 3 min de cuisson de chaque côté.

GRIL ENCASTRÉ : Préchauffer le gril à température élevée. Si la surface de cuisson n'est pas antiadhésive, brosser et huiler la grille. Déposer les crevettes sur la grille chaude. Compter de 1 à 3 min de cuisson de chaque côté.

GRIL DE TABLE : Préchauffer le gril à température élevée ; il n'est pas nécessaire d'huiler la grille. Déposer les crevettes sur le gril chaud. Compter de 2 à 4 min de cuisson de chaque côté.

ÂTRE : Entasser la braise ardente sous la grille et préchauffer de 3 à 5 min ; le feu doit être chaud (2 à 3 Mississippi). Quand on est prêt pour la cuisson, brosser et huiler la grille. Déposer les crevettes sur la grille chaude. Compter de 1 à 3 min de cuisson de chaque côté.

TRUCS

■ Cette recette est particulièrement délicieuse avec le vin de riz chinois Shaoxing. Son goût légèrement fumé rappelle celui du xérès et du whisky. On le trouve dans les épiceries orientales, les magasins d'aliments naturels et certains supermarchés. On peut le remplacer par du xérès sec ou du saké.

■ Le cinq-épices chinois est un mélange d'épices incluant l'anis étoilé, le fenouil, la cannelle, le poivre et le clou de girofle. Si vous n'en avez pas, mélangez ¼ c. à café (¼ c. à thé) de graines d'anis ou de fenouil avec la même quantité de cannelle moulue.

CREVETTES AU MIEL ET À LA SAUCE SOJA

Les crevettes ont tendance à sécher sur le gril. En Occident, nous combattons ce fléau en les badigeonnant de beurre d'ail et d'huile. Les chefs orientaux préfèrent les assaisonnements à la fois sucrés et salés à base de miel, de sucre, de cinq-épices chinois et de sauce soja. Ces ingrédients jouent ici un double rôle : d'abord dans la marinade, puis dans la sauce.

RECETTE

6 À 8 PORTIONS EN HORS-D'ŒUVRE ; 4 PORTIONS EN PLAT PRINCIPAL

720 g (1 ½ lb) de crevettes extra-larges, décortiquées et déveinées
2 c. à soupe de sucre
1 ½ c. à café (1 ½ c. à thé) de cinq-épices chinois
1 c. à café (1 c. à thé) de poivre noir frais moulu
80 ml (⅓ tasse) de sauce soja
3 c. à soupe de vin de riz chinois ou de xérès sec
3 c. à soupe de miel
2 c. à soupe d'huile de sésame orientale (foncée)
1 oignon vert (écraser légèrement le blanc avec le plat d'un couperet ; hacher finement le vert et le réserver pour garnir)
1 c. à soupe de graines de sésame, grillées (voir Note)

1. Rincer les crevettes à l'eau froide et bien éponger avec du papier absorbant. Mettre les crevettes dans un grand bol avec le sucre, le cinq-épices et le poivre. Remuer pour les enduire uniformément. Ajouter la sauce soja, le vin de riz, le miel, l'huile de sésame et le blanc de l'oignon vert. Bien mélanger. Couvrir et laisser mariner de 1 à 2 h dans le réfrigérateur.

2. Placer une passoire au-dessus d'une casserole à fond épais et égoutter les crevettes. Jeter le blanc de l'oignon vert. Amener la marinade à ébullition à feu vif et laisser bouillir de 3 à 5 min.

3. Cuire les crevettes, en suivant les directives de l'encadré, jusqu'à ce qu'elles soient complètement cuites. Une fois prêtes, elles deviennent roses et fermes. Badigeonner de marinade bouillie sur toutes les faces.

4. Servir dans un plat ovale ou des assiettes individuelles. Napper de marinade bouillie et garnir de graines de sésame et d'oignons verts.

Note : Pour griller les graines de sésame, mettez-les dans une poêle en fonte ou à fond épais. (Ne pas utiliser de poêle antiadhésive.) Faire brunir légèrement les graines environ 3 min à feu moyen en secouant la poêle pour qu'elles grillent uniformément. Laisser refroidir dans un bol résistant à la chaleur.

Si vous avez...

GRIL CONTACT : Préchauffer le gril. S'il est muni d'un sélecteur de température, préchauffer à température élevée. Mettre la lèchefrite sous la partie avant du gril. Quand on est prêt pour la cuisson, huiler légèrement la surface de cuisson. Déposer les crevettes sur le gril chaud et fermer le couvercle. Compter de 2 à 3 min de cuisson. Retourner les crevettes en cours de cuisson pour pouvoir les badigeonner de chaque côté.

POÊLE À FOND CANNELÉ : Préchauffer la poêle à feu moyen-vif sur la cuisinière. Quand on peut y faire rebondir une goutte d'eau, c'est qu'elle est suffisamment chaude. Quand on est prêt pour la cuisson, huiler légèrement les rainures. Déposer les crevettes dans la poêle chaude. Compter de 1 à 3 min de cuisson de chaque côté. Badigeonner parcimonieusement de marinade bouillie, car elle aura tendance à brûler au fond. Laisser tremper la poêle refroidie dans l'eau chaude pour faciliter le nettoyage.

GRIL ENCASTRÉ : Préchauffer le gril à température élevée. Si la surface de cuisson n'est pas antiadhésive, brosser et huiler la grille. Déposer les crevettes sur la grille chaude. Compter de 1 à 3 min de cuisson de chaque côté.

GRIL DE TABLE : Préchauffer le gril à température élevée ; il n'est pas nécessaire d'huiler la grille. Déposer les crevettes sur le gril chaud. Compter de 2 à 4 min de cuisson de chaque côté.

ÂTRE : Entasser la braise ardente sous la grille et préchauffer de 3 à 5 min ; le feu doit être chaud (2 à 3 Mississippi). Quand on est prêt pour la cuisson, brosser et huiler la grille. Déposer les crevettes sur la grille chaude. Compter de 1 à 3 min de cuisson de chaque côté.

CREVETTES AUX ARACHIDES, SAUCE DE L'ASIE DU SUD-EST

Ce plat regorge de saveurs du Sud-Est asiatique, mais je ne peux pas vous jurer que vous retrouverez exactement le même goût si vous allez en Thaïlande, au Cambodge ou au Vietnam. Cette recette permet néanmoins de préparer des crevettes grillées en peu de temps. Pour une couche de saveur supplémentaire, enveloppez-les dans des feuilles de laitue et de menthe avant de les tremper dans la sauce.

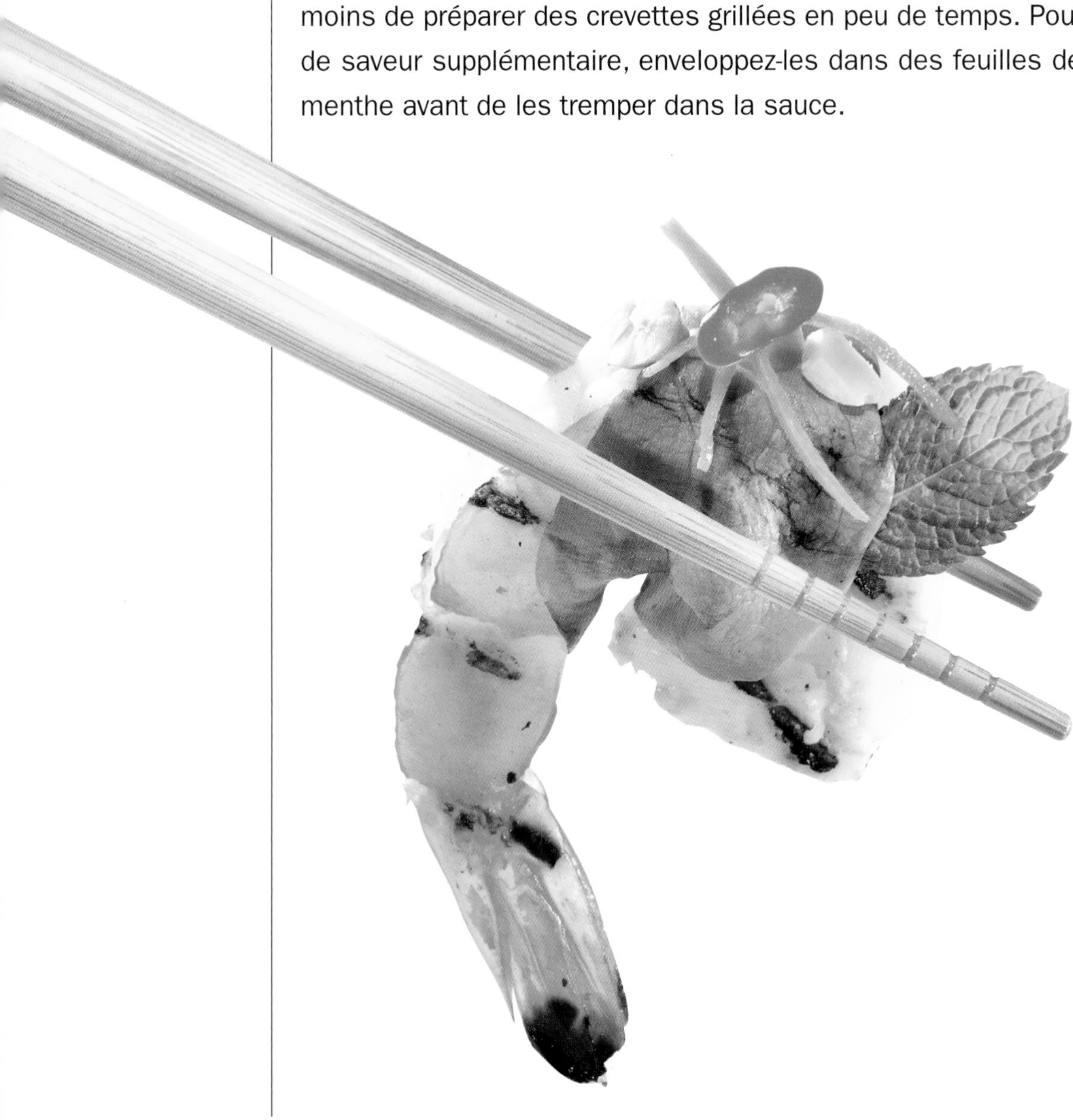

RECETTE

4 PORTIONS

720 g (1 ½ lb) de crevettes extra-larges, décortiquées et déveinées
Gros sel de mer ou sel casher et poivre noir frais moulu
2 gousses d'ail, émincées
10 g (¼ tasse) de coriandre fraîche, hachée finement
40 g (¼ tasse) d'arachides, grillées et hachées
1 c. à soupe de sauce de poisson orientale
1 c. à soupe d'huile végétale
1 botte de menthe fraîche, rincée, essorée et défaite en brins
1 tête de laitue Boston, séparée en feuilles individuelles rincées et essorées
Sauce-trempette vietnamienne (p. 308)

1. Rincer les crevettes à l'eau froide et bien éponger avec du papier absorbant. Mettre les crevettes dans un bol, saler, poivrer et remuer pour bien les enduire. Ajouter l'ail, la coriandre et 2 c. à soupe d'arachides. Remuer. Ajouter la sauce de poisson et l'huile végétale et bien remuer. Couvrir et laisser mariner 15 min dans le réfrigérateur.

2. Déposer la menthe et la laitue dans un plat ovale.

3. Quand on est prêt pour la cuisson, égoutter les crevettes et jeter la marinade. Cuire les crevettes, en suivant les directives de l'encadré, jusqu'à ce qu'elles soient complètement cuites. Une fois prêtes, elles deviennent roses et fermes.

4. Servir les crevettes dans un plat ovale ou des assiettes individuelles. Décorer avec les arachides restantes. Envelopper une crevette et quelques feuilles de menthe dans une feuille de laitue et tremper dans la Sauce-trempette vietnamienne.

TRUCS

■ La manière la plus simple de hacher les arachides est d'utiliser le robot de cuisine. Procédez par à-coups afin de ne pas les transformer en beurre.

■ La sauce de poisson, à base d'anchois marinés, est malodorante mais délicieuse. Achetez-la en bouteille de verre. Si vous ne l'aimez pas, remplacez-la par de la sauce soja.

Si vous avez...

GRIL CONTACT : Préchauffer le gril. S'il est muni d'un sélecteur de température, préchauffer à température élevée. Mettre la lèchefrite sous la partie avant du gril. Quand on est prêt pour la cuisson, huiler légèrement la surface de cuisson. Déposer les crevettes sur le gril chaud et fermer le couvercle. Compter de 2 à 3 min de cuisson.

POÊLE À FOND CANNELÉ : Préchauffer la poêle à feu moyen-vif sur la cuisinière. Quand on peut y faire rebondir une goutte d'eau, c'est qu'elle est suffisamment chaude. Quand on est prêt pour la cuisson, huiler légèrement les rainures. Déposer les crevettes dans la poêle chaude. Compter de 1 à 3 min de cuisson de chaque côté.

GRIL ENCASTRÉ : Préchauffer le gril à température élevée. Si la surface de cuisson n'est pas antiadhésive, brosser et huiler la grille. Déposer les crevettes sur la grille chaude. Compter de 1 à 3 min de cuisson de chaque côté.

GRIL DE TABLE : Préchauffer le gril à température élevée ; il n'est pas nécessaire d'huiler la grille. Déposer les crevettes sur le gril chaud. Compter de 2 à 4 min de cuisson de chaque côté.

ÂTRE : Entasser la braise ardente sous la grille et préchauffer de 3 à 5 min ; le feu doit être chaud (2 à 3 Mississippi). Quand on est prêt pour la cuisson, brosser et huiler la grille. Déposer les crevettes sur la grille chaude. Compter de 1 à 3 min de cuisson de chaque côté.

Sauce-trempette vietnamienne

ENVIRON 250 ML (1 TASSE)

Le *nuoc cham* est une sauce électrisante qui accompagne la plupart des mets grillés vietnamiens. Un petit bol suffit pour nous plonger dans un univers magique : la douceur du sucre, l'acidité du citron vert, l'odeur musquée de la sauce de poisson, le caractère piquant de l'ail et le feu du piment chili.

2 gousses d'ail, émincées
3 c. à soupe de sucre
1 petite carotte, en julienne fine comme des cheveux (voir Note)
60 ml (¼ tasse) de sauce de poisson orientale
60 ml (¼ tasse) de jus de citron vert frais pressé
3 c. à soupe de vinaigre de riz
1 piment chili thaï ou serrano, en fines tranches

1. À l'aide d'une cuillère, dans un petit bol, réduire l'ail et le sucre en purée. Ajouter les carottes, remuer et laisser reposer environ 10 min.

2. Ajouter la sauce de poisson, le jus de citron vert, le vinaigre de riz et 60 ml (¼ tasse) d'eau aux carottes. Remuer jusqu'à dissolution du sucre. Verser la sauce dans 4 jolis petits bols. Ajouter quelques tranches de piment sur le dessus. Cette sauce est meilleure le jour même.

Note : La meilleure façon de couper les carottes en fine julienne est de prélever d'abord des copeaux à l'aide d'un éplucheur. On coupe ensuite ces copeaux en morceaux de 5 cm (2 po) de long. Empiler ensuite les copeaux et les couper sur la longueur en filaments minces comme des cheveux.

TAPAS DE CREVETTES À L'AIL, AU PERSIL ET AUX PIMENTS CHILIS

La *Casa del Abuelo* (« la maison de grand-père ») est un merveilleux bar à tapas de Madrid. Les tuiles de céramique et le bar en marbre où l'on mange debout sont des plus invitants. Depuis son ouverture au début des années 1900, on y sert toujours les deux mêmes plats : les *gambas al ajillo* (crevettes à l'ail, au persil et aux piments guindillas) et les *gambas a la plancha* (crevettes cuites sur le gril dans leur carapace). La quantité incroyable de carapaces de crevettes qui jonchent le sol témoigne de la popularité de l'endroit malgré son menu restreint.

La *plancha* est un genre de gril. Si l'on en mettait une autre par-dessus, cela aurait l'allure d'un gril contact. Mais soyez sans crainte, ce mets sera délicieux quel que soit votre gril de prédilection.

TRUCS

- **Au bar à tapas *Casa del Abuelo*, on utilise des crevettes de l'Atlantique que l'on cuit et que l'on sert dans leur carapace. Mais vous pouvez évidemment acheter n'importe quelle autre crevette pour apprécier cette recette.**
- **À Madrid, on trouve un piment de choix, le guindilla. Il est petit et très fort. Son goût fumé est très agréable. Vous pouvez le remplacer par du cayenne en flocons ou du chipotle séché.**

6 À 8 PORTIONS EN HORS-D'ŒUVRE ; 4 PORTIONS EN PLAT PRINCIPAL

RECETTE

720 g (1 ½ lb) de crevettes extra-larges, décortiquées et déveinées (voir Note)
Gros sel de mer ou sel casher et poivre noir frais moulu
2 gousses d'ail, hachées finement
10 g (¼ tasse) de persil plat frais, haché finement
½ à 1 c. à café (½ à 1 c. à thé) de piment guindilla émietté, de piment chipotle séché ou de cayenne en flocons
4 c. à soupe d'huile d'olive extravierge (espagnole de préférence)
Quartiers de citron

1. Rincer les crevettes à l'eau froide et bien éponger avec du papier absorbant. Mettre les crevettes dans un grand bol, saler et poivrer généreusement. Incorporer l'ail, 3 c. à soupe de persil, les piments et 2 c. à soupe d'huile d'olive. Couvrir et laisser mariner de 15 à 30 min dans le réfrigérateur.

2. Cuire les crevettes, en suivant les directives de l'encadré, jusqu'à ce qu'elles soient complètement cuites. Une fois prêtes, elles deviennent roses et fermes.

3. Servir les crevettes dans un plat ovale ou des assiettes individuelles. Si l'on a utilisé un gril contact, verser le jus accumulé dans la lèchefrite sur les crevettes. Arroser avec l'huile d'olive restante, garnir avec le persil restant et servir avec des quartiers de citrons.

Note : Si vous préférez décortiquer les crevettes à table, laissez leur carapace et déveinez-les en suivant les directives de l'étape 1, p. 312.

Si vous avez...

GRIL CONTACT : Préchauffer le gril. S'il est muni d'un sélecteur de température, préchauffer à température élevée. Mettre la lèchefrite sous la partie avant du gril. Quand on est prêt pour la cuisson, huiler légèrement la surface de cuisson. Déposer les crevettes sur le gril chaud et fermer le couvercle. Compter de 2 à 3 min de cuisson.

POÊLE À FOND CANNELÉ : Préchauffer la poêle à feu moyen-vif sur la cuisinière. Quand on peut y faire rebondir une goutte d'eau, c'est qu'elle est suffisamment chaude. Quand on est prêt pour la cuisson, huiler légèrement les rainures. Déposer les crevettes dans la poêle chaude. Compter de 1 à 3 min de cuisson de chaque côté.

GRIL ENCASTRÉ : Préchauffer le gril à température élevée. Si la surface de cuisson n'est pas antiadhésive, brosser et huiler la grille. Déposer les crevettes sur la grille chaude. Compter de 1 à 3 min de cuisson de chaque côté.

GRIL DE TABLE : Préchauffer le gril à température élevée ; il n'est pas nécessaire d'huiler la grille. Déposer les crevettes sur le gril chaud. Compter de 2 à 4 min de cuisson de chaque côté.

ÂTRE : Entasser la braise ardente sous la grille et préchauffer de 3 à 5 min ; le feu doit être chaud (2 à 3 Mississippi). Quand on est prêt pour la cuisson, brosser et huiler la grille. Déposer les crevettes sur la grille chaude. Compter de 1 à 3 min de cuisson de chaque côté.

Fumoir pour cuisinière

CREVETTES BARBECUE

Ces crevettes méritent bien le nom de « barbecue » à cause des assaisonnements à base de moutarde et de paprika et du mode de cuisson utilisés. Quand elles sont cuites, on les mélange avec de la sauce chaude et du beurre fondu comme on le fait souvent avec les ailes de poulet.

4 PORTIONS

RECETTE

2 c. à café (2 c. à thé) de paprika doux
2 c. à café (2 c. à thé) de sucre
2 c. à café (2 c. à thé) de gros sel de mer ou de sel casher
1 c. à café (1 c. à thé) de moutarde sèche
1 c. à café (1 c. à thé) de poivre noir frais moulu
1 c. à café (1 c. à thé) d'assaisonnement au chili
¼ c. à café (¼ c. à thé) de graines de céleri
480 à 720 g (1 à 1 ½ lb) de crevettes géantes, décortiquées et déveinées
2 c. à café (2 c. à thé) d'huile végétale
Huile de cuisson en vaporisateur (facultatif)
2 c. à soupe de beurre salé
1 c. à soupe de sauce piquante au goût

1 c. à soupe de sciure de hickory ou de noyer

1. Dans un petit bol, à l'aide d'un fouet, mélanger le paprika, le sucre, le sel, la moutarde, le poivre, l'assaisonnement au chili et les graines de céleri.

2. Rincer les crevettes à l'eau froide et bien éponger avec du papier absorbant. Mettre les crevettes et les assaisonnements de l'étape 1 dans un grand bol et bien mélanger. Ajouter l'huile et remuer pour enduire uniformément les crevettes. Couvrir et laisser mariner de 30 à 60 min dans le réfrigérateur.

3. Quand on est prêt pour la cuisson, préparer le fumoir (directives p. 16). Mettre la sciure au centre de la partie inférieure du fumoir. Tapisser la lèchefrite de papier d'aluminium et mettre dans le fumoir. Vaporiser légèrement la grille du fumoir avec de l'huile de cuisson ou la frotter avec du papier absorbant trempé dans l'huile. Mettre la grille dans le fumoir. Déposer les crevettes en les séparant de 6 mm (¼ po) les unes des autres. Couvrir le fumoir et mettre à chaleur élevée 3 min. Baisser la chaleur et fumer de 10 à 12 min, jusqu'à ce que les crevettes soient cuites. Une fois prêtes, elles deviennent roses et fermes.

4. Pendant ce temps, faire fondre le beurre dans une petite casserole à feu moyen-vif. Ajouter la sauce piquante et laisser bouillir 10 sec.

5. Servir les crevettes dans un bol ou une assiette ovale. Verser le beurre par-dessus et remuer. Servir immédiatement avec une bonne bière froide.

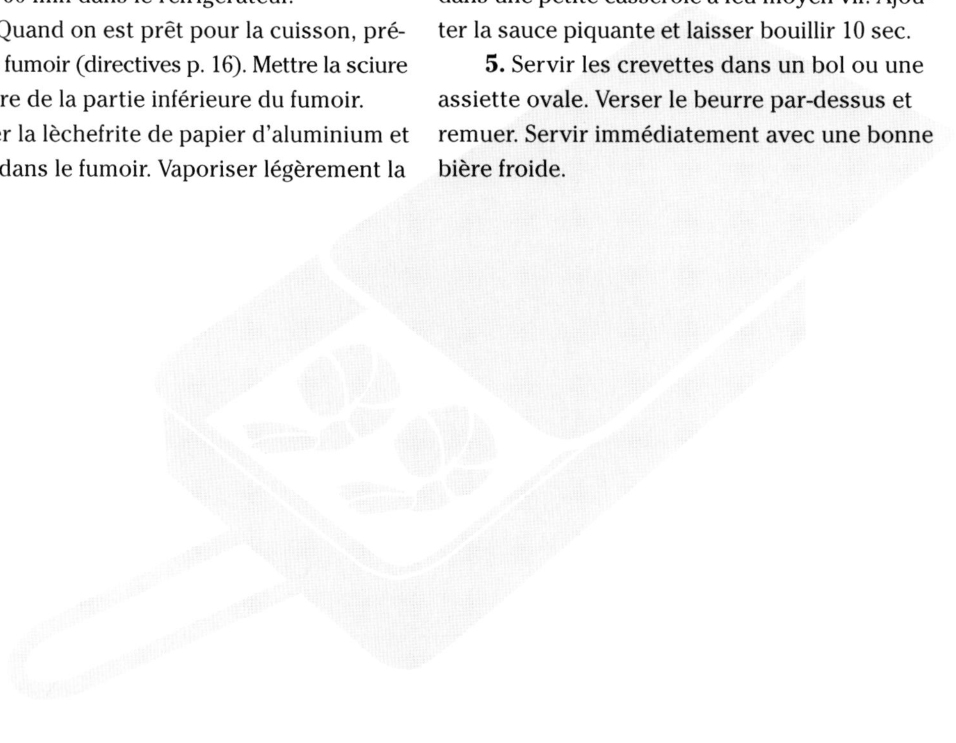

TRUCS

■ Pour déveiner les crevettes, insérez une broche métallique ou la dent d'une fourchette au milieu du dos à environ 6 mm (¼ po) de profondeur. Retirer doucement la broche et la veine viendra avec elle.

■ Vous pouvez aussi fumer les crevettes dans un wok. Consultez l'encadré de la p. 269.

PÉTONCLES OU COQUILLES SAINT-JACQUES GRILLÉS HORS DE L'ORDINAIRE

Le Randall's Ordinary de North Stonington, au Connecticut, n'est sûrement pas l'auberge nord-américaine la plus ancienne, mais on a le mérite d'y cuisiner dans l'âtre depuis 1685. Les chefs qui y travaillent de nos jours perpétuent la tradition en utilisant la grille antique, les « araignées » (poêles à frire sur pied qui tiennent solidement sur la braise), les tournebroches et les fours à réflexion tous aussi anciens que l'auberge elle-même. Les pétoncles cuits dans l'âtre sont la spécialité de la maison. On les prépare avec du beurre et de l'ail au-dessus d'un bon feu de bois de chêne. Si vous avez une cheminée, n'hésitez pas à y faire cuire vos pétoncles. Les arômes de fumée seront remarquables. Sinon, voici une recette qui convient aux grils d'intérieur.

4 PORTIONS

TRUC

■ Choisissez toujours des pétoncles luisants et sans odeur. Évitez ceux qui baignent dans un liquide blanchâtre parce qu'ils ont probablement été congelés.

RECETTE

720 g (1 ½ lb) de gros pétoncles de mer ou de coquilles Saint-Jacques
Gros sel de mer ou sel casher et poivre noir frais moulu
1 ½ à 2 c. à soupe de paprika doux
4 c. à soupe de beurre non salé
2 gousses d'ail, émincées
2 c. à soupe de ciboulette fraîche ou d'oignons verts, émincés
60 g (1 tasse) de chapelure sèche (maison de préférence)
2 c. à soupe de persil plat frais, haché (facultatif)
Quartiers de citron

Environ 4 brochettes métalliques de 25 à 30 cm (10 à 12 po) ou 6 à 8 brochettes de bambou de 20 cm (8 po)

1. Enlever le muscle en forme de croissant plutôt dur sur le côté des pétoncles. Rincer les pétoncles à l'eau froide et bien éponger avec du papier absorbant. Déposer dans une assiette et assaisonner généreusement de sel, de poivre et de paprika. Enfiler les pétoncles sur les brochettes. (Si l'on utilise un gril contact, omettre cette étape.)

2. Faire fondre le beurre à feu moyen dans une petite poêle à frire. Ajouter l'ail et la ciboulette et cuire de 2 à 3 min. Badigeonner les pétoncles de beurre d'ail sur toutes les faces.

3. Mettre la chapelure dans un grand bol peu profond. Passer les pétoncles quelques fois dans la chapelure pour bien les enrober uniformément. Secouer doucement le surplus.

4. Cuire les pétoncles, en suivant les directives de l'encadré, jusqu'à ce qu'ils soient dorés et cuits juste comme il faut. Une fois prêts, ils sont opaques et un tout petit peu fermes ; ils ne doivent pas être durs.

5. Mettre les pétoncles dans un plat ovale ou des assiettes individuelles. Napper avec le beurre d'ail restant et garnir de persil. Servir immédiatement avec des quartiers de citron.

Si vous avez...

GRIL CONTACT : Préchauffer le gril. S'il est muni d'un sélecteur de température, préchauffer à température élevée. Mettre la lèchefrite sous la partie avant du gril. Quand on est prêt pour la cuisson, huiler légèrement la surface de cuisson. Déposer les mollusques sur le gril chaud et fermer le couvercle. Compter de 2 à 4 min de cuisson.

GRIL ENCASTRÉ : Préchauffer le gril à température élevée. Si la surface de cuisson n'est pas antiadhésive, brosser et huiler la grille. Déposer les mollusques sur la grille chaude en veillant à ce que l'extrémité dénudée des brochettes soit à l'extérieur du gril. Compter de 2 à 3 min de cuisson de chaque côté.

GRIL DE TABLE : Préchauffer le gril à température élevée ; il n'est pas nécessaire d'huiler la grille. Déposer les mollusques sur le gril chaud. Compter de 3 à 4 min de cuisson de chaque côté.

ÂTRE : Entasser la braise ardente sous la grille et préchauffer de 3 à 5 min ; le feu doit être chaud (2 à 3 Mississippi). Quand on est prêt pour la cuisson, brosser et huiler la grille. Déposer les mollusques sur la grille chaude. Compter de 2 à 3 min de cuisson de chaque côté.

PÉTONCLES OU COQUILLES SAINT-JACQUES FAÇON HOWARD STERN

J'ai déjà donné un cours privé au célèbre animateur de radio Howard Stern, un véritable fanatique de barbecue. Je voulais lui apprendre à faire griller des pétoncles avec du romarin et du prosciutto, mais j'ai dû changer mon fusil d'épaule à la dernière minute parce qu'il ne mange pas de viande rouge. Comme il avait un peu de saumon fumé dans son réfrigérateur, j'ai improvisé cette recette qui s'est avérée fort appétissante.

6 PORTIONS EN HORS-D'ŒUVRE ; 4 PORTIONS EN PLAT PRINCIPAL

RECETTE

720 g (1 ½ lb) de gros pétoncles de mer (14 à 16) ou de coquilles Saint-Jacques
Gros sel de mer ou sel casher et poivre noir frais moulu
360 à 420 g (12 à 14 oz) de saumon fumé en très fines tranches
Environ 24 brins de romarin frais de 8 à 10 cm (3 à 4 po) de long chacun
2 c. à soupe d'huile d'olive extravierge
1 citron moyen

1. Enlever le muscle en forme de croissant plutôt dur sur le côté des pétoncles. Rincer les pétoncles à l'eau froide et bien éponger avec du papier absorbant. Saler et poivrer généreusement.

2. Couper le saumon fumé en lanière juste assez larges pour envelopper un pétoncle, environ 2 cm (¾ po) de large et 10 cm (4 po) de long.

3. Étendre un pétoncle à plat sur une planche à découper. L'envelopper avec un morceau de saumon fumé et l'enfiler sur un brin de romarin à travers le côté. (Le brin de romarin doit maintenir fermement le pétoncle et le saumon.) Répéter la même chose avec les autres pétoncles. Déposer les pétoncles dans une assiette ou un plat de cuisson.

4. Verser l'huile d'olive dans un petit bol. Râper finement environ ½ c. à café (½ c. à thé) de zeste de citron dans le même bol. Ajouter 1 c. à soupe de jus de citron et remuer à l'aide d'une fourchette. Badigeonner les pétoncles sur toutes les faces. Couvrir et laisser mariner 15 min dans le réfrigérateur.

5. Cuire les pétoncles, en suivant les directives de l'encadré, jusqu'à ce qu'ils soient dorés et cuits juste comme il faut. Une fois prêts, ils sont opaques et un tout petit peu fermes ; ils ne doivent pas être durs.

6. Servir immédiatement les pétoncles dans un plat ovale ou des assiettes individuelles.

Si vous avez...

GRIL CONTACT : Préchauffer le gril. S'il est muni d'un sélecteur de température, préchauffer à température élevée. Mettre la lèchefrite sous la partie avant du gril. Quand on est prêt pour la cuisson, huiler légèrement la surface de cuisson. Déposer les mollusques sur le gril chaud et fermer le couvercle. Compter de 2 à 4 min de cuisson.

GRIL ENCASTRÉ : Préchauffer le gril à température élevée. Si la surface de cuisson n'est pas antiadhésive, brosser et huiler la grille. Déposer les mollusques sur la grille chaude en veillant à ce que l'extrémité dénudée des brins de romarin soit à l'extérieur du gril. Compter de 2 à 3 min de cuisson de chaque côté.

GRIL DE TABLE : Préchauffer le gril à température élevée ; il n'est pas nécessaire d'huiler la grille. Déposer les mollusques sur le gril chaud. Compter de 3 à 4 min de cuisson de chaque côté.

ÂTRE : Entasser la braise ardente sous la grille et préchauffer de 3 à 5 min ; le feu doit être chaud (2 à 3 Mississippi). Quand on est prêt pour la cuisson, brosser et huiler la grille. Déposer les mollusques sur la grille chaude. Compter de 2 à 3 min de cuisson de chaque côté.

Gril contact

PÉTONCLES OU COQUILLES SAINT-JACQUES EN CROÛTES DE GRAINES DE PAVOT, SAUCE CRÉMEUSE AU CITRON

J'ai découvert les pétoncles en croûte de graines de pavot grâce à mon beau-fils Jake, chef au restaurant *Pulse* du Rockefeller Center, à New York. Comme la plupart des plats révolutionnaires, il est étonnamment simple, mais le contraste entre les textures et les saveurs est à couper le souffle. La pression créée par le gril contact fait pénétrer les graines de pavot dans les pétoncles.

4 PORTIONS

TRUCS

■ **Sur les grils contact qui ont des rainures profondes, les graines de pavot ont tendance à tomber des pétoncles. Vous pouvez empêcher cela en mettant des morceaux de papier parchemin entre la plaque du gril et les fruits de mer.**

■ **Achetez du parmigiano reggiano authentique, rien de moins!**

RECETTE

720 g (1 ½ lb) de gros pétoncles de mer ou de coquilles Saint-Jacques
2 c. à soupe de beurre non salé, fondu
Gros sel de mer ou sel casher et poivre noir frais moulu
90 g (¾ tasse) de graines de pavot, versées dans un bol peu profond
Huile de cuisson en vaporisateur
Sauce crémeuse au citron (ci-dessous)

Papier parchemin (facultatif; voir Trucs)

1. Enlever le muscle en forme de croissant plutôt dur sur le côté des pétoncles. Rincer les pétoncles à l'eau froide et bien éponger avec du papier absorbant. Badigeonner de beurre sur toutes les faces. Saler et poivrer généreusement.

2. Passer les pétoncles quelques fois dans les graines de pavot et secouer doucement le surplus.

3. Préchauffer le gril (si l'on utilise un gril contact, voir p. 2); si le gril contact est muni d'un sélecteur de température, préchauffer à température élevée. Mettre la lèchefrite sous la partie avant du gril.

4. Quand on est prêt pour la cuisson, vaporiser légèrement la surface du gril avec de l'huile de cuisson. Mettre les pétoncles sur le gril chaud et fermer doucement le couvercle. Griller les pétoncles de 2 à 4 min; ne pas les cuire plus longtemps qu'il ne faut. Une fois prêts, ils sont opaques et un tout petit peu fermes; ils ne doivent pas être durs.

5. Verser la Sauce crémeuse au citron dans 4 assiettes individuelles. Dresser les pétoncles au centre et servir immédiatement.

Sauce crémeuse au citron

ENVIRON 175 ML (¾ TASSE)

Le citron, la crème et le parmesan peuvent-ils être de bons compagnons pour les graines de pavot? Ces ingrédients sont très prisés dans le Trentin-Haut-Adige, à la frontière entre les Alpes italiennes et l'Autriche, où on les utilise parfois dans le même plat. Mon beau-fils Jake adore la cuisine orientale, mais son ouverture d'esprit ne l'empêche pas de puiser de bonnes idées dans les traditions culinaires du monde entier.

300 ml (1 ¼ tasse) de crème épaisse à fouetter (35 %)
4 rubans de zeste de citron de 1,25 x 4 cm (½ x 1 ½ po) environ
40 g (⅓ tasse) de parmigiano reggiano, frais râpé
Gros sel de mer ou sel casher et poivre noir frais moulu

Mettre la crème et le zeste dans une casserole à fond épais et laisser mijoter à feu moyen-vif de 5 à 8 min, en remuant de temps à autre, jusqu'à réduction à 175 ml (¾ tasse). Retirer les rubans de zeste à l'aide d'une fourchette et les jeter. À l'aide d'un fouet, incorporer le fromage et laisser mijoter environ 2 min, jusqu'à ce qu'il soit fondu. Saler et poivrer au goût. Réserver au chaud sur la cuisinière ou dans un plat d'eau chaude mais non bouillante jusqu'au moment de servir.

PÉTONCLES OU COQUILLES SAINT-JACQUES GRILLÉS, SAUCE AU MAÏS SUCRÉ

Les pétoncles sont des coquillages à saveur très douce, ce qui permet de les cuisiner avec des ingrédients qui ont le pouvoir de les rehausser solidement. Cette sauce mexicaine m'a été inspirée par une soupe classique d'Oaxaca. Voici donc un mets agréable pour l'œil, mais encore davantage pour le palais...

4 PORTIONS

RECETTE

1 c. à soupe de beurre
¼ d'oignon doux ou blanc, haché grossièrement
2 gousses d'ail, crues ou grillées (p. 450, étape 1), hachées grossièrement
5 épis de maïs (voir Note)
175 ml (¾ tasse) de lait concentré
2 c. à soupe de coriandre fraîche, hachée + quelques brins pour garnir
½ c. à café (½ c. à thé) de sucre, ou plus au goût
Gros sel de mer ou sel casher et poivre blanc frais moulu
720 g (1 ½ lb) de gros pétoncles de mer ou de coquilles Saint-Jacques
1 c. à soupe d'huile de noix, de noisette ou d'olive extravierge

1. Faire fondre le beurre à feu moyen dans une petite casserole. Ajouter les oignons et l'ail cru et cuire de 3 à 4 min, jusqu'à ce qu'ils soient transparents.

2. Si l'on utilise du maïs cru, éplucher les épis. Couper les grains à l'aide d'un couteau d'office et mesurer 300 g (1 ½ tasse). Réserver les grains restants pour garnir.

3. Dans le mélangeur, réduire en purée onctueuse les grains de maïs, les oignons cuits, le lait concentré, l'ail cuit ou grillé, la coriandre et le sucre. Verser dans une casserole et laisser mijoter doucement à feu moyen de 4 à 8 min, jusqu'à consistance épaisse et crémeuse. Remuer de temps à autre à l'aide d'une cuillère de bois. Ajouter du sucre si nécessaire. Saler et poivrer au goût. Pour obtenir une sauce veloutée, la verser dans une passoire à mailles fines. (Je ne le fais jamais parce que je préfère une sauce plus rustique.) Cette sauce peut être préparée 3 jours d'avance. On la conserve couverte dans le réfrigérateur. Au moment de servir, la réchauffer à feu moyen-doux et rectifier l'assaisonnement en sel et/ou en poivre si nécessaire.

4. Enlever le muscle en forme de croissant plutôt dur sur le côté des pétoncles. Rincer les pétoncles à l'eau froide et bien éponger avec

Si vous avez...

GRIL CONTACT : Préchauffer le gril. S'il est muni d'un sélecteur de température, préchauffer à température élevée. Mettre la lèchefrite sous la partie avant du gril. Quand on est prêt pour la cuisson, huiler légèrement la surface de cuisson. Déposer les mollusques sur le gril chaud et fermer le couvercle. Compter de 2 à 4 min de cuisson.

POÊLE À FOND CANNELÉ : Préchauffer la poêle à feu moyen-vif sur la cuisinière. Quand on peut y faire rebondir une goutte d'eau, c'est qu'elle est suffisamment chaude. Quand on est prêt pour la cuisson, huiler légèrement les rainures. Déposer les mollusques dans la poêle chaude. Compter de 2 à 3 min de cuisson de chaque côté.

GRIL ENCASTRÉ : Préchauffer le gril à température élevée. Si la surface de cuisson n'est pas antiadhésive, brosser et huiler la grille. Déposer les mollusques sur la grille chaude. Compter de 2 à 3 min de cuisson de chaque côté.

GRIL DE TABLE : Préchauffer le gril à température élevée ; il n'est pas nécessaire d'huiler la grille. Déposer les mollusques sur le gril chaud. Compter de 3 à 4 min de cuisson de chaque côté.

ÂTRE : Entasser la braise ardente sous la grille et préchauffer de 3 à 5 min ; le feu doit être chaud (2 à 3 Mississippi). Quand on est prêt pour la cuisson, brosser et huiler la grille. Déposer les mollusques sur la grille chaude. Compter de 2 à 3 min de cuisson de chaque côté.

du papier absorbant. Badigeonner d'huile de noix sur toutes les faces. Saler et poivrer généreusement.

5. Cuire les pétoncles, en suivant les directives de l'encadré, jusqu'à ce qu'ils soient dorés et cuits juste comme il faut. Une fois prêts, ils sont opaques et un tout petit peu fermes ; ils ne doivent pas être durs.

6. Verser la sauce au maïs dans une assiette ovale ou des assiettes individuelles. Dresser les pétoncles sur le dessus et garnir avec les grains de maïs réservés. Ajouter des brins de coriandre et servir immédiatement.

Note : Le fait de griller le maïs ajoutera beaucoup de saveur à la sauce. Suivez les directives de la p. 391, mais badigeonnez le maïs avec du beurre fondu ordinaire et non pas avec du beurre de soja. Si vous être prévoyant, vous pouvez faire cette tâche lorsque votre gril sera déjà allumé pour un autre repas. Si vous êtes pressé, le maïs frais non grillé fait très bien l'affaire.

TRUC

■ L'huile de noix et l'huile de noisette ont un goût unique qui illumine la douceur des pétoncles. Vous pouvez aussi utiliser de l'huile d'olive.

PAINS ET SANDWICHES

Depuis des siècles, on utilise le gril comme grille-pain. Il suffit de penser à la bruschetta, un morceau de pain frotté d'ail que l'on fait griller dans l'âtre avant de l'arroser d'huile d'olive. Les grils d'intérieur sont tout indiqués pour préparer des sandwiches en tous genres. J'ai puisé à l'inspiration de trois grandes traditions culinaires : la France avec son croque-monsieur, l'Italie avec son panini et Cuba avec ses sandwiches pressés. Voici un cours complet sur les pains et les sandwiches, du lavash à l'ail au sandwich Reuben classique.

BRUSCHETTA TRADITIONNELLE

Certains aliments imprègnent notre mémoire de manière indélébile. Je ne pourrai jamais oublier ma première bruschetta. C'était à San Gimignano, en Toscane. L'endroit était plutôt banal, mais j'ai vite remarqué la cheminée qui trônait au centre de la salle à manger. Un homme aux cheveux blancs surveillait patiemment un petit gril toscan au-dessus de la braise. Pour faire la bruschetta, il coupait avec ses mains des tranches de pain toscan non salé qu'il faisait noircir (le mot bruschetta vient de l'italien bruscare, qui signifie « brûler »). Il frottait ensuite chacune des tranches avec de l'ail cru, les saupoudrait de gros sel de mer et de poivre concassé et les arrosait enfin d'huile toscane non filtrée. Certains croient malheureusement que la bruschetta authentique est faite avec des dés de tomate. Voici la vraie recette. Préparez la bruschetta dans l'âtre et vous aurez le privilège de déguster le meilleur pain grillé au monde.

RECETTE

8 MORCEAUX

8 tranches de pain toscan de 1,25 cm (½ po) d'épaisseur
4 gousses d'ail
Gros sel de mer ou sel casher et poivre noir frais moulu
Huile d'olive extravierge dans un huilier ou une petite bouteille

1. Cuire le pain jusqu'à ce qu'il soit doré et grillé en suivant les directives de l'encadré. Bien surveiller puisqu'il peut brûler rapidement. Il faudra peut-être procéder à quelques reprises si la surface de cuisson n'est pas assez grande.

2. Frotter un côté de chaque tranche de pain avec la face coupée d'une gousse d'ail. Saler et poivrer généreusement, puis arroser d'huile d'olive. Servir immédiatement.

Variantes : Dans le sud-est de l'Espagne, les Catalans préparent une bruschetta semblable, mais en plus de frotter le pain grillé avec de l'ail, ils le frottent aussi avec la face coupée d'une succulente tomate rouge bien mûre avant d'ajouter le sel, le poivre et l'huile. Pour ajouter une touche barbecue typiquement américaine, frottez le pain grillé avec de l'ail fumé (p. 446) en utilisant une ou deux gousses par tranche.

TRUC

■ Il n'est pas toujours facile de trouver du pain toscan non salé. Il est insipide en soi, mais il devient savoureux une fois grillé, aillé et salé. Faites une recherche auprès des boulangeries italiennes de votre quartier ou de votre région. Si vous n'en trouvez pas, prenez du pain de campagne à mie dense et mettez un peu moins de sel.

Si vous avez...

POÊLE À FOND CANNELÉ : Préchauffer la poêle à feu moyen-vif sur la cuisinière. Quand on peut y faire rebondir une goutte d'eau, c'est qu'elle est suffisamment chaude. Quand on est prêt pour la cuisson, huiler légèrement les rainures. Déposer le pain dans la poêle chaude. Compter de 1 à 3 min de cuisson de chaque côté.

GRIL ENCASTRÉ : Préchauffer le gril à température élevée. Si la surface de cuisson n'est pas antiadhésive, brosser et huiler la grille. Déposer le pain sur la grille chaude. Compter de 1 à 3 min de cuisson de chaque côté.

GRIL DE TABLE : Préchauffer le gril à température élevée ; il n'est pas nécessaire d'huiler la grille. Déposer le pain sur le gril chaud. Compter de 2 à 4 min de cuisson de chaque côté.

ÂTRE : Entasser la braise ardente sous la grille et préchauffer de 3 à 5 min ; le feu doit être chaud (2 à 3 Mississippi). Quand on est prêt pour la cuisson, brosser et huiler la grille. Déposer le pain sur la grille chaude. Compter de 1 à 3 min de cuisson de chaque côté.

PAIN À L'AIL

De bonnes tranches de pain imprégnées d'huile d'olive, d'ail et de parmesan que l'on passe au gril ! Un pur bonheur en soi. Tous les grils d'intérieur donnent de bons résultats quand vient le temps de faire du pain à l'ail. Découpez de longues tranches afin d'exposer la plus grande surface de pain possible au gril.

RECETTE

12 PORTIONS

1 pain baguette de 46 à 50 cm (18 à 20 po) de long (voir Note)
2 ou 3 gousses d'ail, hachée grossièrement
80 ml (⅓ tasse) d'huile d'olive extravierge
2 c. à soupe de persil plat frais, haché (facultatif)
60 g (½ tasse) de parmigiano reggiano frais râpé

1. À l'aide d'un long couteau bien affûté, couper le pain en biais en trois morceaux un peu plus petits que la surface de cuisson du gril. Coucher chaque morceau sur le côté et le couper sur la longueur en 4 tranches minces.

2. À l'aide d'un presse-ail, presser l'ail dans un petit bol. (On peut aussi le réduire en purée avec le dos d'une cuillère de bois.) Ajouter l'huile et le persil et bien mélanger. Badigeonner les morceaux de pain sur les deux faces.

3. Cuire le pain jusqu'à ce qu'il soit doré et croustillant en suivant les directives de l'encadré. Bien surveiller puisqu'il peut brûler rapidement. Il faudra peut-être procéder à quelques reprises si la surface de cuisson n'est pas assez grande.

4. Couvrir le pain chaud de parmesan et servir immédiatement. (Si l'on utilise une table de cuisson, on peut mettre le parmesan sur le pain pendant qu'il est encore sur le gril après 2 min de cuisson. Il fondra dans le pain.)

Note : On peut utiliser n'importe quel pain baguette croustillant pour cette recette.

Variantes : On peut adapter cette recette de plusieurs façons. Remplacez l'huile d'olive par du beurre ou le parmesan par du manchego. L'ail frais peut être remplacé par de l'ail grillé ou fumé (p. 446). Ajoutez des morceaux de sauge fraîche ou de prosciutto au goût. Quelle que soit votre fantaisie, servez le pain grillé dès qu'il est prêt.

Si vous avez...

GRIL CONTACT : Préchauffer le gril. S'il est muni d'un sélecteur de température, préchauffer à température élevée. Mettre la lèchefrite sous la partie avant du gril. Quand on est prêt pour la cuisson, huiler légèrement la surface de cuisson. Déposer le pain sur le gril chaud et fermer le couvercle. Compter de 3 à 5 min de cuisson.

POÊLE À FOND CANNELÉ : Préchauffer la poêle à feu moyen-vif sur la cuisinière. Quand on peut y faire rebondir une goutte d'eau, c'est qu'elle est suffisamment chaude. Quand on est prêt pour la cuisson, huiler légèrement les rainures. Déposer le pain dans la poêle chaude. Compter de 1 à 3 min de cuisson de chaque côté.

GRIL ENCASTRÉ : Préchauffer le gril à température élevée. Si la surface de cuisson n'est pas antiadhésive, brosser et huiler la grille. Déposer le pain sur la grille chaude. Compter de 1 à 3 min de cuisson de chaque côté.

GRIL DE TABLE : Préchauffer le gril à température élevée ; il n'est pas nécessaire d'huiler la grille. Déposer le pain sur le gril chaud. Compter de 2 à 4 min de cuisson de chaque côté.

ÂTRE : Entasser la braise ardente sous la grille et préchauffer de 3 à 5 min ; le feu doit être chaud (2 à 3 Mississippi). Quand on est prêt pour la cuisson, brosser et huiler la grille. Déposer le pain sur la grille chaude. Compter de 1 à 3 min de cuisson de chaque côté.

Gril contact

TOSTADAS (PAIN GRILLÉ À LA MODE CUBAINE)

Comment la plupart des gens commencent-ils leur journée à Miami ? Avec un bon café au lait et des *tostadas*. Le *café con leche* cubain est un espresso corsé noir comme de la boue qu'on transforme en purée épaisse avec une bonne dose de sucre et qu'on allège ensuite avec du lait entier mousseux. Dans cette boisson divine, on trempe un gros morceau de pain cubain de 20 x 20 cm bien beurré qu'on a grillé comme une gaufre dans une *plancha*, un genre de gril pour sandwiches. Une guerre de saveurs et de textures est alors déclenchée automatiquement : le beurre salé, le pain croûté qui ramollit quand on le trempe dans le café… hum ! Cette tradition fait partie intrinsèque de la vie quotidienne dans le sud de la Floride. Le gril contact peut tenir lieu de *plancha* pour cette recette et pour de nombreux autres sandwiches cubains (p. 364 à 370). Et n'oubliez pas le café au lait !

2 PORTIONS ; CETTE RECETTE PEUT ÊTRE MULTIPLIÉE AU GOÛT

RECETTE

2 morceaux de pain cubain ou de pain baguette de 20 cm (8 po) de long

2 à 3 c. à soupe de beurre salé à température ambiante

Huile de cuisson en vaporisateur

1. Préchauffer le gril (voir p. 2 si l'on utilise une table de cuisson). Si la table de cuisson est munie d'un sélecteur de température, la préchauffer à température élevée. Mettre la lèchefrite sous la partie avant du gril.

2. Couper chaque morceau de pain presque entièrement en deux et l'ouvrir comme un livre. Étendre presque tout le beurre sur la face coupée du pain et refermer. Beurrer l'extérieur de chaque morceau de pain avec le beurre restant.

3. Quand on est prêt pour la cuisson, vaporiser légèrement la surface de cuisson avec l'huile. Placer le pain sur la grille chaude perpendiculairement aux tiges et fermer le couvercle. Griller de 3 à 4 min, jusqu'à ce que l'extérieur soit doré et croustillant. Servir immédiatement.

PAIN LAVASH À L'AIL

Le lavash est un pain plat que l'on trouve partout en Arménie, en Iran, en Afghanistan et dans le Caucase. Parce qu'il est mince comme du papier, on peut le faire griller en moins d'une minute. Sa douce saveur (un croisement entre le pita et le matzo) permet de le servir avec une multitude de garnitures : fines herbes, fromage, poivrons grillés, agneau haché, etc. On peut aussi l'ouvrir, le griller et le garnir comme une pizza ou une quesadilla. Servez le pain lavash entier ou découpez-le en pointes croustillantes que vous tremperez dans une salsa ou une sauce.

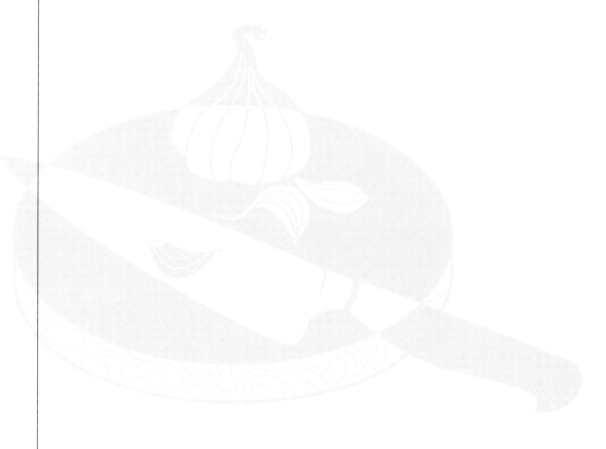

RECETTE

4 PORTIONS

2 morceaux de pain lavash (voir Note)
1 ½ c. à soupe d'huile d'olive extravierge
Gros sel de mer ou sel casher
Poivre noir concassé ou cayenne en flocons
2 gousses d'ail, hachées finement

1. Badigeonner légèrement chaque morceau de pain avec l'huile sur les deux faces. Saler, poivrer et ajouter l'ail.

2. Cuire le pain jusqu'à ce qu'il soit doré et croustillant en suivant les directives de l'encadré. Bien surveiller puisqu'il peut brûler rapidement. Il faudra peut-être procéder à quelques reprises si la surface de cuisson n'est pas assez grande.

3. Mettre le pain sur une grille et laisser refroidir avant de le briser en gros morceaux. Servir chaud ou à température ambiante. Les restes se conservent deux jours dans un contenant hermétique ou un sac de plastique.

Note : Vous trouverez le pain lavash dans les épiceries du Moyen-Orient. Il doit être bien frais et souple. N'achetez pas de pain sec. Celui que j'utilise mesure environ 25 cm (10 po).

Si vous avez...

GRIL CONTACT : Préchauffer le gril. S'il est muni d'un sélecteur de température, préchauffer à température élevée. Mettre la lèchefrite sous la partie avant du gril. Quand on est prêt pour la cuisson, huiler légèrement la surface de cuisson. Déposer le lavash sur le gril chaud et fermer le couvercle. Compter de 2 à 3 min de cuisson.

GRIL ENCASTRÉ : Préchauffer le gril à température élevée. Si la surface de cuisson n'est pas antiadhésive, brosser et huiler la grille. Déposer le lavash sur la grille chaude. Compter de 30 sec à 1 min de cuisson de chaque côté.

GRIL DE TABLE : Préchauffer le gril à température élevée ; il n'est pas nécessaire d'huiler la grille. Déposer le lavash sur le gril chaud. Compter de 1 à 2 min de cuisson de chaque côté.

ÂTRE : Entasser la braise ardente sous la grille et préchauffer de 3 à 5 min ; le feu doit être chaud (2 à 3 Mississippi). Quand on est prêt pour la cuisson, brosser et huiler la grille. Déposer le lavash sur la grille chaude. Compter de 30 sec à 1 min de cuisson de chaque côté.

PAIN LAVASH AU PARMESAN ET AU ROMARIN

Voici à quoi ressemblerait le lavash grillé s'il était préparé par un Italien du nord. Le parmesan serait évidemment mis en évidence. Achetez du romarin séché si le romarin frais se fait rare dans votre région.

4 PORTIONS

RECETTE

2 morceaux de pain lavash (voir Note p. 331)
2 c. à soupe de beurre, fondu
2 c. à soupe de romarin frais, haché finement
30 g (¼ tasse) de parmesan, râpé finement

1. Beurrer légèrement le pain sur les deux faces. Couvrir de romarin et de parmesan.

2. Cuire le pain jusqu'à ce qu'il soit doré et croustillant en suivant les directives de l'encadré. Bien surveiller puisqu'il peut brûler rapidement. Il faudra peut-être procéder à quelques reprises si la surface de cuisson n'est pas assez grande.

3. Mettre le pain sur une grille et laisser refroidir avant de le briser en gros morceaux. Servir chaud ou à température ambiante. Les restes se conservent deux jours dans un contenant hermétique ou un sac de plastique.

Si vous avez...

GRIL CONTACT : Préchauffer le gril. S'il est muni d'un sélecteur de température, préchauffer à température élevée. Mettre la lèchefrite sous la partie avant du gril. Quand on est prêt pour la cuisson, huiler légèrement la surface de cuisson. Déposer le lavash sur le gril chaud et fermer le couvercle. Compter de 2 à 3 min de cuisson.

GRIL ENCASTRÉ : Préchauffer le gril à température élevée. Si la surface de cuisson n'est pas antiadhésive, brosser et huiler la grille. Déposer le lavash sur la grille chaude. Compter de 30 sec à 1 min de cuisson de chaque côté.

GRIL DE TABLE : Préchauffer le gril à température élevée ; il n'est pas nécessaire d'huiler la grille. Déposer le lavash sur le gril chaud. Compter de 1 à 2 min de cuisson de chaque côté.

ÂTRE : Entasser la braise ardente sous la grille et préchauffer de 3 à 5 min ; le feu doit être chaud (2 à 3 Mississippi). Quand on est prêt pour la cuisson, brosser et huiler la grille. Déposer le lavash sur la grille chaude. Compter de 30 sec à 1 min de cuisson de chaque côté.

PAIN LAVASH AUX OIGNONS VERTS ET AU SÉSAME

Le pain au sésame et aux oignons verts est un classique des *dim sum* chinois. Cette version est moins grasse et plus facile à faire.

RECETTE

4 PORTIONS

2 morceaux de pain lavash (voir Note p. 331)
2 c. à soupe d'huile de sésame orientale (foncée)
1 oignon vert (le blanc et le vert), émincé
1 c. à soupe de graines de sésame blanche
1 c. à soupe de graines de sésame noires (ou blanches si l'on n'en trouve pas)

1. Badigeonner légèrement le pain d'huile de sésame sur les deux faces. Couvrir avec les oignons verts et les graines de sésame.

2. Cuire le pain jusqu'à ce qu'il soit doré et croustillant en suivant les directives de l'encadré. Bien surveiller puisqu'il peut brûler rapidement. Il faudra peut-être procéder à quelques reprises si la surface de cuisson n'est pas assez grande.

3. Mettre le pain sur une grille et laisser refroidir avant de le briser en gros morceaux. Servir chaud ou à température ambiante. Les restes se conservent deux jours dans un contenant hermétique ou un sac de plastique.

Si vous avez...

GRIL CONTACT : Préchauffer le gril. S'il est muni d'un sélecteur de température, préchauffer à température élevée. Mettre la lèchefrite sous la partie avant du gril. Quand on est prêt pour la cuisson, huiler légèrement la surface de cuisson. Déposer le lavash sur le gril chaud et fermer le couvercle. Compter de 2 à 3 min de cuisson.

GRIL ENCASTRÉ : Préchauffer le gril à température élevée. Si la surface de cuisson n'est pas antiadhésive, brosser et huiler la grille. Déposer le lavash sur la grille chaude. Compter de 30 sec à 1 min de cuisson de chaque côté.

GRIL DE TABLE : Préchauffer le gril à température élevée ; il n'est pas nécessaire d'huiler la grille. Déposer le lavash sur le gril chaud. Compter de 1 à 2 min de cuisson de chaque côté.

ÂTRE : Entasser la braise ardente sous la grille et préchauffer de 3 à 5 min ; le feu doit être chaud (2 à 3 Mississippi). Quand on est prêt pour la cuisson, brosser et huiler la grille. Déposer le lavash sur la grille chaude. Compter de 30 sec à 1 min de cuisson de chaque côté.

TRUCS

■ Ces sandwiches seront encore meilleurs si vous utilisez du vieux cheddar. Celui qui est vieilli en cave est remarquable.

■ Même si cette recette est habituellement faite avec du pain blanc à mie dense, essayez-la aussi avec du pain de seigle, de grains de blé ou de blé entier.

2 PORTIONS; CETTE RECETTE PEUT ÊTRE MULTIPLIÉE AU GOÛT

Gril contact

RAREBIT AU CHEDDAR

Le rarebit est un plat d'origine anglaise dont on n'entend presque plus parler depuis quelques années. La recette traditionnelle est un genre de fondue au fromage et à la bière servie sur du pain grillé. Voilà de quoi consoler un chasseur déçu dont le lapin (*rabbit* en anglais) s'est échappé. Je vous propose une version vite faite de ce trésor anglais. Le gril contact et la machine à panini conviennent particulièrement bien à sa préparation.

RECETTE

4 tranches de pain blanc à sandwich très minces
1 ½ c. à soupe de beurre non salé, fondu ou à température ambiante
1 c. à soupe de moutarde anglaise forte ou de moutarde de Dijon, ou plus au goût
Sauce Worcestershire
120 à 180 g (4 à 6 oz) de cheddar très affiné, en tranches très minces (environ 6)
Huile de cuisson en vaporisateur

1. Préchauffer le gril (voir p. 2 si l'on utilise une table de cuisson). Si la table de cuisson est munie d'un sélecteur de température, la préchauffer à température élevée. Mettre la lèchefrite sous la partie avant du gril.

2. À l'aide d'un couteau ou d'un pinceau à pâtisserie, beurrer les tranches de pain d'un seul côté. Mettre deux tranches de pain sur une planche à découper, face beurrée tournée vers le bas. Badigeonner le dessus de moutarde. Arroser avec quelques gouttes de sauce Worcestershire. Couvrir avec le cheddar. (Enlever le surplus de fromage qui ne doit pas dépasser les tranches de pain. Mettre le surplus au centre des sandwiches.) Mettre les tranches de pain restantes sur le dessus, face beurrée vers le haut.

3. Quand on est prêt pour la cuisson, vaporiser légèrement la surface de cuisson avec l'huile. À l'aide d'une spatule, déposer les sandwiches sur la grille chaude et fermer le couvercle. Griller environ 5 min, jusqu'à ce que le pain soit doré et que le fromage soit fondu. Servir immédiatement.

Gril contact

RAREBIT À LA MODE HOLLANDAISE

Ce sandwich m'a été inspiré lors d'un voyage à Amsterdam, une ville d'une beauté transcendante où l'ouverture d'esprit est une valeur largement partagée. Les Hollandais peuvent être fiers de leurs magnifiques fromages, de leurs jambons incomparables et de leur pain si foncé et si consistant qu'il pourrait faire un repas en soi. Mettez tous ces ingrédients sur un gril contact ou une machine à panini et vous obtiendrez un sandwich au fromage fondu que vous ne serez pas prêt d'oublier.

2 PORTIONS ; CETTE RECETTE PEUT ÊTRE MULTIPLIÉE AU GOÛT

RECETTE

4 tranches de pain de campagne de seigle ou de pain de blé entier de 1,25 cm (½ po) d'épaisseur
1 ½ c. à soupe de beurre non salé, fondu ou à température ambiante
1 c. à soupe de moutarde hollandaise, allemande ou de Dijon, ou plus au goût
Sauce Worcestershire
60 à 90 g (2 à 3 oz) de jambon fumé (Forêt-Noire, Westphalie, etc.) en fines tranches (environ 6)
60 à 90 g (2 à 3 oz) de fromage hollandais leyden ou autre (environ 4 fines tranches)
6 cornichons, coupés en fines tranches sur la longueur
Huile de cuisson en vaporisateur

1. Préchauffer le gril (voir p. 2 si l'on utilise une table de cuisson). Si la table de cuisson est munie d'un sélecteur de température, la préchauffer à température élevée. Mettre la lèchefrite sous la partie avant du gril.

2. À l'aide d'un couteau ou d'un pinceau à pâtisserie, beurrer les tranches de pain d'un seul côté. Mettre deux tranches de pain sur une planche à découper, face beurrée tournée vers le bas. Badigeonner le dessus de moutarde. Arroser avec quelques gouttes de sauce Worcestershire. Couvrir avec le jambon et le fromage. (Enlever le surplus de jambon et de fromage qui ne doit pas dépasser les tranches de pain. Mettre le surplus au centre des sandwiches.) Couvrir chaque sandwich avec la moitié des cornichons. Mettre les tranches de pain restantes sur le dessus, face beurrée vers le haut.

3. Quand on est prêt pour la cuisson, vaporiser légèrement la surface de cuisson avec l'huile. À l'aide d'une spatule, déposer les sandwiches sur la grille chaude et fermer le couvercle. Griller environ 5 min, jusqu'à ce que le pain soit doré et que le fromage soit fondu. Servir immédiatement.

TRUC

■ Vous êtes probablement familier avec l'édam et le gouda, mais il existe de nombreux autres fromages hollandais qui méritent d'être mieux connus. Le leyden au cumin ou au carvi fait des sandwiches délicieux. Demandez quelques suggestions à votre maître fromager.

Gril contact

RAREBIT AU SAGE DERBY

Le *sage derby* est l'un des fromages les plus réputés d'Angleterre (Derbyshire). Semblable au cheddar, il doit sa saveur particulière aux feuilles de sauge hachées ou à l'essence de sauge dont il est marbré. La sauge étant une compagne idéale pour la volaille, j'ai pensé créer un sandwich à la dinde que je rehausse amoureusement avec ce fromage extraordinaire.

2 PORTIONS; CETTE RECETTE PEUT ÊTRE MULTIPLIÉE AU GOÛT

RECETTE

4 tranches de pain blanc à sandwich à mie dense de 1,25 cm (½ po) d'épaisseur
1 ½ c. à soupe de beurre non salé, fondu ou à température ambiante
1 c. à soupe de moutarde anglaise, ou plus au goût
60 à 90 g (2 à 3 oz) de dinde rôtie ou fumée en fines tranches (environ 6)
60 à 90 g (2 à 3 oz) de fromage sage derby en fines tranches (environ 4)
Huile de cuisson en vaporisateur

1. Préchauffer le gril (voir p. 2 si l'on utilise une table de cuisson). Si la table de cuisson est munie d'un sélecteur de température, la préchauffer à température élevée. Mettre la lèchefrite sous la partie avant du gril.

2. À l'aide d'un couteau ou d'un pinceau à pâtisserie, beurrer les tranches de pain d'un seul côté. Mettre deux tranches de pain sur une planche à découper, face beurrée tournée vers le bas. Badigeonner le dessus de moutarde. Couvrir avec la dinde et le fromage. (Enlever le surplus de dinde et de fromage qui ne doit pas dépasser les tranches de pain. Mettre le surplus au centre des sandwiches.) Mettre les tranches de pain restantes sur le dessus, face beurrée vers le haut.

3. Quand on est prêt pour la cuisson, vaporiser légèrement la surface de cuisson avec l'huile. À l'aide d'une spatule, déposer les sandwiches sur la grille chaude et fermer le couvercle. Griller environ 5 min, jusqu'à ce que le pain soit doré et que le fromage soit fondu. Servir immédiatement.

TRUCS

■ On peut trouver du sage derby chez les fromagers qui s'intéressent aux fromages venus de l'étranger. En Angleterre, on sert ce fromage dans le temps des fêtes avec un verre de porto, de sherry ou de madère.

■ N'achetez pas les tranches de dinde au comptoir des viandes préparées. Coupez les tranches d'une dinde entière ou d'une poitrine de dinde rôtie ou procurez-vous-les dans une épicerie fine.

Gril contact

BLT NOUVELLE VAGUE : BACON, LEICESTER ET TOMATES VERTES

Il est difficile de faire concurrence au BLT traditionnel, mais ce sandwich au fromage fondu y arrive presque. Le bacon doit être coupé en tranches bien épaisses. On peut l'acheter nature ou fumé au feu de bois. Le fromage leicester vient du centre de l'Angleterre. Il ressemble au cheddar et son goût est à la fois doux et épicé. On peut se le procurer chez les meilleurs marchands de fromage. La tomate choisie doit être dure et verte puisque c'est son acidité et son caractère croquant que l'on recherche.

2 PORTIONS ; CETTE RECETTE PEUT ÊTRE MULTIPLIÉE AU GOÛT

RECETTE

4 tranches de tomate verte de 1,25 cm (½ po) d'épaisseur
Gros sel de mer ou sel casher et poivre noir frais moulu
4 tranches de bacon (120 g/4 oz au total), coupées en deux
Huile de cuisson en vaporisateur
4 tranches de pain blanc à sandwich à mie dense de 1,25 cm (½ po) d'épaisseur
1 ½ c. à soupe de beurre salé, fondu ou à température ambiante
1 à 2 c. à soupe de mayonnaise (facultatif)
120 g (4 oz) de fromage leicester en fines tranches (environ 6)

1. Préchauffer le gril (voir p. 2 si l'on utilise une table de cuisson). Si la table de cuisson est munie d'un sélecteur de température, la préchauffer à température élevée. Mettre la lèchefrite sous la partie avant du gril.

2. Saler et poivrer généreusement les tranches de tomate. Mettre deux morceaux de bacon côte à côte sur une planche à découper et mettre une tranche de tomate par-dessus. Couvrir les tomates avec deux morceaux de bacon. Répéter avec les tomates et le bacon restants.

3. Quand on est prêt pour la cuisson, vaporiser légèrement la surface de cuisson avec l'huile. À l'aide d'une spatule, déposer les tranches de bacon et de tomate sur la grille chaude et fermer le couvercle. Griller de 4 à 6 min, jusqu'à ce que le bacon soit grillé et que les tomates soient tendres. À l'aide d'une spatule, déposer les tomates et le bacon dans une assiette. Ne pas éteindre le gril.

4. À l'aide d'un couteau ou d'un pinceau à pâtisserie, beurrer les tranches de pain d'un seul côté. Mettre deux tranches de pain sur une planche à découper, face beurrée tournée vers le bas. Badigeonner le dessus de mayonnaise. Couvrir chaque tranche de pain avec deux piles de bacon et de tomate. (Enlever le surplus qui dépasse des tranches de pain.) Couvrir avec le fromage. (Mettre le fromage qui dépasse au centre des sandwiches.) Mettre les tranches de pain restantes sur le dessus, face beurrée vers le haut.

5. Quand on est prêt pour la cuisson, vaporiser légèrement la surface de cuisson avec l'huile. À l'aide d'une spatule, déposer les sandwiches sur la grille chaude et fermer le couvercle. Griller environ 5 min, jusqu'à ce que le pain soit doré et que le fromage soit fondu. Laisser refroidir légèrement avant de servir puisque les tomates grillées seront très chaudes.

Gril contact

CROQUE-MONSIEUR CLASSIQUE

Le vrai croque-monsieur est composé de deux tranches de pain de mie beurrées et garnies de jambon et de fromage que l'on fait dorer sous le gril, dans une poêle ou dans un grille-sandwiches jusqu'à ce qu'elles soient croustillantes. En guise de grille-sandwiches, on peut utiliser le gril contact qui permet en plus de quadriller le pain. La préparation est simple, mais on doit respecter la juste proportion de chacun des ingrédients. Le pain doit être un pain de mie dense sans croûte. Le pain de campagne est très populaire en Amérique du Nord, mais pour plus d'authenticité il est impératif d'enlever la croûte. Le jambon doit être de première qualité, fumé de préférence ou, du moins, cuit. (Un conseil : si vous achetez des tranches de jambon parfaitement carrées ou rectangulaires, il ne s'agit probablement pas de vrai jambon.) Pour ce qui est du fromage, le gruyère est évidemment tout désigné pour cette recette.

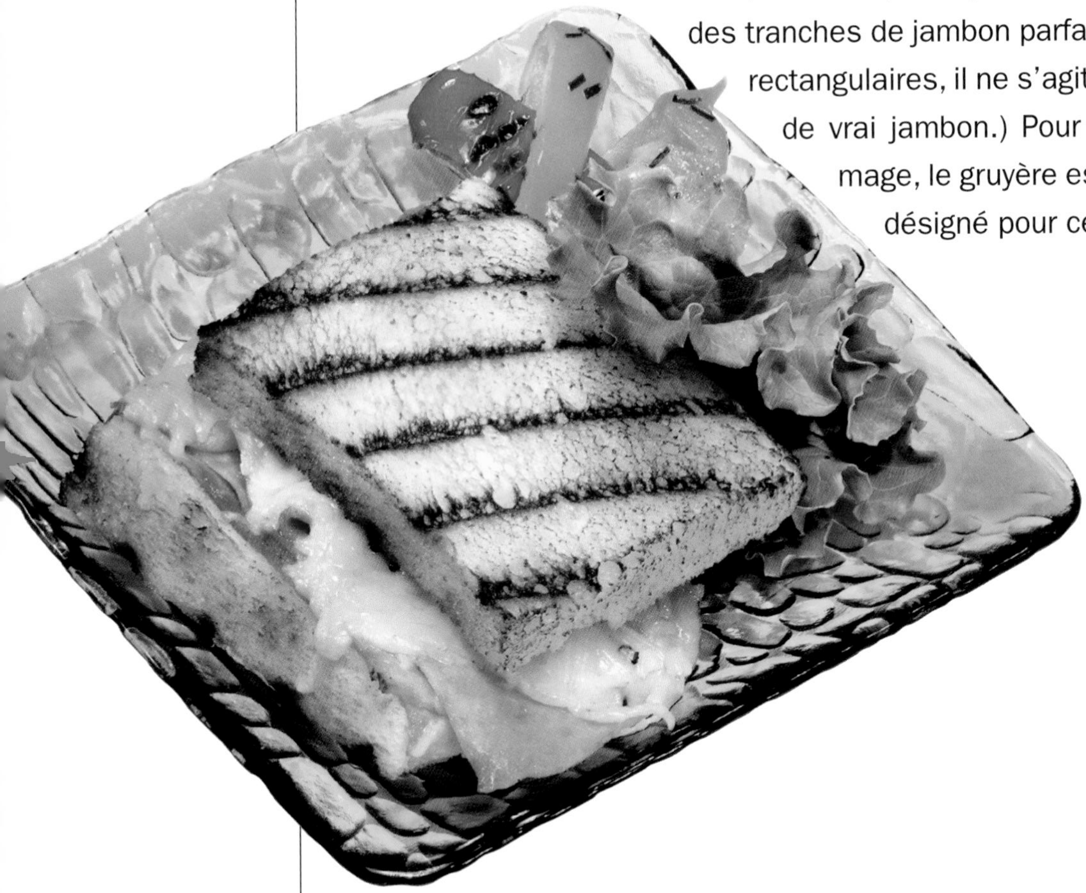

RECETTE

4 tranches de pain blanc à sandwich à mie dense (enlever la croûte)
2 c. à soupe de beurre salé, fondu ou à température ambiante
60 g (2 oz) de jambon cuit ou fumé en fines tranches (environ 6)
60 g (2 oz) de gruyère, râpé
Poivre noir frais moulu
Huile de cuisson en vaporisateur
Sauce Mornay (facultatif; ci-dessous)

2 PORTIONS; CETTE RECETTE PEUT ÊTRE MULTIPLIÉE AU GOÛT

1. Préchauffer le gril (voir p. 2 si l'on utilise une table de cuisson). Si la table de cuisson est munie d'un sélecteur de température, la préchauffer à température élevée. Mettre la lèchefrite sous la partie avant du gril.

2. À l'aide d'un couteau ou d'un pinceau à pâtisserie, beurrer les tranches de pain sur les deux faces en beurrant un côté plus que l'autre. Mettre deux tranches de pain sur une planche à découper, face la moins beurrée tournée vers le haut. Couvrir avec le jambon. (Enlever le surplus qui dépasse des tranches de pain et le mettre au centre des sandwiches.) Couvrir uniformément de gruyère et poivrer. Mettre les tranches de pain restantes sur le dessus, face beurrée vers le haut.

3. Quand on est prêt pour la cuisson, vaporiser légèrement la surface de cuisson avec l'huile. À l'aide d'une spatule, déposer les sandwiches sur la grille chaude et fermer le couvercle. Griller environ 5 min, jusqu'à ce que le pain soit doré et croustillant et que le fromage soit fondu. Servir avec la sauce Mornay au goût.

TRUC

■ Pour faire un croque-madame, faites un trou dans la tranche de pain du dessus et cassez un œuf au centre avant de faire griller le sandwich.

Sauce Mornay

ENVIRON 250 ML (1 TASSE)

Cette sauce est souvent utilisée pour napper le croque-monsieur et les autres sandwiches du même genre. J'ajoute de la moutarde, ce qui tempère le caractère riche du fromage. J'aime mettre une quantité égale de gruyère et de parmesan, mais le gruyère seul fait très bien l'affaire.

1 ½ c. à soupe de beurre non salé
1 ½ c. à soupe de farine
250 ml (1 tasse) de lait entier
30 g (1 oz) de gruyère, râpé grossièrement
30 g (1 oz) de parmesan, râpé grossièrement
1 c. à café (1 c. à thé) de moutarde de Dijon
Gros sel de mer ou sel casher et poivre noir frais moulu
Une pincée de muscade fraîche râpée (facultatif)

1. Faire fondre le beurre à feu moyen dans une casserole à fond épais. Retirer du feu et incorporer la farine. Remettre la casserole sur le feu et cuire environ 2 min, sans cesser de fouetter, jusqu'à ce que la farine et le beurre grésillent sans brunir.

2. Retirer la casserole du feu et incorporer le lait lentement à l'aide du fouet. Remettre sur le feu et porter à ébullition en remuant constamment pendant 3 min. Laisser la sauce mijoter sans cesser de fouetter pendant 3 min.

3. Incorporer le gruyère et le parmesan et laisser fondre de 1 à 2 min sans cesser de fouetter. Ajouter la moutarde, le sel, le poivre et la muscade. Servir immédiatement ou réserver au chaud jusqu'au moment de servir.

Gril contact

CROQUE AUX NOIX ET AU ROQUEFORT

Le roquefort et les noix se marient bien. Si possible, achetez un bon pain aux noix cuit par un véritable boulanger artisan. Sinon, prenez du pain blanc et ajoutez des noix à la préparation à base de roquefort.

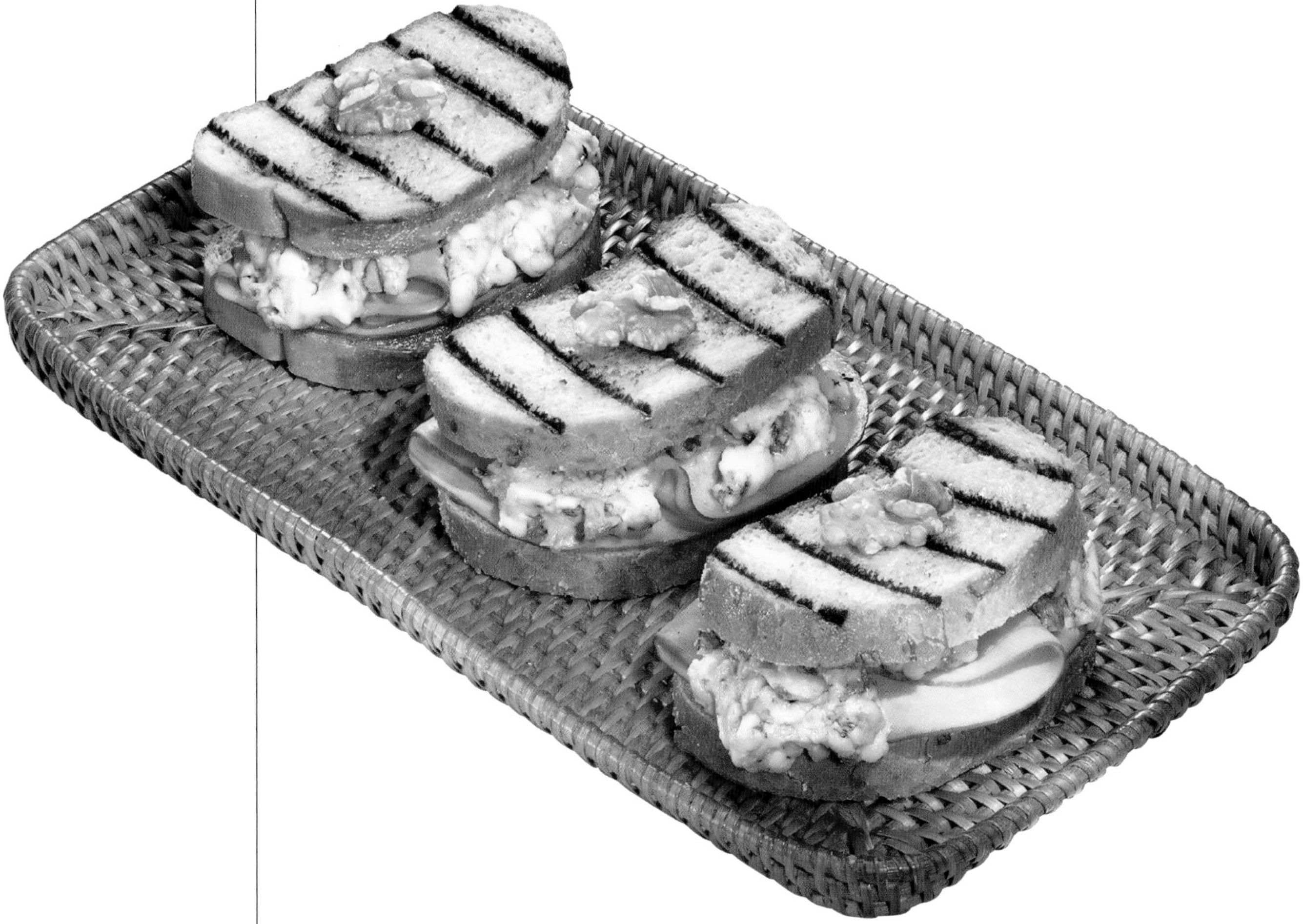

RECETTE

2 PORTIONS ; CETTE RECETTE PEUT ÊTRE MULTIPLIÉE AU GOÛT

60 g (2 oz) de roquefort à température ambiante, émietté
2 ½ c. à soupe de beurre salé à température ambiante
2 c. à soupe de noix, grillées et hachées grossièrement (facultatif ; voir encadré)
Poivre noir frais moulu
4 tranches de pain aux noix ou de pain blanc à sandwich à mie dense de 1,25 cm (½ po) d'épaisseur
60 g (2 oz) de jambon fumé, en très fines tranches (environ 6)
Huile de cuisson en vaporisateur

1. Préchauffer le gril (voir p. 2 si l'on utilise une table de cuisson). Si la table de cuisson est munie d'un sélecteur de température, la préchauffer à température élevée. Mettre la lèchefrite sous la partie avant du gril.

2. Mettre le roquefort dans un grand bol et le réduire en purée à l'aide d'une fourchette. Ajouter 1 c. à soupe de beurre et les noix. Bien mélanger. Poivrer au goût.

3. Étendre le beurre restant sur un côté du pain. Mettre deux tranches de pain sur une planche à découper, face beurrée vers le bas. Couvrir avec le jambon. (Enlever le surplus qui dépasse des tranches de pain et le mettre au centre des sandwiches.) Couvrir uniformément de roquefort. Mettre les tranches de pain restantes sur le dessus, face beurrée vers le haut.

4. Quand on est prêt pour la cuisson, vaporiser légèrement la surface de cuisson avec l'huile. À l'aide d'une spatule, déposer les sandwiches sur la grille chaude et fermer le couvercle. Griller environ 5 min, jusqu'à ce que le pain soit doré et croustillant et que le fromage soit fondu. Servir immédiatement.

COMMENT GRILLER LES NOIX

Mettre les noix dans une poêle en fonte sèche ou une poêle à fond épais (ne pas utiliser d'ustensile antiadhésif). Cuire de 3 à 4 min à feu moyen-vif jusqu'à ce qu'elles dégagent leur arôme et qu'elles brunissent légèrement. Secouer la poêle pour que les noix grillent uniformément. Laisser refroidir dans un bol résistant à la chaleur.

Gril contact

CROQUE AUX TOMATES ET AU FROMAGE DE CHÈVRE

Voici un croque-monsieur sans viande. Le fromage de chèvre, les tomates et le basilic feront le bonheur de vos papilles. Vous pouvez opter pour des tomates séchées ou des tomates fraîches. Mais pourquoi pas un mélange des deux ? Prudence : les tomates fraîches absorbent beaucoup de chaleur pendant la cuisson. Laissez refroidir légèrement les sandwiches avant d'en prendre une bouchée.

RECETTE

2 PORTIONS ; CETTE RECETTE PEUT ÊTRE MULTIPLIÉE AU GOÛT

8 demi-tomates séchées ou 1 tomate rouge parfaitement mûre
1 ½ c. à soupe d'huile d'olive extravierge + 1 c. à soupe si l'on utilise des tomates séchées à l'air
75 g (½ tasse) de fromage de chèvre mou à température ambiante
Poivre noir frais moulu
4 tranches de pain baguette de 1,25 cm (½ po) d'épaisseur coupées en biais
6 feuilles de basilic frais, en julienne
Huile de cuisson en vaporisateur

1. Si l'on utilise des tomates séchées conservées dans l'huile, bien les égoutter. Si l'on utilise des tomates séchées à l'air, les mettre dans un bol résistant à la chaleur, couvrir d'eau bouillante et laisser tremper 20 min. Bien égoutter et mélanger avec 1 c. à soupe d'huile d'olive. Hacher grossièrement les tomates séchées. Si l'on utilise une tomate fraîche, la couper en fines tranches.

2. Mettre le fromage dans un bol et le réduire en purée onctueuse à l'aide d'une cuillère de bois. Poivrer au goût. Si l'on utilise des tomates séchées, les mélanger avec le fromage.

3. Préchauffer le gril (voir p. 2 si l'on utilise une table de cuisson). Si la table de cuisson est munie d'un sélecteur de température, la préchauffer à température élevée. Mettre la lèchefrite sous la partie avant du gril.

4. Badigeonner un côté des tranches de pain avec l'huile. Mettre deux tranches de pain sur une planche à découper, face huilée vers le bas. Couvrir uniformément de fromage. Si l'on utilise une tomate fraîche, mettre les tranches sur le fromage. Mettre la moitié du basilic sur chaque tranche. Couvrir avec les deux tranches restantes, face huilée vers le haut.

5. Quand on est prêt pour la cuisson, vaporiser légèrement la surface de cuisson avec l'huile. À l'aide d'une spatule, déposer les sandwiches sur la grille chaude et fermer le couvercle. Griller environ 5 min, jusqu'à ce que le pain soit doré et croustillant et que le fromage soit fondu. Servir immédiatement.

TRUC

■ Les premières tomates séchées expédiées en Amérique étaient conservées dans l'huile, ce qui les rendait à la fois très coûteuses et remplies de saveur. Aujourd'hui, la plupart des tomates séchées sont traitées en usine et séchées à l'air. Si vous souhaitez leur donner plus de goût, trempez-les dans l'eau bouillante, puis mélangez-les avec de l'huile et de l'ail. Si vous trouvez des tomates séchées conservées dans l'huile, disponibles dans les épiceries italiennes et les marchés spécialisés, vous n'aurez pas besoin de vous donner tant de mal.

Gril contact

CROQUE AU GOUDA ET AU HACHIS DE CHAMPIGNONS

La duxelles est un hachis de champignons rempli de saveur. Son nom rend hommage au marquis d'Uxelles, protecteur de François Pierre de La Varenne, grand chef du XVIIe siècle. On a donné le nom de ce dernier à une école de cuisine (La Varenne) où j'ai étudié dans les années 1970. L'alliance entre le fromage et les champignons fait toujours des heureux, surtout quand les champignons sont parfumés aux échalotes et au cognac et cuits pour bien concentrer leurs saveurs.

RECETTE

2 PORTIONS ; CETTE RECETTE PEUT ÊTRE MULTIPLIÉE AU GOÛT

HACHIS DE CHAMPIGNONS

360 g (12 oz) de champignons frais (enlever le pied), essuyés avec du papier absorbant humide
1 c. à café (1 c. à thé) de jus de citron frais pressé
1 c. à soupe de beurre salé ou d'huile d'olive extravierge
2 ou 3 grosses échalotes, émincées
1 gousse d'ail, émincée
1 ½ c. à soupe de cognac
2 c. à soupe de persil plat frais, haché finement
Gros sel de mer ou sel casher et poivre noir frais moulu

CROQUES

4 tranches de pain blanc à sandwich à mie dense ou de pain de blé entier de 1,25 cm (½ po) d'épaisseur
2 c. à soupe de beurre salé, fondu ou à température ambiante
60 g (2 oz) de gouda très affiné, en fines tranches (environ 6)
Huile de cuisson en vaporisateur

1. Préparer le hachis de champignons : Couper les gros champignons en quartiers et les plus petits en deux. Mettre les champignons et le jus de citron dans le robot de cuisine et hacher finement en faisant fonctionner l'appareil et en l'arrêtant à quelques reprises. Pour empêcher le bol de déborder, il faudra peut-être procéder en deux ou trois fois. Il est important de hacher les champignons sans les réduire en purée.

2. Faire fondre le beurre dans une poêle à frire à feu moyen. Ajouter les échalotes et l'ail et cuire environ 3 min, jusqu'à ce qu'ils commencent à brunir, en remuant avec une cuillère de bois. Ajouter le cognac et porter à ébullition ; il s'évaporera presque immédiatement en laissant un résidu savoureux. Ajouter les champignons et le persil et monter le feu. Cuire de 4 à 6 min en remuant avec une cuillère de bois jusqu'à ce que le liquide soit complètement évaporé et que la préparation soit épaisse et concentrée. Ajouter du sel et du poivre si nécessaire. Le hachis doit être bien assaisonné. Laisser reposer à température ambiante, couvrir et conserver dans le réfrigérateur jusqu'au moment de l'utiliser. On peut préparer cette recette la veille jusqu'à cette étape.

3. Préchauffer le gril (voir p. 2 si l'on utilise une table de cuisson). Si la table de cuisson est munie d'un sélecteur de température, la préchauffer à température élevée. Mettre la lèchefrite sous la partie avant du gril.

4. Préparer les croques : À l'aide d'un couteau ou d'un pinceau à pâtisserie, beurrer les tranches de pain sur les deux faces en beurrant un côté plus que l'autre. Mettre deux tranches de pain sur une planche à découper, face la moins beurrée tournée vers le haut. Couvrir avec le fromage. (Enlever le surplus qui dépasse des tranches de pain et le mettre au centre des sandwiches.) Couvrir uniformément de hachis. Mettre les tranches de pain restantes sur le dessus, face beurrée vers le haut.

5. Quand on est prêt pour la cuisson, vaporiser légèrement la surface de cuisson avec l'huile. À l'aide d'une spatule, déposer les sandwiches sur la grille chaude et fermer le couvercle. Griller environ 5 min, jusqu'à ce que le pain soit doré et croustillant et que le fromage soit fondu. Servir immédiatement.

TRUC

■ On prépare habituellement le hachis de champignons avec des champignons de Paris, mais on peut évidemment faire preuve d'originalité et essayer des variétés plus exotiques telles que les shiitake, les morilles ou un mélange de champignons sauvages.

Gril contact

SANDWICHES AU FROMAGE FONDANT AU SAUMON FUMÉ SUR BRIOCHE

Une fois que l'on a compris comment faire un bon croque-monsieur, il n'y a pas de limite au nombre de variantes que l'on peut créer. Cette recette est une inspiration de Eric Riper, chef au restaurant *Le Bernardin* de Manhattan. Achetez le saumon fumé que vous préférez en vous assurant qu'il a été fumé à froid. Il est aussi important qu'il soit coupé en fines tranches.

RECETTE

2 PORTIONS ; CETTE RECETTE PEUT ÊTRE MULTIPLIÉE AU GOÛT

4 tranches de brioche (pas plus de 1,25 cm/½ po d'épaisseur) (voir Note)
1 ½ c. à soupe de beurre, fondu
60 g (2 oz) de saumon fumé, en fines tranches (environ 6)
1 tranche fine de citron
60 g (2 oz) de gruyère, mince comme du papier (environ 8 tranches)
Huile de cuisson en vaporisateur

1. Préchauffer le gril (voir p. 2 si l'on utilise une table de cuisson). Si la table de cuisson est munie d'un sélecteur de température, la préchauffer à température élevée. Mettre la lèchefrite sous la partie avant du gril.

2. À l'aide d'un couteau ou d'un pinceau à pâtisserie, beurrer les tranches de brioches d'un seul côté. Mettre deux tranches de brioche sur une planche à découper, face beurrée tournée vers le bas. Couvrir avec le saumon fumé. (Enlever le surplus qui dépasse des tranches de pain et le mettre au centre des sandwiches.)

3. Épépiner la tranche de citron. Enlever et jeter l'écorce. Hacher finement la tranche et parsemer uniformément sur le saumon. Mettre les tranches de gruyère par-dessus. (Enlever le surplus qui dépasse des tranches de pain et le mettre au centre des sandwiches.) Mettre les deux tranches de brioches restantes sur le dessus, face beurrée vers le haut.

4. Quand on est prêt pour la cuisson, vaporiser légèrement la surface de cuisson avec l'huile. À l'aide d'une spatule, déposer les sandwiches sur la grille chaude et fermer le couvercle. Griller environ 5 min, jusqu'à ce que le pain soit doré et croustillant et que le fromage soit fondu.

Note : Le chef Ripert utiliserait l'authentique brioche parisienne, riche en beurre et en œufs. Ses deux boules superposées se tranchent facilement. Si vous n'en trouvez pas, achetez du pain challah ou du pain à sandwich en fines tranches.

Gril contact

PANINIS À LA MODE DE CAPRI NOUVELLE VAGUE

La salade *caprese* est faite avec de la mozzarella fraîche, des tomates et du basilic. Ce mot signifie « à la manière de Capri » en italien. Depuis quelques années, cette salade est aussi populaire que la salade César dans plusieurs restaurants nord-américains. On connaît aussi les *panini caprese*, faits avec les mêmes ingrédients et généralement servis non grillés. J'aime le goût intense des tomates séchées dans la recette que je vous présente, mais vous pouvez aussi choisir des tomates fraîches. Le fromage de chèvre peut très bien remplacer la mozzarella.

RECETTE

2 PORTIONS; CETTE RECETTE PEUT ÊTRE MULTIPLIÉE AU GOÛT

TOMATES SÉCHÉES

8 demi-tomates séchées (voir Truc p. 345)
500 ml (2 tasses) d'eau bouillante
2 c. à soupe d'huile d'olive extravierge
1 gousse d'ail, épluchée et légèrement aplatie avec un couperet
Poivre noir frais moulu

PANINIS

120 g (4 oz) de mozzarella fraîche, égouttée et coupée en tranches de 6 mm (¼ po) d'épaisseur
2 petits pains italiens, ouverts en deux
8 à 12 grandes feuilles de basilic frais, rincées et séchées en les secouant
1 ½ c. à soupe de beurre salé, fondu ou à température ambiante
Huile de cuisson en vaporisateur

1. Préparer les tomates séchées : Mettre les tomates dans un bol résistant à la chaleur, verser l'eau bouillante et laisser tremper 20 min. Égoutter dans un chinois et presser pour faire sortir l'eau. Couper les tomates en fine julienne sur une planche à découper. Mettre les tomates dans un bol et remuer avec l'huile d'olive et l'ail. Poivrer au goût. Laisser mariner 30 min. Jeter la gousse d'ail. Les tomates peuvent être préparées la veille et conservées à température ambiante.

2. Préchauffer le gril (voir p. 2 si l'on utilise une table de cuisson). Si la table de cuisson est munie d'un sélecteur de température, la préchauffer à température élevée. Mettre la lèchefrite sous la partie avant du gril.

3. Préparer les paninis : Mettre la moitié du fromage sur la moitié inférieure de chaque pain. Enlever le surplus qui dépasse et le mettre au centre des pains. Couvrir avec les tomates marinées et le basilic. Couvrir avec le pain restant. À l'aide d'un couteau ou d'un pinceau à pâtisserie, badigeonner l'extérieur des paninis avec le beurre.

4. Quand on est prêt pour la cuisson, vaporiser légèrement la surface de cuisson avec l'huile. À l'aide d'une spatule, déposer les paninis sur la grille chaude et fermer le couvercle. Griller environ 5 min, jusqu'à ce que le pain soit doré et croustillant et que le fromage soit fondu (voir Truc). Couper les paninis en travers et servir immédiatement.

TRUC

■ Pour donner aux paninis leur allure traditionnelle, levez et baissez le couvercle du gril contact à quelques reprises en cours de cuisson.

Gril contact

PANINIS AU PROSCIUTTO ET À LA FONTINA

Voici un panini extrêmement simple mais absolument exquis. Le fromage fontina est originaire du Piémont, dans le nord de l'Italie. Il est aussi soyeux que le beurre et offre un goût agréablement bouqueté. Combiné avec le prosciutto salé, il fait des miracles.

RECETTE

2 PORTIONS ; CETTE RECETTE PEUT ÊTRE MULTIPLIÉE AU GOÛT

4 tranches de pain blanc à sandwich à mie dense
1 ½ c. à soupe de beurre salé, fondu ou à température ambiante
60 à 90 g (2 à 3 oz) de prosciutto, en fines tranches (environ 12)
60 à 90 g (2 à 3 oz) de fromage fontina (environ 4 tranches)
Poivre noir frais moulu ou concassé
Huile de cuisson en vaporisateur

1. Préchauffer le gril (voir p. 2 si l'on utilise une table de cuisson). Si la table de cuisson est munie d'un sélecteur de température, la préchauffer à température élevée. Mettre la lèchefrite sous la partie avant du gril.

2. À l'aide d'un couteau ou d'un pinceau à pâtisserie, beurrer les tranches de pain d'un seul côté. Mettre deux tranches de pain sur une planche à découper, face beurrée tournée vers le bas. Couvrir avec le prosciutto et la fontina. (Enlever le surplus de prosciutto et de fromage qui ne doit pas dépasser les tranches de pain. Mettre le surplus au centre des sandwiches.) Poivrer généreusement. Mettre les tranches de pain restantes sur le dessus, face beurrée vers le haut.

3. Quand on est prêt pour la cuisson, vaporiser légèrement la surface de cuisson avec l'huile. À l'aide d'une spatule, déposer les paninis sur la grille chaude et fermer le couvercle. Griller environ 5 min, jusqu'à ce que le pain soit doré et croustillant et que le fromage soit fondu (voir Truc p. 351). Couper les paninis en travers et servir immédiatement.

PANINIS

En Italie, il suffit d'entrer dans un bar ou un café pour voir des plateaux remplis de beaux sandwiches empilés regorgeant entre autres de mozzarella, de fontina, de prosciutto, de tapenade, de basilic ou d'anchois. À l'heure du lunch, on les fait cuire rapidement à l'aide d'une machine à panini pour le plus grand bonheur de la file de clients affamés et empressés.

La machine à panini n'est rien d'autre qu'un gril contact : deux plaques métalliques réunies à l'arrière par une charnière (en fait, cette machine est peut-être à l'origine de l'invention du gril contact). Les rainures carrées bien serrées permettent de quadriller efficacement les aliments. Les machines à panini sont souvent fabriquées en acier inoxydable, ce qui leur donne une allure robuste. La plupart sont munies d'un thermostat permettant de régler la température.

Même si cet appareil est ingénieux, les sandwiches sont d'une grande simplicité. Les paninis les plus savoureux sont dorés, bien quadrillés, croustillants à l'extérieur, chauds et fondants à l'intérieur. Et quand on parle de cuisine italienne, la qualité des ingrédients est toujours de première importance.

Le mot panini signifie pains ou petits pains. Un *panino* est un sandwich fait dans un petit pain tandis qu'un *tramezzino* est fait avec des tranches de pain ordinaires. Les deux peuvent être servis grillés ou non.

Les Italiens font les paninis avec différents pains, dont la ciabata, qui signifie « savate » à cause de sa forme, et le *pane a cassetta*, un genre de pain à sandwich. Même si c'est la coutume en Amérique du Nord, les Italiens n'ont pas l'habitude d'utiliser la focaccia pour faire des paninis. Quel que soit votre pain préféré, beurrez-le ou badigeonnez-le d'huile d'olive avant de le griller, ce qui donnera une croûte bien croustillante.

Vous pouvez préparer les paninis sur un gril contact comme celui de George Foreman, mais pour faire de vrais paninis, il faut avoir une machine à panini qui produit des marques de gril espacées de 6 mm (¼ po) environ.

À partir de la p. 350, vous trouverez des recettes de paninis traditionnelles, suivies de quelques interprétations contemporaines de ma création. N'hésitez pas à essayer vos propres mariages d'ingrédients en n'oubliant pas qu'en matière de paninis, il est préférable d'user des bonnes choses avec modération.

Gril contact

PANINIS À LA MOZZARELLA ET À LA PURÉE D'OLIVES

Rappelez-vous la première fois où vous avez mangé de la mozzarella fraîche ! Pas l'imitation caoutchouteuse en plastique, mais l'authentique mozzarella douce et légèrement acidulée qu'on trouve de plus en plus facilement dans les supermarchés. La mozzarella fraîche doit être conservée dans l'eau salée ou le petit-lait. Combinée aux olives noires, elle permet de faire de délicieux paninis où le noir et le blanc étonnent par leur merveilleux contraste.

RECETTE

2 PORTIONS ; CETTE RECETTE PEUT ÊTRE MULTIPLIÉE AU GOÛT

PURÉE D'OLIVES

160 g (1 tasse) d'olives noires, dénoyautées
2 c. à café (2 c. à thé) de câpres, égouttées (facultatif)
1 gousse d'ail, hachée grossièrement (facultatif)
1 filet d'anchois (facultatif), épongé et haché grossièrement
½ c. à café (½ c. à thé) de cayenne en flocons (facultatif)
1 c. à soupe d'huile d'olive, ou plus au goût
Poivre noir frais moulu ou concassé

PANINIS

4 tranches de pain blanc à sandwich à mie dense
1 ½ c. à soupe de beurre salé, fondu ou à température ambiante
120 g (4 oz) de mozzarella fraîche, égouttée et coupée en tranches de 6 mm (¼ po) d'épaisseur
Huile de cuisson en vaporisateur

1. Préparer la purée : Hacher finement les olives, les câpres, l'ail, les anchois et le piment dans le robot de cuisine. Ajouter suffisamment d'huile pour obtenir une purée grossière. Poivrer au goût.

2. Préchauffer le gril (voir p. 2 si l'on utilise une table de cuisson). Si la table de cuisson est munie d'un sélecteur de température, la préchauffer à température élevée. Mettre la lèchefrite sous la partie avant du gril.

3. Préparer les paninis : À l'aide d'un couteau ou d'un pinceau à pâtisserie, beurrer les tranches de pain d'un seul côté. Mettre deux tranches de pain sur une planche à découper, face beurrée tournée vers le bas. Couvrir avec la moitié de la purée et le fromage. (Enlever le surplus de fromage qui ne doit pas dépasser les tranches de pain. Mettre le surplus au centre des sandwiches.) Étendre la purée restante sur la face non beurrée du pain restant. Mettre les tranches de pain sur le dessus des paninis, face beurrée vers le haut.

4. Quand on est prêt pour la cuisson, vaporiser légèrement la surface de cuisson avec l'huile. À l'aide d'une spatule, déposer les paninis sur la grille chaude et fermer le couvercle. Griller environ 5 min, jusqu'à ce que le pain soit doré et croustillant et que le fromage soit fondu (voir Truc p. 351). Couper les paninis en travers et servir immédiatement.

Variante : Pour faire des paninis riches en couleur, remplacer la purée d'olive par de la purée de tomates séchées (étape 1). Faire tremper 90 g (3 oz) de tomates séchés (voir étape 1, p. 351) et bien égoutter. (Les tomates conservées dans l'huile n'ont pas besoin d'être trempées.) Hacher grossièrement les tomates et les mettre dans le robot de cuisine. Ajouter 3 feuilles de basilic frais hachées grossièrement, 1 gousse d'ail hachée grossièrement, 2 c. à café (2 c. à thé) de câpres égouttées et ½ c. à café (½ c. à thé) de poivre noir frais moulu. Hacher finement. Ajouter 1 à 2 c. à soupe d'huile d'olive, suffisamment pour obtenir une purée grossière. On obtiendra environ 150 g (1 tasse) de purée. Couvrir et conserver quelques jours dans le réfrigérateur jusqu'au moment de l'utiliser. Cette purée est excellente avec toutes les viandes grillées.

TRUCS

■ La purée achetée dans le commerce *(pasta di olive)* fera aussi d'excellents paninis. Elle est toutefois facile à préparer et vous pouvez la rehausser au goût avec des câpres, de l'ail et des anchois. Les olives dénoyautées de Kalamata ou conservées dans l'huile donnent d'excellents résultats. Les olives vertes ne sont pas recommandées pour cette recette.

■ Une petite gâterie ? Achetez de la mozzarella fraîche faite avec du lait de bufflonne. Rare mais sublime !

Gril contact

PANINIS AUX ANCHOIS ET À LA MOZZARELLA

J'ai découvert ce sandwich dans un bar de Giudecca, une île résidentielle de Venise où se trouve également le célèbre hôtel Cipriani. J'ai été renversé par l'équilibre créé entre les anchois salés et la douce mozzarella. Le contraste entre le pain grillé et le fromage fondant m'a aussi séduit. Vous pouvez couper ces paninis en lamelles ou en quartiers et les servir comme hors-d'œuvre avec la Sauce aux tomates grillées (p. 450).

RECETTE

2 PORTIONS ; CETTE RECETTE PEUT ÊTRE MULTIPLIÉE AU GOÛT

4 tranches de pain blanc à sandwich à mie dense de 1,25 cm (½ po) d'épaisseur
1 ½ c. à soupe de beurre non salé, fondu ou à température ambiante
120 g (4 oz) de mozzarella fraîche, égouttée et coupées en tranches de 6 mm (¼ po) d'épaisseur
12 à 16 filets d'anchois, bien égouttés et épongés
Huile de cuisson en vaporisateur

1. Préchauffer le gril (voir p. 2 si l'on utilise une table de cuisson). Si la table de cuisson est munie d'un sélecteur de température, la préchauffer à température élevée. Mettre la lèchefrite sous la partie avant du gril.

2. À l'aide d'un couteau ou d'un pinceau à pâtisserie, beurrer les tranches de pain d'un seul côté. Mettre deux tranches de pain sur une planche à découper, face beurrée tournée vers le bas. Couvrir avec la moitié du fromage. (Enlever le surplus de fromage qui ne doit pas dépasser les tranches de pain. Mettre le surplus au centre des paninis.) Étendre les filets d'anchois côte à côte. Mettre les tranches de pain restantes sur le dessus des paninis, face beurrée vers le haut.

3. Quand on est prêt pour la cuisson, vaporiser légèrement la surface de cuisson avec l'huile. À l'aide d'une spatule, déposer les paninis sur la grille chaude et fermer doucement le couvercle. Griller environ 5 min, jusqu'à ce que le pain soit doré et croustillant et que le fromage soit fondu (voir Truc p. 351). Couper les paninis en travers et servir immédiatement.

TRUC

■ **Pour de meilleurs résultats, achetez des anchois conservés dans l'huile. Égouttez-les et épongez-les minutieusement. La mozzarella de fabrication artisanale est la meilleure qui soit. Recherchez celle qui est conservée dans l'eau salée ou le petit-lait et qui sent bon le lait frais.**

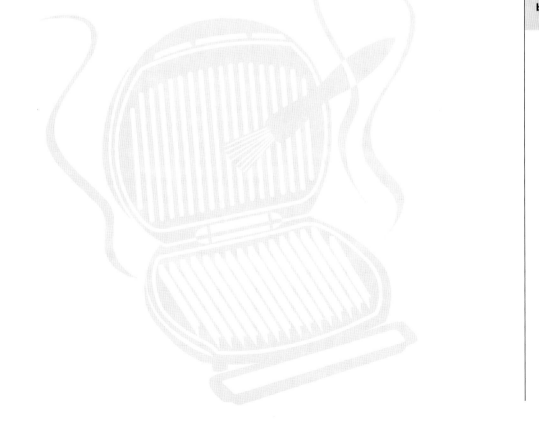

Gril contact

PANINIS AU FROMAGE DE CHÈVRE, AUX CÂPRES ET AUX POIVRONS GRILLÉS

Le fromage de chèvre et les poivrons grillés font bon ménage. La complémentarité indéniable de leurs différentes caractéristiques permet de faire des paninis hors du commun.

RECETTE

2 PORTIONS; CETTE RECETTE PEUT ÊTRE MULTIPLIÉE AU GOÛT

120 g (4 oz) de fromage de chèvre, coupé en biais en tranches de 6 mm (¼ po)
2 petits pains italiens, ouverts en deux
2 poivrons rouges ou jaunes grillés (voir Variante p. 389), pelés, épépinés et coupés en lanières
1 c. à soupe de câpres, égouttées
2 à 3 c. à soupe d'huile d'olive extravierge
Gros sel de mer ou sel casher et poivre noir frais moulu
Huile de cuisson en vaporisateur

1. Préchauffer le gril (voir p. 2 si l'on utilise une table de cuisson). Si la table de cuisson est munie d'un sélecteur de température, la préchauffer à température élevée. Mettre la lèchefrite sous la partie avant du gril.

2. Mettre les tranches de fromage sur la partie inférieure des pains en prenant soin qu'elles ne dépassent pas. Couvrir de poivrons et de câpres. Arroser chaque pain avec 1 ½ c. à soupe d'huile. Saler et poivrer. Couvrir avec le pain restant. Badigeonner légèrement l'extérieur des petits pains avec de l'huile d'olive.

3. Quand on est prêt pour la cuisson, vaporiser légèrement la surface de cuisson avec l'huile. À l'aide d'une spatule, déposer les paninis sur la grille chaude et fermer le couvercle. Griller environ 5 min, jusqu'à ce que le pain soit doré et croustillant et que le fromage soit fondu (voir Truc p. 351). Couper les paninis en travers et servir immédiatement.

TRUC

■ Choisissez le fromage de chèvre que vous préférez: doux, relevé ou piquant. Le fromage doux se marie particulièrement bien avec les poivrons grillés.

Gril contact

« PANINIS » DE POLENTA

La polenta et le panini : deux bonnes raisons d'aimer l'Italie et d'allumer notre gril. Cette recette unit ces deux ingrédients dans un incroyable sandwich au jambon et au fromage préparé avec du prosciutto et de la fontina. Les rondelles de polenta remplacent le pain de façon originale. Pour rédiger cette recette, je me suis largement inspiré du livre *Panini, Bruschetta, Crostini* de Viana La Place. Un délice comme hors-d'œuvre, entrée légère ou mets d'accompagnement.

RECETTE

4 PORTIONS

1 paquet de 540 g (18 oz) de polenta précuite
150 g (5 oz) de prosciutto, en très fines tranches (environ 20)
240 g (8 oz) de fromage fontina, en très fines tranches (environ 16; voir Note)
8 à 10 feuilles de sauge fraîche
3 c. à soupe de beurre non salé, fondu ou d'huile d'olive extravierge
Gros sel de mer ou sel casher et poivre noir frais moulu
Huile de cuisson en vaporisateur

1. Couper la polenta en biais en 8 tranches de 6 mm (¼ po). Mettre la moitié des tranches sur une planche à découper et les couvrir avec le prosciutto. Ajouter la fontina. Déposer une feuille de sauge au centre de chaque « panini », puis couvrir avec les tranches de polenta restantes. La recette peut-être préparée quelques heures d'avance jusqu'à cette étape. Couvrir les « paninis » de pellicule plastique et conserver dans le réfrigérateur.

2. Préchauffer le gril (voir p. 2 si l'on utilise une table de cuisson). Si la table de cuisson est munie d'un sélecteur de température, la préchauffer à température élevée. Mettre la lèchefrite sous la partie avant du gril.

3. Badigeonner légèrement de beurre fondu sur les deux faces. Saler et poivrer de chaque côté.

4. Quand on est prêt pour la cuisson, vaporiser légèrement la surface de cuisson avec l'huile. À l'aide d'une spatule, déposer les « paninis » sur la grille chaude et fermer doucement le couvercle. Griller environ 5 min, jusqu'à ce que le pain soit doré et croustillant et que le fromage soit fondu (voir Truc p. 351). Mettre les « paninis » dans un plat ovale et servir immédiatement.

Note : La fontina est un fromage de la partie septentrionale de l'Italie. Elle a une saveur bouquetée et piquante. On peut la remplacer par du cheddar si l'on n'en trouve pas.

TRUC

■ Facilitez-vous la tâche en utilisant la polenta préparée vendue dans des tubes de plastique. On en trouve maintenant dans la plupart des supermarchés.

Gril contact

SANDWICHES DES INSOMNIAQUES

Les Italiens ne sont pas les seuls à avoir bâti une culture du sandwich autour du gril contact. Le sandwich cubain est le pendant antillais du panini. À Miami ou à La Havane, il est croustillant et bien doré à l'extérieur, chaud et humide à l'intérieur. Il est suffisamment plat pour qu'on puisse le croquer sans se défaire la mâchoire. Le sandwich cubain le plus réputé est le *medianoche*, un joyeux mariage de porc rôti, de jambon cuit, de fromage suisse et de tranches de cornichon servis dans un petit pain. Plus petit que le Sandwich cubain au rôti de porc et aux deux jambons (p. 364), on peut s'en régaler après le cinéma ou le spectacle sans risquer de faire une indigestion une fois rendu au lit.

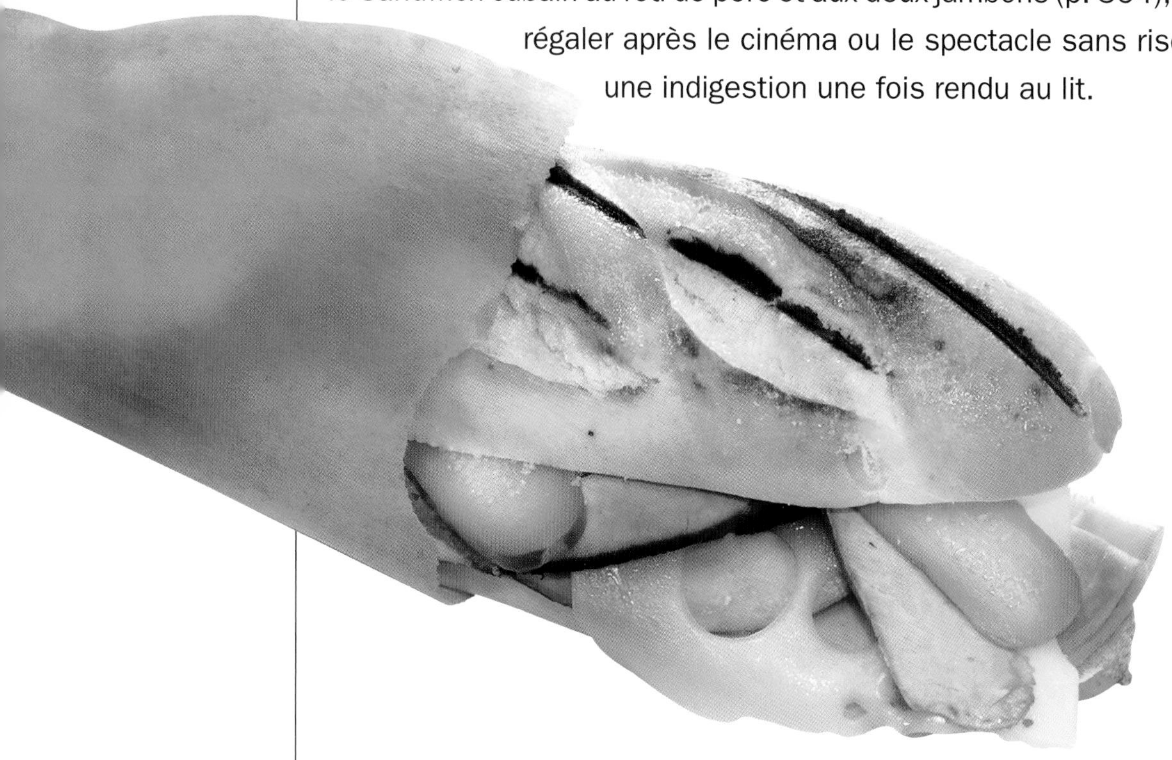

RECETTE

2 PORTIONS ; CETTE RECETTE PEUT ÊTRE MULTIPLIÉE AU GOÛT

2 c. à soupe de beurre salé à température ambiante, ou plus au goût
2 petits pains tendres et légèrement sucrés de 15 cm (6 po) de long, ouverts ou 4 tranches de pain challah de 1,25 cm (½ po) d'épaisseur
1 c. à soupe comble de mayonnaise
1 c. à soupe comble de moutarde de Dijon ou autre
120 g (4 oz) de fromage suisse, en fines tranches (environ 6)
90 g (3 oz) de rôti de porc, en fines tranches (environ 6)
1 cornichon à l'aneth, en fines tranches
90 g (3 oz) de jambon cuit ou fumé (environ 6 tranches)
Huile de cuisson en vaporisateur

2 morceaux de papier parchemin ou aluminium de 40 x 30 cm (16 x 12 po)

1. Préchauffer le gril (voir p. 2 si l'on utilise une table de cuisson). Si la table de cuisson est munie d'un sélecteur de température, la préchauffer à température élevée. Mettre la lèchefrite sous la partie avant du gril.

2. Beurrer légèrement l'extérieur des pains. Étendre la mayonnaise sur la face coupée de la moitié inférieure. Étendre la moutarde sur la face coupée de la moitié supérieure. (Si l'on utilise du pain challah, beurrer un côté, puis étendre la mayonnaise de l'autre côté de deux des tranches.) Étendre la moutarde sur la face non beurrée des deux autres tranches. Mettre le fromage sur la mayonnaise et couvrir avec la viande. Mettre les cornichons sur le dessus de la partie couverte de moutarde et couvrir avec le jambon. Laisser les sandwiches ouverts.

3. Beurrer légèrement les morceaux de papier. Mettre un morceau sur une planche à découper, partie la plus longue vers soi. Mettre les deux moitiés d'un sandwich du côté gauche du papier, puis fermer le papier. Faire la même chose pour l'autre sandwich.

4. Quand on est prêt pour la cuisson, vaporiser légèrement la surface de cuisson avec l'huile. Mettre les sandwiches sur la grille chaude et fermer le couvercle. Griller environ 5 min, jusqu'à ce que le pain soit doré et croustillant et que le fromage soit fondu. Laisser le gril allumé.

5. Développer les sandwiches et les assembler en superposant les deux parties. Remettre les sandwiches sur le gril et cuire 30 sec en les pressant pour les aplatir.

6. Couper les sandwiches en travers et servir immédiatement.

TRUCS

- **À la p. 114, vous trouverez une recette de rôti de porc à la mode cubaine, mais vous pouvez aussi utiliser du rôti de porc cuit au four.**
- **Le pain qui sert habituellement à faire cette recette est un petit pain tendre et sucrée dont le goût ressemble à celui du challah. Ce dernier convient parfaitement à cette recette.**

Gril contact

SANDWICHES CUBAINS AU RÔTI DE PORC ET AUX DEUX JAMBONS

Comme plusieurs petits commerces de Miami, le *Latin American Cafeteria* a grossi et est devenu une chaîne de restaurants extrêmement populaire. C'est l'endroit rêvé pour découvrir le sandwich cubain dans toute sa gloire. Le comptoir en forme de U entoure une plate-forme surélevée où les maîtres du gril pratiquent leur art religieusement. On y fait des centaines de sandwiches à l'heure. Suspendu au plafond, un gros jambon salé et saumuré à sec sert d'ingrédient de base pour la spécialité de la place, le El Cubano Especial. Voici mon interprétation de ce chef-d'œuvre.

RECETTE

2 PORTIONS ; CETTE RECETTE PEUT ÊTRE MULTIPLIÉE AU GOÛT

2 c. à soupe de beurre salé à température ambiante, ou plus au goût
1 pain cubain (voir Truc p. 363) ou pain français, coupé en travers en deux morceaux de 25 cm (10 po) de long et ouverts
90 g (3 oz) de rôti de porc, en fines tranches (y compris un peu de la partie extérieure plus foncée)
90 g (3 oz) de jambon Smithfield, de Bayonne ou prosciutto, en fines tranches (environ 8)
60 g (2 oz) de fromage suisse, en fines tranches (environ 4)
90 g (3 oz) de jambon cuit ou de jambon fumé, en fines tranches (environ 8)
Huile de cuisson en vaporisateur

2 morceaux de papier parchemin ou aluminium de 40 x 30 cm (16 x 12 po)

1. Préchauffer le gril (voir p. 2 si l'on utilise une table de cuisson). Si la table de cuisson est munie d'un sélecteur de température, la préchauffer à température élevée. Mettre la lèchefrite sous la partie avant du gril.

2. Beurrer légèrement l'extérieur des pains. Étendre le porc sur la moitié inférieure et couvrir avec le jambon Smithfield. Étendre le fromage sur la moitié supérieure du pain et couvrir avec le jambon cuit. Laisser les sandwiches ouverts.

3. Beurrer légèrement les morceaux de papier. Mettre un morceau sur une planche à découper, partie la plus longue vers soi. Mettre les deux moitiés d'un sandwich du côté gauche du papier, puis fermer le papier. Faire la même chose pour l'autre sandwich.

4. Quand on est prêt pour la cuisson, vaporiser légèrement la surface de cuisson avec l'huile. Mettre les sandwiches sur la grille chaude et fermer le couvercle. Griller environ 5 min, jusqu'à ce que le pain soit doré et croustillant et que le fromage soit fondu. Laisser le gril allumé.

5. Développer les sandwiches et les assembler en superposant les deux parties. Remettre les sandwiches sur le gril et cuire 30 sec en les pressant pour les aplatir.

6. Couper les sandwiches en travers et servir immédiatement.

TRUC

■ Le rôti de porc est essentiel à ce sandwich. À la p. 114, vous trouverez une recette d'épaule de porc que l'on fait cuire dans une rôtissoire. Le porc cuit au four fait aussi l'affaire.

COMMENT GRILLER LES SANDWICHES À LA VIANDE

Il n'est pas si simple de réussir des sandwiches à la mode cubaine grillés à la perfection. Le fromage doit être fondu, les viandes bien fumantes, le pain croustillant et doré sans être brûlé. Le gril contact fait une partie du travail, mais il faut davantage. J'aimerais vous présenter Marta Sanchez, la diva des sandwiches et du café chez *Boaco*, au L & A Market. J'adore aller prendre le petit-déjeuner à cet endroit qui est un genre d'hybride entre une station-service, une boutique de marchand de vin et un café. Originaire du Nicaragua, Marta fait le meilleur *café con leche* de Miami et son puissant « carburant » a souvent réussi à me garder éveillé pendant la rédaction de ce livre.

Quand vient le temps de faire des sandwiches *medianoche* (p. 362) ou des sandwiches au rôti de porc (p. 366), elle utilise une technique très populaire dans plusieurs petits cafés de Miami. Elle dépose les deux tranches ou morceaux de pain côte à côte sur du papier parchemin beurré, puis les recouvre de fromage. Elle met ensuite la viande sur le fromage. Elle place ensuite le sandwich – toujours sur son papier – sur le gril-sandwich et dépose une autre feuille de papier parchemin beurré par-dessus. Le beurre rend le pain croustillant et fait grésiller la viande pendant que le fromage fond. (Le papier parchemin permet aussi de garder le gril propre.) Quand tout est bien chaud, il ne lui reste plus qu'à superposer les deux tranches tout simplement. Cette méthode fonctionne pour tous les genres de sandwiches contenant de la viande ou un assortiment de viandes froides, y compris les Sandwiches géants à la mode américaine (p. 371) et les Muffulettas grillés (p. 373).

Gril contact

SANDWICHES CUBAINS AU RÔTI DE PORC

Quand des dignitaires du monde culinaire viennent à Miami, je suis honoré de leur faire découvrir *El Palacio de los Jugos.* Cet endroit coloré, réputé entre autres pour ses jus frais, incarne l'âme cubaine de Miami. À gauche, en entrant, on vend des sandwiches de porc rôti à faire saliver un végétarien. Si vous êtes vraiment affamé, rien ne saura vous combler davantage.

RECETTE

2 PORTIONS ; CETTE RECETTE PEUT ÊTRE MULTIPLIÉE AU GOÛT

1 pain cubain (voir Truc p. 363) ou pain français, coupé en travers en deux morceaux de 25 cm (10 po) de long et ouverts
1 ½ c. à soupe de beurre salé, fondu ou à température ambiante
240 à 300 g (8 à 10 oz) de rôti de porc, en fines tranches (environ 10) (y compris un peu de la partie extérieure plus foncée)
1 petit oignon doux, en tranches minces comme du papier
4 à 6 c. à soupe de Sauce cubaine à l'ail, au cumin et aux agrumes (ci-dessous)
Huile de cuisson en vaporisateur

1. Préchauffer le gril (voir p. 2 si l'on utilise une table de cuisson). Si la table de cuisson est munie d'un sélecteur de température, la préchauffer à température élevée. Mettre la lèchefrite sous la partie avant du gril.

2. À l'aide d'un couteau ou d'un pinceau à pâtisserie, beurrer l'extérieur des morceaux de pain. Mettre la moitié du rôti de porc sur la moitié inférieure de chaque morceau et couvrir avec les oignons. Napper chaque morceau avec 2 à 3 c. à soupe de sauce, puis couvrir avec la moitié supérieure des pains.

3. Quand on est prêt pour la cuisson, vaporiser légèrement la surface de cuisson avec l'huile. Poser les sandwiches en travers sur la grille chaude et fermer le couvercle. Griller environ 5 min, jusqu'à ce que le pain soit doré et croustillant et que le porc soit bien chaud (voir Truc p. 351). Couper les sandwiches en travers et servir immédiatement.

Sauce cubaine à l'ail, au cumin et aux agrumes

ENVIRON 250 ML (1 TASSE)

Voici ma recette personnelle de *mojo*, une vinaigrette cubaine parfumée à l'ail frit, au cumin, à l'origan et au jus d'orange amère. Dans certaines régions, on peut en acheter en bouteille, mais la recette que je vous propose est bien meilleure. Vous pouvez remplacer l'orange amère par du jus de citron vert, de citron jaune ou de pamplemousse. Cette sauce se conserve bien et vous plaira avec toutes les viandes, du bifteck grillé au porc rôti à la broche.

80 ml (⅓ tasse) d'huile d'olive extravierge
5 gousses d'ail, hachées finement
3 c. à soupe de coriandre fraîche ou de persil plat frais, haché
125 ml (½ tasse) de jus d'orange amère ou 80 ml (⅓ tasse) de jus de citron vert frais + 2 c. à soupe de jus d'orange frais
½ c. à café (½ c. à thé) de cumin moulu
½ c. à café (½ c. à thé) d'origan séché
2 c. à soupe d'eau
Gros sel de mer ou sel casher et poivre noir frais moulu

1. Chauffer l'huile d'olive à feu moyen dans une casserole profonde. Ajouter l'ail et la coriandre et cuire de 2 à 3 min, jusqu'à ce qu'ils commencent à brunir. Ne pas laisser brûler.

2. Incorporer immédiatement le jus, le cumin, l'origan et l'eau. Porter à ébullition. Laisser la sauce bouillir environ 2 min pour permettre au jus d'orange de perdre son amertume. Saler et poivrer au goût. Le mojo doit être bien assaisonné. Laisser reposer à température ambiante. Je conserve le mojo dans une bouteille ou un pot, ce qui me permet de bien le secouer avant de l'utiliser. On peut le conserver quelques jours dans le réfrigérateur.

TRUCS

- **L'orange amère est un agrume qui ressemble à une orange à l'écorce verdâtre. Son goût est semblable au jus de citron vert avec un soupçon de jus d'orange sucré. On trouve ce fruit dans les épiceries antillaises et dans certains supermarchés. Dans cette recette, on peut la remplacer par du jus de citron vert mélangé avec un peu de jus d'orange.**
- **Le rôti de porc est essentiel à ce sandwich. À la p. 114, vous trouverez une recette d'épaule de porc que l'on fait cuire dans une rôtissoire. Le porc cuit au four fait aussi l'affaire.**

Gril contact

SANDWICHES ELENA RUZ À LA DINDE, AUX CANNEBERGES ET AU FROMAGE À LA CRÈME

Voici l'un des sandwiches les plus curieux que l'on puisse faire sur le gril contact. Le mariage de dinde rôtie, de fromage à la crème et de sauce aux canneberges peut sembler étrange, mais c'est vraiment délicieux. Le Elena Ruz original est fait avec de la dinde, du fromage à la crème et de la confiture de fraise. Il porte le nom d'une personnalité de La Havane célèbre dans les années 1920. Moins sucrée que la confiture, la sauce aux canneberges permet de faire un sandwich remarquable avec les restes de dinde.

RECETTE

2 PORTIONS ; CETTE RECETTE PEUT ÊTRE MULTIPLIÉE AU GOÛT

2 petits pains à sandwiches tendres de 15 cm (6 po) de long ou 2 morceaux de pain baguette de 20 cm (8 po), ouverts
1 ½ c. à soupe de beurre salé, fondu ou à température ambiante
6 c. à soupe de fromage à la crème à température ambiante
120 g (4 oz) de dinde rôtie ou fumée, en fines tranches (environ 12)
6 c. à soupe de sauce aux canneberges ou de gelée de canneberges à température ambiante
Huile de cuisson en vaporisateur

1. Préchauffer le gril (voir p. 2 si l'on utilise une table de cuisson). Si la table de cuisson est munie d'un sélecteur de température, la préchauffer à température élevée. Mettre la lèchefrite sous la partie avant du gril.

2. À l'aide d'un couteau ou d'un pinceau à pâtisserie, beurrer l'extérieur des pains. Mettre la moitié du fromage à la crème sur la moitié inférieure de chaque pain. Couvrir avec la dinde. (Enlever le surplus de fromage et de dinde qui dépasse et le mettre au centre du sandwich.) Napper avec la sauce, puis couvrir avec la moitié supérieure des pains.

3. Quand on est prêt pour la cuisson, vaporiser légèrement la surface de cuisson avec l'huile. Poser les sandwiches en travers sur la grille chaude et fermer le couvercle. Griller environ 5 min, jusqu'à ce que les pains soient dorés, croustillants et chauds au centre (voir Truc p. 351). Couper les sandwiches en travers et servir immédiatement.

Gril contact

SANDWICHES À LA GOYAVE ET AU QUESO BLANCO

J'ai créé ce sandwich de toutes pièces, mais j'ai certainement été influencé par un goûter dégusté chaque matin par des milliers de personnes à Miami : une tranche de pâte de goyave parfumée et une grosse tranche de fromage à la crème ou de *queso blanco* salé que l'on cuit ensemble dans une pâte feuilletée ou que l'on frit à la manière d'un empenada. Le succès de cette recette réside dans le contraste créé entre la goyave musquée et sucrée et le fromage piquant

2 PORTIONS ; CETTE RECETTE PEUT ÊTRE MULTIPLIÉE AU GOÛT

RECETTE

2 morceaux de pain cubain de 20 cm (8 po) de long (voir Truc p. 363) ou de pain baguette mou, ouverts
1 ½ c. à soupe de beurre salé, fondu ou à température ambiante
120 g (½ tasse) de fromage à la crème à température ambiante ou de queso blanco, coupé en tranches de 6 mm (¼ po) d'épaisseur
120 g (4 oz) de pâte de goyave (voir Note), coupée en tranches de 6 mm (¼ po) d'épaisseur (environ 8)
Huile de cuisson en vaporisateur

1. Préchauffer le gril (voir p. 2 si l'on utilise une table de cuisson). Si la table de cuisson est munie d'un sélecteur de température, la préchauffer à température élevée. Mettre la lèchefrite sous la partie avant du gril.

2. À l'aide d'un couteau ou d'un pinceau à pâtisserie, beurrer l'extérieur des morceaux de pain. Mettre la moitié du fromage à la crème sur la moitié inférieure de chaque pain. (Si l'on utilise du queso blanco, enlever le surplus qui dépasse et le mettre au centre du sandwich.) Ajouter la pâte de goyave et couvrir la moitié supérieure des pains.

3. Quand on est prêt pour la cuisson, vaporiser légèrement la surface de cuisson avec l'huile. Poser les sandwiches en travers sur la grille chaude et fermer le couvercle. Griller environ 5 min, jusqu'à ce que les pains soient dorés et croustillants et que le fromage soit fondu (voir Truc p. 351). Couper les sandwiches en travers et servir immédiatement.

Note : La pâte de goyave est une gelée cramoisie si épaisse que l'on peut la trancher au couteau comme la gelée de canneberges. La meilleure est vendue dans des boîtes de conserve rondes et plates. On trouve une pâte de goyave moins chère empaquetée dans une boîte de carton rectangulaire, mais elle a tendance à se défaire en cours de cuisson.

TRUC

■ Pour le fromage, deux choix s'offrent à vous : le fromage à la crème ou le queso blanco, un fromage blanc, ferme et salé vendu dans les marchés hispaniques et dans plusieurs supermarchés. Le contraste des saveurs entre la pâte de goyave et le fromage est plus net lorsqu'on utilise le queso blanco. L'effet est plus subtil avec le fromage à la crème.

Gril contact

SANDWICHES GÉANTS À LA MODE AMÉRICAINE

Dans les années 1970, ma famille vivait à Williamstown, au Massachusetts. Lors de ma première visite à la maison à l'occasion d'un congé scolaire, j'ai découvert le *grinder,* un sandwich d'une grosseur démesurée fait avec des viandes froides variées (jambon, mortadelle, salami, etc.), du fromage et des piments forts. Ailleurs, on lui donne le nom de sous-marin, de sandwich italien, de hoagie ou de hero. Ce qui m'intriguait, c'était le fait qu'on le fasse cuire dans un four à pizza. Le pain était croustillant et regorgeait de fromage fondu et de viandes grésillantes. Les sandwiches géants cuits sur le gril contact sont nécessairement plus plats, mais ils sont tout aussi délicieux que ceux de mon enfance.

2 PORTIONS ; CETTE RECETTE PEUT ÊTRE MULTIPLIÉE AU GOÛT

RECETTE

2 c. à soupe de beurre salé à température ambiante
2 pains à sous-marins, ouverts
2 c. à soupe de mayonnaise
60 g (2 oz) de fromage provolone, en fines tranches (environ 4)
60 g (2 oz) de capicollo ou de jambon cuit, en fines tranches (environ 6)
60 g (2 oz) de salami italien, en fines tranches (environ 6)
2 c. à soupe de relish au piment fort (facultatif)
¼ de laitue, en lanières fines comme du papier
1 tomate moyenne, en très fines tranches
Quelques rondelles d'oignon doux, minces comme du papier (facultatif)
1 à 4 piments forts marinés, en fines tranches (facultatif ; voir Note)
60 g (2 oz) de mortadelle, en fines tranches (environ 6)
Huile de cuisson en vaporisateur

2 morceaux de papier parchemin ou aluminium de 40 x 30 cm (16 x 12 po)

1. Préchauffer le gril (voir p. 2 si l'on utilise une table de cuisson). Si la table de cuisson est munie d'un sélecteur de température, la préchauffer à température élevée. Mettre la lèchefrite sous la partie avant du gril.

2. Beurrer légèrement l'extérieur des pains. Étendre la mayonnaise sur la moitié inférieure. Étendre le fromage, le capicollo et le salami par-dessus en prenant soin qu'ils ne débordent pas des pains.

3. Étendre 1 c. à soupe de relish sur la moitié supérieure de chaque pain. Couvrir avec la laitue, les tomates, les oignons, les piments et la mortadelle en prenant soin qu'ils ne débordent pas des pains. Laisser les sandwiches ouverts.

4. Beurrer légèrement les morceaux de papier. Mettre un morceau sur une planche à découper, partie la plus longue vers soi. Mettre les deux moitiés d'un sandwich du côté gauche du papier, puis fermer le papier. Faire la même chose pour l'autre sandwich.

5. Quand on est prêt pour la cuisson, vaporiser légèrement la surface de cuisson avec l'huile. Mettre les sandwiches en travers sur la grille chaude et fermer le couvercle. Griller environ 5 min, jusqu'à ce que le pain soit doré et croustillant et que le fromage soit fondu. Laisser le gril allumé.

6. Développer les sandwiches et les assembler en superposant les deux parties. Remettre les sandwiches sur le gril et cuire 30 sec en les pressant pour les aplatir. Couper les sandwiches en travers et servir immédiatement.

Note : Achetez des piments forts conservés dans le vinaigre ou la saumure vendus en pot.

TRUC

■ **La mortadelle est un saucisson italien semblable au saucisson de Bologne. Le capicolli est une viande épicée faite avec de l'épaule de porc.**

Gril contact

MUFFULETTAS GRILLÉS

La muffuletta est un sous-marin (pain long garni de plusieurs ingrédients) de La Nouvelle-Orléans. On croit que la recette a été inventée par Salvatore Lupo, fondateur d'un marché italien qui avait pignon sur rue dans le quartier français. L'idée de la faire griller ne vient pas de La Nouvelle-Orléans, où cela aurait probablement été considéré comme une hérésie, mais du restaurant *Alchemy* de Martha's Vineyard. Le mot muffuletta désignait à l'origine un pain rond sicilien.

2 PORTIONS ; CETTE RECETTE PEUT ÊTRE MULTIPLIÉE AU GOÛT

RECETTE

2 c. à soupe d'huile d'olive extravierge
2 petits pains empereur (kaiser), ouverts
90 g (3 oz) de fromage provolone piquant, en fines tranches (environ 4)
60 g (2 oz) de jambon fumé, en fines tranches (environ 6)
Quelques rondelles d'oignon doux, minces comme du papier
125 ml (½ tasse) de Relish aux olives Nouvelle-Orléans (ci-dessous)
60 g (2 oz) de prosciutto, en fines tranches (environ 6)
60 g (2 oz) de salami italien, en fines tranches (environ 6)
Huile de cuisson en vaporisateur

2 morceaux de papier parchemin ou aluminium de 40 x 30 cm (16 x 12 po)

1. Préchauffer le gril (voir p. 2 si l'on utilise une table de cuisson). Si la table de cuisson est munie d'un sélecteur de température, la préchauffer à température élevée. Mettre la lèchefrite sous la partie avant du gril.

2. Badigeonner l'intérieur et l'extérieur de chaque pain avec 1 ½ c. à café (1 ½ c. à thé) d'huile d'olive. Étendre la moitié du fromage et du jambon sur la moitié inférieure de chaque pain. Étendre la moitié des oignons, 60 ml (¼ tasse) de relish et la moitié du prosciutto et du salami sur la moitié supérieure de chaque pain. Laisser les sandwiches ouverts.

4. Huiler légèrement les morceaux de papier avec l'huile restante. Mettre un morceau sur une planche à découper, partie la plus longue vers soi et face huilée vers le haut. Mettre les deux moitiés d'un sandwich du côté gauche du papier, puis fermer le papier. Faire la même chose pour l'autre sandwich.

5. Quand on est prêt pour la cuisson, vaporiser légèrement la surface de cuisson avec l'huile. Mettre les sandwiches en travers sur la grille chaude et fermer le couvercle. Griller environ 5 min, jusqu'à ce que le pain soit doré et croustillant et que le fromage soit fondu. Laisser le gril allumé.

6. Développer les sandwiches et les assembler en superposant les deux parties. Remettre les sandwiches sur le gril et cuire 30 sec en les pressant pour les aplatir. Couper les sandwiches en travers et servir immédiatement.

Relish aux olives Nouvelle-Orléans

ENVIRON 250 ML (1 TASSE)

C'est le relish à base d'olives qui rend la muffuletta si unique. Vous pouvez varier les quantités selon votre goût. Certaines variantes incluent des carottes, des choux-fleurs et des oignons marinés. N'hésitez pas à en ajouter si cela vous tente. Cette recette vous donnera plus de relish qu'il n'en faut pour deux sandwiches. Servez le reste sur n'importe quel mets grillé.

80 g (½ tasse) d'olives vertes farcies au piment doux
80 g (½ tasse) d'olives noires ou de Kalamata, dénoyautées
1 branche de céleri, hachée grossièrement

1 gousse d'ail, hachée grossièrement
2 c. à soupe de persil plat frais, haché finement
2 c. à café (2 c. à thé) de câpres, égouttées
1 piment fort mariné, haché grossièrement, ou ½ c. à café (½ c. à thé) de cayenne en flocons
½ c. à café (½ c. à thé) d'origan séché
2 c. à soupe d'huile d'olive extravierge
1 c. à soupe de vinaigre de vin rouge, ou plus au goût
Poivre noir frais moulu

Hacher finement ou grossièrement les olives, le céleri, l'ail, le persil, les câpres, le piment et l'origan à l'aide du robot de cuisine en faisant fonctionner l'appareil et en l'arrêtant à quelques reprises. (Procéder jusqu'à la consistance voulue mais ne pas réduire en purée.) Ajouter l'huile et le vinaigre et mélanger légèrement. Ajouter du vinaigre si nécessaire et poivrer au goût. Ce relish se conserve quelques semaines dans un bocal en verre gardé dans le réfrigérateur.

Gril contact

SANDWICHES REUBEN CLASSIQUES

Le sandwich Reuben est l'apothéose du *melting-pot* qui a contribué à l'essor des États-Unis. Du corned-beef, du fromage suisse, de la choucroute allemande, de la vinaigrette russe et du pain de seigle. C'est Arnold Reuben, propriétaire du restaurant *Reuben's* de New York, qui a eu cette brillante idée en 1914, à l'occasion de la visite d'une actrice de vaudeville nommée Annette Seelos. Reuben a créé le légendaire sandwich pour elle, mais il a pris bien soin de le baptiser de son propre nom. On ne peut lui en vouloir puisque cette combinaison de sucré, de salé, de croustillant, de croquant et de fondant restera inscrite dans les annales pour toujours.

RECETTE

2 PORTIONS ; CETTE RECETTE PEUT ÊTRE MULTIPLIÉE AU GOÛT

4 tranches de pain de seigle foncé ou marbré
2 c. à soupe de beurre salé, fondu ou à température ambiante
60 ml (¼ tasse) de Vinaigrette russe (ci-dessous)
90 g (3 oz) de corned-beef, en tranches minces comme du papier (environ 8)
90 g (3 oz) d'emmental, en fines tranches (environ 4)
80 g (⅔ tasse) de choucroute, égouttée
1 cornichon à l'aneth, en fines tranches
Huile de cuisson en vaporisateur

1. Préchauffer le gril (voir p. 2 si l'on utilise une table de cuisson). Si la table de cuisson est munie d'un sélecteur de température, la préchauffer à température élevée. Mettre la lèchefrite sous la partie avant du gril.

2. À l'aide d'un couteau ou d'un pinceau à pâtisserie, beurrer les tranches de pain sur une seule face. Mettre deux tranches sur une planche à découper, face beurrée vers le bas, et napper chacune avec 1 c. à soupe de vinaigrette. Étendre le corned-beef et le fromage. (Enlever le surplus de viande et de fromage qui dépasse et le mettre au centre du sandwich.) Couvrir chaque tranche avec 40 g (⅓ tasse) de choucroute et la moitié des cornichons. Sur la face non beurrée des deux autres tranches de pain, étendre la vinaigrette restante. Assembler les sandwiches.

3. Quand on est prêt pour la cuisson, vaporiser légèrement la surface de cuisson avec l'huile. Poser les sandwiches en travers sur la grille chaude et fermer doucement le couvercle. Griller environ 5 min, jusqu'à ce que les pains soient dorés et croustillants et que le fromage soit fondu. Couper les sandwiches en deux et servir immédiatement.

Vinaigrette russe

ENVIRON 250 ML (1 TASSE)

Malgré son nom, la vinaigrette russe est typiquement américaine. Il s'agit d'un mélange de mayonnaise, de sauce chili et de relish à base de cornichon. Utilisez le reste avec d'autres sandwiches ou comme sauce à tremper. Cette vinaigrette se conserve quelques jours dans le réfrigérateur.

160 ml (⅔ tasse) de mayonnaise (Hellmann's de préférence)
60 ml (¼ tasse) de sauce chili ou de ketchup
2 c. à soupe de relish sucré
Poivre noir frais moulu

Mettre la mayonnaise, la sauce chili et le relish dans un petit bol et mélanger à l'aide d'une cuillère ou d'un fouet. Poivrer au goût.

TRUC

■ La sauce chili dont il est fait mention ici est un condiment semblable au ketchup. Celle vendue sous la marque Heinz est disponible dans le monde entier. Pour un sandwich plus exotique, remplacez-la par une sauce plus piquante comme la Thai Sriracha.

Gril contact

SANDWICHES REUBEN AU HOMARD

La plupart des gens viennent au fameux restaurant *Joe's Stone Crab* de Miami Beach pour y déguster de succulents crabes. Les plus curieux se laisseront parfois tenter par un plat de homard ou de langouste. Essayez cette recette avec du homard, de la langouste ou du crabe.

2 PORTIONS ; CETTE RECETTE PEUT ÊTRE MULTIPLIÉE AU GOÛT

RECETTE

4 tranches de pain de seigle léger
2 c. à soupe de beurre salé, fondu ou à température ambiante
60 ml (¼ tasse) de Vinaigrette russe (p. 377)
90 g (3 oz) d'emmental, en fines tranches (environ 4)
90 g (3 oz) de chair de homard, cuite et coupée en fines tranches
80 g (⅔ tasse) de choucroute, égouttée (voir Note)
Huile de cuisson en vaporisateur

1. Préchauffer le gril (voir p. 2 si l'on utilise une table de cuisson). Si la table de cuisson est munie d'un sélecteur de température, la préchauffer à température élevée. Mettre la lèchefrite sous la partie avant du gril.

2. À l'aide d'un couteau ou d'un pinceau à pâtisserie, beurrer les tranches de pain sur une seule face. Mettre deux tranches sur une planche à découper, face beurrée vers le bas, et napper chacune avec 1 c. à soupe de vinaigrette. Étendre la moitié du fromage sur le pain. (Enlever le surplus de viande et de fromage qui dépasse et le mettre au centre du sandwich.) Couvrir chaque tranche avec la moitié du homard.

3. Mettre 40 g (⅓ tasse) de choucroute sur chaque sandwich et ajouter le fromage restant en veillant à ce qu'ils ne débordent pas du pain. Sur la face non beurrée des deux autres tranches de pain, étendre la vinaigrette restante. Assembler les sandwiches.

4. Quand on est prêt pour la cuisson, vaporiser légèrement la surface de cuisson avec l'huile. Poser les sandwiches en travers sur la grille chaude et fermer doucement le couvercle. Griller environ 5 min, jusqu'à ce que les pains soient dorés et croustillants et que le fromage soit fondu. Couper les sandwiches en deux et servir immédiatement.

Note : Pour de meilleurs résultats, achetez de la choucroute fraîche vendue en baril ou la choucroute vendue en pot. Évitez celle qui est en conserve. Égouttez-la dans un chinois avant utilisation.

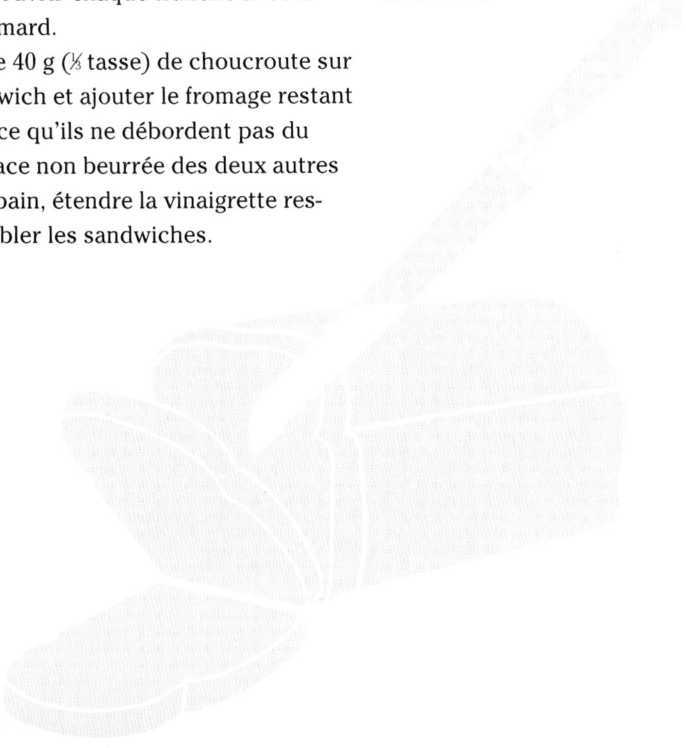

TRUC

■ Au restaurant *Joe's Stone Crab* de Miami, on prépare le sandwich Reuben sur un poêle à gaz géant. On fait d'abord griller deux tranches de pain sur lesquelles on a mis une tranche de fromage. On ajoute ensuite le homard et la choucroute avant d'assembler les sandwiches. Rappelez-vous ce truc si vous utilisez un gril encastré, un gril de table ou un gril intérieur.

Gril contact

ŒUFS VOLCANS À MA FAÇON

L'œuf volcan est un œuf frit dans une tranche de pain dont on a ôté la mie au centre. Le défi consiste à retourner l'œuf sans briser le jaune. Grâce au gril contact, nous pouvons éviter cette tâche compliquée. J'ai transformé la recette pour en faire un plat plus gastronomique. Des œufs de caille et de la brioche, rien de moins ! Le bacon et le cheddar ajoutent une touche très agréable. Si vous avez un brin de folie, osez ajouter quelques gouttes d'huile de truffe sur le dessus.

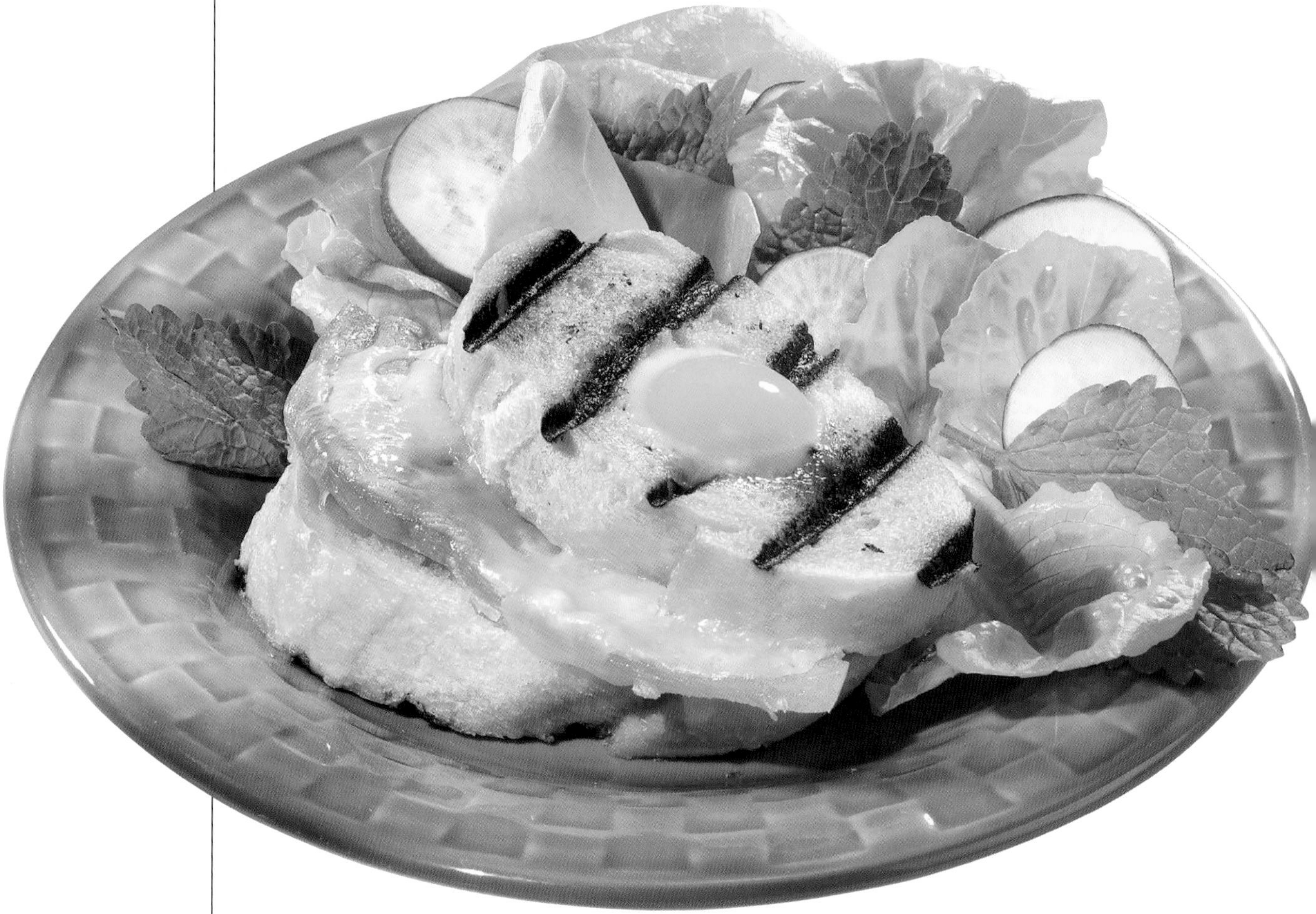

RECETTE

8 ŒUFS; 2 À 4 PORTIONS EN HORS-D'ŒUVRE OU 2 PORTIONS EN PLAT PRINCIPAL LÉGER

16 tranches de brioche ou de pain baguette de 6 mm (¼ po) d'épaisseur et de 7 cm (3 po) carrés ou de diamètre
2 à 3 c. à soupe de beurre, fondu
8 tranches minces de cheddar blanc ou de gruyère (même grandeur que le pain)
8 tranches minces de bacon, de jambon ou de prosciutto (même grandeur que le pain)
Huile de cuisson en vaporisateur
8 œufs de caille (voir Note)
Gros sel de mer ou sel casher et poivre noir frais moulu
Huile de truffe (facultatif)

1. Préchauffer le gril (voir p. 2 si l'on utilise une table de cuisson). Si la table de cuisson est munie d'un sélecteur de température, la préchauffer à température élevée. Mettre la lèchefrite sous la partie avant du gril.

2. À l'aide d'un emporte-pièces rond ou de la douille d'une poche à douilles, découper un cercle de 2,5 cm (1 po) au centre de 8 tranches de brioche. Beurrer les 8 autres tranches d'un seul côté et les mettre sur une planche à découper, face beurrée vers le haut. Mettre une tranche de fromage sur chaque tranche de brioche beurrée et couvrir avec une tranche de bacon. Couvrir avec les tranches de brioche restantes et badigeonner avec le beurre restant.

3. Quand on est prêt pour la cuisson, vaporiser légèrement la surface de cuisson avec l'huile. Ranger les sandwiches sur la grille chaude, trous vers le haut. (Si la grille n'est pas assez grande, procéder en deux ou trois fois.) Pour obtenir des œufs bien cuits, déposer ceux-ci au centre des sandwiches dès maintenant. L'écale est plus difficile à briser que celle des œufs de poule. À l'aide d'un couteau bien affûté, fendre un œuf sur le dessus et le verser lentement dans le trou. Répéter pour tous les œufs. Fermer doucement le couvercle et griller les sandwiches environ 5 min, jusqu'à ce que le pain soit doré et que le fromage soit fondu. Si l'on préfère le jaune coulant, laisser griller les sandwiches 2 min avant d'ajouter les œufs.

4. Déposer les sandwiches dans un plat ovale ou des assiettes individuelles. Saler et poivrer. Verser quelques gouttes d'huile de truffe au goût. Servir immédiatement.

Note : On trouve des œufs de caille dans plusieurs épiceries et marchés spécialisés. Si vous aimez le jaune d'œuf coulant, mettez les œufs dans les trous à mi-cuisson des sandwiches. Si vous les préférez bien cuits, déposez-les dès que vous mettez les sandwiches sur le gril.

TRUC

■ Si vous n'avez pas de brioche, prenez une miche de pain à mie tendre, mais évitez la baguette croustillante.

LÉGUMES ET METS D'ACCOMPAGNEMENT

Que vous fassiez noircir des poivrons à la manière d'un maître grillardin argentin ou que vous ayez envie de préparer des patates douces frottées de piment chili ou des courges épicées à la mode orientale, la cuisson au gril d'intérieur vous apportera toute la satisfaction souhaitée. Apprenez à faire rôtir les oignons et les pommes de terre dans l'âtre ou à faire cuire les artichauts et les endives à la broche. Le Maïs grillé au beurre de soja et au sésame vous fera pénétrer dans l'univers de la cuisine japonaise. Vous en avez assez de la salade de pommes de terre classique ? La Salade de pommes de terre à la mode péruvienne *(papas a la huancaina)* vous surprendra fort agréablement. Le gril d'intérieur vous invite à contempler les légumes sous un angle radicalement renouvelé. Rien de moins.

Rôtissoire

ARTICHAUTS CUITS À LA BROCHE

TRUC

■ **Pour cette recette, vous pouvez aussi prendre des artichauts plus petits que vous couperez en deux ou des artichauts miniatures que vous embrocherez entiers.**

Les feuilles d'artichaut les plus coriaces deviennent croustillantes comme une gaufre et imprégnées d'un arôme enivrant de fumée grâce au tournebroche. La rotation lente et régulière de la broche donne ici des résultats remarquables qui vous permettront de déguster les feuilles entières. Il suffira de quelques efforts de votre part, mais vous ne regretterez pas de vous être lancé dans cette aventure.

RECETTE

2 À 4 PORTIONS

2 gros artichauts (environ 1 kg/2 lb en tout)
1 citron, coupé en deux
3 gousses d'ail, en fine julienne
4 à 6 c. à soupe d'huile d'olive extravierge
Gros sel de mer ou sel casher et poivre noir frais moulu
Aïoli au safran (facultatif)

1. À l'aide de ciseaux de cuisine, enlever le bout épineux des feuilles d'artichauts. Couper 6 mm (¼ po) de la tige, mais garder le reste intact. À l'aide d'un couteau bien affûté, couper chaque artichaut en quartiers sur la longueur. À l'aide d'une cuillère à melon ou à pamplemousse, racler la partie fibreuse (foin) au centre des artichauts. Frotter toutes les parties coupées avec du jus de citron pour empêcher les légumes de noircir.

2. Placer 3 ou 4 éclats d'ail entre les feuilles de chaque artichaut, puis badigeonner les légumes d'huile d'olive, y compris entre les feuilles. Saler et poivrer généreusement. Mettre les quartiers d'artichaut à plat dans un panier à rôtissoire de manière que les tiges soient à l'intérieur et puissent être placées perpendiculairement à la broche rotative du four. Bien fermer le panier.

3. Quand on est prêt pour la cuisson, placer la lèchefrite dans la rôtissoire. Attacher le panier à la broche, attacher la broche au tournebroche et mettre la rôtissoire en marche. Si le four est muni d'un sélecteur de température, le régler à 200 °C (400 °F) (voir directives p. 14).

4. Cuire les artichauts de 50 à 60 min, jusqu'à ce qu'ils soient colorés à l'extérieur et tendres à l'intérieur. Pour vérifier la cuisson, insérer une brochette dans un artichaut ; on doit pouvoir percer le cœur sans difficulté. Servir les artichauts dans un plat ovale ou des assiettes individuelles avec l'aïoli au safran.

Aïoli au safran

ENVIRON 250 ML (1 TASSE)

L'aïoli est ici parfumé de safran. Achetez-le en filaments plutôt qu'en poudre pour vous assurer d'une meilleure qualité.

¼ c. à café (¼ c. à thé) de filaments de safran
2 c. à café (2 c. à thé) d'eau chaude
2 à 3 gousses d'ail, réduites en purée
250 ml (1 tasse) de mayonnaise (Hellmann's de préférence)
Une petite pincée de cayenne
Poivre blanc frais moulu

Émietter les filaments de safran avec les doigts dans un petit bol. Ajouter l'eau et laisser tremper 5 min. Ajouter l'ail, la mayonnaise et le cayenne et mélanger à l'aide d'un fouet. Poivrer au goût. L'aïoli se conserve jusqu'à 3 jours dans le réfrigérateur.

TRUC

■ Je suis heureux de vous parler de mon aïoli au safran, mais les artichauts cuits à la broche sont tellement bons qu'on peut aussi les servir nature ou avec un simple beurre fondu.

Rôtissoire

ROULEAUX D'ENDIVES ET DE PROSCIUTTO

En Amérique du Nord, on aime les endives en salade tandis qu'en Europe on aime les faire cuire. La cuisson à la broche donne des résultats similaires au braisage. Je farcis les endives de gouda avant de les enrouler dans de fines tranches de prosciutto.

RECETTE

**8 ENDIVES ;
4 À 8 PORTIONS**

1 tranche de gouda très affiné (ou autre fromage à pâte ferme) de 6 mm (¼ po) d'épaisseur
8 endives
8 fines tranches de prosciutto (environ 60 g/2 oz)

Ficelle

1. Couper le fromage en 8 longues lanières. (Elles doivent mesurer 1,25 cm/½ po de moins que les endives et avoir 6 mm (¼ po) de large)

2. Couper chaque endive en quartiers sur la longueur, mais sans couper la base. (Elles ressembleront à de longues tulipes.) Mettre un morceau de fromage au centre de chaque endive en enlevant le surplus qui dépasse. Bien envelopper chaque endive dans une tranche de prosciutto et maintenir celle-ci en place à l'aide de 2 bouts de ficelle.

3. Ranger les endives à plat dans un panier à rôtissoire de manière qu'elles puissent être placées perpendiculairement à la broche rotative du four. Bien fermer le panier.

4. Quand on est prêt pour la cuisson, placer la lèchefrite dans la rôtissoire. Attacher le panier à la broche, attacher la broche au tournebroche et mettre la rôtissoire en marche. Si le four est muni d'un sélecteur de température, le régler à 200 °C (400 °F) (voir directives p. 14). Cuire les endives de 40 à 60 min, jusqu'à ce qu'elles soient croquantes et colorées à l'extérieur et tendres à l'intérieur. Pour vérifier la cuisson, insérer une brochette au centre d'une endive ; on doit pouvoir la percer sans difficulté. Servir les endives dans un plat ovale ou des assiettes individuelles.

Variante : Cette recette est un tremplin pour plusieurs autres. Variez les fromages : cheddar, taleggio, etc. Remplacez aussi le prosciutto par du bacon ou de la pancetta.

TRUC

■ Les endives ont tendance à rapetisser et à se séparer en cours de cuisson. C'est pourquoi on en prépare huit à la fois, ce qui permet de bien les tasser dans le panier.

POIVRONS GRILLÉS À LA MODE DE BUENOS AIRES

Il n'y a rien de tel que le gril pour faire ressortir le goût naturellement sucré du poivron et l'imprégner d'un arôme enivrant de fumée. Les maîtres grillardins du Japon, de Turquie, d'Italie et d'Argentine sont sûrement d'accord avec moi. Le poivron rouge est très apprécié à Buenos Aires où on aime le faire griller au-dessus de charbons ardents et le servir en toute simplicité, debout sur son pédoncule avec une giclée d'huile d'olive et un soupçon d'ail. Certains amateurs préfèrent le déguster nature, sans autre assaisonnement. Faites cuire vos poivrons dans l'âtre et vous vous rapprocherez sérieusement de la magie des restaurants argentins spécialisés dans les grillades. Vous pouvez aussi utiliser votre gril encastré.

RECETTE

4 PORTIONS

4 gros poivrons rouges
2 c. à soupe d'huile d'olive extravierge
1 à 2 gousses d'ail, émincées
Gros sel de mer ou sel casher et poivre noir frais moulu

1. Cuire les poivrons en suivant les directives de l'encadré jusqu'à ce que leur peau soit brun foncé sur toutes les faces. Utiliser une pince pour les retourner en cours de cuisson. Faire d'abord griller les 4 côtés, puis le dessus et le dessous. Il n'est pas nécessaire de brûler la pelure pour pouvoir la retirer facilement.

2. Mettre les poivrons dans un plat ovale. Arroser avec un peu d'huile d'olive et parsemer d'ail. Saler et poivrer au goût. Servir les poivrons chauds. On les évidera et on les épépinera à table.

Variante : Pour une présentation plus élaborée, faites griller les poivrons jusqu'à ce qu'ils soient complètement noircis. Laissez-les reposer quelques minutes et pelez-les. Coupez-les en deux, enlevez le pédoncule, le centre et les graines. Coupez-les ensuite en lanières de 2,5 cm (1 po) et déposez-les dans un plat ovale. Arrosez-les d'huile d'olive, salez et poivrez. Ajoutez quelques dés d'anchois. Essayez des poivrons de différentes couleurs. Servez-les chauds ou à température ambiante.

Si vous avez...

GRIL ENCASTRÉ : Préchauffer le gril à température élevée. Si la surface de cuisson n'est pas antiadhésive, brosser et huiler la grille. Déposer les poivrons sur la grille chaude. Compter de 3 à 5 min de cuisson de chaque côté (12 à 20 min en tout) et de 1 à 2 min pour le dessus et pour le dessous.

ÂTRE : Entasser la braise ardente sous la grille et préchauffer de 3 à 5 min ; le feu doit être chaud (2 à 3 Mississippi). Quand on est prêt pour la cuisson, brosser et huiler la grille. Déposer les poivrons sur la grille chaude. Compter de 3 à 5 min de cuisson de chaque côté (12 à 20 min en tout) et de 1 à 2 min pour le dessus et pour le dessous.

MAÏS GRILLÉ AU BEURRE DE SOJA ET AU SÉSAME

Sur la route internationale de la cuisine barbecue, le maïs grillé est servi de mille et une façons : avec du jus de citron vert et du piment en Inde, avec de la mayonnaise et du fromage râpé au Mexique et, bien sûr, avec du sel, du poivre et du beurre doux aux États-Unis. Au Japon, on badigeonne les épis avec du beurre de soja. J'ai l'intuition que vous ne voudrez pas passer à côté d'un tel délice.

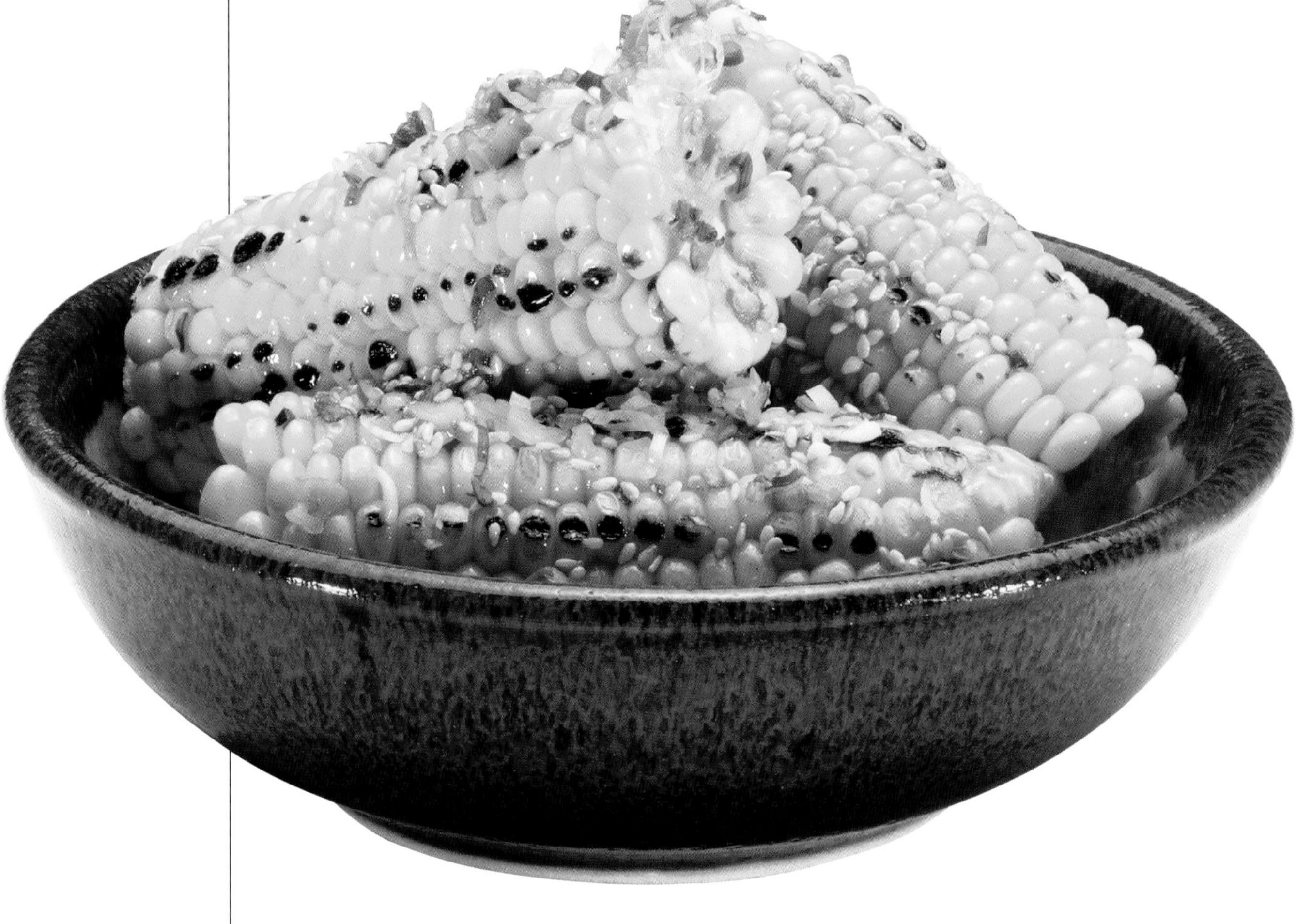

RECETTE

4 PORTIONS

3 c. à soupe de beurre non salé
1 oignon vert (le blanc et le vert), haché finement
2 c. à café (2 c. à thé) de sauce soja
4 épis de maïs sucré, épluchés et coupés ou cassés en deux
1 c. à soupe de graines de sésame, grillées (voir Note)

1. Faire fondre le beurre dans une casserole à feu moyen. Ajouter les oignons verts et cuire environ 1 min sans faire brunir les oignons. Incorporer la sauce soja et retirer du feu.

2. Cuire le maïs, en suivant les directives de l'encadré, jusqu'à ce qu'il soit coloré sur toutes les faces en le badigeonnant avec un peu de beurre de soja. Utiliser une petite quantité de beurre afin de ne pas salir le gril.

3. Mettre les épis dans un plat ovale. Badigeonner avec le beurre restant, couvrir avec les graines de sésame et servir immédiatement.

Note : Pour griller les graines de sésame, les mettre dans une poêle en fonte ou à fond épais. (Ne pas utiliser de poêle antiadhésive.) Faire brunir légèrement les graines environ 3 min à feu moyen en secouant la poêle pour qu'elles grillent uniformément. Laisser refroidir dans un bol résistant à la chaleur.

TRUC

■ Les Japonais font griller les épis de maïs épluchés en les coupant d'abord en deux parce que leurs grils sont petits et que cela exige moins de place. Une excellente idée pour les grils d'intérieur.

Si vous avez...

POÊLE À FOND CANNELÉ : Préchauffer la poêle à feu moyen-vif sur la cuisinière. Quand on peut y faire rebondir une goutte d'eau, c'est qu'elle est suffisamment chaude. Quand on est prêt pour la cuisson, huiler légèrement les rainures. Déposer les épis de maïs dans la poêle chaude parallèlement aux rainures. Compter de 2 à 3 min de cuisson de chaque côté (8 à 12 min en tout).

GRIL ENCASTRÉ : Préchauffer le gril à température élevée. Si la surface de cuisson n'est pas antiadhésive, brosser et huiler la grille. Déposer les épis de maïs sur la grille chaude parallèlement aux tiges métalliques. Compter de 2 à 3 min de cuisson de chaque côté (8 à 12 min en tout).

GRIL DE TABLE : Préchauffer le gril à température élevée ; il n'est pas nécessaire d'huiler la grille. Déposer les épis de maïs sur le gril chaud parallèlement aux tiges métalliques. Compter de 3 à 4 min de cuisson de chaque côté (12 à 16 min en tout).

ÂTRE : Entasser la braise ardente sous la grille et préchauffer de 3 à 5 min ; le feu doit être chaud (2 à 3 Mississippi). Quand on est prêt pour la cuisson, brosser et huiler la grille. Déposer les épis de maïs sur la grille chaude parallèlement aux tiges métalliques. Compter de 2 à 3 min de cuisson de chaque côté (8 à 12 min en tout).

Rôtissoire

MAÏS GRILLÉ AU BACON

Je parie que vous n'avez jamais mangé de maïs au bacon cuit dans la rôtissoire. Cette méthode offre plusieurs avantages. Comme la broche tourne lentement, le bacon devient croustillant sans brûler. Son gras préserve l'humidité des épis sans risquer de faire monter la flamme comme sur le barbecue ordinaire. (Ai-je mentionné que c'est l'une des meilleures façons de débarrasser le bacon de la plus grande partie de son contenu en gras ?) De plus, le bacon imprègne le maïs d'une saveur indéfinissable et irrésistible de fumée.

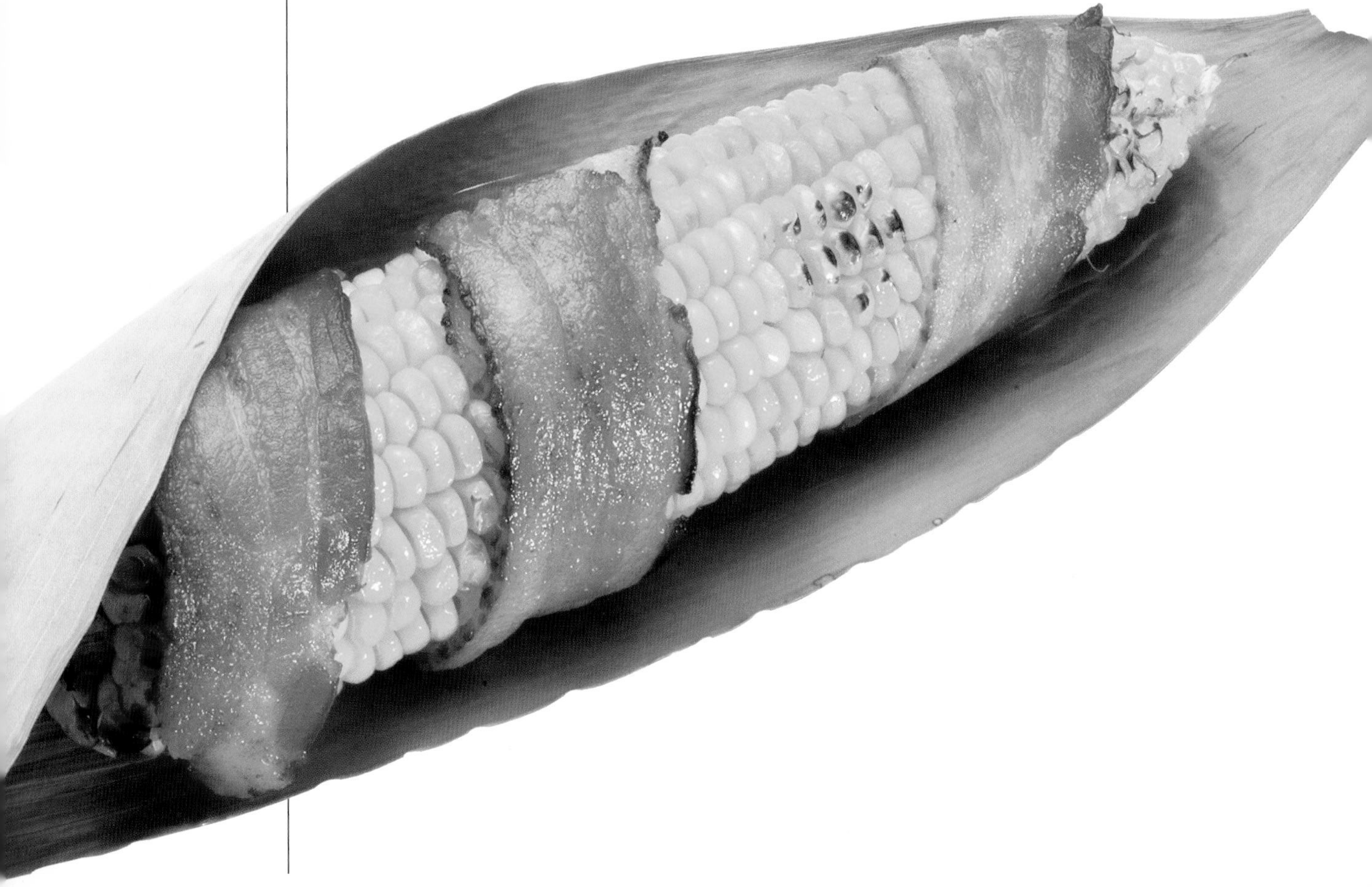

RECETTE

4 PORTIONS

4 tranches de bacon fumé
4 épis de maïs sucré, épluchés

1. Tenir une tranche de bacon par les bouts et l'étirer doucement. Enrouler la tranche en spirale autour d'un épi (comme la ligne rouge sur une canne de bonbon). Faire la même chose avec les autres épis.

2. Ranger les épis dans un panier à rôtissoire plat de manière qu'ils puissent être perpendiculaires à la broche. Bien fermer le panier.

3. Quand on est prêt pour la cuisson, placer la lèchefrite dans la rôtissoire. Attacher le panier à la broche, attacher la broche rotative au tournebroche et mettre la rôtissoire en marche. Si le four est muni d'un sélecteur de température, le régler à 200 °C (400 °F) (voir directives p. 14). Cuire les épis de 30 à 40 min, jusqu'à ce que le bacon soit croustillant et que le maïs soit tendre et coloré.

4. Servir immédiatement dans un plat ovale ou des assiettes individuelles.

TRUCS

■ Pour de meilleurs résultats, achetez du bacon fumé de fabrication artisanale qui n'a pas été injecté par une solution saline, des nitrites ou des arômes de fumée artificiels. De plus en plus de petits producteurs font un produit d'excellente qualité. Il suffit de les trouver.

■ Si vous utilisez un panier rectangulaire ou qui ne ferme pas solidement, faites tenir le bacon sur l'épi à l'aide de trois bouts de ficelle : deux au bout et un au centre.

AUBERGINES À LA MODE ARGENTINE

Les Argentins sont les carnivores les plus impitoyables de la planète. Ils mangent du bœuf jusqu'à douze ou treize fois par semaine. Mais il existe au moins deux légumes qui ont trouvé grâce à leurs yeux et qu'on retrouve toujours sur leur table : les poivrons rouges (voir recette p. 388) et les aubergines grillées au parfum d'origan. Les assaisonnements sont simples puisque l'armoire à épices des Argentins ne renferme généralement que du sel, du poivre, de l'origan, des feuilles de laurier, du persil et, parfois, du paprika fort. Voici une recette d'aubergines succulentes. N'ayez crainte, elles ne sécheront pas en cours de cuisson. Elles seront saisies à l'extérieur, mais tendres à l'intérieur, comme cela devrait toujours être le cas avec les aubergines.

RECETTE

4 PORTIONS

1 aubergine de 480 g (1 lb), coupée en travers en tranches de 1,25 cm (½ po)
60 ml (¼ tasse) d'huile d'olive extravierge
Gros sel de mer ou sel casher et poivre noir frais moulu
3 gousses d'ail, émincées
1 ½ c. à café (1 ½ c. à thé) d'origan séché
1 c. à café (1 c. à thé) de cayenne en flocons

1. Badigeonner légèrement les tranches d'aubergine sur les deux faces avec environ 2 c. à soupe d'huile d'olive. Saler et poivrer généreusement. Dans un petit bol, mélanger l'ail, l'origan et le piment. Saupoudrer la moitié de cet assaisonnement sur les deux faces des tranches d'aubergine en le faisant pénétrer du bout des doigts. Verser l'huile d'olive restantes dans l'assaisonnement restant et bien remuer. Réserver.

2. Cuire les aubergines, en suivant les directives de l'encadré, jusqu'à ce qu'elles soient colorées et très tendres sous la pression du doigt. En cours de cuisson, badigeonner les tranches sur les deux faces avec l'huile assaisonnée réservée.

3. Servir immédiatement dans un plat ovale ou des assiettes individuelles.

TRUC

■ Si vous faites cuire l'aubergine sur un gril contact, mettez un brin de persil sur chaque tranche. Celui-ci pénétrera la pulpe en grillant.

Si vous avez...

GRIL CONTACT : Préchauffer le gril. S'il est muni d'un sélecteur de température, préchauffer à température élevée. Mettre la lèchefrite sous la partie avant du gril. Quand on est prêt pour la cuisson, huiler légèrement la surface de cuisson. Déposer les tranches d'aubergine sur le gril chaud et fermer le couvercle. Compter de 3 à 6 min de cuisson.

POÊLE À FOND CANNELÉ : Préchauffer la poêle à feu moyen-vif sur la cuisinière. Quand on peut y faire rebondir une goutte d'eau, c'est qu'elle est suffisamment chaude. Quand on est prêt pour la cuisson, huiler légèrement les rainures. Déposer les tranches d'aubergine dans la poêle chaude. Compter de 3 à 6 min de cuisson de chaque côté.

GRIL ENCASTRÉ : Préchauffer le gril à température élevée. Si la surface de cuisson n'est pas antiadhésive, brosser et huiler la grille. Déposer les tranches d'aubergine sur la grille chaude. Compter de 3 à 6 min de cuisson de chaque côté.

GRIL DE TABLE : Préchauffer le gril à température élevée ; il n'est pas nécessaire d'huiler la grille. Déposer les tranches d'aubergine sur le gril chaud. Compter de 4 à 7 min de cuisson de chaque côté.

Rôtissoire

FENOUIL À LA SAUCE AU MIEL ET AU VINAIGRE DE XÉRÈS

On décrit parfois le fenouil comme un céleri au parfum de réglisse ou un légume à l'odeur anisée. Son bulbe, large et charnu, vous fera saliver si vous avez la bonne idée de le faire cuire à la broche. Ce mode de cuisson attendrit sa chair fibreuse et la marinade à base de miel et de vinaigre de xérès l'empêche de sécher en cours de cuisson. Le bulbe étant dur et dense, je vous recommande de le laisser mariner toute une nuit.

RECETTE

4 PORTIONS

60 ml (¼ tasse) d'huile d'olive extravierge
60 ml (¼ tasse) de vinaigre de xérès
60 ml (¼ tasse) de miel
Gros sel de mer ou sel casher et poivre noir frais moulu
2 gros bulbes de fenouil, parés (voir Note)

1. Dans un grand bol, à l'aide d'un fouet, bien mélanger l'huile d'olive, le vinaigre et le miel. Saler et poivrer légèrement.

2. Couper chaque bulbe en quartiers sur la longueur. Mettre le fenouil dans la marinade et remuer pour bien enrober. Couvrir et laisser mariner toute la nuit dans le réfrigérateur. Remuer le fenouil de temps à autre pendant cette période. On peut aussi le faire mariner dans un sac de plastique à fermeture hermétique.

3. Verser la marinade dans une casserole et réserver. Ranger les quartiers de fenouil à plat dans un panier à rôtissoire de manière qu'ils puissent être placés perpendiculairement à la broche du four. Bien fermer le panier.

4. Quand on est prêt pour la cuisson, placer la lèchefrite dans la rôtissoire. Attacher le panier à la broche, attacher la broche rotative au tournebroche et mettre la rôtissoire en marche. Si le four est muni d'un sélecteur de température, le régler à 200 °C (400 °F) (voir directives p. 14). Cuire le fenouil environ 1 h, jusqu'à ce qu'il soit coloré et très tendre.

5. Pendant ce temps, préparer la sauce : Amener la marinade à ébullition à feu moyen-vif et laisser bouillir de 8 à 12 min, jusqu'à ce qu'elle soit épaisse, sirupeuse et réduite du tiers. Rectifier l'assaisonnement en sel et poivre si nécessaire.

6. Mettre le fenouil dans un plat de service, napper de sauce et servir immédiatement.

Note : Les longues tiges de fenouil, qu'on n'utilise pas dans cette recette, sont délicieuses en salade avec leurs feuilles. Vous pouvez aussi les mettre sur le gril quand vous faites cuire du poisson. Prenez soin de les séparer du bulbe sans abîmer ce dernier.

CHAMPIGNONS AU SÉSAME, AU SOJA ET À L'AIL À LA MODE CORÉENNE

TRUC

■ Je vous recommande des portobellos pour cette recette parce que j'aime leur allure généreuse. Ils ressemblent presque à des burgers. Mais vous pouvez aussi faire mariner et griller n'importe quelle variété de champignons de la même manière. Achetez-en environ 720 g (1½ lb).

Un des plus grands trésors de la cuisine coréenne est le *bool kogi,* de très fines tranches de bœuf que l'on fait d'abord mariner dans un mélange sucré-salé à base de sucre, de sauce soja, d'huile de sésame et d'une dose massive d'ail. La teneur en sucre de la marinade permet de caraméliser la viande en cours de cuisson (voir p. 94 pour savoir comment préparer la viande de cette façon). J'ai toujours pensé que les champignons avaient plusieurs points en commun avec le bœuf. Vous ne serez donc pas surpris de lire cette recette où je remplace la viande par des portobellos ou d'autres champignons à large chapeau. Voilà de quoi faire une excellente entrée végétarienne ou un plat d'accompagnement fort original.

RECETTE

4 PORTIONS

4 portobellos moyens ou autres champignons à large chapeau de 150 à 240 g (5 à 8 oz) et de 12 cm (5 po) de large chacun
2 oignons verts (le blanc et le vert), émincés
125 ml (½ tasse) de sauce soja
80 ml (⅓ tasse) de saké ou de cream sherry
5 c. à soupe d'huile de sésame orientale (foncée)
60 g (¼ tasse) de sucre
3 gousses d'ail, émincées
2 c. à soupe de graines de sésame (facultatif)
1 c. à café (1 c. à thé) d'assaisonnement au chili coréen ou de paprika fort (facultatif)
½ c. à café (½ c. à thé) de poivre noir frais moulu

1. À l'aide d'un couteau bien affûté, enlever les pieds des champignons. Essuyer les chapeaux avec du papier absorbant (ne pas les rincer sinon ils deviendront spongieux). Mettre les chapeaux dans un plat de cuisson juste assez large pour les contenir ou dans un sac de plastique à fermeture hermétique.

2. Réserver 2 c. à soupe des oignons verts pour garnir.

3. Mettre les oignons verts restants, la sauce soja, le saké, l'huile de sésame, le sucre, l'ail, des graines de sésame, l'assaisonnement au chili et le poivre dans un plat de cuisson. Fouetter jusqu'à dissolution du sucre et verser sur les champignons. Couvrir et laisser mariner dans le réfrigérateur de 4 à 6 h en les remuant à quelques reprises pendant cette période.

4. Égoutter les champignons et verser la marinade dans une casserole à fond épais. Porter à ébullition à feu vif et laisser bouillir de 3 à 5 min, jusqu'à ce qu'elle soit sirupeuse et réduite du tiers pour faire une sauce.

5. Cuire les champignons, en suivant les directives de l'encadré, jusqu'à ce qu'ils soient colorés et tendres.

6. Transvider les champignons dans un plat ovale ou des assiettes individuelles. Napper de sauce et, si l'on a utilisé un gril contact, utiliser le jus recueilli dans la lèchefrite. Couvrir avec les oignons verts et servir immédiatement.

Si vous avez...

GRIL CONTACT : Préchauffer le gril. S'il est muni d'un sélecteur de température, préchauffer à température élevée. Mettre la lèchefrite sous la partie avant du gril. Quand on est prêt pour la cuisson, huiler légèrement la surface de cuisson. Déposer les champignons sur le gril chaud, côté arrondi vers le haut, et fermer le couvercle. Compter de 4 à 6 min de cuisson.

POÊLE À FOND CANNELÉ : Préchauffer la poêle à feu moyen-vif sur la cuisinière. Quand on peut y faire rebondir une goutte d'eau, c'est qu'elle est suffisamment chaude. Quand on est prêt pour la cuisson, huiler légèrement les rainures. Déposer les champignons dans la poêle chaude. Compter de 4 à 6 min de cuisson de chaque côté.

GRIL ENCASTRÉ : Préchauffer le gril à température élevée. Si la surface de cuisson n'est pas antiadhésive, brosser et huiler la grille. Déposer les champignons sur la grille chaude. Compter de 4 à 6 min de cuisson de chaque côté.

GRIL DE TABLE : Préchauffer le gril à température élevée ; il n'est pas nécessaire d'huiler la grille. Déposer les champignons sur le gril chaud. Compter de 5 à 7 min de cuisson de chaque côté.

ÂTRE : Entasser la braise ardente sous la grille et préchauffer de 3 à 5 min ; le feu doit être chaud (2 à 3 Mississippi). Quand on est prêt pour la cuisson, brosser et huiler la grille. Déposer les champignons sur la grille chaude. Compter de 4 à 6 min de cuisson de chaque côté.

Rôtissoire

OIGNONS CUITS À LA BROCHE AVEC VINAIGRE BALSAMIQUE AU MIEL

Plus j'utilise la rôtissoire, plus je m'émerveille devant sa capacité de mettre en valeur la saveur des légumes, particulièrement les légumes-racines et les tubercules. Les oignons rôtis à la broche n'ont pas leur pareil. Faites-les rôtir dans leur pelure pour faire ressortir au maximum leur goût et leur couleur. Dans cette recette, on fait réduire la marinade à base d'huile d'olive, de vinaigre balsamique et de miel pour obtenir une sauce épaisse et sirupeuse. Je vous assure sans la moindre prétention que vous vous apprêtez peut-être à déguster les meilleurs oignons de toute votre vie.

RECETTE

4 PORTIONS (À MOINS D'ÊTRE VRAIMENT AFFAMÉ)

60 ml (¼ tasse) d'huile d'olive extravierge
60 ml (¼ tasse) de vinaigre balsamique
60 ml (¼ tasse) de miel
Gros sel de mer ou sel casher et poivre noir frais moulu
2 gros oignons

1. Mettre l'huile d'olive, le vinaigre et le miel dans un grand bol. Bien mélanger à l'aide d'un fouet. Saler et poivrer légèrement.

2. Couper chaque oignon non pelé en quartiers sur la longueur en gardant la racine intacte. Mettre les oignons dans la marinade et remuer pour bien les enrober. Couvrir et laisser mariner au moins 2 h (de préférence toute la nuit) dans le réfrigérateur. Remuer les oignons à quelques reprises pendant cette période. On peut aussi les faire mariner dans un sac de plastique à fermeture hermétique.

3. Égoutter les oignons et verser la marinade dans une casserole à fond épais. Mettre les oignons dans un panier à rôtissoire plat et bien fermer.

4. Quand on est prêt pour la cuisson, placer la lèchefrite dans la rôtissoire. Attacher le panier à la broche, attacher la broche au tournebroche et mettre la rôtissoire en marche. Si le four est muni d'un sélecteur de température, le régler à 200 °C (400 °F) (voir directives p. 14). Cuire les oignons environ 50 min, jusqu'à ce qu'ils soient bien colorés et très tendres. Percer un oignon à l'aide d'une broche pour vérifier la cuisson.

5. Pendant ce temps, préparer la sauce: Amener la marinade à ébullition à feu moyen-vif et laisser bouillir de 8 à 12 min, jusqu'à ce qu'elle soit épaisse, sirupeuse et réduite du tiers. Rectifier l'assaisonnement en sel et poivre si nécessaire.

6. Mettre les oignons dans un plat de service, napper de sauce et servir immédiatement.

TRUC

■ Les oignons les plus ordinaires conviennent bien pour cette recette. Les jaunes et les blancs que l'on utilise pour la cuisine de tous les jours sont parfaits. Pourquoi se casser la tête ?

OIGNONS CUITS DANS L'ÂTRE

Les oignons rôtis entiers dans l'âtre sont absolument exquis à cause du goût de feu et de fumée qui les imprègne. Vous pouvez choisir entre les deux méthodes suivantes. Choisir d'abord 4 beaux oignons et ne pas les éplucher.

Pour les faire rôtir dans la partie avant de l'âtre, fabriquer 4 cercles en papier d'aluminium; ils serviront de socle pour maintenir les oignons en place. Les cercles doivent avoir 5 cm (2 po) de large. Couper un morceau de 1,25 cm (½ po) sur le dessus de chaque oignon et garder la racine intacte. Déposer les oignons sur les rondelles, partie coupée vers le fond. Déposer une noisette de beurre ou quelques gouttes d'huile d'olive sur le dessus de chaque oignon; saler et poivrer généreusement. Mettre les oignons posés sur leur socle directement devant le feu, à environ 25 cm (10 po) de la braise. Faire rôtir de 12 à 15 min de chaque côté (48 à 60 min en tout), jusqu'à ce qu'ils soient tendres et que la pelure soit noircie, en prenant soin d'utiliser une pince pour les retourner.

Pour rôtir les oignons directement sur la braise, les garder entiers. Entasser de la braise dans l'âtre et déposer les oignons dessus. Recouvrir avec d'autre braise et de la cendre. Rôtir les oignons de 20 à 40 min, jusqu'à ce qu'ils soient tendres et que la pelure soit noircie.

J'aime servir ces oignons dans leur pelure brûlée. On peut aussi retirer la chair à l'aide d'une petite cuillère, comme on le fait pour un œuf à la coque. Je ne saurais trop insister pour recommander la Sauce crémeuse au parmesan (p. 413) en accompagnement. On peut aussi mélanger du vinaigre balsamique et du miel tel qu'indiqué à l'étape 1, porter à ébullition à feu moyen-vif et laisser bouillir pour réduire à 125 ml (½ tasse).

Gril contact

BANANES PLANTAINS À L'AIL Nº 1

La banane plantain est plus grosse que la banane fruit et elle est un aliment de base en Amérique latine. Verte (pas encore mûre), elle est sans saveur et riche en amidon, comme la pomme de terre. En mûrissant, elle passe du vert au jaune, puis du jaune au noir. Elle devient plus sucrée et son goût se rapproche davantage de celui de la banane confite. Voici un plat d'Amérique du Sud appelé *patacones*. Traditionnellement, on fait frire les bananes plantains deux fois. Les tranches sont d'abord cuites pour qu'on puisse les aplatir légèrement, puis on les fait frire une autre fois pour les rendre dorées et croustillantes. Votre gril contact vous permettra de faire tout cela plus facilement et plus proprement. Et avec beaucoup moins de gras. Voici ma recette, riche en ail. À la page suivante, vous trouverez une recette plus sucrée.

RECETTE

4 À 6 PORTIONS

2 bananes plantains vertes
Glaçons
2 à 3 c. à soupe d'huile d'olive extravierge ou 2 c. à soupe de beurre, fondu
2 gousses d'ail, émincées
2 c. à soupe de coriandre ou de persil plat frais, haché finement
Gros sel de mer ou sel casher et poivre noir frais moulu
Huile de cuisson en vaporisateur

1. Couper le bout des bananes plantains. Faire trois incisions peu profondes dans la pelure sur toute la longueur. Avec la pointe d'un couteau, couper à travers la pelure sans toucher la chair. Mettre les bananes dans un grand bol, couvrir d'eau froide et ajouter les glaçons. Laisser tremper 20 min, ce qui permettra d'enlever la pelure plus facilement.

2. Peler les bananes en glissant le pouce entre les fentes. Couper les fruits en travers en tranches de 18 mm (¾ po) d'épaisseur. Mettre les tranches dans un grand bol et couvrir avec l'huile d'olive, l'ail et la coriandre. Saler, poivrer et remuer doucement.

3. Préchauffer le gril (si l'on utilise un gril contact, voir p. 2). Si le gril contact est muni d'un sélecteur de température, préchauffer à température élevée. Mettre la lèchefrite sous la partie avant du gril.

4. Quand on est prêt pour la cuisson, vaporiser légèrement la surface de cuisson avec de l'huile. Mettre les tranches de bananes sur le gril chaud. Fermer le couvercle. Mettre le bol à côté du gril. Griller les bananes 3 ou 4 min, jusqu'à ce qu'elles commencent à brunir et à ramollir.

5. Laisser le gril allumé. Remettre les bananes dans le bol avec l'huile et remuer. Remettre les tranches sur le gril et fermer fermement le couvercle pour les aplatir un peu. Griller de 3 à 4 min, jusqu'à ce qu'elles soient colorées et tendres. Servir immédiatement dans un plat ovale ou des assiettes individuelles. (J'aime aussi servir ces bananes directement dans le bol qui contenait l'huile.)

TRUC

■ On peut manger les bananes plantains à trois étapes de leur maturation : *verde*, vertes et dures ; *pinton*, jaunes et mi-sucrées ; *maduro*, noires, molles et sucrées. Pour la recette n° 1, utilisez les vertes ou les jaunes verdâtres.

BANANES PLANTAINS À L'AIL N° 2

De temps à autre, on a le bonheur de découvrir une recette tellement différente des autres qu'on a envie de le crier sur tous les toits. Mon épouse croit que ces *maduros*, des bananes plantains sucrées et grillées, sont vraiment révolutionnaires. Vous obtiendrez le bon goût des plantains frits et sucrés comme du bonbon que l'on sert régulièrement comme plat d'accompagnement à Miami, mais sans devoir recourir à la grande friture.

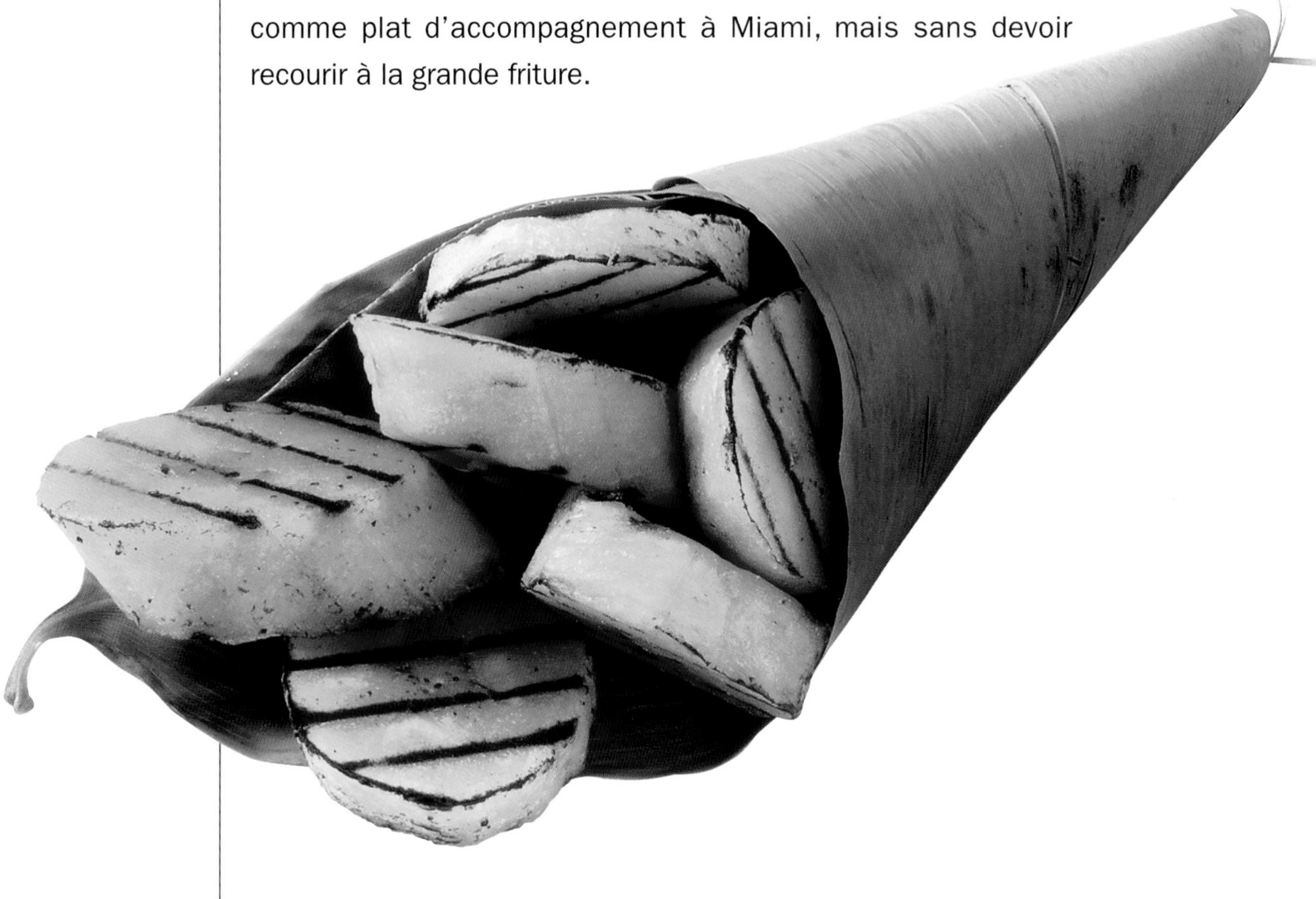

RECETTE

4 À 6 PORTIONS

2 bananes plantains mûres
2 à 3 c. à soupe d'huile d'olive ou 2 c. à soupe de beurre non salé, fondu
Gros sel de mer ou sel casher et poivre noir frais moulu

1. Couper le bout des bananes plantains. Faire trois incisions peu profondes dans la pelure sur toute la longueur. Avec la pointe d'un couteau, couper à travers la pelure sans toucher la chair. Peler les bananes et les couper en travers en tranches de 18 mm (¾ po) d'épaisseur si l'on utilise un gril contact. Si l'on utilise un autre gril d'intérieur, les couper diagonalement en tranches de 6 mm (¼ po) d'épaisseur.

2. Mettre les tranches dans un grand bol et couvrir avec l'huile d'olive, le sel et le poivre. Remuer doucement.

3. Quand on est prêt pour la cuisson, retirer les bananes du bol et garder celui-ci près du gril. Cuire les bananes, en suivant les directives de l'encadré, jusqu'à ce qu'elles soient bien dorées et très tendres. Après 2 min de cuisson, les badigeonner avec l'huile restée dans le bol.

4. Servir immédiatement dans un plat ovale ou des assiettes individuelles.

TRUC

■ Pour la recette n° 2, vous devez prendre des bananes plantains parfaitement mûres. La pelure doit être complètement noire ou noire jaunâtre. Sinon achetez des bananes plantains vertes et laissez-les mûrir à température ambiante de 7 à 10 jours, jusqu'à ce qu'elles deviennent noir jaunâtre.

Si vous avez...

GRIL CONTACT : Préchauffer le gril. S'il est muni d'un sélecteur de température, préchauffer à température élevée. Mettre la lèchefrite sous la partie avant du gril. Quand on est prêt pour la cuisson, huiler légèrement la surface de cuisson. Déposer les bananes plantains sur le gril chaud. Si elles glissent vers le bas, soulever le gril avec une assiette. Fermer le couvercle. Compter de 3 à 5 min de cuisson.

POÊLE À FOND CANNELÉ : Préchauffer la poêle à feu moyen-vif sur la cuisinière. Quand on peut y faire rebondir une goutte d'eau, c'est qu'elle est suffisamment chaude. Quand on est prêt pour la cuisson, huiler légèrement les rainures. Déposer les bananes plantains dans la poêle chaude. Compter de 3 à 5 min de cuisson de chaque côté.

GRIL ENCASTRÉ : Préchauffer le gril à température moyenne-élevée. Si la surface de cuisson n'est pas antiadhésive, brosser et huiler la grille. Déposer les bananes plantains sur la grille chaude. Compter de 3 à 5 min de cuisson de chaque côté.

ÂTRE : Entasser la braise ardente sous la grille et préchauffer de 3 à 5 min ; le feu doit être chaud (4 Mississippi). Quand on est prêt pour la cuisson, brosser et huiler la grille.
Déposer les bananes plantains sur la grille chaude. Compter de 3 à 5 min de cuisson de chaque côté.

Rôtissoire

POMMES DE TERRE NOUVELLES AU ROMARIN ET À L'AIL

J'ai longtemps été un adepte de la cuisson des pommes de terre au gril. Pour la cuisson en plein air, il faut opter pour la méthode indirecte en les faisant cuire près du feu et non pas directement au-dessus. La rôtissoire peut vous donner des résultats similaires. Faites d'abord mariner les pommes de terre avec de l'ail et du romarin et faites-les cuire ensuite dans un panier à rôtissoire. Elles seront savoureuses, croustillantes à l'extérieur et crémeuses à l'intérieur. Pour obtenir la même chose dans votre four, vous seriez obligé d'utiliser 8 c. à soupe de beurre.

RECETTE

4 PORTIONS

720 g (1 ½ lb) de pommes de terre rouges miniatures
2 gousses d'ail, émincées
3 c. à soupe de romarin frais, haché ou 1 ½ c. à café (1 ½ c. à thé) de romarin séché
Gros sel de mer ou sel casher et poivre noir frais moulu
2 c. à soupe d'huile d'olive extravierge

1. Brosser les pommes de terre à l'eau froide et couper les parties flétries. Éponger avec du papier absorbant et déposer dans un grand bol. Ajouter l'ail, le romarin, le sel et le poivre. Remuer à l'aide d'une cuillère de bois pour bien enrober les pommes de terre. Ajouter l'huile et remuer. Couvrir et laisser mariner de 5 minutes à 6 h dans le réfrigérateur.

2. Quand on est prêt pour la cuisson, placer la lèchefrite dans la rôtissoire. Mettre les pommes de terre dans un panier à rôtissoire plat et bien fermer. Attacher le panier à la broche, attacher la broche rotative au tournebroche et mettre la rôtissoire en marche. Si le four est muni d'un sélecteur de température, le régler à 200 °C (400 °F) (voir directives p. 14).

3. Cuire les pommes de terre environ 40 min, jusqu'à ce qu'elles soient dorées et très tendres. Vérifier la cuisson à l'aide d'une broche ; on doit pouvoir percer la chair facilement. Servir dans un plat ovale ou des assiettes individuelles.

TRUC

■ Vous pouvez cuire les pommes de terre immédiatement, mais pourquoi ne pas les laisser mariner dans l'ail et le romarin de 4 à 6 h ? Quel merveilleux parfum !

Cuisson dans l'âtre

POMMES DE TERRE CUITES SOUS LA CENDRE

Jadis, le foyer était au cœur de la vie familiale. Il servait de source de lumière et de chaleur et on y faisait cuire des plats savoureux. Les pommes de terre et les autres racines comestibles cuites sous la cendre faisaient partie de l'alimentation quotidienne. Il suffit de penser au tableau *Les Mangeurs de pommes de terre* de Vincent Van Gogh. Au-delà du romantisme, ce mode de cuisson présente deux grands avantages : le feu imprègne les aliments d'un bon goût fumé en plus de donner aux légumes une consistance incroyablement douce et crémeuse.

RECETTE

4 PORTIONS

4 grosses pommes de terre pour cuisson au four de 360 à 420 g (12 à 14 oz) chacune
Beurre doux ou huile d'olive extravierge
Crème sure ou crème fraîche
Ciboulette fraîche, hachée finement
Gros sel et poivre noir frais moulu

Cendre; une pelle pour l'âtre, pinceau en soies de porc

1. Brosser les pommes de terre à l'eau froide et bien éponger avec du papier absorbant. Piquer chacune quelques fois à l'aide d'une fourchette.

2. Allumer le feu dans l'âtre et le laisser brûler jusqu'à ce que la braise soit ardente (voir p. 11).

3. Quand on est prêt pour la cuisson, râteler une couche de braise de 2,5 cm (1 po) d'épaisseur. À l'aide de la pelle, mettre une couche de 2,5 cm (1 po) de cendre par-dessus. Placer les pommes de terre sur la cendre. À l'aide de la pelle, couvrir les pommes de terre avec une couche de 2,5 cm (1 po) de cendre et une couche de 2,5 cm (1 po) de braise. Rôtir les pommes de terre de 40 à 60 min, jusqu'à ce qu'elles soient cuites au goût. On doit pouvoir les percer facilement avec une broche.

4. Mettre le beurre, la crème et la ciboulette dans des petits bols et réserver.

5. À l'aide de la pelle, débarrasser les pommes de terre de la braise et de la cendre qui les recouvrent. Les retirer à l'aide d'une pince en secouant le surplus de cendre. Mettre les pommes de terre dans un plat résistant à la chaleur. À l'aide du pinceau, enlever toute la cendre restante. Pratiquer une incision sur le dessus des pommes de terre et les presser sur les côtés pour qu'elles s'ouvrent. Garnir au goût avec le beurre, la crème et la ciboulette. Saler et poivrer.

Variante : Les patates douces et les gros oignons sont aussi délicieux cuits de cette manière. Et pourquoi pas les bananes plantains vertes ? Comptez de 40 à 60 min de cuisson dans tous les cas.

BRAISE ET CENDRE

Il existe deux façons de rôtir les légumes-racines dans l'âtre : sur la braise et sous la cendre. La différence entre les deux méthodes est semblable à celle entre la cuisson directe et la cuisson indirecte. La cuisson sur la braise peut être comparée à la cuisson directe (idéale pour les oignons) et la cuisson sous la cendre à la cuisson indirecte (parfaite pour les pommes de terre). La cendre sert d'isolant et empêche la braise de brûler la pelure. Gardez toujours un seau métallique de cendre en prévision de vos prochaines expériences culinaires dans l'âtre.

TRUFFES SOUS LA CENDRE

Acheter des truffes noires bien rondes, environ 4 ou 5 par convive. Préférer celles qui ont environ 2,5 cm (1 po) de diamètre et de 120 à 150 g (4 à 5 oz) chacune. (Je parle ici de truffes véritables, *Tuber melanosporum*.) Si elles ne sont pas nettoyées, les brosser à l'eau froide avec une brosse de soie dure et bien éponger avec du papier absorbant.

Pour rôtir les truffes, entasser 2,5 cm (1 po) de braise dans une partie de l'âtre et couvrir avec une couche de cendre de 2,5 cm (1 po). Déposer les truffes sur la cendre, puis les recouvrir avec 2,5 cm (1 po) de cendre et une couche de 2,5 cm (1 po) de braise. Elles deviendront tendres après 12 à 20 min ; on pourra alors les percer sans difficulté avec une brochette métallique. Retirer les truffes du feu et les débarrasser de tout surplus de cendre. Servir ces « diamants de la cuisine » avec rien d'autre qu'un bon verre de bordeaux.

Fumoir d'intérieur

SALADE DE POMMES DE TERRE À LA MODE PÉRUVIENNE (PAPAS A LA HUANCAINA)

Ces pommes de terre à la mode de Huancayo, une ville située à l'est de Lima, vous permettront de faire la meilleure salade de pommes de terre au monde. Ne soyez pas étonné ! Le Pérou est le pays d'origine de la pomme de terre et on y trouve plus de 200 variétés différentes. La sauce crémeuse, piquante et épicée à base de fromage blanc salé et de piment donne son caractère unique à cette recette. Je prends le temps de fumer les pommes de terre, ce qui donne lieu à une juxtaposition extraordinaire de saveurs et de textures.

RECETTE

4 PORTIONS

Huile de cuisson en vaporisateur (facultatif)
720 g (1 ½ lb) de pommes de terre nouvelles miniatures blanches ou rouges (voir Note), rincées, brossées et essuyées avec du papier absorbant
2 c. à café (2 c. à thé) d'huile d'olive extra-vierge
Gros sel de mer ou sel casher et poivre noir frais moulu
1 œuf, cuit dur et écalé
180 g (6 oz) de fromage queso blanco (voir Trucs) ou 90 g (3 oz) de cheddar blanc + 90 g (3 oz) de munster, en cubes de 1,25 cm (½ po)
1 à 2 c. à café (1 à 2 c. à thé) de aji amarillo moulu (voir Trucs), 2 à 4 aji amarillo en pot ou congelés, 2 à 3 c. à café (à thé) de pâte d'aji amarillo ou 1 c. café (à thé) de paprika fort ou fumé
1 c. à soupe de jus de citron frais pressé, ou plus au goût
¼ c. à café (¼ c. à thé) de curcuma moulu (deux fois plus si l'on utilise du paprika)
125 ml (½ tasse) de lait concentré
60 ml (¼ tasse) d'huile de colza (canola)
4 feuilles de laitue Boston
40 g (¼ tasse) d'olives noires

1 ½ c. à soupe de sciure de bois de pommier ou de chêne

1. Préparer le fumoir (directives p. 16). Mettre la sciure au centre de la partie inférieure du fumoir. Tapisser la lèchefrite de papier d'aluminium et le mettre dans le fumoir. Vaporiser légèrement la grille du fumoir avec de l'huile de cuisson ou la frotter avec du papier absorbant trempé dans l'huile. Mettre la grille dans le fumoir.

2. Mettre les pommes de terre dans un grand bol et les mélanger avec l'huile d'olive, le sel et le poivre avant de les ranger sur la grille. Couvrir le fumoir et mettre à feu vif 3 min. Baisser le feu à température moyenne. Fumer les pommes de terre de 30 à 40 min, jusqu'à ce qu'elles soient tendres. On doit pouvoir les percer sans difficulté avec un couteau. Retirer les pommes de terre et laisser refroidir sur une grille.

3. Couper l'œuf en tranches de 6 mm (¼ po). Dans le mélangeur ou le robot de cuisine, réduire en purée onctueuse l'œuf, le fromage, l'aji amarillo, le jus de citron, le curcuma, le lait concentré et l'huile de colza. Ajouter du jus de citron si nécessaire, puis saler et poivrer au goût. Cette sauce doit être bien assaisonnée.

4. Tapisser un plat ovale ou 4 assiettes individuelles avec les feuilles de laitue. Poser les pommes de terre fumées sur le dessus et napper avec la sauce. Garnir d'olives et servir immédiatement.

Note : Les pommes de terre doivent avoir 4 cm (1 ½ po) de diamètre. Si les vôtres sont trop grosses, coupez-les simplement en deux ou en quatre.

TRUCS

- **Le queso blanco est un fromage blanc salé vendu dans les épiceries hispaniques et un nombre croissant de supermarchés. Pour obtenir un goût similaire, mélanger du cheddar blanc ou de la feta avec du munster.**
- **L'aji amarillo est un piment jaune typique de la cuisine péruvienne. On l'achète séché, moulu, en purée ou entier en pot. On peut en trouver dans les épiceries hispaniques. À défaut de ce piment au goût remarquable, on peut faire un mélange de paprika fort ou fumé et de curcuma moulu.**
- **Vous pouvez aussi fumer les pommes de terre dans un wok. Consultez l'encadré de la p. 269.**

Rôtissoire

ÉCHALOTES À LA SAUCE CRÉMEUSE AU PARMESAN

Comme les oignons, les échalotes contiennent beaucoup de sucre et deviennent aussi savoureuses que du bonbon quand on les cuit dans une rôtissoire. Leur saveur est plus complexe que celle des oignons et rappelle un je ne sais quoi du poireau et de l'ail. J'aime servir les échalotes rôties à la broche avec une sauce béchamel au parmesan pour faire un genre de gratin très personnel.

RECETTE

4 PORTIONS

720 g (1 ½ lb) d'échalotes non pelées
1 ½ c. à soupe d'huile d'olive extravierge
Gros sel de mer ou sel casher et poivre noir frais moulu
Sauce crémeuse au parmesan (ci-dessous)

1. Si les échalotes sont grosses, les couper en deux. Laisser les petites échalotes entières. Les mélanger avec l'huile dans un grand bol. Saler, poivrer et remuer. Mettre les échalotes dans un panier à rôtissoire plat et bien fermer.

2. Quand on est prêt pour la cuisson, placer la lèchefrite dans la rôtissoire. Attacher le panier à la broche, attacher la broche rotative au tournebroche et mettre la rôtissoire en marche. Si le four est muni d'un sélecteur de température, le régler à 200 °C (400 °F) (voir directives p. 14). Cuire les échalotes de 40 à 60 min, jusqu'à ce qu'elles soient colorées à l'extérieur et très tendres. Vérifier la cuisson avec une brochette; on doit pouvoir percer les échalotes sans difficulté.

3. Couper les échalotes entières en deux. Servir les échalotes dans leur pelure, nappées de sauce crémeuse au parmesan. Déguster à l'aide d'une petite cuillère.

TRUC

■ Achetez des échalotes grosses comme des noix. Coupez les plus grosses en deux. Il ne faut pas les peler, ce qui leur donnera meilleur goût en grillant.

Sauce crémeuse au parmesan

ENVIRON 250 ML (1 TASSE)

Cette béchamel est rehaussée de cayenne et enrichie de parmesan. Quand ma belle-fille Betsy, qui est diététicienne, est à la maison, je la prépare avec du lait écrémé. Quand elle n'est pas là, je prends de la crème légère ou un mélange de lait et de crème.

1 ½ c. à soupe de beurre salé
1 ½ c. à soupe de farine
250 ml (1 tasse) de lait écrémé, de lait entier ou de crème légère (ou un mélange)
40 à 60 g (⅓ à ½ tasse) de parmigiano reggiano frais râpé
Gros sel de mer ou sel casher et poivre blanc frais moulu
Une pincée de muscade fraîche râpée
Une petite pincée de cayenne

1. Faire fondre le beurre à feu moyen-vif dans une petite casserole à fond épais. Ajouter la farine et cuire environ 2 min, sans cesser de fouetter, jusqu'à ce que la préparation commence à bouillonner et que la farine perdre son odeur crue. Ne pas laisser brunir.

2. Retirer la casserole du feu et incorporer le lait à l'aide d'un fouet. Remettre sur le feu et laisser mijoter de 3 à 5 min en fouettant souvent. La sauce épaissira après 1 min, mais la laisser cuire de 3 à 5 min pour qu'elle perde son goût de farine.

3. À feu doux, incorporer le parmesan et cuire, sans cesser de remuer, jusqu'à ce qu'il soit fondu. Ajouter le sel, le poivre, la muscade et le cayenne au goût. Ne pas servir cette sauce plus de 15 min après sa préparation. Conserver au chaud jusqu'au moment de servir.

ÉCHALOTES CUITES DANS L'ÂTRE

Comme les oignons, les échalotes peuvent être rôties dans la cheminée. Acheter de grosses échalotes pesant un peu plus de 30 g (1 oz) chacune et ne pas les éplucher. Voici les deux méthodes de cuisson que je vous recommande.

Déposer les échalotes sur une brique juste devant le feu, à environ 25 cm (10 po) de la braise. Faire rôtir de 5 à 8 min de chaque côté (10 à 16 min en tout), jusqu'à ce qu'elles soient tendres et que la pelure soit noircie, en prenant soin d'utiliser une pince pour les retourner.

On peut aussi faire un tas composé à moitié de cendre et de braise. Blottir les échalotes dans ce lit chaud et laisser rôtir de 10 à 15 min, jusqu'à ce qu'elles soient tendres et noircies.

Pour servir, jeter la pelure noircie (il n'est pas nécessaire de l'enlever complètement) et accommoder la chair avec la Sauce crémeuse au parmesan (p. 413) ou l'arroser avec de l'huile d'olive et quelques gouttes de vinaigre balsamique ; saler et poivrer.

COURGES GRILLÉES AUX HERBES DE PROVENCE

Voici une manière simple d'accommoder les courges d'été. Si vous pensez que ces légumes n'ont pas un goût particulièrement intéressant, vous apprécierez la façon dont les grils d'intérieur parviennent à les caraméliser et à concentrer leur saveur.

2 À 4 PORTIONS

RECETTE

2 courges ou courgettes jaunes (240 à 420 g/12 à 14 oz)
1 à 2 c. à soupe d'huile d'olive extravierge
Gros sel et poivre noir frais moulu
2 c. à soupe d'herbes de Provence
1 à 2 gousses d'ail (facultatif), émincées

1. Couper les bouts des courges. Couper chacune sur la longueur en tranches de 1,25 cm (½ po) si l'on utilise un gril contact ou de 6 mm (¼ po) pour tout autre gril d'intérieur (voir Note). Badigeonner légèrement d'huile d'olive, saler et poivrer sur les deux faces. Ajouter les herbes de Provence et l'ail sur les deux faces également.

2. Cuire les courges, en suivant les directives de l'encadré, jusqu'à ce qu'elles soient dorées et tendres.

3. Servir immédiatement dans un plat ovale ou des assiettes individuelles.

Note : Vous pouvez griller les courges et les courgettes sur n'importe quel gril d'intérieur. Pour bien réussir la recette sur un gril contact, coupez-les en tranches de 1,25 cm (½ po) afin qu'elles soient suffisamment épaisses pour être en contact avec le gril des deux côtés. Si vous utilisez une poêle à fond cannelé ou un gril de table, ou si vous optez pour la cuisson dans l'âtre, leur saveur sera meilleure si vous les coupez en tranches de 6 mm (¼ po).

Si vous avez...

GRIL CONTACT : Préchauffer le gril. S'il est muni d'un sélecteur de température, préchauffer à température élevée. Mettre la lèchefrite sous la partie avant du gril. Quand on est prêt pour la cuisson, huiler légèrement la surface de cuisson. Déposer les courges sur le gril chaud et fermer le couvercle. Compter de 3 à 5 min de cuisson.

POÊLE À FOND CANNELÉ : Préchauffer la poêle à feu moyen-vif sur la cuisinière. Quand on peut y faire rebondir une goutte d'eau, c'est qu'elle est suffisamment chaude. Quand on est prêt pour la cuisson, huiler légèrement les rainures. Déposer les courges dans la poêle chaude. Compter de 2 à 4 min de cuisson de chaque côté.

GRIL ENCASTRÉ : Préchauffer le gril à température élevée. Si la surface de cuisson n'est pas antiadhésive, brosser et huiler la grille. Déposer les courges sur la grille chaude. Compter de 2 à 4 min de cuisson de chaque côté.

GRIL DE TABLE : Préchauffer le gril à température élevée ; il n'est pas nécessaire d'huiler la grille. Déposer les courges sur le gril chaud. Compter de 3 à 5 min de cuisson de chaque côté.

ÂTRE : Entasser la braise ardente sous la grille et préchauffer de 3 à 5 min ; le feu doit être chaud (2 à 3 Mississippi). Quand on est prêt pour la cuisson, brosser et huiler la grille. Déposer les courges sur la grille chaude. Compter de 2 à 4 min de cuisson de chaque côté.

COURGES GRILLÉES ÉPICÉES À L'ORIENTALE

Voici une recette orientale qui sent bon l'ail, les graines de sésame et la sauce soja. Ces ingrédients font ressortir la douceur naturelle de la courge de manière très subtile.

4 PORTIONS

RECETTE

720 g (1 ½ lb) de courge musquée ou d'une autre courge d'hiver
2 c. à soupe de beurre non salé
2 gousses d'ail, émincées
1 oignon vert (le blanc et le vert), émincé
1 c. à soupe de graines de sésame noires ou blanches
2 c. à soupe de sirop d'érable
1 c. à soupe de sauce soja

1. Peler et égrener la courge. La couper en travers en tranches de 1,25 cm (½ po) si l'on utilise un gril contact et de 6 mm (¼ po) pour tout autre gril d'intérieur.

2. Faire fondre le beurre à feu moyen dans une petite casserole. Ajouter l'ail, les oignons verts et les graines de sésame. Cuire environ 1 min sans laisser brunir. Incorporer le sirop d'érable et la sauce soja, porter à ébullition et laisser bouillir 30 sec.

3. Quand on est prêt pour la cuisson, badigeonner les tranches de courge de beurre sur les deux faces. Cuire, en suivant les directives de l'encadré, jusqu'à ce qu'elles soient colorées et tendres. On doit pouvoir les percer sans difficulté avec un couteau. Badigeonner de beurre une ou deux fois en cours de cuisson.

4. Servir immédiatement dans un plat ovale ou des assiettes individuelles. Napper avec le beurre restant. Si l'on a utilisé un gril contact, napper également avec le jus collecté dans la lèchefrite.

TRUCS

■ **Vous pouvez prendre n'importe quelle courge d'hiver à chair orange pour cette recette. La courge musquée est toutefois la plus facile à peler. La courge poivrée et la courge Hubbard donnent elles aussi de belles tranches.**

■ **Les graines de sésame noires donnent belle allure à ce plat. On peut s'en procurer dans les magasins d'aliments naturels et les épiceries orientales. Les graines de sésame blanches font aussi l'affaire.**

Si vous avez…

GRIL CONTACT : Préchauffer le gril. S'il est muni d'un sélecteur de température, préchauffer à température élevée. Mettre la lèchefrite sous la partie avant du gril. Quand on est prêt pour la cuisson, huiler légèrement la surface de cuisson. Déposer les courges sur le gril chaud et fermer le couvercle. Compter de 4 à 6 min de cuisson. Retourner les courges en cours de cuisson pour pouvoir les badigeonner de chaque côté.

POÊLE À FOND CANNELÉ : Préchauffer la poêle à feu moyen-vif sur la cuisinière. Quand on peut y faire rebondir une goutte d'eau, c'est qu'elle est suffisamment chaude. Quand on est prêt pour la cuisson, huiler légèrement les rainures. Déposer les courges dans la poêle chaude. Compter de 2 à 3 min de cuisson de chaque côté. Badigeonner parcimonieusement de beurre, car il aura tendance à brûler au fond. Laisser tremper la poêle refroidie dans l'eau chaude pour faciliter le nettoyage.

GRIL ENCASTRÉ : Préchauffer le gril à température moyenne-élevée. Si la surface de cuisson n'est pas antiadhésive, brosser et huiler la grille. Déposer les courges sur la grille chaude. Compter de 2 à 3 min de cuisson de chaque côté.

GRIL DE TABLE : Préchauffer le gril à température élevée ; il n'est pas nécessaire d'huiler la grille. Déposer les courges sur le gril chaud. Compter de 3 à 4 min de cuisson de chaque côté.

ÂTRE : Entasser la braise ardente sous la grille et préchauffer de 3 à 5 min ; le feu doit être moyen-chaud (3 à 4 Mississippi). Quand on est prêt pour la cuisson, brosser et huiler la grille. Déposer les courges sur la grille chaude. Compter de 2 à 3 min de cuisson de chaque côté.

Gril contact

IGNAMES CONFITES AU SIROP D'ÉRABLE

Les grils ordinaires permettent de faire cuire sans difficulté les légumes qui renferment beaucoup d'humidité comme les poivrons et les champignons. Mais qu'en est-il des légumes-racines tels que les pommes de terre et les ignames, qui sont beaucoup plus denses ? La chaleur directe et relativement douce du gril contact est idéale pour les caraméliser à l'extérieur et les attendrir à l'intérieur. Mon épouse Barbara, qui est plutôt sceptique lorsqu'il est question de barbecue d'intérieur, affirme qu'il s'agit des ignames confites les meilleures au monde.

4 PORTIONS

RECETTE

2 grosses ignames (environ 720 g/1 ½ lb au total)
2 c. à soupe de beurre salé
2 c. à soupe de sirop d'érable
180 g (¾ tasse) de sucre, dans un grand bol peu profond
Huile de cuisson en vaporisateur

TRUCS

■ J'aime faire cette recette avec des ignames dont la couleur rouge orangée et le goût sont des plus appétissants. Mais les patates douces sont aussi très appréciées quand on les prépare de cette façon.

■ Si vous aimez les ignames avec de la cannelle ou de la muscade, ajoutez ½ c. à café (½ c. à thé) de l'une ou l'autre au sucre.

1. Peler les ignames et les couper en travers en tranches de 1,25 cm (½ po) (assez épaisses pour être marquées par le gril sur les deux faces). Jeter les extrémités pointues.

2. Dans une petite casserole, faire fondre le beurre à feu moyen-vif. Incorporer le sirop d'érable, porter à ébullition et laisser bouillir environ 30 sec, jusqu'à consistance épaisse et sirupeuse. À l'aide d'un pinceau à pâtisserie, beurrer les ignames sur les deux faces, puis les passer dans le sucre en les couvrant de chaque côté. Secouer tout surplus de sucre.

3. Préchauffer le gril. Si l'on utilise un gril contact, voir les directives p. 2. S'il est muni d'un sélecteur de température, le préchauffer à température élevée. Placer la lèchefrite sous la partie avant du gril.

4. Quand on est prêt pour la cuisson, vaporiser légèrement la surface de cuisson du gril avec de l'huile de cuisson. Mettre les tranches d'igname en travers sur le gril chaud et fermer le couvercle. Griller de 6 à 8 min, jusqu'à ce qu'elles soient colorées à l'extérieur et tendres à l'intérieur. On doit pouvoir les percer sans difficulté avec un couteau.

5. Servir les ignames immédiatement dans un plat ovale ou des assiettes individuelles et les napper avec le jus recueilli dans le bac.

Gril contact

IGNAMES GRILLÉES AU BACON

Je suis intenable quand il s'agit de goûter à un plat qui contient à la fois du bacon et du sirop d'érable. Et je ne suis pas le seul puisqu'à l'auberge Sawmill Farms de West Dover, dans le Vermont, on trouve au menu un petit-déjeuner tout à fait spécial mettant à l'honneur du bacon et des œufs pochés dans le sirop d'érable. C'est ce qui m'a donné envie d'inventer cette recette d'ignames grillées au bacon savamment sucrées et fumées.

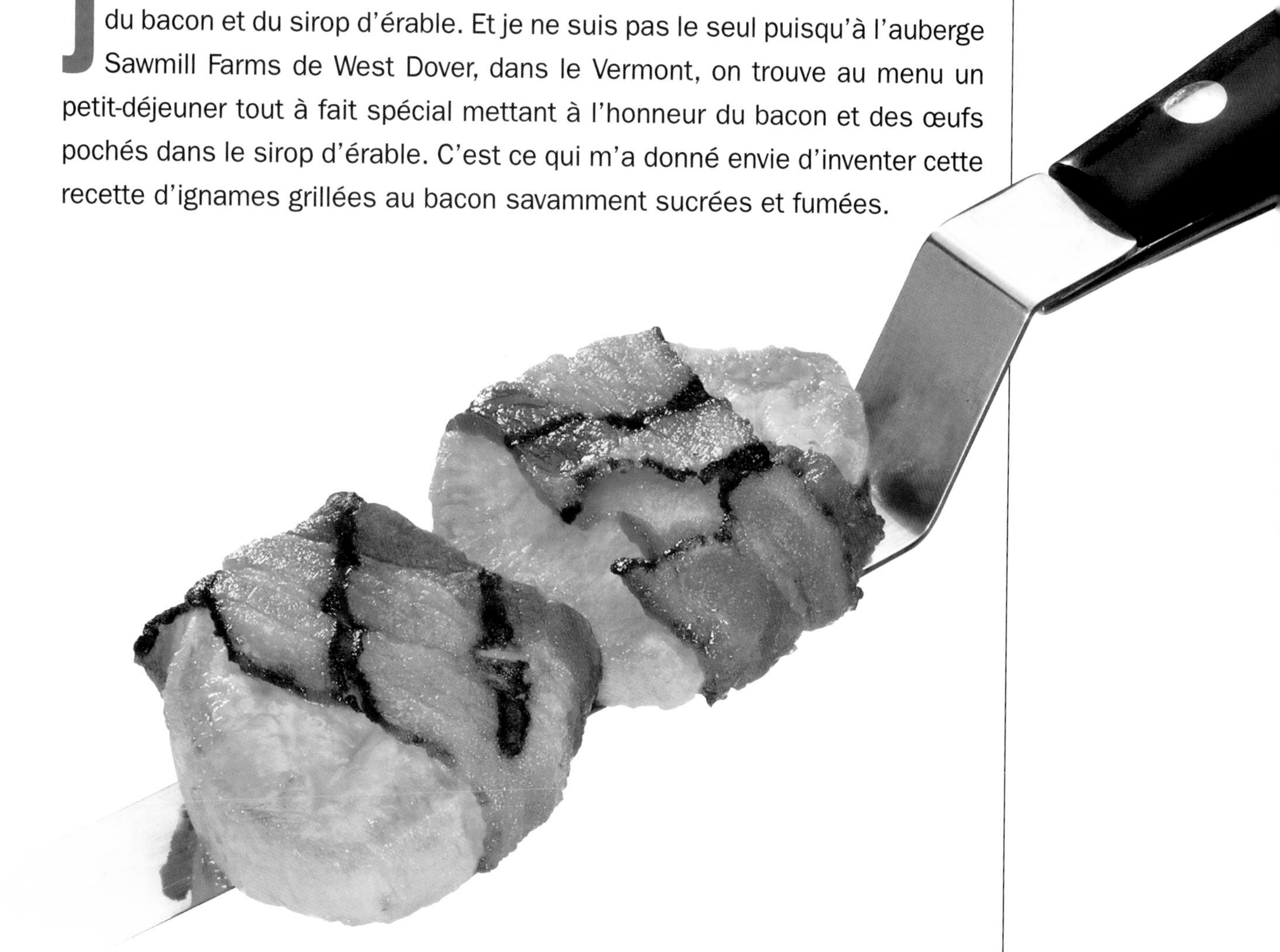

4 PORTIONS

RECETTE

2 grosses ignames (environ 720 g/1 ½ lb en tout)
8 tranches épaisses de bacon (240 g/8 oz en tout), coupées en deux en travers
60 ml (¼ tasse) de sirop d'érable
Huile de cuisson en vaporisateur

1. Peler les ignames et les couper sur la longueur en 8 tranches de 1,25 cm (½ po) d'épaisseur. Étendre le bacon sur une planche à découper. Badigeonner un côté des tranches d'ignames avec un peu de sirop d'érable, puis les déposer sur un morceau de bacon, face badigeonnée vers le bas. Badigeonner le dessus des tranches d'igname avec un peu de sirop d'érable et mettre les morceaux de bacon restants par-dessus.

2. Préchauffer le gril. Si l'on utilise un gril contact, voir les directives p. 2. S'il est muni d'un sélecteur de température, le préchauffer à température élevée. Placer la lèchefrite sous la partie avant du gril.

3. Quand on est prêt pour la cuisson, vaporiser légèrement la surface de cuisson du gril avec de l'huile de cuisson. À l'aide d'une spatule, déposer les ignames et le bacon sur le gril chaud et fermer le couvercle. Griller de 6 à 8 min, jusqu'à ce que le bacon soit croustillant et coloré et que les ignames soient tendres à l'intérieur. On doit pouvoir les percer sans difficulté avec un couteau.

4. Servir les ignames immédiatement dans un plat ovale ou des assiettes individuelles et les napper avec le sirop d'érable restant.

Rôtissoire

PATATES DOUCES FROTTÉES AU PIMENT CHILI

Quand on devient un adepte de la rôtissoire, tout y passe, y compris les patates douces. La chaleur stable et la rotation lente permettent d'obtenir une pelure croustillante et une chair exceptionnellement crémeuse. Les épices ? Du cumin, de la cannelle, du poivre et de l'assaisonnement au chili.

4 PORTIONS

RECETTE

2 c. à café (2 c. à thé) d'assaisonnement au chili
1 c. à café (1 c. à thé) de gros sel de mer ou de sel casher
½ c. à café (½ c. à thé) de poivre noir frais moulu
½ c. à café (½ c. à thé) de cumin moulu
¼ c. à café (¼ c. à thé) de cannelle moulue
4 patates douces (720 g/1 ½ lb en tout)
1 ½ c. à soupe d'huile d'olive extravierge ou de beurre, fondu
Huile de cuisson en vaporisateur

TRUC

■ Pour de meilleurs résultats, achetez des patates douces ou des ignames longues et minces qui entrent bien dans le panier à rôtissoire. Chez moi, nous sommes de fervents adeptes des ignames à cause de leur magnifique couleur et de leur saveur remarquable.

1. Dans un grand bol, mélanger l'assaisonnement au chili, le sel, le poivre, le cumin et la cannelle.

2. Brosser les patates douces à l'eau froide et les éponger avec du papier absorbant. Badigeonner complètement d'huile d'olive avant de les mettre dans le bol contenant les assaisonnements. Bien remuer pour les enrober uniformément.

3. Vaporiser légèrement un panier à rôtissoire avec de l'huile de cuisson. Mettre les patates douces dans le panier pour qu'elles puissent être placées perpendiculairement à la broche rotative du four. Bien fermer le panier.

4. Quand on est prêt pour la cuisson, placer la lèchefrite dans la rôtissoire. Attacher le panier à la broche, attacher la broche au tournebroche et mettre la rôtissoire en marche. Si le four est muni d'un sélecteur de température, le régler à 200 °C (400 °F) (voir directives p. 14). Cuire les patates douces de 40 à 60 min, jusqu'à ce qu'elles soient croustillantes et dorées à l'extérieur et tendres à l'intérieur. Pour vérifier la cuisson, insérer une brochette dans une patate ; on doit pouvoir la percer sans difficulté.

5. Servir immédiatement dans un plat ovale ou des assiettes individuelles.

Variantes :

■ Pour que la pelure soit caramélisée, mélanger 120 g (½ tasse) de sucre, 1 c. à soupe de cannelle moulue, ½ c. à café (½ c. à thé) de gros sel et ½ c. à café (½ c. à thé) de poivre noir frais moulu dans un bol large et peu profond. Badigeonner 4 patates douces longues et minces avec 2 c. à soupe de sirop d'érable, puis les rouler dans le sucre en les enrobant uniformément. Suivre ensuite les étapes 3 et 4 de la recette.

■ Le parmesan met hautement en valeur le bon goût de la patate douce. Mettre 60 g (½ tasse) de parmesan râpé finement dans un bol large et peu profond. Badigeonner 4 patates douces longues et minces avec 2 c. à soupe de beurre fondu. Assaisonner avec du gros sel et du poivre noir frais moulu. Rouler les patates dans le parmesan en les enrobant uniformément. Suivre ensuite les étapes 3 et 4 de la recette.

TOMATES GRILLÉES À LA SAUGE ET À L'AIL

Les tomates grillées sont délicieuses parce que la chaleur caramélise leurs sucres naturels. Elles absorbent facilement le goût des fines herbes et des autres assaisonnements et leur remarquable couleur rouge permet de composer des mets très appétissants avec du bœuf, du poulet ou des fruits de mer grillés. On peut les faire cuire avec n'importe quel gril d'intérieur et même les fumer (voir la recette de la p. 58).

4 À 6 PORTIONS

RECETTE

6 tomates prunes (environ 600 g/1 ¼ lb), coupées en deux sur la longueur
2 c. à soupe d'huile d'olive extravierge
Gros sel de mer ou sel casher et poivre noir concassé
3 gousses d'ail, émincées
1 c. à soupe de sauge fraîche, hachée finement + 12 feuilles entières

1. Badigeonner les tomates d'huile d'olive sur toutes les faces. Saler et poivrer généreusement, puis ajouter l'ail et la sauge hachée. Presser une feuille de sauge entière au centre de la face coupée de chaque tomate. Réserver l'huile d'olive restante.

2. Cuire les tomates, en suivant les directives de l'encadré, jusqu'à ce qu'elles soient colorées.

3. Mettre les tomates dans un plat ovale ou des assiettes individuelles et les arrosant avec l'huile réservée. Servir immédiatement.

Variantes :

■ J'aime beaucoup l'allure des feuilles de sauge entières grillée au centre des tomates. Si vous n'aimez pas ce goût particulier, essayez la recette avec des petits brins d'estragon, de romarin, de thym, de persil plat ou d'une autre herbe au choix.

■ Les petites tomates prunes peuvent être grillées entières. Il suffit de faire tenir les tomates et les feuilles de sauge sur des cure-dents de bois.

Si vous avez…

GRIL CONTACT : Préchauffer le gril. S'il est muni d'un sélecteur de température, préchauffer à température élevée. Mettre la lèchefrite sous la partie avant du gril. Quand on est prêt pour la cuisson, huiler légèrement la surface de cuisson. Déposer les demi-tomates sur le gril chaud, face coupée vers le haut, et fermer le couvercle. Compter de 4 à 6 min de cuisson.

POÊLE À FOND CANNELÉ : Préchauffer la poêle à feu moyen-vif sur la cuisinière. Quand on peut y faire rebondir une goutte d'eau, c'est qu'elle est suffisamment chaude. Quand on est prêt pour la cuisson, huiler légèrement les rainures. Déposer les demi-tomates dans la poêle chaude, en diagonale sur les rainures et face coupée vers le bas. Compter de 4 à 6 min de cuisson de chaque côté. Tourner les tomates d'un quart de tour après les 2 premières minutes de cuisson pour les quadriller.

GRIL ENCASTRÉ : Préchauffer le gril à température élevée. Si la surface de cuisson n'est pas antiadhésive, brosser et huiler la grille. Déposer les demi-tomates en diagonale sur la grille chaude, face coupée vers le bas. Compter de 4 à 6 min de cuisson de chaque côté. Tourner les tomates d'un quart de tour après les 2 premières minutes de cuisson pour les quadriller.

GRIL DE TABLE : Préchauffer le gril à température élevée ; il n'est pas nécessaire d'huiler la grille. Déposer les demi-tomates en diagonale sur le gril chaud, face coupée vers le bas. Compter de 5 à 7 min de cuisson de chaque côté. Tourner les tomates d'un quart de tour après les 2 premières minutes de cuisson pour les quadriller.

ÂTRE : Entasser la braise ardente sous la grille et préchauffer de 3 à 5 min ; le feu doit être chaud (2 à 3 Mississippi). Quand on est prêt pour la cuisson, brosser et huiler la grille. Déposer les demi-tomates en diagonale sur la grille chaude, face coupée vers le bas. Compter de 4 à 6 min de cuisson de chaque côté. Tourner les tomates d'un quart de tour après les 2 premières minutes de cuisson pour les quadriller.

TOFU TERIYAKI

Le tofu et la sauce soja sont faits avec des haricots de soja. On les retrouve dans plusieurs mets japonais. Si vous pensez que le tofu est un aliment sans intérêt, cette sauce teriyaki sucrée-salée vous fera changer d'idée. Pour arrondir les saveurs, j'ajoute des graines de sésame et des oignons verts.

4 À 6 PORTIONS

TRUCS

■ **Le mirin est un vin de riz doux provenant du Japon. Si vous n'en trouvez pas dans votre région, mélangez 125 ml (½ tasse) de saké et 1 ½ c. à soupe de sucre pour remplacer la quantité de mirin prévue dans la recette.**

■ **Si vous êtes pressé, n'hésitez pas à acheter de la sauce teriyaki vendue dans le commerce au lieu de la préparer vous-même.**

RECETTE

SAUCE TERIYAKI

1 oignon vert, partie blanche seulement, aplati doucement avec le plat d'un couperet
1 gousse d'ail, épluchée et aplatie doucement avec le plat d'un couperet
2 tranches de gingembre frais de 6 mm (¼ po) d'épaisseur, pelées
125 ml (½ tasse) de saké
125 ml (½ tasse) de mirin (vin de riz doux)
3 c. à soupe de sucre
6 c. à soupe de sauce soja
1 c. à café (1 c. à thé) de fécule de maïs dissoute dans 2 c. à café (2 c. à thé) d'eau

TOFU

1 kg (2 lb) de tofu extraferme, égoutté
2 c. à soupe de graines de sésame, grillées (voir Note)
1 oignon vert (partie verte seulement), coupé en travers en tranches très fines

1. Préparer la sauce teriyaki : Dans une petite casserole à fond épais, mélanger les oignons, l'ail, le gingembre, le saké, le mirin et le sucre. Porter à ébullition à feu vif. Laisser bouillir de 3 à 5 min pour faire réduire du quart. Ajouter la sauce soja, baisser le feu et laisser bouillir à feu moyen de 3 à 5 min, jusqu'à consistance sirupeuse.

2. Remuer la fécule de maïs et l'eau et les incorporer dans la sauce qui mijote à l'aide d'un fouet. Laisser mijoter environ 30 sec jusqu'à léger épaississement. Verser la sauce dans une passoire placée au-dessus d'un bol résistant à la chaleur et laisser reposer à température ambiante. On peut préparer cette sauce jusqu'à une journée d'avance, la couvrir et la conserver dans le réfrigérateur. Il faudra alors la laisser reposer à température ambiante avant de l'utiliser.

3. Préparer le tofu : Couper le tofu en tranches de 1,25 cm (½ po) d'épaisseur et déposer dans un plat de cuisson pouvant contenir les tranches sur une seule couche. Couvrir avec les deux tiers de la sauce. Retourner les tranches pour bien les enrober. Réserver la sauce restante. Couvrir le plat et laisser le tofu mariner de 30 à 60 min dans le réfrigérateur.

4. Cuire le tofu, en suivant les directives de l'encadré, jusqu'à ce qu'il soit doré.

5. Servir dans un plat ovale ou des assiettes individuelles et napper avec la sauce réservée. Couvrir avec les graines de sésame et les oignons verts.

Note : Pour griller les graines de sésame, les mettre dans une poêle en fonte ou à fond épais. (Ne pas utiliser de poêle antiadhésive.) Faire brunir légèrement les graines environ 3 min à feu moyen en secouant la poêle pour qu'elles grillent uniformément. Laisser refroidir dans un bol résistant à la chaleur.

Si vous avez...

GRIL CONTACT : Préchauffer le gril. S'il est muni d'un sélecteur de température, préchauffer à température élevée. Mettre la lèchefrite sous la partie avant du gril. Quand on est prêt pour la cuisson, huiler légèrement la surface de cuisson. Déposer le tofu sur le gril chaud et fermer le couvercle. Compter de 3 à 5 min de cuisson.

POÊLE À FOND CANNELÉ : Préchauffer la poêle à feu moyen-vif sur la cuisinière. Quand on peut y faire rebondir une goutte d'eau, c'est qu'elle est suffisamment chaude. Quand on est prêt pour la cuisson, huiler légèrement les rainures. Déposer le tofu bien égoutté dans la poêle chaude. Compter de 3 à 5 min de cuisson de chaque côté. Laisser tremper la poêle refroidie dans l'eau chaude pour faciliter le nettoyage.

GRIL ENCASTRÉ : Préchauffer le gril à température élevée. Si la surface de cuisson n'est pas antiadhésive, brosser et huiler la grille. Déposer le tofu sur la grille chaude. Compter de 3 à 5 min de cuisson de chaque côté.

GRIL DE TABLE : Préchauffer le gril à température élevée ; il n'est pas nécessaire d'huiler la grille. Déposer le tofu sur le gril chaud. Compter de 4 à 6 min de cuisson de chaque côté.

ÂTRE : Entasser la braise ardente sous la grille et préchauffer de 3 à 5 min ; le feu doit être chaud (2 à 3 Mississippi). Quand on est prêt pour la cuisson, brosser et huiler la grille. Déposer le tofu sur la grille chaude. Compter de 3 à 5 min de cuisson de chaque côté.

SANDWICHES AU TOFU «BARBECUE»

AIL ROCAMBOLE

■ ***Le bulbe de l'ail rocambole est gros comme une balle de balle molle, ce qui le rend idéal pour faire des chips d'ail! Vous n'êtes pas obligés de vous donner tout ce mal, mais sachez que vos sandwiches n'en seront que plus savoureux. L'ail rocambole est parfois appelé ail d'Espagne.***

Il y a quelques années, mon épouse Barbara et ma belle-fille Betsy sont devenues végétariennes. Elles ont changé d'idée depuis, mais cela m'a forcé à inventer des recettes sans viande pour le barbecue. Le beurre et l'arôme de fumée liquide donnent au tofu une saveur très agréable.

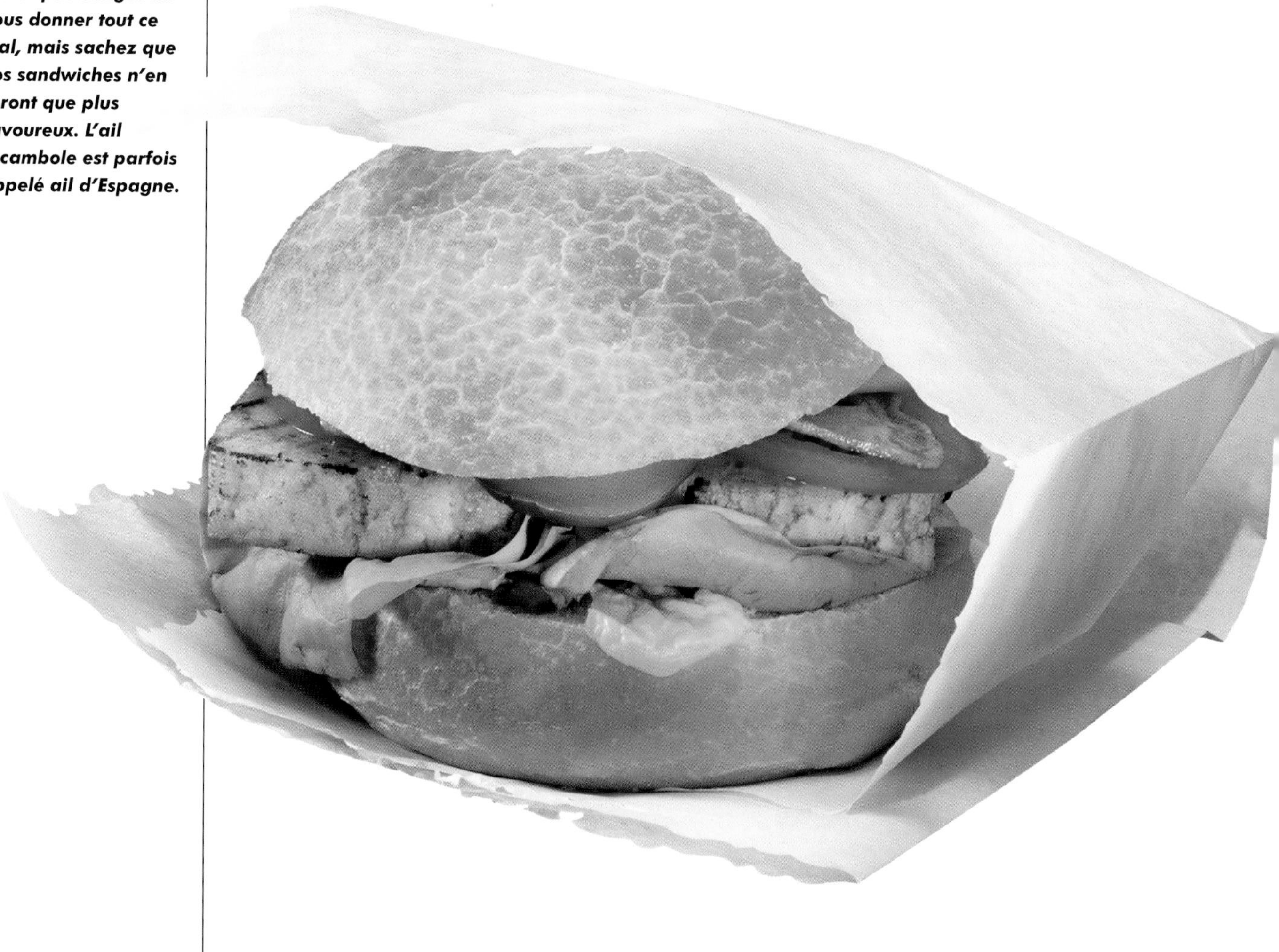

RECETTE

4 PORTIONS

1 kg (2 lb) de tofu ferme ou extraferme (voir Notes), égoutté
1 ½ c. à soupe de beurre non salé
2 c. à café (2 c. à thé) d'arôme de fumée liquide (voir encadré p. 209)
2 c. à soupe d'assaisonnement barbecue au choix (voir suggestions p. 438 à 441)
2 gousses d'ail rocambole (elephant garlic), en très fines tranches
1 c. à soupe d'huile d'olive extravierge
Gros sel de mer ou sel casher et poivre noir frais moulu
125 ml (½ tasse) de sauce barbecue au choix, ou plus au goût (voir suggestion, p. 452)
8 feuilles de laitue Boston
4 petits pains empereur (kaiser) ou pains à hamburgers, ouverts
1 belle tomate rouge bien mûre, en fines tranches
1 cornichon à l'aneth, en fines tranches

1. Couper le tofu en tranches de 1,25 cm (½ po) d'épaisseur. Faire fondre le beurre à feu moyen dans une petite casserole et incorporer l'arôme de fumée liquide. Beurrer légèrement le tofu sur les deux faces. Assaisonner avec l'assaisonnement barbecue.

2. Préchauffer le four à 180 °C (350 °F) en prévision de faire dorer l'ail (voir Notes).

3. Mettre les tranches d'ail dans un petit bol, ajouter l'huile d'olive et remuer. Saler et poivrer. Étendre les tranches d'ail sur une plaque à pâtisserie à bords hauts. Cuire au four de 5 à 10 min, jusqu'à ce qu'elles soient croustillantes et dorées.

4. Cuire le tofu, en suivant les directives de l'encadré jusqu'à ce qu'il soit bien coloré et grésillant. Badigeonner avec 60 ml (¼ tasse) de sauce barbecue quand il est doré de chaque côté.

5. Mettre 2 feuilles de laitue sur la moitié inférieure de chaque pain. Couvrir avec le tofu, l'ail, les tomates et les cornichons. Napper avec la sauce barbecue restante. Couvrir avec la moitié supérieure du pain et servir immédiatement.

Si vous avez...

GRIL CONTACT : Préchauffer le gril. S'il est muni d'un sélecteur de température, préchauffer à température élevée. Mettre la lèchefrite sous la partie avant du gril. Quand on est prêt pour la cuisson, huiler légèrement la surface de cuisson. Déposer le tofu sur le gril chaud et fermer le couvercle. Compter de 4 à 7 min de cuisson. Retourner le tofu en cours de cuisson pour pouvoir le badigeonner de chaque côté.

POÊLE À FOND CANNELÉ : Préchauffer la poêle à feu moyen-vif sur la cuisinière. Quand on peut y faire rebondir une goutte d'eau, c'est qu'elle est suffisamment chaude. Quand on est prêt pour la cuisson, huiler légèrement les rainures. Déposer le tofu dans la poêle chaude. Compter de 3 à 5 min de cuisson de chaque côté. Ne pas mettre trop de sauce dans la poêle parce qu'elle aura tendance à coller au fond. Laisser tremper la poêle refroidie dans l'eau chaude pour faciliter le nettoyage.

GRIL ENCASTRÉ : Préchauffer le gril à température élevée. Si la surface de cuisson n'est pas antiadhésive, brosser et huiler la grille. Déposer le tofu sur la grille chaude. Compter de 3 à 5 min de cuisson de chaque côté.

GRIL DE TABLE : Préchauffer le gril à température élevée ; il n'est pas nécessaire d'huiler la grille. Déposer le tofu sur le gril chaud. Compter de 4 à 6 min de cuisson de chaque côté.

ÂTRE : Entasser la braise ardente sous la grille et préchauffer de 3 à 5 min ; le feu doit être chaud (2 à 3 Mississippi). Quand on est prêt pour la cuisson, brosser et huiler la grille. Déposer le tofu sur la grille chaude. Compter de 3 à 5 min de cuisson de chaque côté.

Notes:

■ N'achetez pas de tofu soyeux pour cette recette. Le tofu ferme ou extraferme donnera de meilleurs résultats.

■ Si vous avez un gril contact, utilisez-le pour faire dorer les tranches d'ail. Préchauffez-le à température élevée, puis faites griller l'ail de 2 à 3 min. Si vous faites griller le tofu sur un gril contact, pressez des tranches d'ail de chaque côté des tranches de tofu et elles grilleront directement dans celles-ci.

LE TOFU ET LE MISO

Le tofu et le miso sont des produits à base de soja originaires d'Asie. Le tofu est vendu sous forme de blocs de couleur blanche ou ivoire; le miso se présente comme une pâte épaisse. Les deux ont leur place dans le domaine de la cuisson au gril. Le tofu grillé est un aliment de choix; quant au miso, il est délicieux dans les sauces et les glaces. Les Japonais leur accordent beaucoup d'importance depuis toujours dans leur répertoire culinaire.

Le tofu a été inventé en Chine (*doufu*), mais c'est au Japon qu'il a gagné ses lettres de noblesse. Plusieurs marques de qualité sont vendues dans le monde entier. On fait tremper des haricots de soja, puis on les réduit en une purée que l'on fera bouillir. On ajoute ensuite un coagulant au liquide pour le gélifier.

On connaît deux types de tofu: le régulier et le soyeux. Le régulier est plus ferme et plus sec que le soyeux, qui ressemble davantage à une crème anglaise. Le tofu régulier convient à la cuisson au gril tandis que le tofu soyeux a tendance à se défaire. Ces deux types de tofu sont vendus sous différentes formes: extraferme, ferme et mou. Le tofu extraferme est idéal pour le gril. (Certains rôtisseurs aiment le presser sous un poêlon lourd pendant 1 h afin de le raffermir davantage avant la cuisson.) On peut se procurer cet aliment dans la plupart des supermarchés, des boutiques d'aliments naturels et des épiceries orientales.

Le miso est riche en valeurs nutritives. Il est produit avec des germes de soja fermentés que l'on malaxe avec des céréales (riz, blé ou orge) et du sel. On le fait vieillir dans des cuves de cèdre pendant des mois, voire des années. Son goût est unique en son genre et varie selon sa richesse en soja, sa teneur en sel et le temps de fermentation. Si vous n'en avez jamais mangé, essayez d'imaginer le goût prononcé d'un bon parmesan vieilli, la saveur très salée d'un cube de bouillon (le miso a évidemment meilleur goût) et le caractère onctueux du beurre d'arachide.

Comme le tofu, le miso est vendu en sachets ou en pots de plastique. Plusieurs marques viennent du Japon, mais on en produit de plus en plus en Amérique du Nord et ailleurs dans le monde. Vous en trouverez facilement dans la plupart des supermarchés, des épiceries japonaises et des magasins d'aliments naturels. On peut le conserver pendant quelques mois dans le réfrigérateur.

LES MISOS LES PLUS CONNUS SONT LES SUIVANTS:

■ Le miso blanc, aussi appelé *shiro miso*, est doux, pâle et sucré. On le fait avec des haricots de soja et du riz blanc. Le *saikyo miso* est un miso blanc très doux particulièrement recommandé pour la cuisine au gril.

■ Le miso jaune, *shinshu miso*, est semblable au miso blanc, mais il est un peu plus jaune et salé.

■ Le miso de riz brun, *genmai miso*, est fabriqué avec des haricots de soja, du riz brun et du sel. Il est de couleur sable, salé et très goûteux puisqu'il est fermenté pendant un an et demi à deux ans.

■ Le miso rouge, *aka miso*, est plus foncé. Il est composé de haricots de soja, de riz et de sel. C'est un miso tout usage souvent utilisé dans les soupes.

■ Le miso d'orge, *mugi miso*, est foncé, d'une belle couleur brun-rouge. Il est fait avec des haricots de soja, de l'orge et du sel. Il est onctueux et presque croquant. Son goût subtil évoque parfois des notes de chocolat ou de café.

Fumoir d'intérieur

TOFU FUMÉ

Les végétariens, les amateurs de cuisine orientale et les personnes préoccupées par leur santé ne se font jamais prier pour manger du tofu. Voici un autre argument pour tous les autres : le tofu absorbe les épices et les arômes de fumée aussi bien que les côtes levées et certaines coupes de viande. Ce « jambon » de tofu est mariné et fumé, ce qui le rend fort délicieux. Les sceptiques devront s'avouer vaincus ! Et que dire des nombreux bienfaits du tofu pour la santé ?

4 À 6 PORTIONS

TRUCS

■ La consistance du tofu variera selon le tofu choisi. Le tofu soyeux, très crémeux, est fragile et doit être manipulé avec soin. Le tofu ordinaire est plus sec et plus ferme. Les deux sont savoureux.

■ Vous pouvez aussi fumer le tofu dans un wok. Lisez les directives de l'encadré de la p. 269.

RECETTE

500 ml (2 tasses) d'eau fraîche
50 g (¼ tasse) de cassonade pâle ou de sucre roux bien tassé
2 c. à soupe de gros sel de mer ou de sel casher
1 c. à café (1 c. à thé) de grains de poivre noir
1 c. à café (1 c. à thé) de graines de moutarde
¼ c. à café (¼ c. à thé) de clous de girofle entiers
½ bâton de cannelle de 4 cm (1 ½ po)
2 feuilles de laurier
2 rubans de zeste de citron de 1,25 x 4 cm (½ x 1 ½ po)
1 kg (2 lb) de tofu ferme ou extraferme, égoutté
Huile de cuisson en vaporisateur (facultatif)

1 ½ c. à soupe de sciure de cerisier ou de pommier

1. Dans un bol étroit et profond, mettre l'eau, la cassonade, le sel, les grains de poivre, les graines de moutarde, les clous de girofle, la cannelle, les feuilles de laurier et le zeste. À l'aide d'un fouet, mélanger jusqu'à dissolution du sel et de la cassonade.

2. Ajouter le tofu en s'assurant qu'il est parfaitement couvert de marinade. Couvrir et laisser mariner de 6 à 8 h dans le réfrigérateur. On peut aussi faire mariner le tofu dans un sac de plastique à fermeture hermétique.

3. Préparer le fumoir (directives p. 16). Mettre la sciure au centre de la partie inférieure du fumoir. Tapisser la lèchefrite de papier d'aluminium et le mettre dans le fumoir. Vaporiser légèrement la grille du fumoir avec de l'huile de cuisson ou la frotter avec du papier absorbant trempé dans l'huile. Placer la grille dans le fumoir. Bien égoutter le tofu et l'éponger avec du papier absorbant. Mettre le tofu sur la grille.

4. Couvrir le fumoir et le placer à feu vif 3 min. Baisser ensuite la chaleur et fumer le tofu à feu moyen de 15 à 20 min, jusqu'à ce qu'il commence à brunir.

5. Déposer le tofu dans un plat ovale et laisser refroidir à température ambiante. Conserver le tofu dans le réfrigérateur jusqu'au moment de servir, puis le découper en fines tranches. Le tofu fumé peut être servi froid ou à température ambiante. On peut le couvrir et le conserver jusqu'à 5 jours dans le réfrigérateur.

POLENTA EN CROÛTE DE PARMESAN

La polenta est une bouillie de semoule de maïs fort populaire en Italie. Si vous pensez que cela est trop ordinaire, attendez de goûter à la polenta grillée. Autrefois, il fallait avoir un bras de fer pour remuer longuement la polenta. Si on la faisait griller, il fallait attendre une demi-journée pour qu'elle refroidisse. De nos jours, on peut manger de la polenta grillée dans le temps de le dire grâce à la polenta vendue dans des tubes de plastique. On la sert comme entrée ou mets d'accompagnement et on peut également la transformer en plat principal en la nappant avec la sauce tomate de la p. 450.

4 PORTIONS

TRUC

■ **Râpez le parmesan juste avant de l'utiliser. Pour le râper à l'aide du robot de cuisine, coupez-le d'abord en morceaux de 1,25 cm (½ po). Jetez les morceaux au fur et à mesure dans le bol pendant que l'appareil est en marche.**

RECETTE

1 paquet de 540 g (18 oz) de polenta précuite
Gros sel de mer ou sel casher et poivre noir frais moulu
3 c. à soupe de beurre non salé, fondu
120 g (1 tasse) de parmigiano reggiano, râpé finement, dans un bol peu profond
Sauce aux tomates grillées (facultatif ; p. 450)

1. Couper la polenta en travers en tranches de 1,25 cm (½ po). Saler et poivrer sur les deux faces. Badigeonner un côté de beurre fondu, puis le passer dans le parmesan pour former une croûte épaisse. Secouer le surplus de parmesan. Badigeonner l'autre côté de beurre fondu, puis le passer à son tour dans le parmesan en secouant le surplus. Mettre les tranches de polenta au fur et à mesure dans une grande assiette tapissée de pellicule plastique.

2. Cuire la polenta, en suivant les directives de l'encadré, jusqu'à ce qu'elle soit dorée et bien chaude. Retourner les tranches à l'aide d'une spatule métallique.

3. Servir la polenta dans un plat ovale ou des assiettes individuelles. Couvrir avec le parmesan restant et napper avec la Sauce aux tomates grillées au goût (p. 450).

Si vous avez...

GRIL CONTACT : Préchauffer le gril. S'il est muni d'un sélecteur de température, préchauffer à température élevée. Mettre la lèchefrite sous la partie avant du gril. Quand on est prêt pour la cuisson, huiler légèrement la surface de cuisson. Déposer les rondelles de polenta sur le gril chaud et fermer le couvercle. Compter de 3 à 5 min de cuisson.

POÊLE À FOND CANNELÉ : Préchauffer la poêle à feu moyen-vif sur la cuisinière. Quand on peut y faire rebondir une goutte d'eau, c'est qu'elle est suffisamment chaude. Quand on est prêt pour la cuisson, huiler légèrement les rainures. Déposer les rondelles de polenta dans la poêle chaude. Compter de 3 à 5 min de cuisson de chaque côté.

GRIL ENCASTRÉ : Préchauffer le gril à température élevée. Si la surface de cuisson n'est pas antiadhésive, brosser et huiler la grille. Déposer les rondelles de polenta sur la grille chaude. Compter de 3 à 5 min de cuisson de chaque côté.

GRIL DE TABLE : Préchauffer le gril à température élevée ; il n'est pas nécessaire d'huiler la grille. Déposer les rondelles de polenta sur le gril chaud. Compter de 4 à 6 min de cuisson de chaque côté.

ÂTRE : Entasser la braise ardente sous la grille et préchauffer de 3 à 5 min ; le feu doit être chaud (2 à 3 Mississippi). Quand on est prêt pour la cuisson, brosser et huiler la grille. Déposer les rondelles de polenta sur la grille chaude. Compter de 3 à 5 min de cuisson de chaque côté.

RECETTES DE BASE

Les épices, les marinades, les sauces barbecue et les salsas ont l'art de rendre les aliments grillés irrésistibles. Ce court chapitre vous offre des recettes qui devraient figurer dans le répertoire de tous les amateurs de cuisson au gril d'intérieur. Je vous propose quatre de mes recettes d'épices préférées et trois recettes de beurres fort utiles pour badigeonner les aliments en cours de cuisson. Une fois que vous aurez essayé ma Sauce aux tomates grillées et ma Salsa aux tomates fumées, votre idée de ce que devrait être une bonne sauce rouge ne sera plus jamais la même. N'oubliez jamais que pour bien cuisiner au gril – que ce soit dans la maison ou en plein air – tout est une question de saveur.

ÉPICES BARBECUE DE BASE

Ces épices ont le pouvoir de transformer toutes les viandes, tous les poissons et tous les fruits de mer en splendide barbecue. Je crois que vous aimerez les sels assaisonnés, le cumin et l'origan dont j'ai enrichi la recette de base traditionnelle. Utilisez de 2 à 3 c. à café (à thé) de ces épices pour 480 g (1 lb) de viande.

ENVIRON 80 g (⅔ TASSE)

POIVRE MOULU

■ ***Toutes les recettes de ce livre demandent d'utiliser du poivre du moulin. Les grains de poivre frais moulus ont un goût robuste qui ne donne pas sa place. Voici de quoi gagner du temps si vous devez en moudre une grande quantité. Une fois par semaine, prenez une poignée de grains de poivre que vous moudrez l'aide d'un moulin à café ou à épices. Conservez le poivre ainsi obtenu dans un pot fermé hermétiquement. Même après une semaine, il aura le goût vibrant du poivre frais moulu. Vous n'avez plus qu'à y puiser la quantité dont vous avez besoin selon la recette choisie.***

RECETTE

3 c. à soupe de paprika doux
3 c. à soupe de cassonade pâle ou foncée ou de sucre roux
1 ½ c. à soupe de poivre noir frais moulu
1 c. à soupe de sel à l'ail
1 c. à soupe de sel à l'oignon
1 c. à soupe de sel de céleri
1 c. à café (1 c. à thé) de cumin moulu
1 c. à café (1 c. à thé) d'origan séché

Mettre tous les ingrédients dans un petit bol et mélanger en prenant soin de défaire avec les doigts les grumeaux formés par la cassonade. Conserver dans un bocal hermétique à l'abri de la chaleur et de la lumière. Ces épices se conservent au moins 6 mois.

ÉPICES BARBECUE FUMÉES TOUT USAGE

ENVIRON 120 g (1 TASSE)

Depuis plusieurs années, je m'amuse à faire des retouches à cette recette. La cassonade est sucrée ; le poivre et le paprika sont piquants ; les graines de céleri, l'ail et l'oignon ont un goût qui s'allie parfaitement à la viande, à la volaille, aux fruits de mer et même au tofu. Utilisez de 2 à 3 c. à café (à thé) de ces épices pour 480 g (1 lb) de viande.

RECETTE

70 g (⅓ tasse) de cassonade foncée ou de sucre roux bien tassé
60 g (¼ tasse) de sel à la fumée de noyer
25 g (¼ tasse) de paprika doux
2 c. à soupe de poivre noir frais moulu
1 c. à soupe d'ail en flocons
1 c. à soupe d'oignon en flocons
1 c. à café (1 c. à thé) de graines de céleri

Mettre tous les ingrédients dans un petit bol et mélanger en prenant soin de défaire avec les doigts les grumeaux formés par la cassonade. Conserver dans un bocal hermétique à l'abri de la chaleur et de la lumière. Ces épices se conservent au moins 6 mois.

Note : Cette recette de base peut être transformée selon vos goûts. Il ne s'agit pas de la suivre aveuglément. Par exemple, si vous préférez les épices plus fortes, remplacez le paprika doux par du paprika fort. Pour obtenir une saveur typique du Texas, ajoutez 2 c. à soupe d'assaisonnement au chili.

TRUC

■ **Le sel à la fumée de noyer nous rappelle les bonnes odeurs de barbecue qui se dégagent pendant la cuisson en plein air. On en trouve dans la plupart des supermarchés, mais vous pouvez le remplacer par du sel ordinaire.**

ÉPICES BARBECUE DU TEXAS

Les épices barbecue du Texas sont plus épicées et moins sucrées qu'ailleurs aux États-Unis. Elles sont préparées avec de l'assaisonnement au chili de première qualité, de l'origan, du cumin, de la coriandre et de la cannelle. Ce mélange convient bien au bœuf, au porc et à la volaille. Utilisez de 2 à 3 c. à café (à thé) de ces épices pour 480 g (1 lb) de viande.

ENVIRON 120 g (1 TASSE)

RECETTE

50 g (½ tasse) d'assaisonnement au chili ancho (voir Note)
60 g (¼ tasse) de gros sel de mer ou de sel casher
2 c. à soupe de poivre noir frais moulu
2 c. à soupe d'origan séché
1 c. à soupe de poudre d'ail
1 c. à soupe de poudre d'oignon
2 c. à café (2 c. à thé) de cumin moulu
1 c. à café (1 c. à thé) de coriandre moulue
1 c. à café (1 c. à thé) de cannelle moulue

Mélanger tous les ingrédients dans un petit bol. Conserver dans un bocal hermétique à l'abri de la chaleur et de la lumière. Ces épices se conservent au moins 6 mois.

Note : Pour de meilleurs résultats, utilisez un assaisonnement au chili de première qualité à base de piment ancho ou de piment du Nouveau-Mexique.

AIL, OIGNON ET FEUILLES DE LAURIER

L'ail et l'oignon séchés n'ont pas exactement le même goût que l'ail et l'oignon frais. Ils sont plus doux, plus sucrés et ne possèdent pas le même goût piquant. Ils sont vendus sous trois formes.

EN POUDRE : Forme la plus finement moulue. Même consistance que la farine. On utilise l'ail et l'oignon en poudre pour assaisonner le sel à l'ail et le sel à l'oignon.

GRANULÉ : Mouture plus grossière, semblable à la semoule de maïs. L'ail et l'oignon granulés sont aussi utilisés dans les sels assaisonnés.

FLOCONS : Semblables à des chips très minces ; mouture plus grossière.

Pour obtenir du laurier moulu, émiettez quelques feuilles de laurier avec les doigts et réduisez-les en poudre à l'aide d'un moulin à épices. Conservez dans un pot fermé hermétiquement.

ÉPICES CAJUN

On trouve maintenant les épices cajun sans difficulté dans le commerce, mais il n'y a rien de tel que de les préparer chez soi, ce qui permet d'éviter le glutamate de sodium ajouté dans plusieurs marques. Grâce au poivre noir, au poivre blanc et au cayenne, vous obtiendrez un mélange aromatique et un peu piquant. Utilisez de 2 à 3 c. à café (à thé) de ces épices pour 480 g (1 lb) de viande.

RECETTE

ENVIRON 3 C. À SOUPE

- *1 c. à soupe de gros sel de mer ou de sel casher*
- *1 c. à soupe de paprika doux*
- *1 c. à café (1 c. à thé) de poivre noir frais moulu*
- *1 c. à café (1 c. à thé) de poivre blanc frais moulu*
- *½ c. à café (½ c. à thé) de thym séché*
- *½ c. à café (½ c. à thé) d'origan séché*
- *½ c. à café (½ c. à thé) d'oignon granulé (voir encadré)*
- *½ c. à café (½ c. à thé) d'ail granulé (voir encadré)*
- *¼ c. à café (¼ c. à thé) de feuille de laurier moulue (voir encadré)*
- *¼ c. à café (¼ c. à thé) de cayenne*

Mélanger tous les ingrédients dans un petit bol. Conserver dans un bocal hermétique à l'abri de la chaleur et de la lumière. Ces épices se conservent au moins 6 mois.

UN MONDE DE SAVEURS EN TROIS VOLETS

Une grande confusion entoure les sels épicés, les marinades, les sauces à badigeonner, les sauces barbecues, les beurres et les salsas. Comment et quand faut-il les utiliser ? Gardez ces conseils en mémoire et, comme par magie, le doute cessera de vous assaillir. Les trois volets que je vous présente font référence aux trois stades au cours desquels il est possible d'ajouter du goût aux aliments grillés ou fumés : avant la cuisson, pendant la cuisson et après la cuisson. Voici comment maîtriser cet art.

PREMIER VOLET : AVANT LA CUISSON

C'est le stade au cours duquel on assaisonne les aliments crus. Dans ce livre, je vous offre des recettes de sels épicés, de marinades et de saumures.

Les sels épicés sont composés de fines herbes, d'épices et/ou de sel. Ils peuvent être secs ou humides, comme une pâte. On peut les utiliser juste avant la cuisson au gril ; ils agiront alors comme un sel assaisonné. On peut aussi les utiliser quelques heures ou même une journée d'avance, ce qui permet de saumurer la viande en plus de l'assaisonner. Les sels épicés sont particulièrement recommandés pour les aliments gras tels que les côtes et la pointe de poitrine de bœuf, mais ils sont aussi utiles avec les aliments maigres comme les blancs de poulet. Ils sont aussi très appréciés quand on cuisine avec une poêle à fond cannelé (la marinade a tendance à tomber au fond et à brûler).

Les marinades sont des assaisonnements liquides qui allient souvent une huile (olive, sésame, etc.), un ingrédient acide (vinaigre ou jus de citron) et des aromates (ail, oignon, oignon vert, gingembre et/ou fines herbes fraîches ou séchées). Les aliments plus gros ou plus durs doivent mariner plus longtemps. Par exemple, on peut faire mariner les crevettes 30 min et le jarret d'agneau toute une nuit. Les marinades conviennent bien aux aliments maigres tels que les blancs de volaille et les crevettes parce qu'elles préservent leur humidité en cours de cuisson.

Les saumures sont des marinades à base de sel, d'eau et, souvent, de sucre. On les utilise pour saumurer les viandes et les fruits de mer avant de les griller ou de les fumer. Elles empêchent la viande de se dessécher sur le gril.

DEUXIÈME VOLET : PENDANT LA CUISSON

Parlons maintenant des assaisonnements que l'on ajoute en cours de cuisson. Il en existe trois sortes : les sauces à badigeonner, les sauces lavette et les glaces. Les sauces à badigeonner renferment souvent de l'huile ou du beurre ainsi que plusieurs ingrédients aromatisants : citron, fines herbes, spiritueux, etc. Elles concernent entre autres les blancs de volaille, les côtelettes, les poissons, les crevettes et les fruits qui grésillent sur le gril. Le gras qu'elles contiennent sert à préserver l'humidité des aliments.

Les sauces lavette sont plus liquides et servent à essuyer les aliments à l'aide d'une lavette (utilisée habituellement pour laver la vaisselle). Elles sont faites à base de vinaigre, de bière, de café ou d'autres liquides clairs ; elles contiennent peu ou pas de sucre, ce qui empêche les aliments de brûler au cours d'une cuisson prolongée. On les utilise surtout avec les aliments qui cuisent lentement comme les côtes, la pointe de poitrine et l'épaule de porc.

Les glaces sont utilisées en fin de cuisson. Parce qu'elles contiennent un peu de sucre (miel, sucre, confiture, sirop d'érable, etc.), elles favorisent la formation d'une croûte sucrée et collante autour des aliments.

TROISIÈME VOLET : APRÈS LA CUISSON

Cette étape peut être faite une fois que les aliments sont grillés. On parle ici des beurres composés, des salsas, des relishs et des sauces barbecue. La magie du gril ayant déjà fait son œuvre, il ne reste plus qu'à l'achever.

Les beurres composés sont déposés sur les aliments chauds avant de les servir. En fondant, ils se marient au jus de cuisson de la viande pour former une sauce exquise. Les possibilités sont infinies puisqu'on peut utiliser n'importe quel mélange de fines herbes, d'épices, de fromages, de piments chilis et/ou d'agrumes.

Les salsas, les chutneys et les relishs sont habituellement servis froids ou à température ambiante et offrent un jeu de contrastes avec les aliments chauds à peine sortis du gril. Ils contiennent du vinaigre, du jus de citron jaune ou vert et un autre ingrédient acide qui rehausse le goût de la viande.

Les sauces barbecue doivent être ajoutées à la toute fin de la cuisson ou tout de suite après. Le sucre qu'elles renferment pourrait les faire brûler sur le gril.

EN RÉSUMÉ

Vous savez maintenant à quelle étape il est préférable d'utiliser le sel épicé, la marinade, la sauce à badigeonner, le relish ou la salsa. Ils ont tous leur raison d'être. Vous pouvez aussi les allier pour créer différentes couches de saveurs. Par exemple, mettez du sel épicé sur un blanc de volaille, badigeonnez-le de beurre fondu et d'arôme de fumée liquide en cours de cuisson et servez-le avec une sauce barbecue légèrement fumée et sucrée. C'est ce que j'ai fait au moment de créer ma recette de Poulet de la victoire (p. 212). Les règles de cet univers étant souples, adaptez-les selon vos préférences et votre imagination. Et ne vous fiez qu'à un seul guide : vos papilles gustatives !

BEURRE AU PARMESAN, À LA SAUGE ET AU POIVRE

Le beurre composé à base de parmesan, de sauge et de poivre noir est idéal avec l'espadon ainsi qu'avec les côtelettes de veau, le poulet et la plupart des poissons grillés. Achetez du parmesan véritable. Formez deux rouleaux avec le beurre restant et congelez-les pour usage ultérieur.

RECETTE

ENVIRON 125 ML (½ TASSE)

8 c. à soupe de beurre non salé à température ambiante
30 g (¼ tasse) de parmigiano reggiano frais râpé
4 feuilles de sauge fraîche, en fine julienne, ou 1 c. à café (1 c. à thé) de sauge séchée
1 c. à soupe de poivre noir concassé
Gros sel de mer ou sel casher

À l'aide du robot de cuisine, mélanger le beurre, le parmesan, la sauge et le poivre jusqu'à consistance crémeuse. Saler au goût. Si l'on prépare ce beurre d'avance, le diviser en parts égales sur 2 feuilles de pellicule plastique. Rouler chaque feuille en formant un cylindre bien serré et tordre les bouts pour sceller. Conserver dans le réfrigérateur jusqu'à 5 jours ou dans le congélateur jusqu'à trois mois. Pour servir, mettre environ 1 c. à soupe de beurre sur chaque portion ou développer un rouleau et découper des tranches de 1,25 cm (½ po) d'épaisseur (1 tranche par portion).

BEURRE À L'OIGNON ET AU CARI

Le poisson grillé à la mode indienne ou antillaise sera succulent avec ce beurre aromatisé au cari à base d'oignons caramélisés. Le saumon, l'espadon et les blancs de volaille y trouveront particulièrement leur compte. Cette recette est suffisante pour huit portions. Il est pratique de diviser la quantité en deux avant de mettre le beurre au congélateur.

ENVIRON 125 ML (½ TASSE)

RECETTE

8 c. à soupe de beurre non salé à température ambiante
1 petit oignon, en rondelles minces comme du papier
2 c. à café (2 c. à thé) de cari
1 c. à café (1 c. à thé) de graines de moutarde (noires de préférence)
Gros sel de mer ou sel casher et poivre noir frais moulu

1. Faire fondre 2 c. à soupe de beurre à feu moyen dans une poêle à frire antiadhésive. Ajouter les oignons, le cari et les graines de moutarde. Cuire environ 10 min, jusqu'à ce que les oignons soient tendres et très colorés. Baisser le feu quand les oignons commencent à brunir afin qu'ils ne brûlent pas. Transvider dans le bol du robot de cuisine et laisser reposer à température ambiante.

2. Ajouter le beurre restant (6 c. à soupe) et mélanger jusqu'à consistance crémeuse, Rectifier l'assaisonnement en sel et en poivre si nécessaire.

3. Si l'on prépare ce beurre d'avance, le diviser en parts égales sur 2 feuilles de pellicule plastique. Rouler chaque feuille en formant un cylindre bien serré et tordre les bouts pour sceller. Conserver dans le réfrigérateur jusqu'à 5 jours ou dans le congélateur jusqu'à trois mois. Pour servir, mettre environ 1 c. à soupe de beurre sur chaque portion ou développer un rouleau et découper des tranches de 1,25 cm (½ po) d'épaisseur (1 tranche par portion).

TRUC

■ On trouve des graines de moutarde noire dans les épiceries indiennes et les magasins d'aliments naturels. Les graines de moutarde jaune et blanche conviennent également à cette recette.

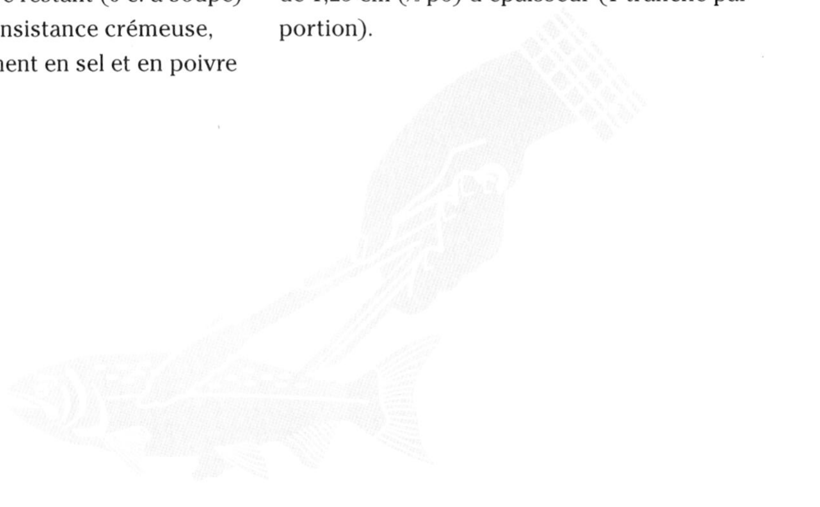

BEURRE AU CITRON VERT ET AU PIMENT CHIPOTLE

Ce beurre à base de citron vert et de piment chipotle remplit toutes ses promesses. Je le recommande avec les blancs de volaille, le thon, les crevettes et les côtelettes de porc cuits au gril. Cette quantité donne environ huit portions.

ENVIRON 125 ML (½ TASSE)

RECETTE

1 à 2 piments chipotles en conserve, coupés en deux sur la longueur, épépinés (garder les graines si l'on veut un goût plus piquant) et hachés
1 gousse d'ail, émincée
½ c. à café (½ c. à thé) de zeste de citron vert frais râpé
2 c. à café (2 c. à thé) de jus de citron vert frais pressé, ou plus au goût
8 c. à soupe de beurre non salé à température ambiante
Gros sel de mer ou sel casher

Mettre les piments, l'ail, le zeste, le jus et le beurre dans le robot de cuisine et bien mélanger jusqu'à consistance crémeuse. Ajouter du jus de citron vert si nécessaire et saler au goût. Si l'on prépare ce beurre d'avance, le diviser en parts égales sur 2 feuilles de pellicule plastique. Rouler chaque feuille en formant un cylindre bien serré et tordre les bouts pour sceller. Conserver dans le réfrigérateur jusqu'à 5 jours ou dans le congélateur jusqu'à trois mois. Pour servir, mettre environ 1 c. à soupe de beurre sur chaque portion ou développer un rouleau et découper des tranches de 1,25 cm (½ po) d'épaisseur (1 tranche par portion).

TRUC

■ Achetez des piments chipotles en conserve (chipotles en adobo). Ils ont plus de saveur que les piments séchés parce qu'ils sont conservés dans une marinade à base de vinaigre et d'épices appelée *adobo*.

Fumoir d'intérieur
AIL FUMÉ

Si l'on me demandait quel est l'ingrédient le plus essentiel à la cuisson au barbecue, je répondrais l'ail sans hésiter. De Buenos Aires à Bali, il est difficile de trouver un plat qui n'est pas parfumé d'une manière ou d'une autre avec cette plante indispensable. L'ail fumé dans un fumoir d'intérieur fait ressortir toute la douceur que renferment les bulbes. Vous serez étonné par une transformation aussi radicale.

2 BULBES D'AIL

TRUCS

■ Quoi faire avec l'ail fumé ? Il s'agit d'abord d'un délice à grignoter tel quel comme hors-d'œuvre. Vous pouvez aussi l'étendre sur des bruschettas (voir p. 324) ou l'utiliser pour faire du pain à l'ail. Réduisez-le en purée avec des pois chiches pour obtenir un hoummos exceptionnel ou avec de la mayonnaise pour faire un aïoli original. Faites-en tremper quelques gousses dans de l'huile l'olive pour faire une vinaigrette ou une sauce à badigeonner. Enfilez quelques gousses sur un cure-dent et mettez-les dans un martini. Les possibilités sont illimitées.

■ Vous pouvez aussi fumer l'ail dans un wok. Consultez l'encadré de la p. 269.

RECETTE

2 bulbes d'ail
Huile de cuisson en vaporisateur (facultatif)
Cure-dents de bois; 1 ½ c. à soupe de sciure de chêne, de hickory ou de noyer

1. Défaire les bulbes en gousses. Couper la racine de chaque gousse et les peler (voir Note). Enfiler les gousses sur des cure-dents (3 ou 4 par cure-dent).

2. Préparer le fumoir (directives p. 16). Mettre la sciure au centre de la partie inférieure du fumoir. Tapisser la lèchefrite de papier d'aluminium et mettre dans le fumoir. Vaporiser légèrement la grille du fumoir avec de l'huile de cuisson ou la frotter avec du papier absorbant trempé dans l'huile. Mettre la grille dans le fumoir. Déposer les brochettes sur la grille.

3. Mettre à température élevée 3 min, puis baisser le feu à température moyenne. Fumer l'ail de 15 à 20 min, jusqu'à ce qu'il soit tendre et légèrement coloré. Les gousses sont prêtes si elles sont tendres quand on les presse entre le pouce et l'index.

4. Mettre les gousses dans un plat ovale et enlever les cure-dents. L'ail grillé se conserve quelques semaines dans un bocal hermétique placé dans le réfrigérateur.

Note : Pour peler les gousses d'ail, pressez-les doucement avec le plat d'un couperet et faites-les glisser de leur pelure.

Fumoir d'intérieur

SALSA AUX TOMATES FUMÉES

La salsa et le feu forment un couple inséparable. Depuis les Aztèques, on fait griller sur la braise des tomates, des oignons, des piments et d'autres ingrédients délicieux. Cette recette va un peu plus loin puisqu'on doit fumer les légumes à l'aide d'un fumoir d'intérieur. Cette salsa est particulièrement bonne avec des chips de tortillas ou, mieux encore, du pain grillé (voir la recette de bruschetta, p. 324).

DONNE 375 ML (1 ½ TASSE)

RECETTE

6 tomates prunes (environ 600 g/1 ¼ lb), coupées en deux sur la longueur
2 à 4 jalapeños, équeutés, coupés en deux et épépinés (garder les graines si l'on veut un goût plus piquant)
1 épi de maïs, épluché
¼ d'oignon Vidalia (ou autre oignon blanc doux), pelé
2 gousses d'ail, épluchées et enfilées sur des cure-dents de bois
3 c. à soupe de coriandre fraîche, hachée finement
2 c. à soupe de jus de citron frais pressé, ou plus au goût
Gros sel de mer ou sel casher et poivre noir frais moulu

1 ½ c. à soupe de sciure de hickory, de noyer ou d'un autre bois dur

1. Préparer le fumoir (directives p. 16). Mettre la sciure au centre de la partie inférieure du fumoir. Tapisser la lèchefrite de papier d'aluminium et mettre dans le fumoir. Mettre la grille dans le fumoir. Déposer les tomates et les piments sur la grille, face coupée vers le haut. Ajouter le maïs, les oignons et l'ail. Fermer le couvercle. Mettre 3 min à température élevée, puis baisser le feu à température moyenne. Fumer les légumes de 8 à 10 min, jusqu'à ce qu'ils soient très fumés (ils seront recouverts d'une pellicule légèrement colorée) mais encore crus au centre.

2. Mettre les légumes sur une planche à découper et laisser refroidir à température ambiante. Couper les tomates, les oignons et les piments en morceaux de 2,5 cm (1 po). Couper les gousses d'ail en deux. Détacher les grains de l'épi de maïs à l'aide d'un couteau de chef.

3. Mettre les légumes fumés dans le robot de cuisine et hacher grossièrement en faisant fonctionner l'appareil et en l'arrêtant à quelques reprises. Ajouter la coriandre et le jus de citron vert. Ajouter du jus de citron vert si nécessaire. Saler et poivrer au goût. La salsa doit être bien assaisonnée. Elle est meilleure le jour même, mais elle sera encore bonne pendant quelques jours si on la conserve couverte dans le réfrigérateur.

TRUCS

- **Il faut fumer les légumes sans les cuire complètement. Ils doivent rester croquants et juteux. Voilà pourquoi il est important de les fumer rapidement, en 10 minutes ou moins.**
- **Vous pouvez aussi fumer les légumes dans un wok. Consultez l'encadré de la p. 269.**

SALSA AU PIMENT CHIPOTLE

Cette recette est divine avec les Burgers épicés à la dinde (p. 196) et n'importe quel plat de viande ou de fruits de mer grillés à la mode mexicaine. Pour griller les légumes, vous pouvez utiliser une poêle à fond cannelé, un gril encastré ou opter pour la cuisson dans l'âtre. Un poêlon en fonte non huilé bien chaud fera aussi l'affaire.

ENVIRON 175 ML (¾ TASSE)

RECETTE

6 tomatilles (240 g/8 oz en tout), épluchées
5 tomates prunes (360 g/12 oz en tout)
4 gousses d'ail, enfilées sur un cure-dent de bois ou une brochette de bambou
1 petit oignon, en quartiers
1 à 2 piments chipotles en conserve (voir Note) avec 2 c. à café (2 c. à thé) de leur sauce adobo, ou plus au goût
3 c. à soupe de coriandre fraîche, hachée finement
1 c. à soupe de jus de citron vert frais, ou plus au goût
½ c. à café (½ c. à thé) de sucre, ou plus au goût
Gros sel de mer ou sel casher et poivre noir frais moulu

1. Griller les tomatilles, les tomates, l'ail et les oignons, en suivant les directives de l'encadré, jusqu'à ce qu'ils soient très foncés sur tous les faces. Procéder en deux ou trois fois si la surface de cuisson n'est pas assez grande.

2. Mettre les légumes grillés sur une planche à découper et laisser refroidir. Racler un peu de la pelure brûlée, mais en garder une grande partie. Les taches foncées ajouteront de la couleur et du goût à la salsa.

3. Couper les légumes en morceaux de 2,5 cm (1 po) et les réduire en purée à l'aide du robot de cuisine en même temps que les piments et leur sauce, la coriandre, le jus de citron et le sucre. Rectifier l'assaisonnement en sauce *adobo*, en sucre, en sel et en poivre au goût. Couvrir et conserver jusqu'à 3 jours dans le réfrigérateur.

Note : Les piments chipotles sont des jalapeños fumés. Ils renforcent la saveur fumée de la salsa. J'utilise rarement des aliments en conserve, mais les chipotles font exception puisqu'ils sont conservés dans une sauce épicée et vinaigrée (*adobo*) qui rehausse merveilleusement leur goût.

Si vous avez…

POÊLE À FOND CANNELÉ OU POÊLON EN FONTE : Préchauffer la poêle à feu moyen-vif sur la cuisinière. Quand on peut y faire rebondir une goutte d'eau, c'est qu'elle est suffisamment chaude. Déposer les tomatilles, les tomates, l'ail et les oignons dans la poêle chaude et cuire en les retournant de temps à autre. (Procéder en deux ou trois fois si la poêle n'est pas assez grande.) Compter de 3 à 5 min de cuisson de chaque côté pour les tomatilles, les tomates et les oignons. Compter de 2 à 4 min de cuisson de chaque côté pour l'ail.

GRIL ENCASTRÉ : Préchauffer le gril à température élevée. Si la surface de cuisson n'est pas antiadhésive, brosser et huiler la grille. Déposer les tomatilles, les tomates, l'ail et les oignons sur la grille chaude. Compter de 3 à 5 min de cuisson de chaque côté pour les tomatilles, les tomates et les oignons. Compter de 2 à 4 min de cuisson de chaque côté pour l'ail.

ÂTRE : Entasser la braise ardente sous la grille et préchauffer de 3 à 5 min ; le feu doit être chaud (2 à 3 Mississippi). Quand on est prêt pour la cuisson, brosser et huiler la grille. Déposer les légumes sur la grille chaude. Déposer les tomatilles, les tomates, l'ail et les oignons sur la grille chaude. Compter de 3 à 5 min de cuisson de chaque côté pour les tomatilles, les tomates et les oignons. Compter de 2 à 4 min de cuisson de chaque côté pour l'ail.

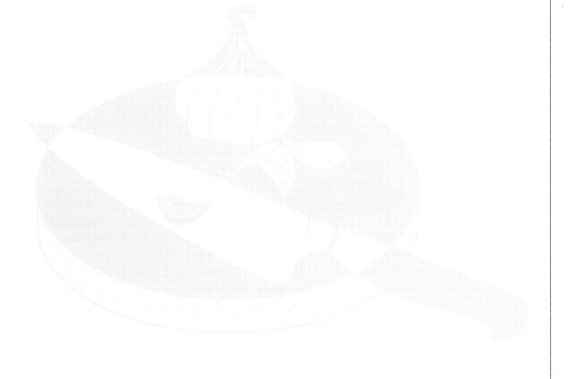

SAUCE AUX TOMATES GRILLÉES

On pense rarement à utiliser le gril pour faire une soupe ou une sauce tomate. Mais je vais vous convaincre d'essayer cette recette. La sauce sera imprégnée d'un arôme de fumée qui rehaussera le caractère naturellement sucré des tomates. Depuis des milliers d'années, les Mexicains font griller les tomates, les oignons et les piments pour concocter des salsas remplies de saveurs. J'ai adapté leur technique pour obtenir une sauce exceptionnellement bonne. Servez-la avec de la polenta grillée (p. 435), du poisson, des blancs de volaille ou des pâtes.

ENVIRON 875 ML (3 ½ TASSES)

RECETTE

5 belles tomates rouges bien mûres (environ 1 kg/2 lb), coupées en deux en travers et équeutées
1 oignon blanc moyen, pelé et coupé en quartiers
1 branche de céleri
4 gousses d'ail, pelées et enfilées sur un cure-dent de bois ou une brochette de bambou
3 c. à soupe d'huile d'olive extravierge
1 c. à café (1 c. à thé) d'origan séché
½ c. à café (½ c. à thé) de cayenne en flocons
1 feuille de laurier
6 feuilles de basilic frais
Gros sel de mer ou sel casher et poivre noir frais moulu
60 à 175 ml (¼ à ¾ tasse) de bouillon de poulet, de bouillon de légumes ou d'eau (facultatif)

1. Cuire les tomates, les oignons, le céleri et l'ail, en suivant les directives de l'encadré, jusqu'à ce qu'ils soient colorés. Procéder en deux ou trois fois si la surface de cuisson n'est pas assez grande.

2. Mettre les légumes grillés dans une assiette et laisser refroidir. Hacher finement les oignons, le céleri et l'ail à la main ou à l'aide du robot de cuisine. Chauffer l'huile d'olive à feu moyen dans une grande casserole. Ajouter les oignons, le céleri, l'ail, l'origan, le piment et la feuille de laurier. Cuire de 4 à 5 min pour faire brunir légèrement.

3. À l'aide du robot de cuisine, réduire en purée grossière les tomates et leur jus ainsi que le basilic. Verser dans la casserole contenant les légumes. Cuire à feu moyen jusqu'à ce que la sauce commence à mijoter. Baisser le feu et laisser mijoter doucement de 8 à 10 min, jusqu'à ce qu'elle épaississe et dégage tout son arôme. Saler et poivrer au goût. La sauce doit être épaisse mais facile à verser. Si elle est trop épaisse, ajouter un peu d'eau ou de bouillon. Retirer et jeter la feuille de laurier. Couvrir et conserver jusqu'à 4 jours dans le réfrigérateur ou 2 mois dans le congélateur. Avant de l'utiliser, la laisser reposer à température ambiante, puis la réchauffer à feu moyen dans une casserole en la remuant souvent.

Si vous avez...

POÊLE À FOND CANNELÉ : Préchauffer la poêle à feu moyen-vif sur la cuisinière. Quand on peut y faire rebondir une goutte d'eau, c'est qu'elle est suffisamment chaude. Quand on est prêt pour la cuisson, huiler légèrement les rainures. Déposer les tomates, face coupée vers le haut, les oignons, le céleri et l'ail dans la poêle chaude. Compter de 3 à 5 min de cuisson de chaque côté pour les tomates et les oignons. Compter de 2 à 4 min de cuisson de chaque côté pour le céleri et l'ail.

GRIL ENCASTRÉ : Préchauffer le gril à température élevée. Si la surface de cuisson n'est pas antiadhésive, brosser et huiler la grille. Déposer les tomates, face coupée vers le haut, les oignons, le céleri et l'ail sur la grille chaude. Compter de 3 à 5 min de cuisson de chaque côté pour les tomates et les oignons. Compter de 2 à 4 min de cuisson de chaque côté pour le céleri et l'ail.

GRIL DE TABLE : Préchauffer le gril à température élevée ; il n'est pas nécessaire d'huiler la grille. Déposer les tomates, face coupée vers le haut, les oignons, le céleri et l'ail sur la grille chaude. Compter de 4 à 6 min de cuisson de chaque côté pour les tomates et les oignons. Compter de 3 à 5 min de cuisson de chaque côté pour le céleri et l'ail.

ÂTRE : Entasser la braise ardente sous la grille et préchauffer de 3 à 5 min ; le feu doit être chaud (2 à 3 Mississippi). Quand on est prêt pour la cuisson, brosser et huiler la grille. Déposer les légumes sur la grille chaude Déposer les tomates, face coupée vers le haut, les oignons, le céleri et l'ail sur la grille chaude. Compter de 4 à 6 min de cuisson de chaque côté pour les tomates et les oignons. Compter de 3 à 5 min de cuisson de chaque côté pour le céleri et l'ail.

TRUC

■ Pour obtenir plus de saveur, faites griller les légumes dans l'âtre, sur de la braise de chêne, de hickory ou de noyer. Vous pouvez aussi utiliser un autre gril d'intérieur. Vous voudrez peut-être alors tricher un peu en ajoutant ½ c. à café (½ c. à thé) d'arôme de fumée liquide à la sauce.

SAUCE BARBECUE SUCRÉE ET FUMÉE DE KANSAS CITY

Pour les Américains, la sauce barbecue est un condiment épais et sucré à l'arôme de fumée et au goût légèrement vinaigré. Bref, le genre de sauce que l'on prépare avec une main de maître depuis plusieurs décennies à Kansas City. Voici une version vite faite de ce pur délice.

750 ML (3 TASSES)

TRUC

■ La cassonade est plus foncée et a meilleur goût que le sucre granulé parce qu'elle contient de la mélasse. La cassonade foncée contient plus de mélasse que la cassonade pâle, ce qui lui donne plus de saveur. Les deux ont un léger goût malté qui les rend plus intéressantes que le sucre blanc. Dans la plupart des sauces et des épices barbecue, la cassonade pâle et la cassonade foncée peuvent être utilisées indifféremment. Si vous avez l'une ou l'autre à la maison, inutile de vous précipiter à l'épicerie pour acheter l'autre, surtout si la recette ne demande que quelques cuillerées.

RECETTE

500 ml (2 tasses) de ketchup, ou plus au goût
60 ml (¼ tasse) de mélasse, ou plus au goût
60 ml (¼ tasse) de vinaigre de cidre, ou plus au goût
60 ml (¼ tasse) de sauce Worcestershire, ou plus au goût
3 c. à soupe de cassonade ou de sucre roux, ou plus au goût
2 c. à soupe de moutarde préparée, ou plus au goût
1 c. à soupe de moutarde sèche, ou plus au goût
2 c. à café (2 c. à thé) d'arôme de fumée liquide, ou plus au goût
1 c. à café (1 c. à thé) de poudre d'ail, ou plus au goût
1 c. à café (1 c. à thé) de poudre d'oignon, ou plus au goût
½ c. à café (½ c. à thé) de poivre noir frais moulu, ou plus au goût

1. Mettre tous les ingrédients dans une casserole à fond épais et mélanger à l'aide d'un fouet. Amener doucement à ébullition à feu moyen. Laisser mijoter doucement environ 10 min, en fouettant souvent, jusqu'à ce que la sauce soit épaisse et dégage tout son arôme.

2. Rectifier l'assaisonnement au goût en ajoutant l'un ou l'autre des ingrédients. Transvider la sauce chaude dans des bocaux de verre. Bien fermer le couvercle et laisser refroidir à température ambiante. Une fois ouverts, les bocaux doivent être conservés dans le réfrigérateur où on pourra les garder quelques mois.

DESSERTS

Quand j'étais enfant, le seul dessert grillé que je connaissais était le marshmallow grillé au feu de bois que je faisais souvent incinérer malgré moi. Les temps ont bien changé ! De nos jours, un nombre incalculable de desserts peuvent être préparés sur le gril, qu'il s'agisse de bananes passées dans le sucre à la cannelle, de prunes badigeonnées au porto ou d'ananas frais grillés sur des morceaux de gousse de vanille. Et que dire des fameux biscuits au marshmallow ou des incomparables poires Belle-Hélène ? Pour terminer un repas de façon spectaculaire, il n'y a vraiment rien de tel qu'un dessert cuit au gril.

BANANES GIVRÉES AU SIROP D'ÉRABLE

La cuisson au gril rehausse le caractère sucré de la plupart des fruits, surtout les bananes qui développent ainsi un goût surprenant de bonbon et de caramel. Savez-vous qu'il n'y a rien de plus simple que de faire griller les bananes sur un gril d'intérieur ? Selon votre degré de tolérance ou d'enthousiasme pour les desserts décadents, servez ces bananes grillées nature, avec de la crème glacée à la vanille et/ou une sauce au caramel ou au chocolat.

RECETTE

4 PORTIONS

4 bananes (voir Note)
3 c. à soupe de sirop d'érable
6 à 8 c. à soupe de cassonade foncée, de sucre roux ou de sucre glace
Cannelle moulue
6 c. à soupe de Sauce au fudge chaude (facultatif; p. 473)
6 c. à soupe de Sauce caramel à la cannelle (facultatif; p. 474)
Crème glacée à la vanille (facultatif)

1. Mettre les bananes sur une planche à découper et les couper en deux sur la longueur sans les peler. Badigeonner la face coupée de sirop d'érable. Saupoudrer généreusement de cassonade sur toutes les faces. Saupoudrer légèrement la face coupée de cannelle.

2. Cuire les bananes, en suivant les directives de l'encadré, jusqu'à ce que la face coupée soit caramélisée et bien dorée et que les fruits commencent à se détacher de la pelure.

3. Mettre les bananes non pelées dans un plat ovale ou des assiettes individuelles et servir avec de la crème glacée au goût. Napper avec la sauce au fudge et/ou la sauce caramel au goût.

Note : Pour cette recette, choisissez des bananes qui commencent à peine à mûrir et dont la pelure est jaune et ferme. Évitez celles qui sont tachetées de brun, ce qui signifie qu'elles sont complètement mûres.

Si vous avez…

GRIL CONTACT : Préchauffer le gril. S'il est muni d'un sélecteur de température, préchauffer à température élevée. Mettre la lèchefrite sous la partie avant du gril. Quand on est prêt pour la cuisson, huiler légèrement la surface de cuisson. Déposer les bananes sur le gril chaud, face coupée vers le haut et perpendiculairement à la surface de cuisson. Fermer le couvercle. Compter de 3 à 5 min de cuisson. La caramélisation dépendra de la qualité du gril utilisé.

POÊLE À FOND CANNELÉ : Préchauffer la poêle à feu moyen-vif sur la cuisinière. Quand on peut y faire rebondir une goutte d'eau, c'est qu'elle est suffisamment chaude. Quand on est prêt pour la cuisson, huiler légèrement les rainures. Déposer les bananes dans la poêle chaude, face coupée vers le bas. Cuire de 2 à 4 min, les retourner et cuire environ 2 min de plus.

GRIL ENCASTRÉ : Préchauffer le gril à température élevée. Si la surface de cuisson n'est pas antiadhésive, brosser et huiler la grille. Déposer les bananes sur la grille chaude, face coupée vers le bas. Cuire de 2 à 4 min, les retourner et cuire environ 2 min de plus.

ÂTRE : Entasser la braise ardente sous la grille et préchauffer de 3 à 5 min ; le feu doit être chaud (2 à 3 Mississippi). Quand on est prêt pour la cuisson, brosser et huiler la grille. Déposer les bananes sur la grille chaude, face coupée vers le bas. Cuire de 2 à 4 min, les retourner et cuire environ 2 min de plus.

BANANES « TOSTONES » AVEC CRÈME FOUETTÉE À LA CANNELLE ET AU RHUM

Dans les Antilles et en Amérique centrale, on aplatit les bananes plantains, on les traite à grande friture, puis on les frit de nouveau. On leur donne alors le nom de *tostones* (voir encadré p. 458). Je me suis inspiré de cette recette pour faire cuire des bananes de la même manière. Le gril contact est idéal pour obtenir les meilleurs résultats (voir la page suivante si l'on utilise un gril encastré ou si on les fait cuire dans l'âtre). N'oubliez surtout pas de me donner des nouvelles de la crème fouettée au rhum.

RECETTE

4 PORTIONS

CRÈME FOUETTÉE
250 ml (1 tasse) de crème épaisse à fouetter (35 %)
3 c. à soupe de sucre glace
1 c. à soupe de rhum brun
1 c. à café (1 c. à thé) de cannelle moulue

BANANES
160 g (⅔ tasse) de sucre granulé
1 c. à soupe de cannelle moulue
2 c. à café (2 c. à thé) de zeste de citron ou de citron vert, râpé très finement
4 bananes, refroidies 1 h dans le réfrigérateur
4 c. à soupe de beurre non salé, fondu
Huile de cuisson en vaporisateur
Brins de menthe fraîche (facultatif)

1. Préparer la crème fouettée : Verser la crème dans un grand bol en verre ou en métal refroidi. Battre à l'aide du batteur à main jusqu'à formation de pics mous en commençant à faible vitesse et en l'augmentant graduellement. Battre de 6 à 8 min en tout. Quand les pics sont formés, ajouter le sucre glace, le rhum et la cannelle. Battre environ 2 min, jusqu'à formation de pics fermes. Ne pas battre exagérément sinon la crème tournera en beurre. On peut faire cette étape quelques heures d'avance. Couvrir et conserver dans le réfrigérateur jusqu'au moment de servir.

2. Préparer les bananes : Mélanger le sucre granulé, la cannelle et le zeste dans un bol peu profond.

3. Préchauffer le gril (si l'on utilise un gril contact, voir les directives p. 2). Si le gril est muni d'un sélecteur de température, le préchauffer à température élevée. Mettre la lèchefrite sous la partie avant du gril.

4. Pendant ce temps, peler les bananes et les couper en travers en morceaux de 2,5 cm (1 po). Tremper les deux bouts des bananes dans le beurre fondu, puis les passer dans le sucre à la cannelle en secouant le surplus.

5. Quand on est prêt pour la cuisson, vaporiser légèrement la surface de cuisson avec de l'huile. Mettre les morceaux de bananes à la verticale sur le gril. Fermer le couvercle et presser pour aplatir les bananes. Griller de 3 à 5 min, jusqu'à ce que les fruits soient croustillants et dorés. Après 2 min de cuisson, soulever le couvercle, badigeonner le dessus des bananes avec le beurre restant et saupoudrer avec le sucre à la cannelle restant.

6. Mettre les bananes dans des assiettes individuelles. Garnir chaque portion avec une grosse cuillerée de crème fouettée et un brin de menthe. Servir immédiatement.

TRUC

■ Pour cette recette, râpez le zeste de citron ou de citron vert sur la surface la plus fine de la râpe.

COMMENT APLATIR LES « TOSTONES »

Les bananes «tostones» peuvent être cuites sur un gril encastré ou dans l'âtre, mais il faut d'abord les aplatir. Couper les bananes diagonalement en tranches de 2,5 cm (1 po) et les mettre à la verticale entre deux feuilles de pellicule plastique. Les aplatir doucement avec le plat d'un couperet, d'un petit poêlon ou d'une batte. Les tranches de banane doivent avoir 1,25 cm (½ po) d'épaisseur. Badigeonner de beurre fondu avant de les passer dans le mélange de sucre et de cannelle.

Pour les cuire sur un gril encastré, préchauffer celui-ci à température élevée. Si la surface de cuisson n'est pas antiadhésive, brosser et huiler la grille. Déposer les bananes aplaties sur la grille chaude. Elles grésilleront et deviendront brun foncé après 2 à 4 min de cuisson de chaque côté.

Si on les fait cuire dans l'âtre, entasser de la braise incandescente sous la grille et préchauffer celle-ci de 3 à 5 min; le feu doit être chaud (2 à 3 Mississippi). Quand on est prêt pour la cuisson, brosser et huiler la grille. Déposer les bananes aplaties sur la grille chaude. Elles grésilleront et deviendront brun foncé après 2 à 4 min de cuisson de chaque côté.

PRUNES À LA CANNELLE ET SAUCE AU PORTO

Ces prunes grillées sont belles et délicieuses. On les embroche sur des bâtonnets de cannelle entiers, ce qui leur donne fière allure. Une sauce au porto parfumée à la cannelle sert à les badigeonner amoureusement. Vous pouvez utiliser n'importe quel gril d'intérieur, mais badigeonnez la sauce parcimonieusement afin de ne pas attiser la flamme ni créer trop de fumée.

4 PORTIONS

RECETTE

SAUCE AU PORTO
250 ml (1 tasse) de porto
2 clous de girofle entiers
2 rubans de zeste de citron de 1,25 x 4 cm (½ x 1 ½ po)
1 bâton de cannelle de 8 cm (3 po)
3 c. à soupe de sucre, ou plus au goût
1 ½ c. à café (1 ½ c. à thé) de fécule de maïs
1 c. à soupe de jus de citron frais pressé

PRUNES
4 grosses prunes mûres (voir Notes)
8 bâtons de cannelle de 8 cm (3 po)
8 rubans de zeste de citron de 1,25 x 4 cm (½ x 1 ½ po)
Crème glacée ou yaourt à la vanille
4 brins de menthe fraîche

1. Préparer la sauce : Verser le porto dans une casserole à fond épais. Piquer les clous de girofle dans les zestes et les ajouter au porto avec la cannelle et le sucre. Porter à ébullition à feu vif et laisser bouillir de 3 à 5 min, jusqu'à ce que le liquide commence à devenir sirupeux.

2. Diluer la fécule de maïs dans le jus de citron et verser lentement dans le porto. Baisser le feu et laisser mijoter de 1 à 2 min. Verser la sauce dans une passoire placée au-dessus d'un bol résistant à la chaleur. Laisser refroidir à température ambiante. Couvrir et conserver quelques jours dans le réfrigérateur si l'on ne l'utilise pas immédiatement.

3. Préparer les prunes : Couper les fruits en deux sur la longueur. Faire tourner les deux moitiés de chaque prune dans des directions opposées pour les séparer. Jeter le noyau. Couper chaque moitié en deux. À l'aide d'une brochette métallique, faire un trou au centre de chaque quartier. Embrocher deux quartiers sur chaque bâton de cannelle en les séparant avec un ruban de zeste. On peut préparer la recette quelques heures d'avance jusqu'à cette étape.

4. Cuire les brochettes, en suivant les directives de l'encadré, jusqu'à ce que les prunes soient dorées. Les badigeonner légèrement de sauce au porto en cours de cuisson.

5. Pour servir, mettre des boules de crème glacée dans des verres à martini, des verres à pied ou des petits bols. Déposer 2 brochettes sur chaque boule de crème glacée et napper de sauce au porto. Garnir de menthe et servir immédiatement.

Notes :

■ Toutes les variétés de prunes peuvent convenir à cette recette. Je préfère les grosses prunes de couleur violacée, pulpeuses et faciles à dénoyauter.

■ Prélevez le zeste avec un éplucheur ou un couteau d'office. Les lanières doivent être extrêmement fines.

Si vous avez...

GRIL CONTACT : Préchauffer le gril. S'il est muni d'un sélecteur de température, préchauffer à température élevée. Mettre la lèchefrite sous la partie avant du gril. Quand on est prêt pour la cuisson, huiler légèrement la surface de cuisson. Déposer les kebabs sur le gril chaud et fermer le couvercle. Compter de 4 à 6 min de cuisson. Retourner les kebabs en cours de cuisson pour pouvoir les badigeonner de sauce au porto sur toutes les faces.

POÊLE À FOND CANNELÉ : Préchauffer la poêle à feu moyen-vif sur la cuisinière. Quand on peut y faire rebondir une goutte d'eau, c'est qu'elle est suffisamment chaude. Quand on est prêt pour la cuisson, huiler légèrement les rainures. Déposer les kebabs dans la poêle chaude. Compter de 3 à 5 min de cuisson de chaque côté. Badigeonner parcimonieusement de sauce au porto, car celle-ci aura tendance à coller au fond. Laisser tremper la poêle refroidie dans l'eau chaude pour faciliter le nettoyage.

GRIL ENCASTRÉ : Préchauffer le gril à température élevée. Si la surface de cuisson n'est pas antiadhésive, brosser et huiler la grille. Déposer les kebabs sur la grille chaude. Compter de 3 à 5 min de cuisson de chaque côté.

GRIL DE TABLE : Préchauffer le gril à température élevée ; il n'est pas nécessaire d'huiler la grille. Déposer les kebabs sur le gril chaud. Compter de 4 à 6 min de cuisson de chaque côté.

ÂTRE : Entasser la braise ardente sous la grille et préchauffer de 3 à 5 min ; le feu doit être chaud (2 à 3 Mississippi). Quand on est prêt pour la cuisson, brosser et huiler la grille. Déposer les kebabs sur la grille chaude. Compter de 3 à 5 min de cuisson de chaque côté.

Gril contact

POIRES BELLE-HÉLÈNE SUR LE GRIL

Quand j'étais étudiant à Paris, la poire Belle-Hélène était l'un de mes desserts favoris. Même si la recette ne semble plus aussi extraordinaire de nos jours, il faut avouer que l'association de poires pochées, de crème glacée à la vanille, de sauce au chocolat et d'amandes grillées est d'une simplicité qui frôle la perfection. Dans ma version, les poires fraîches sont enrobées d'une croûte épaisse d'amandes hachées qui pénètre directement dans les fruits grâce au gril contact.

RECETTE

4 PORTIONS

1 carton rectangulaire ou cylindrique de 600 ml (20 oz) de crème glacée à la vanille, bien congelée
135 g (1 ¼ tasse) d'amandes blanchies, en julienne
60 g (¼ tasse) de sucre
2 poires mûres (Anjou ou Comice)
½ citron
2 c. à soupe de beurre non salé, fondu
Huile de cuisson en vaporisateur
Sauce au chocolat chaude (ci-dessous)
4 brins de menthe fraîche

1. Peler et enlever le carton de la crème glacée. Couper le bloc de crème glacée en 4 tranches de même grosseur. Mettre une tranche au centre de chaque assiette ou bol à dessert et placer dans le congélateur.

2. Hacher finement les amandes et le sucre à l'aide du robot de cuisine. Verser dans un bol peu profond.

3. Équeuter et peler les poires. Frotter les fruits sur toutes les faces avec le demi-citron pour les empêcher de brunir. Couper chaque poire sur la longueur en 4 tranches de 1,25 cm (½ po) d'épaisseur. Frotter les faces coupées avec le citron. À l'aide d'un couteau d'office ou d'une cuillère à melon, épépiner et évider le centre de chacune des tranches. Badigeonner les poires avec du beurre de chaque côté. Passer les deux faces des fruits dans les amandes et bien faire pénétrer en pressant doucement.

4. Préchauffer le gril (si l'on utilise un gril contact, voir les directives p. 2). Si le gril est muni d'un sélecteur de température, le préchauffer à température élevée. Mettre la lèchefrite sous la partie avant du gril.

5. Quand on est prêt pour la cuisson, vaporiser légèrement la surface de cuisson avec de l'huile. Mettre les poires sur le gril et fermer le couvercle. Griller de 3 à 5 min, jusqu'à ce que les amandes soient dorées.

6. Pour servir, mettre 2 tranches de poire sur chaque portion de crème glacée. Napper de sauce chaude et garnir de menthe fraîche. Servir immédiatement.

Sauce au chocolat chaude

ENVIRON 250 ML (1 TASSE)

Trois ingrédients seulement, mais le chocolat doit être de qualité irréprochable. Achetez un chocolat mi-amer ou mi-sucré.

6 c. à soupe de crème épaisse à fouetter (35 %)
180 g (6 oz) de chocolat mi-amer ou mi-sucré, haché grossièrement
½ c. à café (½ c. à thé) d'extrait de vanille

Verser la crème dans une casserole à fond épais et amener à début d'ébullition à feu vif. Incorporer le chocolat et baisser le feu au minimum. Laisser fondre le chocolat de 2 à 4 min. Incorporer la vanille. Réserver au chaud en mettant la casserole dans une poêle remplie d'eau qui mijote.

TRUCS

■ Les variétés de poires Anjou et Comice sont utilisées traditionnellement pour la recette de poire Belle-Hélène. Les fruits doivent être mûrs et sucrés. S'ils cèdent facilement sous la pression du pouce et de l'index, c'est qu'ils sont parfaits pour cette recette.

ANANAS GRILLÉ

Le gril caramélise l'ananas de manière remarquable. J'aime regarder les marques de cuisson sur la chair d'un ananas bien frais. Cette recette m'a été donnée par Marlene Rodman, une ex-camarade de classe. J'ai eu le plaisir de la retrouver environ quarante ans plus tard alors qu'elle faisait des vidéos pour la télé américaine.

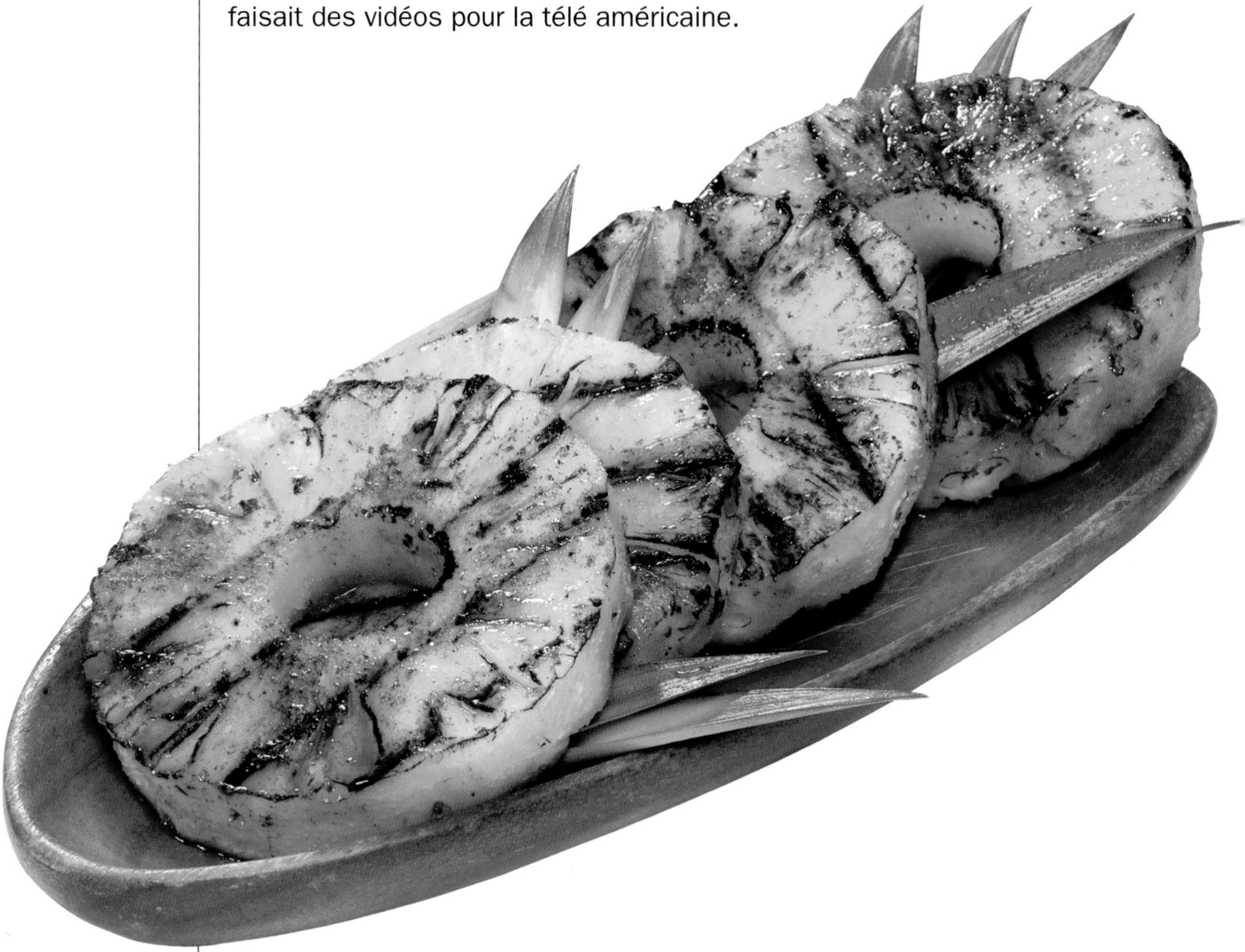

RECETTE

6 PORTIONS

1 ananas parfaitement mûr
2 gros œufs
1 c. à café (1 c. à thé) de cannelle moulue
¼ c. à café (¼ c. à thé) de clou de girofle moulu
200 g (1 tasse) de cassonade pâle ou de sucre roux bien tassé, émietté avec les doigts dans un bol large et peu profond
Crème glacée à la noix de coco ou à la vanille (facultatif)

1. Enlever l'écorce de l'ananas et couper le fruit en travers en tranches de 1,25 cm (½ po). À l'aide d'une cuillère à melon, enlever le milieu de chaque tranche pour faire des rondelles.

2. Casser les œufs dans un petit bol. Ajouter la cannelle et le clou de girofle et bien battre à l'aide d'une fourchette.

3. Quand on est prêt pour la cuisson, badigeonner les ananas avec les œufs à l'aide d'un pinceau à pâtisserie. Passer chaque tranche dans la cassonade et presser avec les mains pour former une croûte épaisse et uniforme de chaque côté. Secouer le surplus de cassonade.

4. Cuire les tranches, en suivant les directives de l'encadré, jusqu'à ce qu'elles soient dorées. Procéder en deux ou trois fois si la surface de cuisson n'est pas assez grande.

5. Servir les ananas dans des assiettes ou des bols à dessert. Elles sont encore meilleures avec de la crème glacée.

Si vous avez…

GRIL CONTACT : Préchauffer le gril. S'il est muni d'un sélecteur de température, préchauffer à température élevée. Mettre la lèchefrite sous la partie avant du gril. Quand on est prêt pour la cuisson, huiler légèrement la surface de cuisson. Déposer les tranches d'ananas sur le gril chaud et fermer le couvercle. Compter de 4 à 6 min de cuisson.

POÊLE À FOND CANNELÉ : Préchauffer la poêle à feu moyen-vif sur la cuisinière. Quand on peut y faire rebondir une goutte d'eau, c'est qu'elle est suffisamment chaude. Quand on est prêt pour la cuisson, huiler légèrement les rainures. Déposer les tranches d'ananas dans la poêle chaude. Compter de 4 à 6 min de cuisson de chaque côté. Laisser tremper la poêle refroidie dans l'eau chaude pour faciliter le nettoyage.

GRIL ENCASTRÉ : Préchauffer le gril à température élevée. Si la surface de cuisson n'est pas antiadhésive, brosser et huiler la grille. Déposer les tranches d'ananas sur la grille chaude. Compter de 4 à 6 min de cuisson de chaque côté.

GRIL DE TABLE : Préchauffer le gril à température élevée ; il n'est pas nécessaire d'huiler la grille. Déposer les tranches d'ananas sur le gril chaud. Compter de 5 à 7 min de cuisson de chaque côté.

ÂTRE : Entasser la braise ardente sous la grille et préchauffer de 3 à 5 min ; le feu doit être chaud (2 à 3 Mississippi). Quand on est prêt pour la cuisson, brosser et huiler la grille. Déposer les tranches d'ananas sur la grille chaude. Compter de 4 à 6 min de cuisson de chaque côté.

ANANAS GRILLÉ À LA VANILLE AVEC SAUCE AU RHUM BRUN

La vanille et l'ananas ont fait grande impression sur les explorateurs Christophe Colomb et Fernand Cortez. Voici un dessert étonnant qui met en valeur des morceaux d'ananas grillés sur des morceaux de gousse de vanille. Cette idée tout à fait nouvelle – et vous ne devriez jamais sous-estimer l'importance de la nouveauté – permet de faire de longs kebabs parfumés à souhait que l'on prend plaisir à savourer amoureusement.

RECETTE

4 À 6 PORTIONS

1 ananas bien mûr
6 à 8 gousses de vanille (voir Note)
1 botte de menthe fraîche, rincée, essorée et équeutée
50 g (¼ tasse) de cassonade foncée ou de sucre roux bien tassé
60 ml (¼ tasse) de rhum brun
3 c. à soupe de crème épaisse à fouetter (35 %)
2 c. à soupe de beurre non salé
Une pincée de sel
Crème glacée à la vanille ou sorbet à l'ananas

1. Peler et évider l'ananas avant de le découper en morceaux de 4 cm (1 ½ po) de large et 1 cm (½ po) d'épaisseur. Couper les gousses de vanille en travers en morceaux de 8 cm (3 po). À l'aide d'une brochette métallique, faire un trou au centre de chaque morceau d'ananas. Embrocher deux morceaux de fruit sur chaque morceau de gousse de vanille en les séparant avec une feuille de menthe.

2. À feu vif, dans une casserole à fond épais, porter à ébullition la cassonade, le rhum, la crème, le beurre et le sel. Laisser bouillir environ 5 min, en remuant avec une cuillère de bois, jusqu'à ce que le liquide devienne épais et sirupeux.

3. Cuire les brochettes d'ananas, en suivant les directives de l'encadré, jusqu'à ce que les fruits soient dorés sur toutes les faces. Utiliser une pince pour les retourner. Badigeonner légèrement de sauce en cours de cuisson.

4. Pour servir, déposer une boule de crème glacée dans des verres à martini ou des petits bols. Mettre quelques brochettes sur chaque boule. Napper avec la sauce et servir immédiatement.

Note : Si vous avez le choix, achetez des gousses de vanille longues et effilées de Madagascar plutôt que les gousses des Antilles, plus petites.

CHOISIR UN ANANAS

Comment savoir si un ananas est mûr et sucré ? La couleur de l'écorce est un bon indice. Plus elle est dorée, plus le fruit est sucré. Si l'ananas dégage un délicieux parfum, il est probablement mûr et prêt à manger.

Si vous avez...

GRIL CONTACT : Préchauffer le gril. S'il est muni d'un sélecteur de température, préchauffer à température élevée. Mettre la lèchefrite sous la partie avant du gril. Quand on est prêt pour la cuisson, huiler légèrement la surface de cuisson. Déposer les kebabs d'ananas sur le gril chaud et fermer le couvercle. Compter de 6 à 9 min de cuisson. Retourner les kebabs en cours de cuisson pour pouvoir les badigeonner sur toutes les faces.

POÊLE À FOND CANNELÉ : Préchauffer la poêle à feu moyen-vif sur la cuisinière. Quand on peut y faire rebondir une goutte d'eau, c'est qu'elle est suffisamment chaude. Quand on est prêt pour la cuisson, huiler légèrement les rainures. Déposer les kebabs d'ananas dans la poêle chaude. Compter de 2 à 3 min de cuisson de chaque côté (6 à 9 min en tout). Badigeonner parcimonieusement, car la sauce au rhum aura tendance à coller au fond. Laisser tremper la poêle refroidie dans l'eau chaude pour faciliter le nettoyage.

GRIL ENCASTRÉ : Préchauffer le gril à température élevée. Si la surface de cuisson n'est pas antiadhésive, brosser et huiler la grille. Déposer les kebabs d'ananas sur la grille chaude. Compter de 2 à 3 min de cuisson de chaque côté (6 à 9 min en tout).

GRIL DE TABLE : Préchauffer le gril à température élevée ; il n'est pas nécessaire d'huiler la grille. Déposer les kebabs d'ananas sur le gril chaud. Compter de 3 à 4 min de cuisson de chaque côté (9 à 12 min en tout).

ÂTRE : Entasser la braise ardente sous la grille et préchauffer de 3 à 5 min ; le feu doit être chaud (2 à 3 Mississippi). Quand on est prêt pour la cuisson, brosser et huiler la grille. Déposer les kebabs d'ananas sur la grille chaude. Compter de 2 à 3 min de cuisson de chaque côté (6 à 9 min en tout).

BISCUITS QUATRE-QUARTS AU MARSHMALLOW ET AU CHOCOLAT

Voici un croisement surprenant entre un quatre-quarts et un biscuit au marshmallow. Les grils d'intérieur sont très utiles pour faire fondre le chocolat et la guimauve. Adaptez la recette selon votre fantaisie en y ajoutant d'autres ingrédients : feuilles de menthe, purée de goyave, Nutella, sauce caramel (p. 474), etc. Créez votre propre recette et envoyez-la-moi à www.barbecuebible.com. J'ai conçu cette recette pour le gril contact, mais les biscuits peuvent être faits dans une poêle à fond cannelé ou sur un gril d'intérieur. Pour épater vos invités, mettez le gril contact ou le gril de table au centre de la table et demandez à chaque convive de préparer son propre dessert.

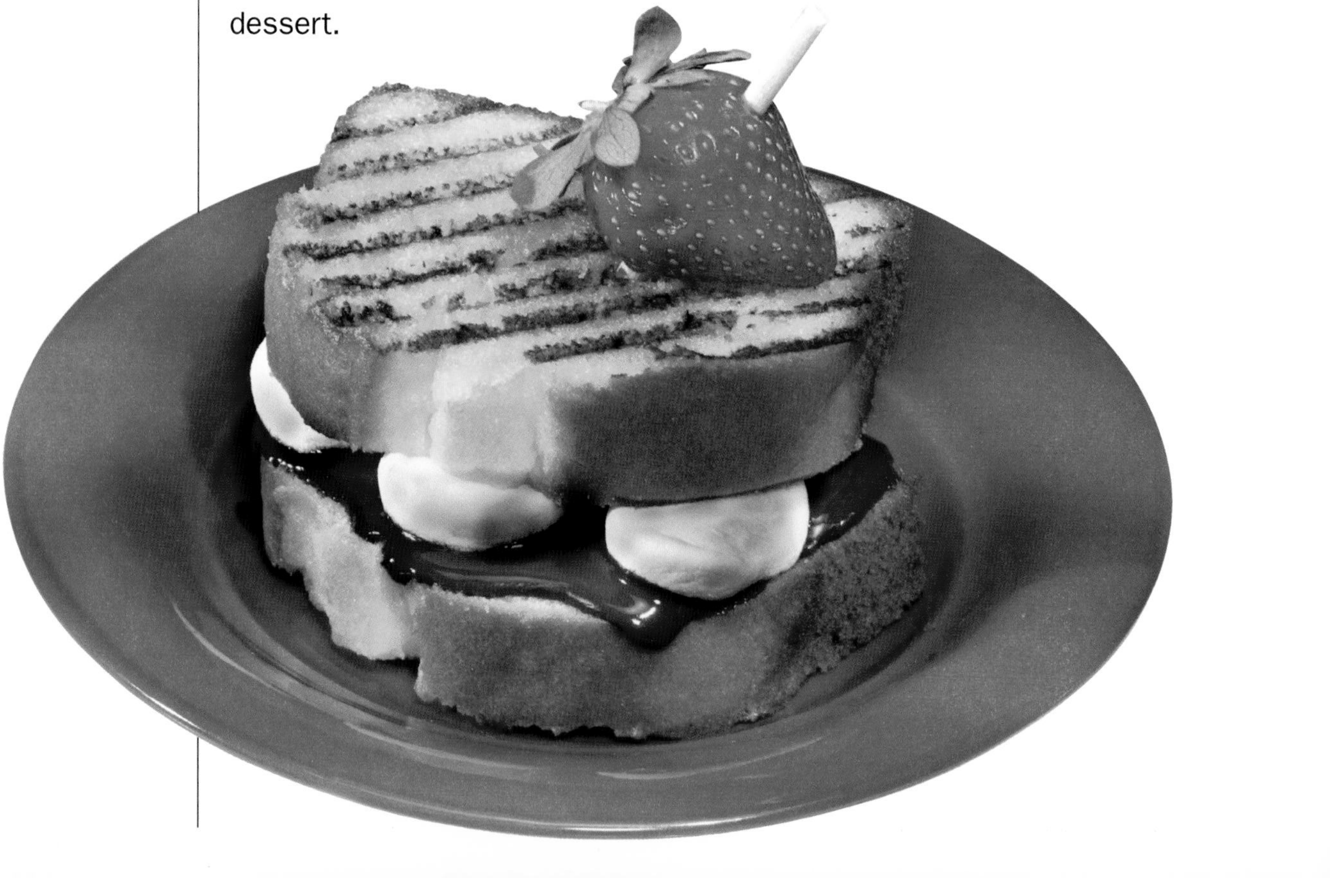

RECETTE

8 BISCUITS ; 4 À 8 PORTIONS

240 à 300 g (8 à 10 oz) de chocolat mi-sucré de très bonne qualité en pastilles ou en minces tablettes
8 marshmallows (voir Notes)
1 à 2 c. à soupe de sucre glace
16 tranches de quatre-quarts de 6 mm (¼ po) d'épaisseur
1 botte de verveine-citronnelle (voir Notes) ou de menthe, rincée, séchée, équeutée et coupée en fine julienne ou 3 c. à soupe de gingembre confit, en fine julienne (facultatif)
3 c. à soupe de beurre non salé, fondu

1. Si nécessaire, briser les tablettes de chocolat en 8 rectangles, chacun devant avoir la grosseur d'une tranche de quatre-quarts.

2. À l'aide d'un couteau bien affûté, couper les marshmallows en travers en tranches de 6 mm (¼ po). Passer le couteau dans le sucre glace pour empêcher les marshmallows de coller à la lame.

3. Mettre 8 tranches de quatre-quarts dans un plat ovale et couvrir chacune avec, dans l'ordre, un morceau de chocolat, quelques tranches de marshmallow et un peu de verveine-citronnelle. On peut préparer la recette quelques heures d'avance jusqu'à cette étape. Couvrir de pellicule plastique jusqu'au moment de l'utiliser.

4. Quand on est prêt pour la cuisson, badigeonner le gâteau de beurre fondu sur les deux faces. Cuire les quatre-quarts, en suivant les directives de l'encadré, jusqu'à ce qu'ils soient grillés et dorés. Les marshmallows et le chocolat doivent être fondus. Si on les fait cuire dans une poêle à fond cannelé, sur un gril de table, sur un gril encastré ou dans l'âtre, prendre une spatule pour les retourner. Servir immédiatement.

Notes :

■ Achetez les plus gros marshmallows que vous trouverez.

■ La verveine-citronnelle est une herbe feuillue verte dont le goût rappelle celui de la mélisse.

Variante : Faites ce dessert avec du caramel et du chocolat. Remplacez le quatre-quarts par du gâteau au chocolat et le chocolat par du caramel au lait (dulce de leche). On trouve ce caramel en conserve ou en pot dans les épiceries hispaniques et les boutiques spécialisées.

TRUCS

■ Ce dessert réclame des marshmallows et du chocolat de première qualité. Il ne faut surtout pas se contenter des marshmallows vendus dans un sac de plastique. De nos jours, plusieurs artisans font des marshmallows d'une qualité irréprochable avec des ingrédients de premier choix. Vous pouvez aussi faire les vôtres en suivant la recette de la p. 472.

Si vous avez...

GRIL CONTACT : Préchauffer le gril. S'il est muni d'un sélecteur de température, préchauffer à température élevée. Mettre la lèchefrite sous la partie avant du gril. Quand on est prêt pour la cuisson, huiler légèrement la surface de cuisson. Déposer les biscuits en diagonale sur le gril chaud et fermer le couvercle. Compter de 3 à 5 min de cuisson. Appuyer très doucement sur le couvercle en cours de cuisson.

POÊLE À FOND CANNELÉ : Préchauffer la poêle à feu moyen-vif sur la cuisinière. Quand on peut y faire rebondir une goutte d'eau, c'est qu'elle est suffisamment chaude. Quand on est prêt pour la cuisson, huiler légèrement les rainures. Déposer les biscuits dans la poêle chaude en diagonale sur les rainures. Compter de 2 à 4 min de cuisson de chaque côté. Laisser tremper la poêle refroidie dans l'eau chaude pour faciliter le nettoyage.

GRIL ENCASTRÉ : Préchauffer le gril à température moyenne-élevée. Si la surface de cuisson n'est pas antiadhésive, brosser et huiler la grille. Déposer les biscuits en diagonale sur la grille chaude. Compter de 2 à 4 min de cuisson de chaque côté.

GRIL DE TABLE : Préchauffer le gril à température élevée ; il n'est pas nécessaire d'huiler la grille. Déposer les biscuits en diagonale sur le gril chaud. Compter de 3 à 5 min de cuisson de chaque côté.

ÂTRE : Entasser la braise ardente sous la grille et préchauffer de 3 à 5 min ; le feu doit être chaud (2 à 3 Mississippi). Quand on est prêt pour la cuisson, brosser et huiler la grille. Déposer les biscuits en diagonale sur la grille chaude. Compter de 2 à 4 min de cuisson de chaque côté.

Braseros en fonte

BISCUITS AU MARSHMALLOW SEPTIÈME CIEL

Les biscuits au marshmallow existent sous toutes les formes grâce aux chefs américains contemporains qui se sont amusés à les déconstruire et à les reconstruire pour satisfaire les goûts les plus éclectiques. Pour cette recette, vous aurez besoin de petits braseros que vous remplirez de combustible Sterno. Les biscuits au marshmallow servis à l'auberge *Blackwolf Run* de l'hôtel American Club de Kohler, au Wisconsin, font partie d'une classe à part. Les marshmallows sont des carrés de 6 x 6 cm (2 ½ x 2 ½ po), ce qui est une grande innovation en soi. Les biscuits sont faits de farine de blé entier et de farine de seigle parfumées à la pacane. Puis il y a deux sauces, l'une au caramel et l'autre au fudge chaud. Cette recette ne demande pas un long temps de préparation. Si vous avez envie de goûter des biscuits au marshmallow parmi les meilleurs au monde, laissez-vous tenter.

20 GROS BISCUITS; COMPTER 2 BISCUITS PAR PERSONNE

RECETTE

MARSHMALLOWS
Huile de cuisson en vaporisateur
160 g (1 tasse) de sucre glace
125 ml (½ tasse) d'eau froide
3 c. à soupe de gélatine sans saveur
480 g (2 tasses) de sucre granulé
125 ml (½ tasse) de sirop de maïs léger
125 ml (½ tasse) d'eau chaude
¼ c. à café (¼ c. à thé) de sel
Blancs de 2 gros œufs
1 c. à café (1 c. à thé) d'extrait de vanille, d'eau de rose, d'eau de fleur d'oranger ou de Grand Marnier

BISCUITS GRAHAM AUX PACANES
240 g (1 tasse) de sucre granulé
80 g (⅔ tasse) de pacanes, hachées grossièrement
200 g (1 ⅓ tasse) de farine de blé entier
80 g (½ tasse) de farine de seigle
1 ½ c. à café (1 ½ c. à thé) de levure chimique (poudre à lever)
1 c. à café (1 c. à thé) de bicarbonate de soude
1 c. à café (1 c. à thé) de cannelle moulue
¼ c. à café (¼ c. à thé) de sel
8 c. à soupe de beurre non salé froid, coupé en morceaux de 1,25 cm (½ po)
1 gros œuf
Jaunes de 2 gros œufs
1 c. à soupe de mélasse
1 c. à soupe de miel
1 c. à café (1 c. à thé) d'extrait de vanille

SAUCES
Sauce au fudge chaude (p. 473)
Sauce caramel à la cannelle (p. 474)

ACCESSOIRES
Un plat de cuisson en verre ou en métal de 20 x 30 cm (8 x 12 po) ou de 23 x 33 cm (9 x 13 po); un thermomètre à sucre; 2 plaques à pâtisserie beurrées; 20 brochettes de bambou; braseros en fonte et combustible Sterno (voir encadré p. 473)

1. Préparer les marshmallows: Vaporiser légèrement le fond et les côtés du plat de cuisson. Poudrer le fond et les côtés avec 2 à 3 c. à soupe de sucre glace.

2. Verser l'eau froide dans un bol métallique ou le bol d'un batteur sur socle. Saupoudrer la gélatine sur l'eau, remuer à l'aide d'une fourchette et laisser reposer 5 min, jusqu'à ce qu'elle devienne spongieuse.

3. Pendant ce temps, mélanger le sucre granulé, le sirop de maïs, l'eau chaude et le sel dans une grande casserole à fond épais placée à feu vif. Couvrir et porter à ébullition et laisser cuire environ 2 min, jusqu'à ce que le liquide soit clair. Retirer le couvercle et, à l'aide d'un pinceau en soies de porc trempé dans l'eau froide, enlever les cristaux de sucre restés sur les parois de la casserole. Attacher le thermomètre sur le côté de la casserole et laisser bouillir de 6 à 8 min, jusqu'à ce que le liquide atteigne 115 °C (240 °F). Enlever la casserole du feu et verser dans le bol contenant la gélatine. Remuer à l'aide d'une cuillère de bois jusqu'à dissolution de la gélatine.

4. À l'aide du batteur, battre le sucre et la gélatine à vitesse élevée de 8 à 10 min, jusqu'à ce que la préparation soit épaisse, blanche, crémeuse et ait presque triplé de volume.

5. Mettre les blancs d'œufs dans un autre bol métallique ou le bol du batteur à socle. Battre jusqu'à formation de pics mous en commençant 2 min à faible vitesse, environ 4 min à vitesse moyenne et de 1 à 2 min à vitesse élevée. (Battre environ 8 min en tout.)

6. Ajouter les blancs d'œufs battus et la vanille à la gélatine. Battre légèrement, juste pour mélanger, et verser dans le plat de cuisson. Égaliser le dessus avec une spatule. Tamiser 40 g (¼ tasse) de sucre glace uniformément sur le dessus. Conserver dans le réfrigérateur de 3 à 24 h, non couvert, pour laisser raffermir.

7. À l'aide de la pointe d'un couteau d'office, détacher le marshmallow des parois du plat. Couvrir généreusement une planche à découper de sucre glace. Mettre le sucre restant dans un bol. Renverser le marshmallow sur la planche en secouant le plat si nécessaire pour qu'il se détache complètement. À l'aide d'un couteau bien affûté, découper le marshmallow en 4 rangées verticales et 5 rangées horizontales pour obtenir 20 marshmallows. Mettre 2 ou 3 morceaux dans le bol contenant le sucre glace et bien les enrober sur toutes les faces. Répéter avec les autres marshmallows. Conserver jusqu'à une semaine dans un contenant hermétique placé dans un endroit frais. Mettre une feuille de pellicule plastique entre les couches de marshmallows pour les empêcher de coller.

8. Préchauffer le four à 175 °C (375 °F).

9. Préparer les biscuits : Mettre le sucre granulé et les pacanes dans le robot de cuisine muni d'une lame métallique et réduire en poudre grossière. Ajouter la farine de blé, la farine de seigle, la levure chimique, le bicarbonate de soude, la cannelle et le sel. Mélanger. Ajouter le beurre et réduire en miettes aussi fines que de la semoule de maïs. Ajouter l'œuf, les jaunes d'œufs, la mélasse, le miel et la vanille. Actionner le moteur pour former une pâte souple.

10. Prélever un morceau de pâte de 2,5 cm (1 po) et le rouler en boule. Déposer les boules au fur et à mesure sur les plaques à pâtisserie en laissant 5 cm (2 po) entre elles. Avec les doigts humides, aplatir les boules pour faire des cercles de 5 cm (2 po) de diamètre (on en obtiendra environ 40). Cuire au four environ 12 min, jusqu'à ce que les biscuits soient dorés et légèrement fendillés sur le dessus. Laisser refroidir environ 5 min sur les plaques et les déposer ensuite sur une grille à l'aide d'une spatule. Laisser refroidir complètement. On peut préparer ces biscuits 3 jours d'avance et on doit les conserver dans un contenant hermétique.

11. Mettre une boîte de combustible Sterno dans chaque brasero et allumer.

12. Préparer les biscuits au marshmallow : Enfiler chaque marshmallow sur 2 brochettes de bambou parallèles. Faire griller au-dessus du brasero jusqu'à ce qu'ils soient brunis au goût.

13. Mettre chaque marshmallow grillé sur un biscuit. Napper de sauce au fudge et de sauce caramel et couvrir avec un autre biscuit. Un pur délice !

Sauce au fudge chaude

375 ML (1 ½ TASSE)

La sauce au fudge maison est un délice incomparable. Si vous n'aimez pas la cuisson au bain-marie, utilisez une casserole à fond épais. Travaillez à feu doux ou moyen et ne laissez surtout pas bouillir la sauce.

25 g (¼ tasse) de poudre de cacao non sucrée
120 g (½ tasse) de sucre
125 ml (½ tasse) de crème épaisse à fouetter (35 %)
60 ml (¼ tasse) de sirop de maïs clair
90 g (3 oz) de chocolat mi-sucré, haché grossièrement
2 c. à soupe de beurre non salé
1 c. à café (1 c. à thé) d'extrait de vanille
Une pincée de sel

BRASEROS

Il peut être difficile de trouver des braseros individuels. Allez voir dans les magasins orientaux ou certains sites internet.

Les braseros en fonte ont environ 12 cm (5 po) de haut et 10 à 12 cm (4 à 5 po) de large. Il y a plusieurs années, ils étaient très populaires dans les restaurants polynésiens où on les utilisait pour la cuisson des kebabs miniatures. Les boîtes de combustible Sterno fourniront le feu et la chaleur. Un brasero peut être partagé par quatre personnes. Vous pouvez aussi faire griller les marshmallows dans l'âtre. Utilisez alors de longues brochettes à l'épreuve de la chaleur.

1. Mettre le cacao et le sucre dans la partie supérieure d'un bain-marie ou dans un bol métallique placé au-dessus d'une casserole contenant de l'eau qui mijote vivement. Fouetter pour bien mélanger. Ajouter la crème et le sirop de maïs et fouetter pour mélanger. Cuire de 3 à 5 min au-dessus de l'eau qui mijote vivement, sans cesser de fouetter. La crème doit être épaisse et onctueuse.

2. Ajouter le chocolat, le beurre, la vanille et le sel. Remuer et cuire de 2 à 3 min, jusqu'à ce que le chocolat et le beurre soient fondus et que la sauce soit onctueuse. Réserver au chaud jusqu'à utilisation. On peut aussi couvrir la sauce et la conserver quelques semaines dans le réfrigérateur. Au moment de l'utiliser, il faudra la laisser reposer à température ambiante, puis la réchauffer au bain-marie.

Sauce caramel à la cannelle

ENVIRON 375 ML (1 ½ TASSE)

Cette recette est très simple. Faites fondre le sucre jusqu'à ce qu'il soit doré, puis faites-le dissoudre dans de la crème épaisse. La cannelle donne un goût inattendu et original à cette sauce.

180 g (¾ tasse) de sucre
3 c. à soupe d'eau chaude
160 ml (⅔ tasse) de crème épaisse à fouetter (35 %)
½ c. à café (½ c. à thé) de cannelle moulue

1. Mettre le sucre et l'eau chaude dans une casserole à fond épais et remuer doucement à l'aide d'une cuillère de bois. Couvrir et porter à ébullition à feu vif. Laisser bouillir 1 min, jusqu'à ce que le liquide soit clair. À l'aide d'un pinceau en soies de porc trempé dans l'eau froide, enlever les cristaux de sucre restés sur les parois de la casserole.

2. Enlever le couvercle et laisser cuire de 5 à 8 min, jusqu'à ce que la sauce soit épaisse et d'un beau brun doré. On peut secouer doucement la casserole pour que le sucre cuise uniformément.

3. Retirer la casserole du feu. Ajouter la crème et la cannelle. Attention ! La sauce sera bouillonnante et sifflante. Remettre sur le feu et laisser mijoter environ 3 min, en remuant avec une cuillère de bois, jusqu'à ce que la sauce soit épaisse et crémeuse. Laisser refroidir à température ambiante avant de servir. On peut aussi la couvrir et la conserver quelques semaines dans le réfrigérateur. La laisser revenir à température ambiante avant de la servir.

INDEX